MS Project für Dummies – Schummelseite

Microsoft Project 2000 für Dummies

1. **Legen Sie den Umfang des Projekts fest.** Was werden Sie machen? Was ist
2. **Stellen Sie fest, wer die Interessenten sind.** Wer hat ein begründetes Inter der Arbeit, die ausgeführt werden muss, sei es an dem Ergebnis des Projekts Berichte Sie für die Interessenten erstellen wollen.
3. **Legen Sie Standards fest.** Was macht bei Ihrem Projekt Qualität aus? Sind anerkannt?
4. **Listen Sie die Einschränkungen auf.** Welche unvermeidbaren Begrenzungen die Zeit und die Verfügbarkeit von Ressourcen?
5. **Beurteilen Sie Ihre Stärken.** Welche Unterstützung haben Sie für das Projekt? Gibt es organisatorische Probleme? Was kann ich gegebenenfalls dagegen tun?
6. **Schätzen Sie die Risiken ab.** Welche notwendigen Vorkehrungen wollen Sie treffen?
7. **Setzen Sie Ziele.** Legen Sie erreichbare Ziele fest, die mit dem Umfang des Projekts vereinbar sind.
8. **Erstellen Sie Kategorien oder Phasen.** Welche Gruppen von Funktionen gibt es (sogenannte *Sammelvorgänge*)?
9. **Zerlegen Sie das Projekt in Vorgänge.** Stellen Sie die einzelnen geplanten Aktivitäten des Projekts fest.
10. **Legen Sie die Vorgangsdauern fest.** Setzen Sie eine realistische Zeitdauer für jeden Vorgang fest.
11. **Setzen Sie Meilensteine.** Legen Sie die Schlüsselpunkte des Projekts fest, welche die wichtigen Stufen der Fertigstellung repräsentieren.
12. **Stellen Sie fest, welche Ressourcen Sie benötigen.** Teilen Sie Personen oder Gruppen ein, um diese Vorgänge durchzuführen.
13. **Legen Sie den kritischen Weg fest.** Was muss in welcher Reihenfolge erreicht werden, um das Projekt im Sollbereich zu halten?
14. **Verfeinern Sie Ihren Projektplan.** Prüfen Sie alle Schritte mehrfach, um sicherzustellen, dass sie mit dem Umfang und den Zielen des Projekts vereinbar sind.
15. **Geben Sie Daten in Microsoft Project ein.**
16. **Legen Sie eine sehr lange Pause ein.** Sie können diesen Schritt als wiederkehrenden Vorgang in Ihrem Projekt verwenden.

Sechs Methoden, um überlastete Ressourcen auszugleichen

- **Setzen Sie Überstundensätze fest.** Wählen Sie in einer Ressourcenansicht P<small>ROJEKT</small>|I<small>NFORMATIONEN ZUR</small> R<small>ESSOURCE</small>.
- **Ändern Sie den Arbeitskalender.** Wählen Sie E<small>XTRAS</small>|A<small>RBEITSZEIT ÄNDERN</small>. Markieren Sie Tage auf dem Kalender, und wählen Sie dann, ob es sich um Arbeitszeit oder um arbeitsfreie Zeit handelt. Wenn Sie die Arbeitszeit aus einem bestimmten Grund ändern wollen, wählen Sie die Ressource in dem Dropdownlistenfeld F<small>ÜR</small> aus.
- **Holen Sie Unterstützung.** Klicken Sie in der Standardsymbolleiste auf R<small>ESSOURCEN ZUORDNEN</small>. Ordnen Sie entweder eine weitere vorhandene Ressource zu, oder fügen Sie eine neue Ressource hinzu.
- **Entbinden Sie einige Ressourcen von ihren Pflichten.** Markieren Sie einen Vorgang, und drücken Sie auf `Entf`.
- **Verschieben Sie einen Endtermin.** Wählen Sie in der Spalte D<small>AUER</small> der Balkendiagrammtabelle die Dauer eines Vorgangs. Durch Klicken auf den nach oben gerichteten Pfeil wird die Dauer um Minuten, Stunden, Tage oder Wochen verlängert. Um die Einheit zu wechseln, beispielsweise von Minuten in Stunden, geben Sie die Anzahl der Einheiten und danach M<small>IN</small>, H, T oder W ein.
- **Nehmen Sie Ihr Projekt mit nach Haus und arbeiten Sie abends und an Wochenenden.** Scherz!

MS Project für Dummies – Schummelseite

Wie mache ich das, was Sie gerade sagten?

Wie...	Antwort
weiß ich, ob eine Projektdatei eine Vorlage ist?	Sie hat die Erweiterung .MPT.
erkenne ich eine Arbeitsplatzdatei?	Sie hat die Erweiterung .MPW.
verberge ich ein Projekt temporär?	Deaktivieren Sie sein Fenster mit FENSTER|AUSBLENDEN.
erstelle ich ein konsolidiertes Projekt?	Wählen Sie FENSTER|NEUES FENSTER. Halten Sie die Strg-Taste gedrückt, klicken Sie auf die Projekte, die Sie konsolidieren wollen, und klicken Sie dann auf OK.
erstelle ich eine Gliederung?	Wählen Sie die Vorgänge aus, und klicken Sie dann auf die Schaltfläche TIEFER STUFEN. Der vorangehende Vorgang wird zu einem Sammelvorgang.
teile ich eine Ansicht?	Wählen Sie FENSTER|TEILEN.
ändere ich ein Formular in einer geteilten Ansicht?	Markieren Sie den unteren Fensterausschnitt. Wählen Sie ANSICHT|WEITERE ANSICHTEN und dann ein Formular.
erstelle ich einen hervorgehobenen im Gegensatz zu einem isolierten Filter?	Halten Sie die Umschalt-Taste gedrückt, und wählen Sie PROJEKT|FILTER und dann einen Filter.
ändere ich die Zeitskala in einem Balkendiagramm?	Doppelklicken Sie auf die Zeitskala, und wählen Sie dann die obere und die untere Skala.
ändere ich die Schriftart von Elementen in einem Balkendiagramm?	Wählen Sie FORMAT|TEXTARTEN, und ändern Sie dann das gewünschte Element.
zeichne ich in einem Balkendiagramm?	Wählen Sie EINFÜGEN|ZEICHNUNG, um die frei schwebende Symbolleiste ZEICHNEN anzuzeigen.
füge ich ein Video in ein Balkendiagramm ein?	Wählen Sie EINFÜGEN|OBJEKT. Wählen Sie in dem Listenfeld MEDIA PLAYER aus. Öffnen Sie eine AVI- oder MOV-Datei. Ein Video-Objekt erscheint auf dem Bildschirm. Doppelklicken Sie darauf, um es abzuspielen.
finde ich Projektstatistiken?	Wählen Sie PROJEKT|PROJEKTINFO|STATISTIK.
aktualisiere ich Vorgänge zum Tagesdatum als abgeschlossen?	Markieren Sie die Vorgänge, und wählen Sie dann EXTRAS|ÜBERWACHUNG|VORGÄNGE AKTUALISIEREN. Geben Sie im Dialogfeld VORGÄNGE AKTUALISIEREN in das Drehfeld % ABGESCHLOSSEN den Wert 100 ein.

Einen Zeitplan erstellen

1. Geben Sie die Projektvorgänge in die Spalte **VORGANGSNAMEN** ein.
2. Geben Sie die Vorgangsdauern ein (min – Minuten, h – Stunden, t – Tage, w – Wochen, 0 – Meilensteine).
3. Verknüpfen Sie die Vorgänge, indem Sie sie auswählen und dann in der Standardsymbolleiste auf die Schaltfläche **VORGÄNGE VERKNÜPFEN** klicken.
4. Ändern Sie Vorgänger und Nachfolger, indem Sie das Vorgangsformular in einer geteilten Ansicht verwenden (FENSTER\|TEILEN).
5. Fügen Sie Ressourcen mit dem Ressourcenformular hinzu.
6. Ändern Sie, falls notwendig, die Einschränkungen mit dem Formular **VORGANG: EINZELHEITEN** (ANSICHT\|WEITERE ANSICHTEN\|VORGANG: EINZELHEITEN).
7. Legen Sie den Basisplan fest, indem Sie EXTRAS\|ÜBERWACHUNG\|BASISPLAN SPEICHERN wählen.

*MS Project 2000
für Dummies*

Martin Doucette

MS Project 2000 für Dummies

Mehr Zeit durch professionelle Terminplanung

Übersetzung aus dem Amerikanischen
von Reinhard Engel

Die Deutsche Bibliothek – CIP-Einheitsaufnahme:

Doucette, Martin:
MS Project 2000 für Dummies / Martin Doucette. Übers. aus dem
Amerikan. von Reinhard Engel. - Bonn : MITP-Verlag, 2000
    Einheitssacht.: Microsoft 2000 For Dummies <dt.>
    ISBN 3-8266-2889-6

ISBN 3-8266-2889-6
1. Auflage 2000

Alle Rechte, auch die der Übersetzung, vorbehalten. Kein Teil des Werkes darf in irgendeiner Form (Druck, Fotokopie, Mikrofilm oder einem anderen Verfahren) ohne schriftliche Genehmigung des Verlages reproduziert oder unter Verwendung elektronischer Systeme verarbeitet, vervielfältigt oder verbreitet werden. Der Verlag übernimmt keine Gewähr für die Funktion einzelner Programme oder von Teilen derselben. Insbesondere übernimmt er keinerlei Haftung für eventuelle aus dem Gebrauch resultierende Folgeschäden.

Die Wiedergabe von Gebrauchsnamen, Handelsnamen, Warenbezeichnungen usw. in diesem Werk berechtigt auch ohne besondere Kennzeichnung nicht zu der Annahme, dass solche Namen im Sinne der Warenzeichen- und Markenschutz-Gesetzgebung als frei zu betrachten wären und daher von jedermann benutzt werden dürften.

Übersetzung der amerikanischen Originalausgabe:
Martin Doucette: Microsoft Project 2000 For Dummies

Copyright © 2000 by MITP-Verlag GmbH, Bonn
Original English language edition text and art copyright © 2000 by IDG Books Worldwide, Inc.
All rights reserved including the right of reproduction in whole part or in part in any form.
This edition published by arrangement with the original publisher, IDG Books Worldwide, Inc.,
Foster City, California, USA.

Printed in Germany

Ein Unternehmen der verlag moderne industrie AG & Co. KG, Landsberg

Lektorat: Sabine Schulz
Sprachkorrektorat: Friederike Daenecke
Fachkorrektorat: Reiner Wodey
Druck: Media-Print, Paderborn
Umschlaggestaltung: Sylvia Eifinger, Bornheim
Satz und Layout: Lieselotte und Conrad Neumann, München

Inhaltsverzeichnis

Einführung — 17

Im Vertrauen gesagt — 17
Wie Sie dieses Buch verwenden — 17
Über die CD-ROM — 18
Wie dieses Buch aufgebaut ist — 18
    Teil I: Ein Projekt beginnen — 18
    Teil II: Ein Projekt erstellen — 19
    Teil III: Ein Projekt analysieren — 19
    Teil IV: Ein Projekt ausarbeiten — 19
    Teil V: Ein Projekt verfolgen und auswerten — 19
    Teil VI: Dies und das — 20
    Teil VII: Anhänge — 20
Symbole in diesem Buch — 20
Wie geht es weiter? — 21

Teil I
Ein Projekt beginnen — 23

Kapitel 1
Der Einstieg in Microsoft Project 2000 — 25

Microsoft Project starten — 25
Ein (sehr) einfaches Projekt erstellen — 28
    Vorgänge eingeben — 28
    Die Vorgangsdauer festlegen — 29
    Vorgänge und Vorgangsdauer ändern — 30
    Vorgänge verknüpfen — 33
Sich mit der Benutzerschnittstelle von Microsoft Project vertraut machen — 34
    Worum geht es bei dieser seltsamen Schnittstelle?
    Das Balkendiagramm (Gantt) — 34
Megahilfe für viele Bedürfnisse — 39
Ihre Arbeit speichern und das Programm beenden — 40

Kapitel 2
Projektinformationen sammeln — 41

Was ist ein Projekt? — 41
    Den Zeitrahmen eines Projekts begrenzen — 43

Die Einzigartigkeit eines Projekts	44
Den Projektfortschritt verfolgen	45
Das Projektziel formulieren	45
Projektphasen	46
Die Vorteile von Phasen verstehen	46
Projektphasen identifizieren	48
Phasen übergreifende Kommunikation	50
Phasen in Vorgänge zerlegen	50
Projektinformationen zusammenstellen	51
Ressourcen identifizieren	51
Vor Beginn des Projekts effizient planen	52

Teil II
Ein Projekt erstellen 55

Kapitel 3
Projektkomponenten zusammenstellen 57

Ein Projekt starten	57
Eine neue Datei von Grund auf erstellen	57
Eine vorhandene Projektdatei öffnen	59
Vorgänge und Phasen eingeben	60
Die Phasen des Projekts auflisten	61
Phasen mit Vorgängen füllen	62
Teilvorgänge anzeigen und verbergen	66
Sammelvorgänge löschen	68
Sammelvorgänge verschieben	69
Die Vorgangsdauer festlegen	69
Vorgänge editieren	71
Einen Vorgang verschieben	71
Einen Vorgang löschen	72
Vorgänge in ein vorhandenes Projekt einfügen	73
Vorgänge verknüpfen	74
Vorgangsverknüpfungen entfernen	76
Abhängigkeitstypen verstehen	77

Kapitel 4
Vorgangsverknüpfungen 79

Die zentrale Schaltstelle zur Kontrolle der Vorgänge: das Dialogfeld Informationen zum Vorgang	79
Die Registerkarte Allgemein	80
Die Registerkarte Vorgänger	81

Die Registerkarte Ressourcen	83
Die Registerkarte Spezial	83
Die Registerkarte Notizen	85
Übungen zum Dialogfeld Informationen zum Vorgang	86
Mit Ansichtskombinationen arbeiten	88
Mit Ansichtskombinationen üben	91
Vorgangsverknüpfungen fein einstellen	94
Positiver und negativer Zeitabstand	96
Vorgänger teilen	97

Kapitel 5
Ressourcen an Vorgänge delegieren — 101

Ressourcen sind Personen und Dinge	101
Den Ressourcenbedarf voraussagen	102
Ressourcengesteuerte Vorgänge und Vorgänge mit fester Dauer	103
Ressourcen mit Vorgängen verbinden	104
Ressourcen zu Vorgängen zuordnen	104
Einen Ressourcenpool erstellen	106
Einzelheiten über Ressourcen festhalten	108
Eine Ressource ziehen	111
Eine Ressource mehreren Vorgängen zuordnen	112
Ressourcen zu Vorgängen hinzufügen oder aus diesen entfernen	115
Eine Ressource aus dem Pool entfernen	116
Terminpläne benutzen und anpassen	117
Den Projektkalender ändern	117
Einen neuen Kalender erstellen	119
Einen Ressourcenkalender erstellen	123
Ressourcen mit dem Vorgangsformular zuordnen	124

Teil III
Ein Projekt analysieren — 127

Kapitel 6
Ein Projekt von allen Seiten betrachten — 129

Ein Projekt mit Ansichten darstellen	129
Die Ansicht Balkendiagramm (Gantt)	130
Informationen in eine Vorgangstabelle eingeben	131
Balkendiagramme (Gantt) lesen	142
Ressourcen in der Ansicht Vorgang: Einsatz überwachen	146
Zeitpläne in der Ansicht Kalender anzeigen	147
Mit der Ansicht Netzplandiagramm ein Flussdiagramm erstellen	148

Kapitel 7
Das Balkendiagramm bestmöglich nutzen — 151

Das Problem der Zeitverwaltung — 152
Das Aussehen des Balkendiagramms ändern — 153
    Die Rechtschreibprüfung benutzen — 154
    Text anpassen — 154
    Notizen hinzufügen — 157
Informationen über Vorgänge anzeigen — 158
In dem Balkendiagramm zeichnen und kopieren — 158
    In Microsoft Project zeichnen — 158
    Grafiken in Microsoft Project kopieren — 160
    Von Microsoft Project kopieren — 161
Das Aussehen des Balkendiagramms anpassen — 162
    Gitternetzlinien ändern — 162
    Balkenarten ändern — 163
    Den Stil einzelner Balken ändern — 163
    Andere kosmetische Änderungen durchführen — 164
    Verknüpfungen ändern — 164

Kapitel 8
Beziehungen mit der Ansicht Netzplandiagramm verdeutlichen — 167

Die Ansicht Netzplandiagramm öffnen — 167
    Zoomen, erweitern und in die Einzelheiten gehen — 168
    Die Ansicht Netzplandiagramm interpretieren — 169
    Knoteninformationen ändern — 171
Vorgänge und Beziehungen editieren — 172
    Einen Vorgang hinzufügen — 172
    Eine neue Verknüpfung erstellen und vorhandene Verknüpfungen entfernen — 175

Kapitel 9
Mit einem Kalender die Einzelheiten im Griff behalten — 177

Ein einfaches Projekt in der Kalender-Ansicht erstellen — 177
    Ein Projekt in der Kalender-Ansicht erstellen — 178
    Vorgangsinformationen eingeben — 179
    Vergrößern: einen näheren Blick auf den Terminplan werfen — 180
    Die Vorgangsdauer in der Kalender-Ansicht eingeben — 180
    Vorgänge in der Kalender-Ansicht verknüpfen — 183
    Die Informationen für den Kalender aufbereiten — 186
Die Kalender-Ansicht für vorhandene Projekte verwenden — 186
    Im Kalender navigieren — 187

Durch Zoomen einen Monat auf dem Bildschirm anzeigen	188
Mit dem Layout-Befehl Vorgänge anzeigen	189
Die Vorgänge eines Tages anzeigen	192

Kapitel 10
Ressourcen überwachen — 193

Ressourcendetails in der Ansicht Ressource: Tabelle ändern	193
Sortieren	195
Filtern	196
Mehrere Ansichten in der Ansicht Ressource: Einsatz anzeigen	199
Die Ressourcenbelastung und -kosten ermitteln	201

Kapitel 11
Ansichten filtern und sortieren — 205

Standardfilter verwenden	206
Der Menübefehl Projekt|Filter	207
Das Filter-Feld	210
Der Befehl Weitere Filter	210
Der Befehl AutoFilter	211
Die hervorgehobene Anzeige anpassen	215
Filterarten	216
Interaktive Filter verwenden	216
Eigene Filter erstellen	220
Einen Filter durch Änderung eines vorhandenen Filters erstellen	220
Einen Filter von Grund auf erstellen	222
Ein Projekt sortieren	224
Arten von Sortierfunktionen	225
Mit mehreren Feldern sortieren	227
Vorgänge und Ressourcen gruppieren	227

Teil IV
Ein Projekt ausarbeiten — 231

Kapitel 12
Kostenrahmen festlegen und Kosten überwachen — 233

Kosten festlegen	233
Die Ansicht Ressource: Tabelle verwenden	234
Ressourcenwerte anpassen	235
Kosten in einem vorhandenen Projekt kontrollieren	236

Kosten und Arbeit	237
Detaillierte Arbeits- und Kostenschätzungen anzeigen	239
Kosten reduzieren	241

Kapitel 13
Den Plan fit für die Wirklichkeit machen — 245

Überlastete Ressourcen ermitteln	246
Eine Ansicht der Ressourcenzuordnungen	247
Ressourcenüberlastungen korrigieren	252
Den kritischen Weg verkürzen	254
Was ist der kritische Weg?	255
Den Terminplan analysieren	256
Ressourcen ändern	258

Kapitel 14
Sich das Leben mit Teilprojekten erleichtern und Projekte kombinieren — 263

Mehrere geöffnete Projektdateien verwenden	264
Ausblenden und einblenden	264
Alle Dateien anordnen	265
Ein neues Fenster erstellen	267
Einen Arbeitsbereich erstellen	269
Projekte konsolidieren	270
Die Reihenfolge der konsolidierten Projektdateien ändern	271
Konsolidierte Projektdateien schützen	272
In einem konsolidierten Projekt navigieren	273
Hauptprojekte durch Unterprojekte vereinfachen	275
Ressourcen zu mehreren Projekten zuweisen	275

Kapitel 15
Die Projektumgebung anpassen — 279

Den Standardordner ändern	279
Die Eingabetabelle des Balkendiagramms anpassen	281
Zeitplanung mit dem Balkendiagramm	283
Periodische Vorgänge verwalten	285
Den Arbeitsbereich personalisieren	286
Die Symbolleiste anpassen	287

Teil V
Projekte überwachen und Berichte erstellen — 289

Kapitel 16
Einen Basisplan festlegen und ein Projekt manuell überwachen — 291

Ein Projekt überwachen	291
Den Basisplan erstellen	293
Den Basisplan in anderen Tabellenansichten anzeigen	295
Den Projektfortschritt im Zeitablauf überwachen	297
Den Terminplan manuell aktualisieren	299
Prozentsatz fertiggestellt	300
Vorgangsinformationen aktualisieren	300
Vorgänge unterbrechen	304
Kontrolle mit dem Balkendiagramm: Überwachen	306

Kapitel 17
Projekte drucken — 309

Projektansichten in die Welt hinausschicken	309
Ein Überblick über die Seitenansicht	310
Die Seiteneinstellungen ändern	312
Das Seiten-Layout festlegen	313
Ränder einstellen	313
Kopfzeilen festlegen	314
Fußzeilen festlegen	318
Die Legende einrichten	318
Die Ansicht für den Ausdruck anpassen	319
Projektansichten drucken	320

Kapitel 18
Berichte benutzen und anpassen — 323

Standardberichte von Microsoft Project benutzen	323
Einen Projektbericht anpassen	327
Einen Projektbericht erstellen	328

Kapitel 19
Mit Microsoft Project Central in Teams kommunizieren — 333

Den Einsatz von Microsoft Project Central vorbereiten	333
Project Central einrichten	334
Eine Arbeitsgruppe einrichten	335

Project Central verwenden	337
Ihre Project-Central-Startseite	338
Mit Arbeitsgruppenaktualisierungen arbeiten	341

Teil VI
Dies und das — 343

Kapitel 20
Zehn nützliche Symbolleisten — 345

Die Symbolleiste Benutzerdefinierte Masken	346
Die Symbolleiste Zeichnen	347
Die Symbolleiste Ressourcenmanagement	348
Die Symbolleiste Überwachen	350
Die Symbolleiste Visual Basic	351
Die Symbolleiste Web	351
Die Symbolleiste Teammanagement	352
Die Symbolleiste Netzplandiagramm	354
Eine Symbolleiste anpassen	355

Kapitel 21
Zehn innovative Möglichkeiten, um ein Projekt aufzupeppen — 357

Das Project Management Institute und Verbände	357
Project Management Body of Knowledge	358
Ausbildung im Projektmanagement	358
Projektmanagement-Zertifizierung	359
Gruppenaktivitäten	359
Projektmanagement-Newsgroups	359
Der Microsoft Project Report	360
Bücher und Fachzeitschriften	360
Websuche	360
Microsoft-Project-Hilfe	360

Teil VII
Anhänge — 361

Anhang A
Glossar — 363

Anhang B
Mit Daten anderer Anwendungen arbeiten 367

    Die Zwischenablage verwenden 367
        Text einfügen 367
        Grafische Objekte oder Multimedia einfügen 368
        Inhalte einfügen 368
    Objekte einfügen 368
    Microsoft Project mit Datenbanken verwenden 369

Anhang C
Über die CD 371

    Beispieldateien 371
        Beispielformular 372
    Probleme mit der CD 372

Stichwortverzeichnis 373

Einführung

Derzeit passiert auf der Welt etwas sehr Beunruhigendes: Tausende von Leuten sind damit beschäftigt, Projekte zu verwalten, ohne ein professionelles Projektmanagement gelernt zu haben. Dies ist eine unfassbare Krisensituation! Na ja – vielleicht ist es nicht ganz so schlimm. Schließlich tun Sie dies auch schon seit Jahren.

Wahrscheinlich haben Sie als Laie bereits viele Projekte mit hausgemachten Techniken verwaltet und sind ganz gut damit zurechtgekommen. Sie haben den Projektplan entworfen, einen Terminplan aufgestellt, die Vorgänge verteilt und das Projekt bis zu seiner Fertigstellung betreut, manchmal sogar fristgerecht und innerhalb des Budgets.

Warum sollten Sie sich trotzdem die Mühe machen, die Bedienung eines Softwareprogramms für das Projektmanagement zu erlernen? Warum sollten Sie sich überhaupt mit Projektmanagement befassen? Die Antwort liegt auf der Hand: Weil Sie bereits Projekte verwaltet haben, wissen Sie, dass es dafür bessere Methoden geben muss. Sie sind im Begriff zu erfahren, worum es beim Projektmanagement geht und warum Sie dabei Microsoft Project zu Ihrem Vorteil einsetzen können. Sie haben gerade zwei gute Managemententscheidungen getroffen.

Im Vertrauen gesagt

Wahrscheinlich fragen Sie sich insgeheim, ob dies wehtun wird. Unter uns gesagt: Microsoft Project kennen zu lernen ist unkompliziert und macht sogar Spaß. Sie müssen nichts Besonderes über Computer oder Projektmanagement wissen, um anfangen zu können. Die kommenden Kapitel werden Ihnen zeigen, dass dieses Softwareprogramm auf einfachen Grundsätzen beruht. Sie werden in Ihrem Büro Eindruck machen, wenn Sie mit Balkendiagrammen und Berichten um sich werfen. Und was besonders angenehm dabei ist: Sie können Ihre Kollegen ruhig im Glauben lassen, dass es einer aufreibenden Arbeit und eines stählernen Willens bedurfte, um das Programm beherrschen zu lernen. Doch das bleibt unser Geheimnis.

Wie Sie dieses Buch verwenden

Dem Titel dieses Buches können Sie unschwer entnehmen, dass es die Anwendung von Microsoft Project beschreibt. Allerdings verrät er Ihnen nicht, dass dieses Buch Ihnen auch das Projektmanagement grundlegend erklärt. Zwei Dinge für den Preis von einem. Wenn das kein gutes Management ist!

Wenn Sie das Buch von Anfang bis Ende lesen wollen, wird Ihnen die logische Abfolge seiner Kapitel gefallen. Aber Sie können dieses Buch auch strikt als Referenzwerk verwenden. Wenn Sie mit den üblichen Aufgaben eines Managers betraut sind, haben Sie keine Zeit für ein komplettes Menü, sondern sind froh, wenn Sie in einem Schnellimbiss Ihre Sandwiches bekommen.

Beim Lesen dieses Buches werden Sie vielleicht feststellen, dass in vielen Befehlen, die in den Anweisungen genannt werden, bestimmte Buchstaben unterstrichen sind. Anstatt den betreffenden Befehl durch Anklicken mit der Maus zu aktivieren, können Sie ihn auch mit Hilfe dieser unterstrichenen Buchstaben, den sogenannten *Hot-Keys*, ausführen. Wenn Sie auf Alt und dann gleichzeitig auf den unterstrichenen Buchstaben drücken, wird der Befehl aktiviert.

Über die CD-ROM

Auf der CD finden Sie eine 60-Tage-Version von Microsoft Project 2000, die Sie beim Lesen der Kapitel benutzen können, sofern Sie nicht eh bereits über ein eigenes Programm verfügen. Das Buch ist so geschrieben, dass Sie sich die Projektmanagement-Fähigkeiten durch praktische Arbeit aneignen können. Dem Buch liegt eine CD-ROM mit einer Reihe von Projektdateien bei, damit Sie die Beispiele nicht nur lesen, sondern zugleich auch einüben können. (Ich gebe jeweils genau an, wann Sie die Dateien von der CD-ROM benutzen können.) Sie können jederzeit auch Informationen eigener Projekte verwenden, anstatt mit den Beispieldateien zu üben.

Anhang C beschreibt, wie Sie die Beispielprojektdateien benutzen können. Dort finden Sie auch Informationen über den Inhalt der CD-ROM selbst.

Wie dieses Buch aufgebaut ist

Dieses Buch besteht aus sieben Teilen. Jeder Teil enthält eine logische Gruppe von Kapiteln, die jeweils ein Hauptthema des Projektmanagements oder von Microsoft Project behandeln. Die Kapitel sind so kurz wie möglich gehalten, ohne wichtige Einzelheiten auszulassen.

In jedem Kapitel beschreiben einzelne Abschnitte eine spezielle Funktion. Mit Hilfe der Kapitelüberschriften können Sie leicht eine Erklärung oder bestimmte Informationen finden, die Sie benötigen.

Teil I: Ein Projekt beginnen

Richtig anzufangen ist ein wesentlicher Faktor für den Erfolg eines Projekts. Dieser Teil zeigt Ihnen anhand eines sehr einfachen Projekts, wie Sie den Einstieg finden. Dabei werden Sie sofort zwei wichtige Tatsachen kennen lernen. Erstens: Das Arbeiten mit Microsoft Project 2000 ist leicht und macht Spaß. Zweitens: Die beste Methode, mit Microsoft Project zu arbeiten, besteht darin, das Gebiet des Projektmanagements etwas näher zu kennen.

Es ist keine Schande zu fragen, was ein Projekt eigentlich ist. Die meisten Leute sind über die Antwort möglicherweise überrascht. In diesem Teil überprüfen Sie Ihr Wissen über die Projektplanung. Sie lernen die drei grundlegenden Bestandteile des Projektmanagements kennen, und Sie erfahren, wie Microsoft Project Ihnen Informationen zur Verfügung stellt.

Teil II: Ein Projekt erstellen

Teil I zeigt Ihnen, was Sie wissen müssen, um ein Projekt zu beginnen. Teil II zeigt Ihnen, wie Sie Informationen in Microsoft Project eingeben. In diesem Teil erstellen Sie Vorgänge und legen ihre Dauer fest. Sie passen den Projektkalender an oder erstellen mehrere Projektkalender für verschiedene Gruppen. Sie erstellen einen Terminplan der Ereignisse und definieren die Beziehungen der Vorgänge in dem Terminplan. Sie legen Zeitlimits und mögliche Zeitpuffer fest. Sie bestimmen, wer was wozu und wann tun soll. Ihre Muskeln als Projektmanager bekommen allmählich Tonus. Sie sind bereit, sich mit Microsoft Project näher auseinander zu setzen.

Teil III: Ein Projekt analysieren

Ihre Arbeit beginnt sich auszuzahlen, wenn Sie anfangen, mit Projektansichten zu arbeiten. Wie viel Arbeit ist jeder Ressource zugewiesen? Welche Vorgänge sind kritisch? Wie können Sie eine spezielle Einzelinformation oder eine Gruppe von Informationen finden und nicht dazugehörige Informationen ausschließen? In Teil III lernen Sie mehrere Methoden kennen, wie Sie mit Microsoft Project Informationen berechnen und organisieren können. Das Suchen und Sortieren von Informationen ist überraschend einfach, wenn Sie das Prinzip erst einmal verstanden haben. Dann werden Sie auch erkennen, wie sehr Sie von einem professionellen Projektmanagement profitieren können.

Teil IV: Ein Projekt ausarbeiten

Nachdem Sie die Projektinformationen eingegeben und die Ansichten von Tabellen, Diagrammen und Formularen kennen gelernt haben, können Sie sich damit beschäftigen, das Fett abzuschneiden und Schwachstellen zu verstärken. Gibt es Dinge, die ein zu hohes Budget haben? Wie können Kosten reduziert werden? Ist der Terminplan eng? Werden die Ressourcen bestmöglich genutzt? In Teil IV werden Sie Ihren Projektplan so lange analysieren, bearbeiten und testen, bis Sie überzeugt sind, das Projekt reibungslos abwickeln zu können.

Teil V: Ein Projekt verfolgen und auswerten

Wenn das Projekt begonnen wurde, überwachen Sie es mit den Microsoft-Project-Tools zur Projektverfolgung. Vergleichen Sie den Istzustand der Ereignisse mit dem ursprünglichen Plan. Aktualisieren Sie das Projekt mit aktuellen Statusberichten. Analysieren Sie Abweichungen der Kosten, der Arbeit oder der Zeit. Erstellen Sie Zwischenpläne. Passen Sie Ihre Arbeitsumgebung an Ihren Arbeitsstil und Ihre Anforderungen an.

Wollen Sie andere mit Ihren Fähigkeiten beeindrucken? Microsoft Project bietet Ihnen zahlreiche flotte Möglichkeiten, um über den Projektstatus zu berichten. In diesem Teil drucken Sie Ansichten und Berichte. Sie lernen, wie Sie Informationen über eine bestimmte Ressource isolieren, wie Sie Informationen in Grafiken und Diagramme umsetzen und wie Sie sie in Form verschiedener Arten von Berichten darstellen können. Falls Ihnen die vorhandenen Möglichkeiten noch nicht ausreichen sollten, können Sie Ihre Präsentation an Ihre Anforderungen anpassen. Sie werden Ihrem Status als Projektmanager in beeindruckender Weise gerecht.

Teil VI: Dies und das

Teil VI führt Sie in den Werkzeugschuppen und lehrt Sie einiges aus der Trickkiste. Sie lernen die vielen Toolbars von Microsoft Project kennen. Sie entdecken diverse Dienste, die Ihnen helfen können, Ihre Fähigkeiten als Projektmanager auszubauen. Wer weiß – falls dieses Gebiet Sie näher interessiert, könnte dies sogar zu einer neuen Berufslaufbahn führen.

Teil VII: Anhänge

Der letzte Teil enthält ein Glossar und einige grundlegende Informationen über die Verwendung der Daten anderer Anwendungen in Microsoft Project. Außerdem erfahren Sie, wie Sie die Beispielprojektdateien von der *Microsoft Project 2000 für Dummies*-CD-ROM laden können.

Symbole in diesem Buch

Dieses Symbol weist auf eine Funktion hin, die in Microsoft Project 2000 eingeführt wurde.

Dieses Symbol weist auf technische Einzelheiten hin (falls Sie sich dafür begeistern können). Diese Details könnten für Sie interessant oder nützlich sein, aber sie sind für das Arbeiten mit Microsoft Project nicht unbedingt erforderlich.

Dieses Symbol möchte Ihnen den Weg zum Erfolg beim Managen Ihres Projekts abkürzen. Es weist im Allgemeinen auf eine Methode hin, mit der Sie Ihre Arbeit einfacher oder schneller erledigen können.

Dieses Symbol weist Sie auf Informationen hin, die Sie auswendig lernen sollten. Falls Sie diese Informationen nicht laufend parat haben, werden Sie bei Ihrer Arbeit ständig ins Stocken geraten. Keine Bange – das Buch enthält nicht viele dieser Symbole.

 In einigen Teilen von Microsoft Project kann ein Tastendruck oder ein Mausklick eine Aktion auslösen, von der es kein Zurück gibt. Dieses Symbol warnt Sie, wenn Sie sich einer solchen Stelle nähern.

 Ich habe auf der CD-ROM einige Beispieldateien gespeichert, um Ihren Arbeitsaufwand etwas zu verringern.

Wie geht es weiter?

Projektmanager sind Entscheider. Sie müssen jetzt hinsichtlich dieses Buches Ihre erste Entscheidung treffen: Sie können mit Kapitel 1 oder Kapitel 2 beginnen. Sie können auch etwas essen gehen. Wie auch immer Sie sich entscheiden – viel Spaß dabei!

Teil I
Ein Projekt beginnen

»Nicht dass der Computer nicht funktioniert, aber als Briefbeschwerer funktioniert er eben besser.«

In diesem Teil...

Personen, die sich mit einer Software für das Projektmanagement befassen sollen, stellen im Allgemeinen zwei Fragen. Erstens: Ist das Erlernen des Programms nicht zu kompliziert? Zweitens: Ist Projektmanagement nicht zu schwer? Die Antwort auf beide Fragen lautet Nein. Aber das müssen Sie mir nicht glauben, sondern können es selbst herausfinden.

Teil I führt Sie direkt in Microsoft Project 2000 ein. Innerhalb weniger Augenblicke erstellen Sie Ihr erstes Projekt. Dabei werden sie feststellen, dass dieses Programm entweder sehr einfach zu bedienen ist oder dass Sie außergewöhnlich gescheit sind. Ich würde auf beides wetten.

Teil I zeigt Ihnen auch die Arten von Informationen, die Sie kennen müssen, um Microsoft Project 2000 erfolgreich nutzen zu können. Zunächst einmal müssen Sie über einen ausführbaren Plan verfügen. Das sei einfach, meinen Sie. Na ja, vielleicht – vielleicht aber auch nicht. Sie benötigen einen Projektplan, der in der rauhen Wirklichkeit bestehen kann. Sie müssen auf unvorhergesehene Eventualitäten vorbereitet sein. Sie müssen die Unterstützung abschätzen, auf die Sie zählen können, um das Projekt fertig zu stellen. Okay, ich will es nicht so schwer machen. Ich möchte nur betonen, dass es sich lohnt, Kapitel 2 zu studieren, in dem es darum geht, den Umfang und die Ziele Ihres Projekts zu klären und zu definieren.

Der Einstieg in Microsoft Project 2000

In diesem Kapitel

▶ Das Programm starten

▶ Sich mit der Ansicht vertraut machen

▶ Sich in Microsoft Project zurechtfinden

▶ Ein einfaches Projekt erstellen

▶ Ein Projekt speichern und das Programm beenden

Ich nehme an, dass Sie Microsoft Project 2000 nicht zur Unterhaltung gekauft haben. Ich wette auch, dass Sie dieses Buch nicht erworben haben, weil Sie es für eine spannende Alternative zu dem neuesten Roman auf der Bestsellerliste hielten. Wahrscheinlich beschäftigen Sie sich mit dem computergestützten Projektmanagement, weil Sie *keine* Zeit verschwenden wollen und hoffen, dass Ihnen dieses Buch hilft, schnell in die Gänge zu kommen. Meinen Glückwunsch! Sie haben bereits zwei sehr kluge Projektmanagement-Entscheidungen getroffen.

Microsoft Project ist ein mächtiges Werkzeug für die Planung, Analyse, Verwaltung und Auswertung von Projekten. Es versetzt Sie und Ihr Projektteam in die Lage, ein Projekt gleichzeitig in seinem gesamten Umfang sowie in seinen Einzelheiten zu überschauen. Das Programm ist so umfassend, dass es Ihnen sogar dabei hilft, Risiken zu erkennen und Probleme zu lösen, bevor sie eintreten. Jetzt liegen sogar leere, langweilige Tage im Bereich des Möglichen.

Doch weil Microsoft Project unglaublich leistungsstark ist, kann der Erstkontakt mit dem Programm etwas einschüchtern. Aber Projektmanager lassen sich von kleinen, dummen Dingen wie Softwareprogrammen keinen Sand in die Augen streuen. Lassen Sie sich nicht einschüchtern! In diesem Kapitel zeige ich Ihnen, wie Sie das Programm starten, sich mit ihm vertraut machen, ein einfaches Projekt erstellen, Ihr Projekt speichern und das Programm wieder verlassen. Nachdem Sie die grundlegenden Schritte von Microsoft Project kennengelernt haben, können Sie direkt damit anfangen, Ihr erstes eigenes Projekt zu erstellen.

Microsoft Project starten

Einige Leute kaufen ein neues Auto und lesen dann die Betriebsanleitung, bevor sie den Autoschlüssel auch nur anfassen. Daneben gibt es die anderen 95 Prozent der Menschheit, die nicht schnell genug hinter den Lenker kommen können und das Lesen der Betriebsanleitung auf später verschieben. Dieses Zahlenverhältnis vorausgesetzt, wollen Sie wahrscheinlich ebenfalls nicht viel über Microsoft Project lesen, sondern am liebsten sofort anfangen, damit zu arbeiten. Nun gut – schnallen Sie sich an, denn es geht los!

Nach dem Kauf der Microsoft-Project-Software müssen Sie das Programm auf Ihrem Computer installieren. Legen Sie zu diesem Zweck einfach die CD in Ihr CD-ROM-Laufwerk, und folgen Sie den Anweisungen auf dem Bildschirm.

Um Microsoft Project 2000 zu starten, wählen Sie einfach START|PROGRAMME|MICROSOFT PROJECT. Wenn Sie das Programm zum ersten Mal öffnen, bietet Ihnen ein Begrüßungsbildschirm die Möglichkeit, einen Überblick zu sehen oder ein Lernprogramm auszuführen (nach dem Sie sich möglicherweise etwas zerschlagen fühlen könnten). Der Begrüßungsbildschirm bietet folgende Optionen (siehe Abbildung 1.1):

✔ **Neuheiten:** Einige kurze Beschreibungen der Hauptunterschiede zwischen Microsoft Project 98 und Microsoft Project 2000.

✔ **Kurzübersicht:** Eine kurze Beschreibung der Funktionen von Microsoft Project zum Erstellen, Verwalten und Auswerten eines Projekts. Falls Sie die Grundlagen des Projektmanagements bereits beherrschen, enthält diese Auswahl einige nützliche Informationen für Sie.

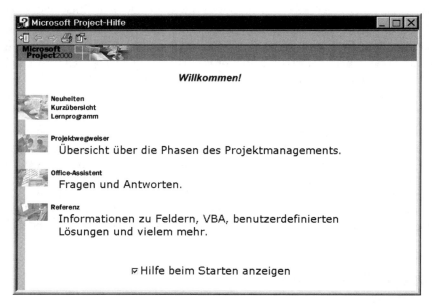

Abbildung 1.1: Der Begrüßungsbildschirm gehört zu den Hilfefunktionen von Microsoft Project 2000.

1 ► Der Einstieg in Microsoft Project 2000

✔ **Lernprogramm:** Eine kurze Schritt-für-Schritt-Anleitung für die Planung, die Verfolgung und die Statusberichterstattung von Projekten. Das Lernprogramm bringt Ihnen nicht bei, wie Sie Microsoft Project 2000 benutzen können, aber es enthält einige nützliche Hinweise über die Beziehungen zwischen Microsoft und dem Projektmanagement.

✔ **Projektwegweiser:** Ein logisches Layout der Phasen eines Projektplans. Projektwegweiser beschreiben allgemeine Projektmanagement-Aktivitäten während der Durchführung eines Projekts.

Wenn Sie sich den Begrüßungsbildschirm angeschaut haben, können Sie ihn schließen, indem Sie in der rechten oberen Ecke auf das X klicken, oder Sie können das Fenster verbergen, aber verfügbar halten, indem Sie auf die Schaltfläche MINIMIEREN in der rechten oberen Ecke (siehe Randsymbol) klicken.

Wenn Sie verhindern wollen, dass der Begrüßungsbildschirm beim Öffnen von Microsoft Project automatisch angezeigt wird, deaktivieren Sie das Kontrollkästchen HILFE BEIM STARTEN ANZEIGEN. Microsoft Project steht jetzt zur Verwaltung Ihrer Projekte zur Verfügung (siehe Abbildung 1.2).

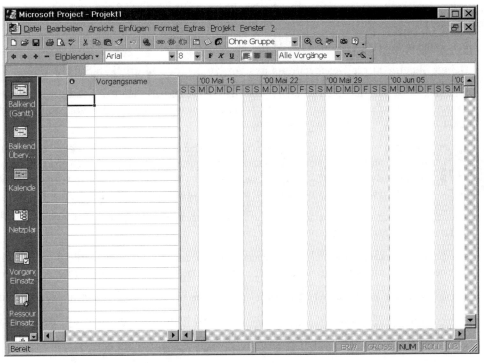

Abbildung 1.2: Der Eröffnungsbildschirm von Microsoft Project wartet auf Ihre Eingaben.

Ein (sehr) einfaches Projekt erstellen

Obwohl Microsoft Project mehr Antworten über das Projektmanagement geben kann, als Sie sich Fragen ausdenken können, fangen Sie wahrscheinlich am besten damit an, einige der überraschend einfachen Basisprozeduren von Project praktisch kennen zu lernen.

Zugegeben, dieses Projekt bringt den Motor von Microsoft Project kaum aus dem Leerlauf heraus, aber die Schritte in diesem einfachen Projekt sind grundlegend für alle Projekte, die Sie erstellen und verwalten.

Vorgänge eingeben

Ein Projekt beginnt mit der Eingabe der Vorgänge. Ein *Vorgang* ist eine Aktion, die ausgeführt werden muss, um ein Projekt fertig zu stellen. Um die Beziehung zwischen einem Vorgang und einem Projekt zu verstehen, können Sie Vorgänge mit den Tätigkeiten vergleichen, die zur Reinigung eines Hauses notwendig sind. Die Reinigung des Hauses ist das Projekt. Aber das Reinigen besteht tatsächlich aus einer Reihe unterschiedlicher Aufgaben oder Tätigkeiten: Staubwischen, den Fußboden aufwischen, Staubsaugen, Teppichklopfen usw. Um Microsoft Project mitzuteilen, aus welchen Vorgängen Ihr Projekt besteht, führen Sie die folgenden Schritte aus:

1. **Klicken Sie auf das erste leere Feld in der Spalte VORGANGSNAME.**
2. **Geben Sie eine kurze Beschreibung des Vorgangs ein, und drücken Sie auf Enter .**

    Beispielsweise können Sie *Kaffee kochen* als ersten Schritt vieler wichtiger Projekte eingeben. (Für mich ist das Kaffeekochen jedenfalls ein wichtiger erster Vorgang jedes Projekts, das vor 10:00 Uhr morgens anfängt!)

Als Vorgangsnamen können Sie *Kaffee* oder *Entkoffeinierten Kaffee kochen* eingeben. In Microsoft Project können Vorgangsnamen beliebig lang sein. Aber wahrscheinlich werden Sie feststellen, dass der Umgang mit kurzen Vorgangsnamen leichter ist, wenn sich Ihr Bildschirm nach und nach mit Informationen füllt.

Nachdem Sie einen Vorgang eingegeben haben, führt Microsoft Project sofort einige Projektmanagement-Tätigkeiten aus:

- Es weist dem Vorgang eine Vorgangsnummer zu. Der erste Vorgang, den Sie eingeben, erhält die Nummer 1, die in der ersten Spalte derselben Zeile angezeigt wird.
- Es zeigt die Vorgangsbeschreibung im Feld des Vorgangsnamens in dieser Zeile an.
- Es fragt Sie, wie lange Sie schätzungsweise benötigen werden, um den Vorgang durchzuführen, wobei Project in der Spalte DAUER den Vorgabewert *1 Tag?* anzeigt. (Im nächsten Abschnitt werden Sie mehr über die Dauer erfahren.)
- Es zeigt im rechten Teil des Fensters eine blaue Markierung an, die den neuen Vorgang in Form eines Balkens grafisch repräsentiert (siehe Abbildung 1.3).

3. **Wiederholen Sie die Schritte 1 und 2, bis Sie alle Vorgänge Ihres Projekts eingegeben haben.**

Microsoft Project weist jedem neuen Vorgang die nächstfolgende Nummer zu und fügt einen weiteren Balken in den rechten Teil des Fensters ein. Sie müssen Microsoft Project nicht ausdrücklich mitteilen, dass Sie mit der Eingabe der Vorgänge fertig sind.

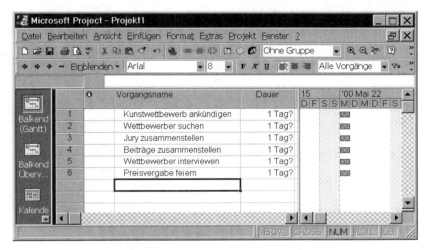

Abbildung 1.3: Die eingegebenen Vorgangsnamen werden rechts grafisch durch Balken repräsentiert.

Die Vorgangsdauer festlegen

Das Abschätzen der Zeit, die benötigt wird, um einen Vorgang zu erledigen (*Vorgangsdauer* oder kurz *Dauer*), gehört zu den Aufgaben eines Projektmanagers. Standardmäßig verwendet Microsoft Project einen Tag als Vorgangsdauer, aber Sie können stattdessen Minuten, Stunden, Tage, Wochen oder Monate benutzen. Microsoft Project setzt hinter die Standarddauer ein Fragezeichen, bis Sie den Vorgabewert (1 Tag) entweder bestätigen oder die Einstellung ändern.

Um die erwartete Dauer eines Vorgangs einzugeben, führen Sie die folgenden Schritte aus:

1. **Klicken Sie auf das Feld in der Spalte DAUER, um es zu aktivieren.**
2. **Geben Sie eine Dauer ein, und drücken Sie auf `Enter`.**

 Microsoft Project interpretiert *min* als Minuten, *h* als Stunden (engl. *h = hour*), *t* als Tage, *w* als Wochen (engl. *w = week*) und *m* als Monate (engl. *m = month*).

Abbildung 1.4 zeigt, wie die Werte für die Dauer der Vorgänge eingegeben werden.

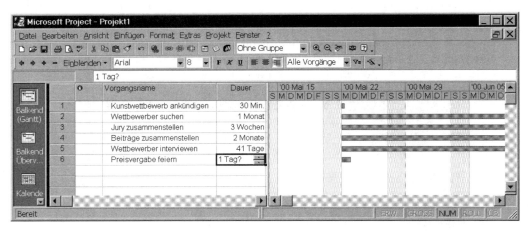

Abbildung 1.4: Die Einheiten der Dauer reichen von Minuten bis zu Monaten.

Folgende Punkte sollten Sie sich bezüglich der Vorgangsdauer merken:

- ✔ Sie können die Dauer jedes Vorgangs jederzeit in beliebiger Reihenfolge ändern. Sie haben die Kontrolle.

- ✔ Kümmern Sie sich nicht um die Form, in der Sie die Dauer eingeben. Beispielsweise spielt es für Microsoft Project keine Rolle, ob Sie *24h* anstelle von *1t* oder *36t* anstelle von *50400min* eingeben.

- ✔ Wenn Sie auf das Feld der Vorgangsdauer doppelklicken, wird das Dialogfeld INFORMATIONEN ZUM VORGANG geöffnet. Mit diesem Dialogfeld können Sie Feineinstellungen an Ihren Vorgängen vornehmen. Die Eigenschaften von Vorgängen werden in den Kapiteln 3, 4 und 5 behandelt.

Vorgänge und Vorgangsdauer ändern

Ein Bleistift verfügt über zwei Enden – beide sind gleich wichtig. Personen, die mit Bleistiften arbeiten, wollen ihre Meinung ändern und Dinge ausradieren können. Dasselbe gilt für Projektplaner, die Projektplanungssoftware einsetzen. Projektplaner ändern häufig ihre Meinung. Glücklicherweise ist das Ändern von Vorgängen in Microsoft Project sehr einfach. Das Einfügen und Verschieben von Vorgängen sowie das Ändern der Vorgangsdauer ist ein Kinderspiel.

Etwas vergessen? (Vorgänge in der Mitte einer Liste einfügen)

In Microsoft Project können Sie einen Vorgang an einer beliebigen Stelle der Spalte VORGANGSNAME einfügen. Dies ist wirklich eine bemerkenswerte Fähigkeit. Beim Erstellen eines Projekts werden Sie selten alle Vorgänge korrekt voraussehen, die Sie erledigen müssen, um das Projekt durchzuführen. Im Allgemeinen erstellen Sie eine Vorgangsliste, analysieren sie und stellen fest, dass Sie einige Schritte übersehen haben. Erinnern Sie sich daran, dass Sie einen neuen Vorgang einfügen können, indem Sie auf den Vorgang klicken, vor dem Sie den neuen Vorgang einfügen wollen, und dort eine Lücke schaffen. Um einen Vorgang einzufügen, führen Sie die folgenden Schritte aus:

1. **Klicken Sie auf einen vorhandenen Vorgangsnamen.**
2. **Drücken Sie auf Ihrer Tastatur auf die Taste** `Einf`.

   Sie können auch den Menübefehl EINFÜGEN|NEUER VORGANG wählen.

   An der Stelle des markierten Vorgangs erscheint ein leerer Vorgang, und der markierte Vorgang sowie die folgenden Vorgänge werden nach unten geschoben.

3. **Geben Sie Ihren neuen Vorgang ein, und drücken Sie auf** `Enter`.

Das Einfügen von Vorgängen ist auch eine Methode, um einen Vorgang in Teilvorgänge zu zerlegen. Nehmen wir an, dass ein Vorgang in zwei separate Vorgänge zerlegt werden muss – beispielsweise müssen Leute mit Kaffeemühlen den Vorgang *Kaffee kochen* in *Kaffee mahlen* und *Kaffee überbrühen* zerlegen. Sie können dies bewerkstelligen, indem Sie einen vorhandenen Vorgang namens *Kaffee kochen* in *Kaffee mahlen* umbenennen, dann die Taste `Einf` drücken und einen Vorgang namens *Kaffee überbrühen* einfügen.

Vorgänge verschieben

In den frühen Phasen der Projektplanung ist das Verschieben eines Vorgangs einfach. Wenn das Projekt weiter fortgeschritten ist, ist das Verschieben wesentlich schwieriger (siehe Kapitel 4). Dies liegt daran, dass Sie zu Beginn Ihrer Projektplanung die Vorgänge wahrscheinlich noch nicht miteinander verknüpft haben. Dann ist das Verschieben von Vorgängen noch kein Problem. In einer späteren Phase eines Projekts, wenn Sie Vorgänge miteinander verknüpft haben, verhindern die Beziehungen zwischen ihnen ein leichtes Verschieben. Sie müssen deshalb zunächst die Verknüpfungen zwischen den Vorgängen auflösen.

Nicht verknüpfte Vorgänge zu verschieben ist ein Kinderspiel. Sie müssen nur einen einfachen kleinen Trick beherrschen: Sie müssen wissen, wo Sie den Cursor hinsetzen müssen, um den Vorgang per Drag&Drop zu verschieben. Führen Sie zu diesem Zweck folgende Schritte aus:

1. **Klicken Sie auf die Nummer eines Vorgangs.**

   Microsoft Project markiert die gesamte Vorgangszeile.

2. **Ziehen Sie den Cursor nach oben oder nach unten an die Stelle, an die Sie den Vorgang verschieben wollen.**

   Während Sie den Cursor ziehen, zeigt ein grauer Balken die neue Position des Vorgangs an (siehe Abbildung 1.5).

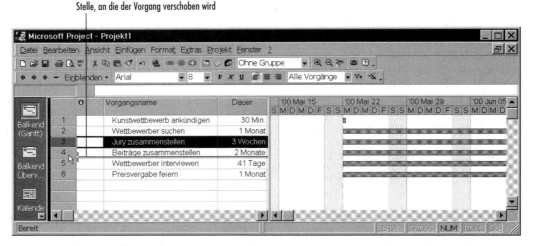

Abbildung 1.5: Einen Vorgang zu verschieben ist so einfach wie das Ziehen des Cursors.

3. **Lassen Sie die Maustaste los.**

   Der Vorgang erhält eine neue Nummer und befindet sich jetzt an seiner neuen Position.

Wenn Sie Vorgänge nacheinander eingeben und dann feststellen, dass Sie zwischen ihnen etwas einfügen müssen, brauchen Sie nur den neuen Vorgang einzuschieben. Microsoft Project kommt dadurch nicht durcheinander (siehe Abbildung 1.5).

Die Dauer ändern

Die Änderung einer Vorgangsdauer ist in den frühen Phasen eines Projekts einfach und schmerzlos. Sie klicken einfach auf die Vorgangsdauer, die Sie ändern wollen, und geben eine neue Zahl und Zeiteinheit ein. Führen Sie die folgenden Schritte aus:

1. **Markieren Sie eine Vorgangsdauer, indem Sie darauf klicken.**
2. **Geben Sie eine neue Dauer ein.**

   Falls Sie lieber mit der Maus arbeiten, können Sie auch auf eine der Schaltflächen des Drehfelds neben der Dauer klicken, um die Zeit zu verlängern oder zu verkürzen. Beachten Sie nur, dass das Drehfeld nicht die eingestellte Zeiteinheit (Minuten, Stunden, Tage, Wochen oder Monate) ändert. Falls beispielsweise die Anzahl der Minuten über 59 liegt, sollten Sie erwägen, die Einheit von Minuten in Stunden zu ändern.

   Microsoft Project ändert sowohl die Dauer in dem Spaltenfeld als auch rechts in der grafischen Darstellung, dem sogenannten *Balkendiagramm (Gantt)*.

3. **Um die Vorgangsdauer zu verlassen, drücken Sie auf ⌈Enter⌉ oder klicken auf eine beliebige Stelle des Bildschirms.**

Vorgänge verknüpfen

Zwei der wichtigsten Entscheidungen, die Sie als Projektmanager treffen müssen, bestimmen die Reihenfolge Ihrer Vorgänge und die Abhängigkeiten der Vorgänge untereinander. Wenn beispielsweise Vorgang 2 erst anfangen kann, wenn Vorgang 1 erledigt ist, dann ist Vorgang 2 von Vorgang 1 abhängig. Diese Abhängigkeit wird als *Vorgangsbeziehung* bezeichnet. Glücklicherweise mag Microsoft Project das Ordnen von Vorgängen und das Arbeiten mit Beziehungen. Die entsprechende Methode wird als *Verknüpfen* bezeichnet.

Die Dauer jedes Vorgangs wird grafisch in dem BALKENDIAGRAMM (GANTT) auf der rechten Seite dargestellt. Die Voreinstellung der Zeitskala in dem Diagramm misst Wochen und Tage. Ein Vorgang, der weniger als einen Tag dauert, wird als Balken dargestellt, der nur einen Tagesbruchteil lang ist. Andere Vorgänge dauern länger und haben Balken, die von hier bis Timbuktu reichen.

Die meisten Vorgänge von Projekten können nicht gleichzeitig erledigt werden. In der Regel müssen in Projekten bestimmte Vorgänge erledigt sein, bevor andere Vorgänge starten können. Microsoft Project stellt eine sehr einfache Methode zur Verfügung, um Vorgänge sequenziell zu ordnen. Um Vorgänge zu verknüpfen, führen Sie einfach die folgenden Schritte aus:

1. **Klicken Sie auf das Feld von Vorgang 1.**
2. **Klicken Sie und halten Sie die Maustaste gedrückt, und ziehen Sie sie dann nach unten, bis Sie alle Vorgänge gewählt haben.**
3. **Lassen Sie die Maustaste los.**

    Alle Vorgänge auf dem Bildschirm sind markiert.

4. **Klicken Sie auf die Schaltfläche VORGÄNGE VERKNÜPFEN.**

    Die Vorgänge werden in dem Diagramm verknüpft (siehe Abbildung 1.6).

In Microsoft Project wird die Standardvorgangsbeziehung als *Ende-Anfang* bezeichnet, weil ein Vorgang beendet sein muss, bevor der nächste anfangen kann. Microsoft Project bietet Ihnen drei weitere Vorgangsbeziehungen an: Ende-Ende, Anfang-Anfang und Anfang-Ende. In Kapitel 4 werden diese Beziehungen genauer erklärt.

Ganz nett, nicht wahr? Aber wo sind die ganzen Vorgänge hin? Eben waren sie noch da, und jetzt scheinen sie auf einmal verschwunden zu sein. Tatsächlich ist alles in Ordnung. Wenn Sie die Vorgänge verknüpfen, werden sie über die gesamte Zeitdauer verteilt. Das BALKENDIAGRAMM (GANTT) kann nicht den gesamten Zeitraum zeigen, der von den verknüpften Vorgängen beansprucht wird. Das ist kein Grund zur Sorge. In Microsoft Project können Sie Ihre Arbeit auch komplett überblicken. Sie müssen einfach nur einige Fakten über den Umgang mit der Benutzerschnittstelle von Microsoft Project kennen.

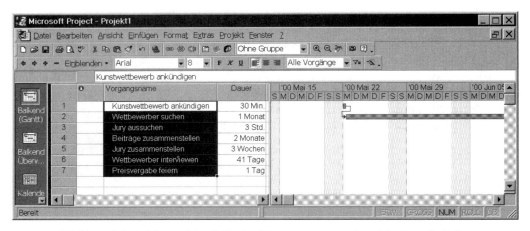

Abbildung 1.6: Auf der rechten Seite des Diagramms erstrecken sich die verknüpften Vorgänge über die Zeit.

Sich mit der Benutzerschnittstelle von Microsoft Project vertraut machen

Microsoft Project funktioniert wie ein Kombigerät, das aus einem Teleskop, einem Mikroskop und einem Radargerät besteht und jederzeit darauf wartet, Ihnen Ihr Projekt aus zahlreichen Perspektiven zu zeigen. Der Trick besteht darin, den Zugang zu den entsprechenden Funktionen von Microsoft Project zu finden und diese dann zu nutzen. Zu diesem Zweck müssen Sie sich mit den sogenannten *Ansichten* des Programms vertraut machen.

Worum geht es bei dieser seltsamen Schnittstelle? Das Balkendiagramm (Gantt)

Bei Projekten geht es um das Managen von Zeit. Sie müssen wissen, wann bestimmte Vorgänge beginnen, wann sie enden sollen und wann Ihr Projekt insgesamt beendet sein muß. Wie können Sie herausfinden, wann Vorgänge stattfinden, nachdem sie verknüpft wurden? Die Standardansicht von Microsoft Project teilt den Bildschirm in ein Vorgangsblatt, in dem Sie Ihre Vorgänge, deren Dauern und andere Informationen eingeben, sowie in ein *Balkendiagramm (Gantt)*, das Ihnen das Projekt grafisch anzeigt (siehe Abbildung 1.7).

Die folgende Liste beschreibt einige wichtige Elemente der Umgebung von Microsoft Project:

✔ **Titelleiste:** Die Titelleiste zeigt den Programmnamen *Microsoft Project* sowie den Namen des aktuellen Dokuments an. Solange Sie die Datei nicht unter einem anderen Namen speichern, lautet der Dateiname *Projectx*. Das *x* repräsentiert eine laufende Nummer, die fortgezählt wird, wenn Sie neue Projekte erstellen (Projekt1, Projekt2 usw.).

✔ **Menüleiste:** Wahrscheinlich ist Ihnen die *Menüleiste* bereits vertraut, selbst wenn Ihnen die Bezeichnung egal ist. Wenn Sie auf eines der Wörter in der Menüleiste (wie beispielsweise DATEI, BEARBEITEN, ANSICHT usw.) klicken, wird ein Menü mit den verfügbaren Optionen geöffnet. Falls eine Option zu einem bestimmten Zeitpunkt nicht verfügbar ist, wird sie grau dargestellt. Falls hinter einer Option Auslassungspunkte (...) stehen, wird beim Anklicken der Option ein Dialogfeld geöffnet, in dem Sie Informationen eingeben und zusätzliche Auswahlen treffen können.

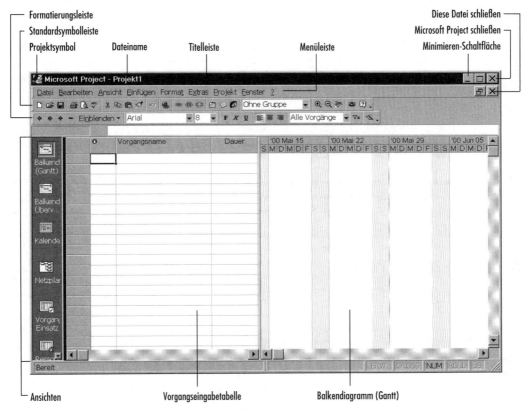

Abbildung 1.7: Die Standardumgebung von Microsoft Project

Wenn Sie ein Menü öffnen, sehen Sie wahrscheinlich einige Menübefehle sowie einen Doppelpfeil. Wenn Sie auf den Doppelpfeil klicken, wird das Menü erweitert, um alle verfügbaren Befehle anzuzeigen. Jedes Mal, wenn Sie einen Menübefehl wählen, rückt dieser in dem Menü um einen Platz nach oben. Sie sollten deshalb nicht überrascht sein, wenn die Menübefehle ihre Positionen in den Menüs ändern. Falls Sie durch dieses Verhalten irritiert werden, klicken Sie auf den Menübefehl EXTRAS|ANPASSEN|SYMBOLLEISTEN, um das Dialogfeld Anpassen zu öffnen. Klicken Sie dort auf die Registerkarte Optionen, und deaktivieren Sie das Kontrollkästchen Menüs zeigen zuletzt verwendete Befehle zuerst an. Damit verhalten sich die Menüs wie vor der 2000er-Version.

✔ **Symbolleisten:** Microsoft Project zeigt standardmäßig zwei Symbolleisten an. Die Standardsymbolleiste enthält die meisten der Schaltflächen, die für die grundlegenden Funktionen von Microsoft Project benötigt werden – beispielsweise das für Erstellen einer neuen Datei, das Öffnen einer vorhandenen Datei, das Speichern der Arbeit, das Drucken, das Verknüpfen und Entknüpfen von Vorgängen und das Zuweisen von Ressourcen. Die Standardsymbolleiste wird im folgenden Abschnitt näher behandelt. Die Formatsymbolleiste enthält eine Mischung von Schaltflächen, die allen Microsoft-Office-Programmen gemeinsam sind, und Schaltflächen, die nur für Microsoft Project gelten, wie beispielsweise die Schaltfläche Balkenplan-Assistent. Die Formatsymbolleiste wird weiter unten behandelt.

Mit dem Menübefehl Ansicht|Symbolleisten können Sie weitere Symbolleisten anzeigen. Kapitel 20 beschäftigt sich ausschließlich mit Symbolleisten.

✔ **Eingabeleiste:** Das lange leere Feld unter der Formatsymbolleiste ist die Eingabeleiste. Die Eingabeleiste dient zum Eingeben und Ändern von Inhalten der Projekttabellen, wie beispielsweise der Vorgänge in der Spalte Vorgangsname. Mit der Eingabeleiste können Sie Vorgangsnamen eingeben oder ändern.

Die Standardsymbolleiste

Die folgenden Schaltflächen in der Standardsymbolleiste gibt es in den meisten Microsoft-Office-Anwendungen (siehe Tabelle 1.1).

Schaltfläche	Name	Funktion
	Neu	Ein neues Projektfenster öffnen.
	Öffnen	Den Standardordner oder den aktuellen Ordner öffnen.
	Speichern	Das aktive Projekt speichern.
	Drucken	Eine Kopie das aktiven Projekts mit den aktuellen Druckereinstellungen drucken.
	Seitenansicht	Eine Voransicht des gedruckten Dokuments anzeigen.
	Rechtschreibung	Die Rechtschreibung des aktiven Projekts prüfen.
	Ausschneiden	Eine Auswahl des aktuellen Projekts ausschneiden und in der Zwischenablage speichern.

Schaltfläche	Name	Funktion
	KOPIEREN	Eine Auswahl des aktuellen Projekts in die Zwischenablage kopieren.
	EINFÜGEN	Die aktuelle Auswahl durch den Inhalt der Zwischenablage ersetzen.
	FORMAT ÜBERTRAGEN	Das aktuelle Textformat kopieren und übertragen.
	RÜCKGÄNGIG/WIEDERHOLEN	Den letzten Befehl rückgängig machen oder wiederholen (im Gegensatz zu Word, Excel und PowerPoint, die über separate Schaltflächen für beide Funktionen verfügen).
	MICROSOFT PROJECT-HILFE	Die Hilfethemen von Microsoft Project öffnen.

Tabelle 1.1: Gemeinsame Schaltflächen in der Standardsymbolleiste

Tabelle 1.2 zeigt die Schaltflächen in der Standardsymbolleiste an, die speziell für Microsoft Project gelten.

Schaltfläche	Name	Funktion
	Hyperlink einfügen	Das Dialogfeld HYPERLINK EINFÜGEN öffnen, mit dem Sie einen Vorgang mit einem Hyperlink verknüpfen können.
	Vorgänge verknüpfen	Die ausgewählten Vorgänge mit einer standardmäßigen Ende-Anfang-Beziehung verknüpfen.
	Vorgangsverknüpfungen entfernen	Die Verknüpfung zwischen den ausgewählten Vorgängen entfernen.
	Vorgang unterbrechen	Eine nicht aktive Periode innerhalb eines Vorgangs erstellen.
	Informationen zum Vorgang	Das Dialogfeld INFORMATIONEN ZUM VORGANG. (Diese Schaltfläche hat dieselbe Funktion wie ein Doppelklick auf den Vorgang.)
	Vorgangsnotizen	Das Dialogfeld INFORMATIONEN ZUM VORGANG mit der Registerkarte Notizen öffnen.
	Ressourcen zuordnen	Das Dialogfeld RESSOURCEN ZUORDNEN öffnen.
	Vergrößern	Im Balkendiagramm (Gantt) die Zeitskala verkürzen.
	Verkleinern	Im Balkendiagramm (Gantt) die Zeitskala verlängern.
	Gehe zu ausgewähltem Vorgang	Im Balkendiagramm (Gantt) zu dem ausgewählten Vorgang gehen.
	Bild kopieren	Das Dialogfeld BILD KOPIEREN öffnen, mit dem Sie einen Schnappschuss eines Teils oder der gesamten Balkendiagramm-Ansicht machen können.

Tabelle 1.2: Schaltflächen in der Standardsymbolleiste, die speziell für Microsoft Project gelten

Wenn Sie auf eine Schaltfläche einer Symbolleiste klicken, um eine Grundfunktionen auszuführen, können Sie deren Einstellungen nicht ändern. Wenn Sie beispielsweise auf die Schaltfläche DRUCKEN klicken, verwendet Ihr Computer beim Drucken automatisch die Standardeinstellungen oder die Einstellungen, die Sie zuletzt festgelegt haben. Sie können die Druckereinstellungen auf diesem Weg nicht ändern. Wenn Sie dagegen den Menübefehl DATEI|DRUCKEN wählen, können Sie die Druckereinstellungen für das Dokument wählen.

Überall Schaltflächen

Microsoft Project verfügt über zahlreiche nützliche Schaltflächen, mit denen Sie die Ausführung von Projektmanagement-Funktionen abkürzen können. Sie müssen diese Schaltflächen nur kennen und sich an sie erinnern.

Selbst wenn Sie Microsoft Project täglich benutzen, fällt es Ihnen möglicherweise schwer, sich an die Funktion jeder Schaltfläche zu erinnern. Kein Problem! Sie können die Funktion einer Schaltfläche leicht mit zwei Online-Hilfsfunktionen von Microsoft Project feststellen: der QuickInfo und der Direkthilfe.

Die QuickInfo ist einfach, aber sehr hilfreich. Fahren Sie mit der Maus auf eine Schaltfläche einer Symbolleiste (ohne auf die Schaltfläche zu klicken). Nach einem Moment wird eine Kurzbeschreibung der Funktion dieser Schaltfläche angezeigt.

Falls die QuickInfo nicht angezeigt wird, ist die Funktion wahrscheinlich abgeschaltet. Sie können die Funktion über den Menübefehl ANSICHT|SYMBOLLEISTEN|ANPASSEN aktivieren. Damit öffnen Sie das Dialogfeld ANPASSEN. Klicken Sie auf die Registerkarte OPTIONEN, und aktivieren Sie das Kontrollkästchen QUICKINFO AUF SYMBOLLEISTEN ANZEIGEN. Wählen Sie im Listenfeld MENÜANIMATION eine der angebotenen Optionen aus (beispielsweise ENTFALTEN), und klicken Sie danach auf SCHLIESSEN.

Wenn Sie Informationen über die Funktion einer speziellen Schaltfläche haben wollen, wählen Sie den Menübefehl ?|DIREKTHILFE, und klicken Sie danach auf die Schaltfläche, über die Sie Näheres erfahren wollen. Dann wird eine Kurzbeschreibung der Funktion dieser Schaltfläche angezeigt.

Die Formatsymbolleiste

Die Formatsymbolleiste ist die vierte horizontale Leiste. Die Formatsymbolleiste enthält eine Mischung von Schaltflächen, die allen Microsoft-Office-Programmen gemeinsam sind, sowie Schaltflächen, die speziell für Microsoft Project gelten. Einige der interessanteren Schaltflächen werden in Tabelle 1.3 gezeigt.

Schaltfläche	Name	Funktion
+	Teilvorgänge einblenden	Alle Teilvorgänge von Vorgängen anzeigen.
−	Teilvorgänge ausblenden	Alle Teilvorgänge von Vorgängen ausblenden.
Einblenden ▼	Einblenden	Eine Dropdownliste öffnen, mit der Sie die Gliederungsebene der Teilvorgänge wählen können, die Sie anzeigen wollen.
▽=	AutoFilter	Für jede Spalte in einem Vorgangs- oder Ressourcenblatt eine Filterfunktion aktivieren.
⚒	Balkenplan-Assistent	Einen Assistenten für die Formatierung von Balkendiagrammen öffnen.

Tabelle 1.3: Wichtige Schaltflächen in der Formatsymbolleiste

Megahilfe für viele Bedürfnisse

In Microsoft Project können Sie auf viele verschiedene Weisen Hilfe in unterschiedlichem Umfang anfordern. Dies ist nützlich, weil das Programm so mächtig ist und über so viele Funktionen verfügt, dass Sie einen großen Teil Ihrer Zeit damit verbringen könnten, sich die Funktion der diversen Schaltflächen oder den Sinn bestimmter Ansichten einzuprägen.

Die große Auswahl am Hilfsfunktionen zählt zu den wirklich nützlichen Errungenschaften der neuen Microsoft-Office-Produkte. Über das Hilfemenü können Sie sich von diversen Microsoft-Office-Assistenten Vorschläge zu zahlreichen Verfahren unterbreiten lassen.

Wählen Sie ?|MICROSOFT PROJECT-HILFE, oder drücken Sie auf F1, um den Microsoft-Office-Assistenten zu starten. Der Office-Assistent bietet Ihnen eine Reihe humorvoller, animierter Formulare an – standardmäßig beispielsweise *Karl Klammer*. Die einzige Sinn und Zweck dieser Assistenten besteht darin, permanent Hilfe anzubieten. Der Office-Assistent ist ein interaktiver Führer, der Ihnen angeblich hilft, Antworten auf Fragen zu finden, die in Ihrem jeweiligen Kontext innerhalb der Benutzerschnittstelle oder innerhalb einer Prozedur auftreten können. Mich macht diese Funktion verrückt. Aber es scheint Leute zu geben, denen diese Funktion gefällt, weil Microsoft die Rolle der Office-Assistenten weiter ausbaut.

Mit dem Menübefehl ?|INHALT UND INDEX können Sie das Standardhilfefenster zur Suche nach Informationen oder nach Antworten auf Ihre Fragen öffnen. Das Hilfeprogramm arbeitet mit drei Registerkarten, die ein altmodisches, hierarchisches Inhaltsverzeichnis, einen Index und eine Suchfunktion anbieten. Das ist schon mehr nach meinem Geschmack.

Mit dem Menübefehl ?|DIREKTER EINSTIEG können Sie einige Lernprogramme aufrufen, die Sie Ihnen die Grundlagen des Programms und einige Grundlagen des Projektmanagements erläutern.

Ihre Arbeit speichern und das Programm beenden

Das Speichern einer Projektdatei und das Verlassen von Microsoft Project erfolgen im Wesentlichen wie bei anderen Microsoft-Office-Programmen. Die einzige Variante besteht hier in einem Planungs-Assistenten, der Sie fragt, ob Sie die Projektdatei mit einem oder ohne einen Basisplan speichern wollen. Ein *Basisplan* ist ein Schnappschuss einer Projektdatei, die Sie später zum Vergleich heranziehen können, wenn das Projekt tatsächlich begonnen hat. Typischerweise sollten Sie das Projekt ohne Basisplan speichern, bis Sie alle Bestandteile des Projektplans eingegeben haben. Um die Datei zu speichern und das Programm zu verlassen, führen Sie die folgenden Schritte aus:

1. **Wählen Sie** D<small>ATEI</small>|B<small>EENDEN</small>.

    Der Office-Assistent fragt Sie, ob Sie Ihr Projekt speichern wollen.

2. **Klicken Sie auf** J<small>A</small>.

    Das Dialogfeld S<small>PEICHERN UNTER</small> wird angezeigt.

3. **Wählen Sie einen Ordner, in dem Sie die Datei speichern wollen.**

    Bei Bedarf können Sie einen neuen Ordner für Ihre Projektdateien erstellen – beispielsweise Projektdateien. Ziemlich raffiniert, nicht wahr?

4. **Geben Sie einen Namen für Ihre Datei ein, und klicken Sie auf die Schaltfläche** S<small>PEICHERN</small>.

Ein Planungs-Assistent erscheint und fragt Sie, ob Sie Ihr Projekt mit oder ohne Basisplan speichern wollen. (Der Basisplan wird ausführlich in Kapitel 16 beschrieben.) Im Moment sollten Sie Ihre Datei ohne Basisplan speichern. Jetzt können Sie Microsoft Project verlassen.

Projektinformationen sammeln

In diesem Kapitel

▶ Was macht ein Projekt zu einem Projekt?
▶ Das Ziel definieren
▶ Die Phasen des Projekts festlegen
▶ Die Phasen in Vorgänge zerlegen
▶ Informationen zusammenstellen

Microsoft Project hat einen unersättlichen Appetit: Es verschlingt alle Informationen, die Sie ihm geben. Es zählt zu Ihren wichtigsten Aufgaben als Projektmanager, das Programm mit den passenden Daten zu füttern. Die Informationen, die Sie in Microsoft Project eingeben, können einfach oder kompliziert sein, je nachdem wie viel Arbeit die Software leisten soll.

Falls Sie mit Microsoft Project einen Flohmarkt in der Nachbarschaft veranstalten wollen, sind Ihre Daten einfach und beschränkt. Falls Sie mit Microsoft Project eine Expedition organisieren und verwalten wollen, welche die Suche nach dem Sasquatch in den fernen Regionen von Borneo zum Ziel hat, müssen Sie alle möglichen Arten wichtiger Informationen erfassen. Mit Microsoft Project können Sie – wenn Sie die Daten richtig eingeben – die Komplexitäten selbst der größten Anforderungen bewältigen. Dieses Kapitel hilft Ihnen, die Informationen zusammenzutragen und zu organisieren, die Sie für ein Projekt benötigen, egal, ob dieses groß oder klein ist.

Was ist ein Projekt?

Ein *Projekt* ist eine Folge von Aktionen zur Erstellung eines einmaligen Produkts oder zur Erbringung einer Leistung. Diese Definition hört sich möglicherweise etwas geschwollen an, aber sie ist sinnvoll (wie ich Ihnen in diesem Kapitel zeigen werde). *Projektmanagement* ist die Tätigkeit, die Sie und Ihre Teammitglieder ausführen, wenn Sie Ihr Wissen und Ihre Erfahrungen einsetzen, um Ihre Projektziele zu erreichen.

Wichtiger als die Definition der Begriffe *Projekt* und *Projektmanager* ist jedoch die Definition Ihres Projekts selbst. Welche Informationen benötigen Sie für Ihren Projektplan? Womit fangen Sie an? Was müssen Sie wissen und steuern, um den Erfolg sicherzustellen? Dieses Kapitel hilft Ihnen, diese und andere schwierige Fragen zu beantworten.

Sie können Sie die Vorschläge in diesem Kapitel lesen und parallel dazu mit der Arbeit an Ihrem Projekt beginnen. Verwenden Sie zu diesem Zweck Microsoft Word, um die Datei DEFINITION.DOC zu öffnen, die sich in dem Ordner FORMULARE auf der beiliegenden CD-ROM befindet. Das Formular PROJEKTDEFINITION (siehe Abbildung 2.1) soll die Abschnitte dieses Kapitels ergänzen. Es ist hilfreich, wenn Sie das Formular mit der Projektdefinition ausdrucken und als Referenz für die spätere Arbeit bereithalten. Falls Sie in einem Team arbeiten, sollten Sie für jedes Mitglied ebenfalls eine Kopie des Formulars ausdrucken.

Projektdefinition		
Kategorie	Frage	Ihre Antwort
Temporär	Wodurch wird der Beginn des Projekts markiert?	
	Wie lautet das Startdatum des Projekts?	
	Wodurch wird das Ende des Projekts markiert?	
	Wann muss das Projekt abgeschlossen sein? (Wobei Sie bei Microsoft Project entweder Start- oder Enddatum verbunden mit der Dauer des Projektes eingeben, je nachdem wird Beginn oder Ende dann berechnet.)	
	Wann (an welchem Datum) beginnt Ihre Verantwortung als Projektmanager?	
	Wodurch wird das Ende Ihrer Verantwortung als Projektmanager markiert?	
	Wie viele Personen oder welche Hilfsmittel benötigen Sie zeitweilig für Ihr Projektteam?	
	Welche Projektteammitglieder können Sie in diesem Moment namentlich angeben?	

Abbildung 2.1: Das Formular für die Projektdefinition und die anderen Formulare auf der CD-ROM helfen Ihnen, mit der Arbeit an Ihrem Projekt anzufangen.

2 ➤ Projektinformationen sammeln

Zunächst einmal sind Projekte nicht etwas, was Sie an Ihrem Arbeitsplatz jeden Tag ausführen. Im Allgemeinen können Sie Ihre Arbeit in die folgenden Kategorien einteilen:

- **Daueraufgaben:** Daueraufgaben sind die Arbeiten, die Sie wiederholt routinemäßig ausführen.
- **Projekte:** Projekte haben bestimmte Ziele, die separat von den normalen Funktionen erreicht werden sollen.

Wenn ich beispielsweise an meinen Computer arbeite, führe ich die folgenden Tätigkeiten aus:

- Briefe schreiben
- Rechnungen schicken
- Telefonieren

Dies sind normale Tätigkeiten. Doch heute ist es anders. Ich sitze an demselben Computer und führe scheinbar dieselben Tätigkeiten aus, aber ich arbeite an einem Projekt: Ich schreibe ein Buch.

Nach DIN 69901 ist ein Projekt ein Vorhaben, das im wesentlichen durch eine Einmaligkeit der Bedingungen in ihrer Gesamtheit gekennzeichnet ist, wie z.B. eine Zielvorgabe, zeitlich, finanzielle und personelle Bedingungen, die Abgrenzung gegenüber anderen Vorhaben und eine projektspezifische Organisation.

Damit eine Aufgabe als Projekt betrachtet werden kann, muss sie über die folgenden Eigenschaften verfügen: Sie muss in einem *bestimmten Zeitraum* abgeschlossen sein; sie muss über *separate Faktoren* verfügen; sie *schreitet fort*; und sie *endet* mit einem *Produkt* oder einer *Leistung*.

Den Zeitrahmen eines Projekts begrenzen

Per Definition ist ein Projekt zeitlich begrenzt. Es hat einen Anfang und ein Ende. Üblicherweise begleitet der Projektmanager das Projekt von Anfang bis Ende (oder wenigstens auf einem großen Teil dieses Weges).

Um sicherzustellen, dass das Projekt erfolgreich abgeschlossen wird, müssen Sie die Verantwortung dafür übernehmen, den Terminplan des Projekts einzuhalten und die Ressourcen zuzuteilen, die benötigt werden, um das Projekt durchzuführen.

Beispielsweise hatte dieses Buch einen definitiven Anfang, der durch die Einsendung des Vorschlags an den Verleger markiert wurde. Dieses Buchprojekt endet (für mich), wenn seine endgültige Version zur Veröffentlichung abgenommen wird oder wenn der Endtermin überschritten wird. Ein Projekt ist zeitlich begrenzt, weil das daran beteiligte Projektteam normalerweise nur zum Zwecke des Projekts gebildet wird.

Warum ist es wichtig, die zeitliche Begrenztheit eines Projekts zu berücksichtigen? Dafür gibt es viele Gründe. Beispielsweise bringen temporäre Projekte den »normalen« Arbeitsablauf durcheinander. Wenn jemand die Aufgabe erhält, Sie bei einem Projekt zu unterstützen, können Sie mit größeren Konflikten konfrontiert werden, falls die Person nicht in der Lage ist, diese außer der Reihe liegenden Anforderungen in ihrem normalen Terminplan unterzubringen, oder falls sie es nicht schafft, andere Aufgaben abzuwimmeln, die ihr von irgendwelchen unteren Chargen zugewiesen werden.

Andere Beispiele für potenzielle Probleme, die auf die temporäre Natur eines Projekts zurückzuführen sind, können ganz profan sein – kein Zugang zur Kopiermaschine oder keine eigene Portokasse.

Sie müssen in der Lage sein, temporäre Änderungen in Ihrem Arbeitsablauf und in Ihrer Arbeitsumgebung zu erkennen, und müssen diese Änderungen allen Leuten mitteilen, die von diesen Umständen betroffen sein könnten.

Microsoft Project hilft Ihnen, die riesige Aufgabe des Projektmanagements zu bewältigen, wenn Sie ihm die folgenden Arten von Informationen eingeben:

✔ Den Anfangstermin des Projekts und/oder bestimmte Ereignisse, die den Beginn des Projekts markieren

✔ Den Endtermin des Projekts und die Kriterien, die seine Fertigstellung bestimmen

✔ Die Umstände, unter denen Sie Ihre Pflichten als Projektmanager aufnehmen und beenden

✔ Die Ressourcen, die Sie für Ihr Projekt benötigen, einschließlich der Personen, der technischen Geräte und der Teammitglieder, die Ihnen dabei helfen können, das Projekt erfolgreich abzuschließen

Sie finden *Material* oder *Arbeit* als Wähloption in einer separaten Spalte. Für *Material* gibt es auch noch die Möglichkeit der Materialbeschriftung in einer separaten Spalte.

Die Einzigartigkeit eines Projekts

Ihr Projekt verfügt über einzigartige Faktoren. Jedes Produkt, das durch ein Projekt erstellt wird, unterscheidet sich auf irgendeine Art und Weise von anderen Produkten oder Leistungen. Wenn Sie ein Projekt verwalten, entwickeln Sie etwas, was es vorher nicht gab. Es spielt keine Rolle, ob das Projekt eine Landung auf dem Mars, die Planung einer Party oder die Erforschung einer neuen Art von Kichererbsen zum Inhalt hat. Falls es sich um ein Projekt handelt, ist es eine einmalige Sache. Dies trifft nicht auch Projekte zu, die bereits vorher schon einmal oder mehrfach gelaufen sind, wie z.B. ein Software-Releasewechsel o.ä.

MITP veröffentlicht zahlreiche nützliche und faszinierende Bücher. Aber das *Microsoft Project 2000 für Dummies*-Projekt hat seinen eigenen speziellen Schwerpunkt: Termine, Projektteams, Marketingstrategien usw. Dieses Buch ist einzigartig.

Es ist wichtig, dass Sie sich stets die Einzigartigkeit Ihres Projekts vor Augen halten, weil Sie dadurch weniger Gefahr laufen, Annahmen über Ihr Projekt zu treffen, bevor Sie damit begonnen haben. Falls Sie sich in der falschen Sicherheit wiegen, dass Sie bereits früher Projekte abgewickelt haben, laufen Sie Gefahr, die Unterschiede zwischen Ihrem Projekt und anderen zu übersehen.

Sie müssen gründlich darüber nachdenken und voll verstehen, was die Einzigartigkeit Ihres Projekts ausmacht. In dieser Einzigartigkeit liegt die Lebenskraft des Projekts. Beantworten Sie speziell die folgenden Fragen, wenn Sie das Projekt analysieren:

- ✔ Worin besteht die Einzigartigkeit Ihres Projekts?
- ✔ Haben andere Projekte bereits ähnliche Ziele erreicht?
- ✔ In welcher Hinsicht ähnelten die anderen Projekte Ihrem Projekt? In welcher Hinsicht unterschieden sie sich von Ihrem jetzigen Projekt?
- ✔ In welcher Hinsicht waren die früheren Projekte erfolgreich oder Fehlschläge?

Den Projektfortschritt verfolgen

Es gehört zu einem Projekt, separate, aber zusammenhängende Ereignisse auf einer Timeline (Zeitlinie, Zeitachse) anzuordnen, die den Zeitrahmen für die Fertigstellung eines Produkts oder die Erbringung einer Leistung vorgibt. Ein Projekt wird angestoßen, um etwas hervorzubringen, was es vorher nicht gab.

Die meisten Projekte durchlaufen mehrere Phasen, um das Produkt zu erstellen oder die Leistung zu erbringen. Die Auftraggeber des Projekts interessieren sich häufig nicht nur für das Ergebnis des Projekts, sondern auch für seine einzelnen Phasen. Als Projektmanager müssen Sie diese Personen über den Status des Projekts auf dem Laufenden halten, während dieses auf der Zeitlinie fortschreitet. Mitteilungen über den Status des Projekts während einzelner Phasen sind wichtig und häufig schwierig zu erstellen. Microsoft Project ist ein mächtiges Werkzeug, um Informationen von den Personen einzuholen und zu organisieren, die für die Projektvorgänge zuständig sind. Außerdem können Sie mit Microsoft Project den Auftraggebern des Projekts helfen, die technischen Konzepte besser zu verstehen, die in den einzelnen Phasen des Projekts eine Rolle spielen.

Das Projektziel formulieren

Ein *Ziel* ist etwas, das Sie festlegen, um den Fortschritt und den Erfolg Ihres Projekts zu messen. Ihr Projekt ist erfolgreich, wenn es auf der Zeitlinie fortschreitet und in der Erreichung Ihrer Ziele gipfelt. Bedenken Sie die folgenden drei Dinge, wenn Sie Ihr Ziel formulieren:

- ✔ **Ist das Ziel des Projekts klar?** Unklare Ziele haben nur einen geringen Wert. Eine brauchbare Zielformulierung ist spezifisch und messbar. Beispielsweise ist das Ziel »Ich werde innerhalb von drei Monaten 23 Pfund abnehmen.« eine spezifische und messbare Zielformulierung. Dagegen ist die Formulierung »Ich werde abnehmen.« unbestimmt.

- ✔ **Ist das Ziel erreichbar?** Eine brauchbare Zielformulierung eröffnet Ihrem Projekt die besten Erfolgschancen. Bewundernswerte Ziele sind nicht notwendigerweise erreichbar. Kann Ihr Projekt sein formuliertes Ziel realistischerweise und definitiv erreichen? Falls Sie sich ein realistisches Ziel gesetzt haben, bestehen die besten Aussichten, es auch zu erreichen.

- ✔ **Muss das Ziel an der Wirklichkeit überprüft werden?** Eine brauchbare Zielformulierung berücksichtigt die Umgebung, in der das Projekt realisiert werden soll. Möglicherweise ist Ihre Zielformulierung spezifisch und messbar, vielleicht ist das Ziel auch erreichbar, aber kann es auch innerhalb des gewünschten Zeitraums realisiert werden? Beispielsweise kann es sein, dass Ihr Projektziel nicht mit der Wirklichkeit der Urlaubspläne Ihrer Teammitglieder vereinbar ist.

Projektphasen

Eine Projektphase ist eine Gruppe von Vorgängen, die ein Projekt innerhalb eines Projekts repräsentiert. Üblicherweise besteht das Ergebnis einer Phase in der Fertigstellung eines Schritts oder eines Zwischenziels innerhalb eines Projekts. In Microsoft Project besteht eine Phase aus einem Sammelvorgang und seinen Teilvorgängen.

Die Vorteile von Phasen verstehen

Kleine Projekte mit wenigen Vorgängen benötigen keine Phasen. Projekte mit einer gewissen Komplexität oder zahlreicheren Vorgängen sind in der Regel in Phasen aufgeteilt. Dafür gibt es einen logischen Grund. Normalerweise werden die Arbeiten innerhalb von Projekten gruppenweise erledigt. Phasen bestehen aus Vorgängen, die der Reihe nach ausgeführt werden müssen, um die Phase abzuschließen. Wenn Ihr Projekt beispielsweise einen Umzug beinhaltet, können Sie die folgenden Phasen unterscheiden:

- ✔ Temporären Kundendienst einrichten
- ✔ Möbel an den neuen Standort bringen
- ✔ Umzug bekannt geben

Die obigen Phasen hängen nicht voneinander ab, aber jede Phase ist erforderlich, um das Projekt abzuschließen. Die Phasen bestehen aus Vorgängen. Beispielsweise könnte die Phase *Temporären Kundendienst einrichten* aus den folgenden Vorgängen bestehen:

✔ Computer mieten

✔ Temporäres Büro einrichten

✔ Telefone umschalten

Die folgende Liste beschreibt einige Eigenschaften von Phasen:

✔ **Phasen schreiten in Zyklen fort.** Eine Phase beginnt, wird ausgeführt und endet mit dem Beginn der nächsten Phase.

✔ **Phasen produzieren ein Zwischenprodukt oder eine Zwischenleistung.** Der Projektmanagement-Terminus für ein Zwischenprodukt ist *Zwischenergebnis* (engl. *deliverable*). Ein Beispiel für einen Zwischenergebnis sind die Blaupausen eines Architekten. Die Blaupausen sind das Zwischenprodukt, das während der Entwurfsphase erstellt wird, um die Konstruktionsphase des Projekts zu ermöglichen.

✔ **Phasen enden mit einer Überprüfung.** Eine Phase muss im Hinblick darauf beurteilt werden, ob sie ihre Ziele erreicht hat, um die nächste Phase möglich zu machen.

Die meisten Projekte bestehen aus fünf bis sieben Phasen, aber einige verfügen über erheblich mehr Phasen. Einfache Projekte haben normalerweise wenigstens drei Phasen:

✔ **Projektplanungsphase**

✔ **Projektausführungsphase**

✔ **Projektabschlussphase**

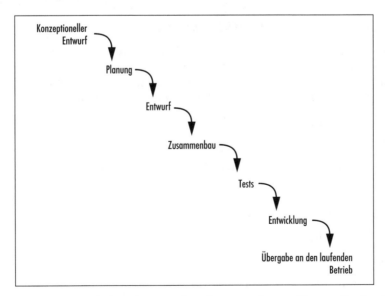

Abbildung 2.2: Ein Projekt besteht normalerweise aus mehreren Phasen, die einzeln zum Gesamterfolg des Projekts beitragen.

Nachdem alle Verträge überprüft und andere Verwaltungsarbeiten erledigt wurden, werden die Rechnungen bezahlt, das Projektteam wird aufgelöst, und die Wartung des Produkts wird für dessen Lebensdauer in den normalen Geschäftsbetrieb eingegliedert. Obwohl das Produkt weiter existiert, ist das Projekt beendet. (In Kapitel 3 erfahren Sie, wie Microsoft Project mit Phasen arbeitet, um Vorgänge zu gruppieren.) Abbildung 2.2 zeigt eine Reihe von Phasen, die mit einem erfolgreich abgeschlossenen Projekt enden.

Projektphasen identifizieren

Ein Projekt in Phasen zu zerlegen ist eine gute Methode, um seine Einzelheiten zu identifizieren. Um ein Projekt abzuschließen, nutzen die Phasen Ihres Projekts Ressourcen, erreichen Meilensteine und geben Zwischenergebnisse an die nächste Phase weiter.

In gewisser Weise definieren Phasen ihre eigene Existenz. Bestimmte Vorgänge gehören zusammen, um ein Zwischenergebnis zu erstellen. Wenn Sie ein Haus bauen, erfolgt die Sanitärinstallation erst, wenn die Wände stehen. Die Sanitärinstallation gehört zu einer Phase, die nach dem Hochziehen der Wände stattfindet.

Phasen können gleichzeitig ablaufen. Um auf den Hausbau zurückzukommen: Das Hochziehen der Wände kann gleichzeitig mit den Arbeiten zur Gartengestaltung im Außenbereich erfolgen. Ebenso können bestimmte Elemente einer Phase gleichzeitig ablaufen: Der Einbau der Wandschränke kann parallel zum Einbau der Küchenschränke erfolgen.

Die vielen Funktionen eines Projektmanagers

Falls Sie Projektmanager sind, haben Sie viele Funktionen. Glücklicherweise ist Microsoft Project ein großartiger Diener, der Ihnen hilft, jederzeit möglichst das Richtige zu tun. Abhängig von Ihrem Unternehmen sind Sie in unterschiedlichem Maße für die *Entwicklung und Pflege des Projektplans* verantwortlich. Zu Ihren Verantwortlichkeiten gehören:

✔ Vorgänge, ihre Reihenfolge und ihre Dauer definieren

✔ Planung

✔ Ressourcenplanung (Personen, Kosten, Geräte und Materialien)

✔ Planung der Organisation

✔ Kostenabschätzung und Budgetierung

✔ Identifizierung der Risiken

✔ Qualitätsplanung

✔ Berichterstattung über die Planung

Der Projektmanager ist auch für die *Ausführung des Projektplans* verantwortlich, zu der die folgenden Vorgänge gehören:

✔ Personalausstattung

✔ Teambildung

✔ Verwaltung der Aufträge

✔ Beschaffung

✔ Kostenkontrolle

✔ Risikokontrolle

✔ Qualitätssicherung

✔ Leistungsbeurteilung

✔ Problemlösung

✔ Änderungsverwaltung

Der *Abschluss des Projektplans* umfasst üblicherweise:

✔ Vertragsabwicklung

✔ Verwaltungstechnische Abwicklung

Wenn Sie die Teile II bis VI dieses Buches durcharbeiten, werden Sie sich in diesen vielen Rollen wiederfinden – häufig sogar in allen gleichzeitig.

Ressourcen

Ressourcen sind Personen und Sachmittel (Maschinen, Materialien), die Arbeiten ausführen, die mit Ihrem Projekt verbunden sind. Microsoft Project verbindet Vorgänge mit Ressourcen. In Kapitel 5 lernen Sie, wie Sie Ressourceninformationen in ein Projekt eingeben können.

Meilensteine

Wenn Sie das Wort *Meilenstein* hören, denken Sie wahrscheinlich an ein wichtiges Ereignis. Das ist auch in Microsoft Project so. Ein Meilenstein markiert bestimmte Punkte auf der Projektzeitlinie und bezeichnet wichtige Ereignisse. Üblicherweise markieren diese Punkte den Beginn und das Ende des Projekts sowie wichtige Zwischenziele auf dem Weg zum Abschluss des Projekts. Meilensteine sind keine Zeitmaße, sondern sie zeigen Anfangs- und Endpunkte an. Aus diesem Grund weisen Sie in Microsoft Project Meilensteinen die Zeitdauer null zu.

Zwischenergebnisse

Der Output einer Phase wird zum Input der nächsten Phase. Er muss verstanden und bearbeitet werden. Jede Phase endet mit einem Zwischenergebnis (*Output*), der die Grundlage (*Input*) für den Beginn der nächsten Phase bildet. Beispiele für Zwischenergebnisse sind: ein abgeschlossener Vertrag, ein gebohrter Brunnen oder eine abgenommene Inspektion. Manchmal können Sie Projektphasen anhand der notwendigen Zwischenergebnisse festlegen. Wenn beispielsweise Ihr Unternehmen an einen neuen Standort umgezogen ist, könnte eine neue Telefonnummernliste das Zwischenergebnis der Phase »Telefonsystem verlegen« sein.

Phasen übergreifende Kommunikation

Aufzeichnen des Fortschritts (engl. *progressive elaboration*) ist der Terminus, den Microsoft Project verwendet, um den Status des Projekts festzuhalten und um Phasen übergreifend zu kommunizieren. Der Projektmanager muss die Auftraggeber des Projekts über dessen Status auf dem Laufenden halten und dabei eine Sprache verwenden, die eine Brücke zwischen den Fachsprachen der beteiligten Personengruppen schafft.

Beispielsweise kommunizieren Ingenieure in der Entwurfsphase mit Zeichnungen und Spezifikationen. Die Personen, die mit der Durchführungsphase zu tun haben, müssen diese Zeichnungen und Spezifikationen verstehen, um mit der Durchführung fortfahren zu können.

 Ein Projekt besteht häufig aus Phasen, die wiederum aus mehreren Vorgängen oder Aktivitäten bestehen. Eine Projektphase endet erfolgreich, wenn sie der folgenden Phase die Basis zur Weiterarbeit liefert.

Phasen in Vorgänge zerlegen

Ich hasse Einzelheiten. Für mich sind Einzelheiten das Wildkraut im Rasen des Lebens, und diese Abneigung gegen Einzelheiten lässt mich mit Freude an Microsoft Project denken. Ob es mir gefällt oder nicht – der Erfolg eines Projekts hängt von der Aufmerksamkeit ab, die Sie den Einzelheiten widmen. In Microsoft Project werden die Einzelheiten eines Projekts entweder als Vorgangsinformationen oder als Ressourceninformationen verwaltet.

Das Identifizieren und Verwalten der Einzelheiten eines Projekts kann mühsam und erdrückend sein. Glücklicherweise ist Microsoft Project ein mächtiges Werkzeug für das Identifizieren von Einzelheiten, für das Verwalten ihrer Beziehungen zu anderen Einzelheiten und die Verfolgung ihrer Entwicklung während des Projekts. Nachdem Sie Einzelheiten als Vorgangs- oder Ressourceninformationen eingeordnet haben, können Sie zahlreiche Funktionen von Microsoft Project verwenden, um Informationen zu analysieren und zu vergleichen.

Nachdem Sie die Phasen Ihres Projekts definiert haben, zerlegen Sie die Phasen in mehrere *Vorgänge*. Vorgänge sind einzelne Arbeitsabschnitte, die jeweils einen Anfang und ein Ende haben und jeweils bestimmte Ressourcen verwenden.

Die *Dauer* ist der Zeitumfang, der benötigt wird, um einen Vorgang abzuschließen. Microsoft Project benötigt diese Informationen, um Ihr Projekt zu verfolgen. Sie können diese Informationen in Microsoft Project mit den Zeiteinheiten *Minuten, Stunden, Tage, Wochen* oder *Monate* eingeben.

Microsoft Project verwendet diese Informationen, um Ihnen zu helfen, die Vorgangsdauern zu verfolgen und festzustellen, ob Sie genug Zeit haben, um die Vorgänge termingerecht abzuschließen. Eine der hilfreichen Funktionen von Microsoft Project besteht darin, Sie auf Inkonsistenzen in der Zeitplanung hinzuweisen. Die Entwurfsphase eines Projekts muss in die Vertragsphase eingebunden werden, damit der Entwurf ein Lieferumfang der Vertragsphase sein kann. Wie Sie sehen werden, ist Microsoft Project sehr geschickt darin, Komplexitäten dieser Art zu bewältigen.

Microsoft Project hilft Ihnen auch, Ihre Schätzungen der Vorgangsdauern zu ändern. Aber zuerst müssen Sie die Vorgangsdauern abschätzen.

Projektinformationen zusammenstellen

Eine gute Vorbereitung ist die beste Methode, um Microsoft Project zu benutzen. Microsoft Project hilft Ihnen nicht dabei, die Projektziele zu formulieren. Das Programm hilft Ihnen auch nicht dabei, Phasen oder Vorgänge zu identifizieren, und es sagt Ihnen nicht, was Ihre Ressourcen sind oder wie Ihr Zeitplan aussehen sollte. In diesem Abschnitt bereiten Sie sich darauf vor, das meiste aus Microsoft Project zu machen.

Kurz gesagt, bestehen Projekte aus einer Reihe von Phasen. Dieser Abschnitt hilft Ihnen dabei, die Phasen, die Vorgänge, die Vorgangsdauern, die Meilensteine und die Ressourcen des Projekts identifizieren. In Kapitel 3 erfahren sie, wie Sie Ihre Informationen in Microsoft Project eingeben können.

Aufgrund der Natur von Verträgen müssen Inspektionen eines Projekts an festen Terminen erfolgen. Diese Termine dürfen nicht überschritten werden, andernfalls wird der Vertragspartner bestraft. Mit Microsoft Project können Sie diese Art von Faktoren leicht verwalten. Sie können einige Vorgänge verfolgen, die nacheinander ausgeführt werden, nachdem andere Vorgänge abgeschlossen sind. Sie können auch andere Vorgänge festlegen und verfolgen, die gleichzeitig ausgeführt werden können.

Ressourcen identifizieren

Die Identifikation, Zuweisung und Verwaltung von Ressourcen gehören zu den schwierigsten Aufgaben des Projektmanagements. Glücklicherweise ist Microsoft Project gut ausgerüstet, um Sie bei dieser Herausforderung zu unterstützen.

Bedenken Sie, dass zu den Ressourcen nicht nur Personen, sondern auch Dinge gehören. Wenn etwas notwendig ist, um einen Vorgang auszuführen, und wenn es nicht automatisch verfügbar ist, kann es in den Projektplan eingeschlossen werden. Beispielsweise muss ein Mitglied des Verkaufspersonals einen Konferenzraum für eine Stunde reservieren. Der Raum wird auch von anderen Mitarbeitern und Kunden für diverse Zwecke verwendet. In einer solchen Situation handelt es sich bei dem Konferenzraum um eine verwaltete Ressource.

Die Überallokation (Mehrfachbelegung) von Ressourcen ist eines der häufigsten Probleme beim Projektmanagement. Wenn Sie Vorgängen Ressourcen zuweisen, sollten Sie die Verfügbarkeit dieser Ressourcen und ihre Zuordnung zu anderen Projekten oder Arbeiten doppelt prüfen.

Zusätzlich zu der Überallokation von Ressourcen zu mehreren Projekten, können Ressourcen auch bei einem einzelnen Projekt mehrfach belegt werden. Sie müssen sicherstellen, dass der Vertragspartner genügend Personal und Ausrüstung bereitgestellt hat, um einen Meilenstein zu erreichen. Vergessen Sie nicht, dass auch das Wetter ein Faktor bei der Erreichung Ihrer Meilensteine sein kann.

Vor Beginn des Projekts effizient planen

Eine effiziente Planung für ein Projekt beginnt mit erreichbaren Zielen. Klare Ziele, eine gute Planung und Anpassungsfähigkeit bilden das hochoktanige Benzin, das ein Projekt reibungslos und effizient ablaufen lässt.

Die folgenden Vorschläge beschreiben einige brauchbare Verfahren für Ihre Projektplanung (siehe Abbildung 2.3) und bereiten Sie auf die Arbeit mit Microsoft Project vor:

- ✔ **Legen Sie den Umfang Ihres Projekts fest.** Definieren Sie, womit es Ihr Projekt zu tun hat, warum es wichtig ist und wer zu Ihrer Zielgruppe gehört.

- ✔ **Identifizieren Sie die Projektinteressenten.** Welche Personen oder Organisationen sind an dem Projekt beteiligt oder werden von ihm betroffen?

- ✔ **Legen Sie den Qualitätsstandard fest, den Ihr Projekt erreichen soll.** Gibt es bestimmte Industrie- oder staatliche Standards oder Vorschriften, die Ihr Projekt erfüllen muss? Jeder, der an dem Projekt beteiligt ist, muss damit einverstanden sein, was erreicht werden soll.

- ✔ **Listen Sie die Einschränkungen auf.** Gibt es zeitliche oder/und finanzielle Grenzen für Ihr Projekt, oder sind die Ressourcen, insbesondere Schlüsselressourcen während Ihres Projekts verfügbar?

- ✔ **Stellen Sie fest, ob das Projekt zum Stil Ihrer Organisation passt.** Ein Projekt ist niemals wichtiger als die Organisation, die es unterstützt. Aber ziemlich häufig können Kräfte innerhalb einer Organisation ein Projekt schwieriger machen, als vorher angenommen wurde.

Einen effizienten Projektplan entwickeln		
Schritt	Frage	Ihre Antwort
1. Den Umfang festlegen	Welchen Umfang hat Ihr Projekt?	
	Wie wichtig ist Ihr Projekt oder welcher Bedarf besteht danach?	
	Wer gehört zur Zielgruppe, zum Publikum oder zum Empfängerkreis des Projekts?	
2. Interessenten identifizieren	Wer gehört zu den Interessenten Ihres Projekts?	
3. Die Qualität festlegen	Welche Qualität wollen Sie ausdrücklich in Ihrem Projekt realisieren?	
	Gibt es ausdrückliche Erwartungen, die auf Standards oder Vorschriften der Industrie oder des Staates basieren?	
	Gibt es ausdrückliche Vorschriften?	
	Welche impliziten Erwartungen verbinden Sie mit dem Projekt?	

Abbildung 2.3: Diese Schritte bilden ein brauchbares Instrument zur Selbstbeurteilung eines Projektplans.

Einige Organisationen basieren auf Funktionen. Ihre Strukturen folgen bestimmten Aufgabengebieten wie beispielsweise Marketing, Design und Buchhaltung. Funktionsbasierte Organisationen sind normalerweise hierarchisch gegliedert. Jede Funktion hat einen Chef, einen stellvertretenden Chef usw.

Andere Organisationen sind projektbasiert. Sie existieren, um Projekte durchzuführen. Die meisten Organisationen sind irgendwo dazwischen anzusiedeln. Die folgenden Fragen helfen Ihnen festzustellen, wo Ihre Organisation zwischen den beiden Extremen einzuordnen ist. Außerdem identifizieren Sie damit wichtige Ressourcen, die Ihr Projekt fördern oder scheitern lassen können.

- ✔ Identifizieren Sie die Quelle der Autorität für das Projekt.
- ✔ Identifizieren Sie die Bereiche Ihres Projekts, die einer Zustimmung von außen bedürfen.
- ✔ Stellen Sie fest, ob über die Ziele Ihres Projekts in Ihrer Organisation Konsens besteht.
- ✔ Identifizieren Sie die Personen, die mit dem Projekt nichts zu tun haben, die aber ein Interesse daran zeigen, und entwickeln Sie einen Plan, um mit dem Input dieser Leute umzugehen.
- ✔ Identifizieren Sie potentielle Risiken.
- ✔ Setzen Sie Ziele.

Teil II
Ein Projekt erstellen

»Na, schon mal so'n schnelles Scrollen gesehen?«

In diesem Teil...

Nachdem Sie den Umfang Ihres Projekts und seine Ziele definiert haben, können Sie einen Terminplan aufstellen und damit beginnen, die Beziehungen zwischen den verschiedenen Teilen des Projekts festzulegen. In diesem Teil werden Sie anhand unseres Beispiels oder anhand Ihrer eigenen Informationen die folgenden Aktivitäten ausführen: Vorgänge erstellen, Vorgangsdauern festlegen, Ressourcen hinzufügen, das Projekt gliedern, Beziehungen definieren und Zeiten festsetzen.

Geben Sie Acht: Möglicherweise sehnen Sie sich nach der Gesellschaft anderer Projektmanager, um ein Schwätzchen über Balkendiagramme und Ressourcenpools halten zu können.

Projektkomponenten zusammenstellen

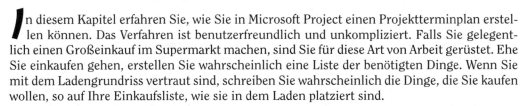

In diesem Kapitel

- Projektdateien anlegen
- Phasen in Microsoft Project eingeben
- Vorgangsdauern festlegen
- Vorgänge ändern und verknüpfen
- Letzte Hand an einen Terminplan legen

---

*I*n diesem Kapitel erfahren Sie, wie Sie in Microsoft Project einen Projektterminplan erstellen können. Das Verfahren ist benutzerfreundlich und unkompliziert. Falls Sie gelegentlich einen Großeinkauf im Supermarkt machen, sind Sie für diese Art von Arbeit gerüstet. Ehe Sie einkaufen gehen, erstellen Sie wahrscheinlich eine Liste der benötigten Dinge. Wenn Sie mit dem Ladengrundriss vertraut sind, schreiben Sie wahrscheinlich die Dinge, die Sie kaufen wollen, so auf Ihre Einkaufsliste, wie sie in dem Laden platziert sind.

Die Arbeit mit einem Projekt beginnt auf ähnliche Weise. Anstatt jedoch Artikel in einen Einkaufswagen zu legen, geben Sie Vorgänge in eine Datei ein; und anstatt den Einkauf nach den Gängen im Laden zu planen, teilen Sie die Vorgänge in Phasen ein, weisen ihnen eine Zeitdauer zu und legen fest, wer für ihre Ausführung verantwortlich ist.

Ein Projekt starten

Jedes Mal, wenn Sie in Microsoft Project ein neues Projekt starten, ist der Tisch sauber. Die Sonne scheint, und Sie müssen keine liegen gebliebenen Sachen aufarbeiten. Die ganze Welt gehört Ihnen und wartet nur darauf, von Ihnen für ein einziges riesiges Projekt eingesetzt zu werden. Wahrscheinlich starten Sie Microsoft Project, um ein Projekt zu planen, und nicht, um das Projekt zu starten. Falls Sie wirklich Glück haben, haben Sie ein wenig Luft zwischen Ihrem nächsten Atemzug und dem tatsächlichen Starttermin des Projekts. Aber solange Sie Microsoft Project nichts anderes angeben, geht das Programm davon aus, dass Ihr Projekt heute beginnt. Sie müssen herausfinden, wie Sie den Starttermin des Projekts auf ein zukünftiges (oder auf ein anderes) Datum legen können.

Eine neue Datei von Grund auf erstellen

Ein neues Projekt zu starten ist leicht. Klicken Sie in der Standardsymbolleiste einfach auf die Schaltfläche Neu (siehe Randabbildung). Das Dialogfeld Projektinfo wird geöffnet (siehe Abbildung 3.1). Beachten Sie, dass in der Abbildung die Felder ANFANGSTERMIN, ENDTERMIN und AKTUELLES DATUM alle dasselbe Datum enthalten (da bekommt man ein flaues Gefühl in der Magengegend, nicht wahr?). Um den tatsächlichen Anfangstermin für Ihr Projekt einzugeben, führen Sie die folgenden Schritte aus:

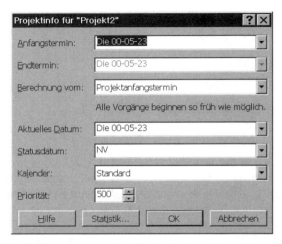

Abbildung 3.1: Im Dialogfeld PROJEKTINFO geben Sie das Datum ein, an dem das Projekt starten soll.

1. **Geben Sie in das Textfeld ANFANGSTERMIN ein neues Datum ein.**

   Ich habe beispielsweise `8.2.00` eingegeben. Microsoft Project gibt standardmäßig das Tagesdatum vor.

   Microsoft Project erkennt Datumsangaben in verschiedenen Formen – beispielsweise als `8.2.00` oder `8. Februar 2000`. Sie können auch `8.2.` eintippen. In diesem Falle nimmt Microsoft Project an, dass Sie das laufende Jahr meinen. Sie können auch auf den nach unten gerichteten Pfeil neben dem Textfeld klicken und ein Datum aus dem Kalender auswählen.

   Das Textfeld BERECHNUNG VOM enthält standardmäßig den Eintrag `Projektanfangs-termin`. Dies bedeutet, dass der Projektterminplan auf dem Projektanfangstermin basiert. Der Projektanfangstermin ist normalerweise nicht dasselbe Datum wie das Datum, an dem Sie die Projektdatei erstellen und erstmalig speichern. Typischerweise sollte ein Projektanfangstermin einige Zeit in der Zukunft liegen. Wenn Sie den erwarteten Projektanfangstermin eingeben, bedeutet dies, dass der erste Projektvorgang an diesem Termin beginnen wird. Sie brauchen sich keine Gedanken über die Eingabe eines Datums in das Textfeld ENDTERMIN zu machen. Microsoft Project ändert dieses Datum automatisch, während Sie das Projekt erstellen.

2. **Klicken Sie auf OK.**

   Microsoft Project kehrt zu dem Eröffnungsbildschirm zurück und zeigt eine subtile Änderung an: Das Balkendiagramm (Gantt) auf der rechten Seite des Bildschirms springt zu Ihrem Anfangstermin (siehe Abbildung 3.2).

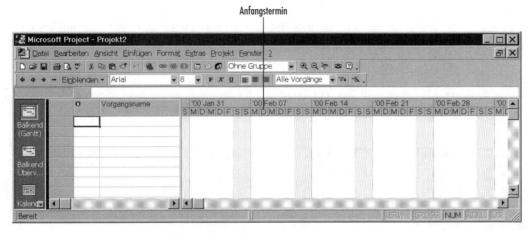

Abbildung 3.2: Microsoft Project passt die Datumsanzeige an Ihren Anfangstermin an.

Eine vorhandene Projektdatei öffnen

Wenn Sie nicht an einem neuen, sondern an einem bereits vorhandenen Projekt arbeiten, müssen Sie wissen, wie Sie eine Projektdatei öffnen können. Um eine vorhandene Projektdatei zu öffnen, führen Sie die folgenden Schritte aus:

1. **Klicken Sie in der Standardsymbolleiste auf die Schaltfläche ÖFFNEN.**

   Das Dialogfeld ÖFFNEN erscheint. Standardmäßig zeigt Microsoft Project den Inhalt des Ordners EIGENE DATEIEN an, in dem Ihre Projekte standardmäßig gespeichert werden.

2. **Falls sich das Projekt, das Sie öffnen wollen, nicht in dem Ordner Eigene Dateien befindet, klicken Sie in dem Feld Suchen in auf den nach unten gerichteten Pfeil, um einen anderen Ordner auszuwählen.**

Anhang C enthält Anweisungen, wie Sie die Beispielprojekte auf der *Microsoft Project 2000 für Dummies*-CD finden können.

3. **Doppelklicken Sie auf die Datei, die Sie öffnen wollen.**

   Die Projektdatei wird in der Balkendiagramm-Ansicht angezeigt. In Kapitel 7 finden Sie nähere Informationen über die Balkendiagramm-Ansicht.

Abbildung 3.3 zeigt die Beispieldatei KAPITEL-3-3.MPP, die sich auf der CD-ROM befindet. Diese Datei steht Ihnen zu Übungszwecken zur Verfügung. Die CD enthält für Kapitel 3 mehrere Beispieldateien, die jeweils der Nummer der Abbildung entsprechen. Bitte entnehmen Sie den Dateinamen der Titelleiste der jeweiligen Abbildung.

Neu in Microsoft Project 2000 ist die Möglichkeit, einen vorgegebenen Verzeichnispfad zum Öffnen bereits gespeicherter Projekte vorzugeben.

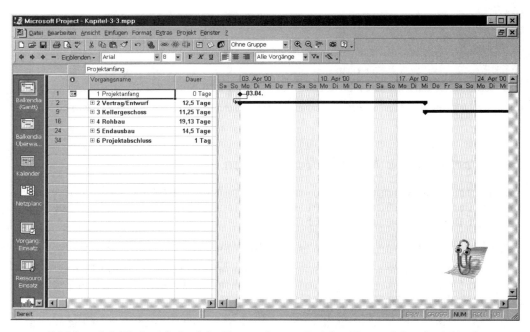

Abbildung 3.3: Die Projektdatei des HAUSBAU-SCHMITZ-Projekts (KAPITEL-3-3.MPP) wird in der Balkendiagramm-Ansicht angezeigt.

Vorgänge und Phasen eingeben

Der erste Schritt beim Erstellen eines Terminplans besteht darin, die Vorgänge des Projekts einzugeben. Microsoft Project hat die Hauptfunktion, Sie bei der Überwachung der unerledigten Dinge zu unterstützen, und je mehr Vorgänge es gibt, desto »glücklicher« ist Microsoft

Project. Größere Projekte können häufig in *Phasen* unterteilt werden. Phasen sind Sammelvorgänge, die Sie anhand gewisser Kriterien zu Gruppen zusammenfassen – normalerweise, weil sie einander ähneln oder weil sie miteinander verknüpft sind –, um handliche Untermengen des Projekts zu bilden.

Nehmen wir beispielsweise an, dass Sie ein Party-Projekt planen wollen. Innerhalb dieses Projekts müssen Sie eine äußerst wichtige Phase einplanen, nämlich die Phase *Den Schweinestall ausmisten*. Zu den Teilvorgängen dieser Phase zählen u.a.: *Staub wischen*, *Auskehren*, *Aufwischen*, *Staub saugen* und *Leere Pizzapackungen entsorgen*.

In Microsoft Project sind Phasen *Sammelvorgänge*, bei denen es sich zunächst um Meilensteine (Vorgängen mit der Dauer 0t) handeln sollte, die durch die Gliederung zu Sammelvorgängen werden. (Vorgänge werden mit der Schaltfläche TIEFER STUFEN untergeordnet, die im Abschnitt *Phasen mit Vorgängen füllen* weiter unten in diesem Kapitel behandelt wird.) Im Wesentlichen fungiert ein Sammelvorgang als Container für seine Teilvorgänge unter Berücksichtigung der Beziehungen. Sammelvorgänge sind nützlich, weil Microsoft Project Ihnen die Möglichkeit gibt, Sammelvorgänge ein- und auszublenden, d.h. die Teilvorgänge anzuzeigen oder zu verbergen. Die Dauer eines Sammelvorgangs ist die Summe der Dauern seiner Teilvorgänge. Sammelvorgänge helfen Ihnen dabei, den Überblick über Ihr Projekt zu behalten.

Sie können die Vorgänge in Ihrem Projekt auf zwei verschiedene Weisen in Teilvorgänge und Sammelvorgänge organisieren – top-down oder bottom-up.

✔ **Top-down** bedeutet in Microsoft Project, die Hauptkomponenten eines Projekts zuerst einzugeben und dann diese Hauptkomponenten mit den verschiedenen Vorgängen zu füllen. Verwenden Sie diese Methode, wenn Sie die Struktur Ihres Projekts von Anfang an durchschauen.

✔ **Bottom-up** bedeutet, alle Vorgänge eines Projekts zuerst einzugeben und dann Sammelvorgänge in die Liste einzufügen und die Vorgänge den Sammelvorgängen unterzuordnen. Verwenden Sie diese Methode, wenn Ihnen zwar diverse Aufgaben einfallen, die erledigt werden müssen, aber die Struktur der Aufgaben nicht gleich klar ist.

In der Wirklichkeit werden Sie bei der Planung eines Projekts wahrscheinlich ein wenig von beiden Methoden verwenden. Aber wahrscheinlich ist es besser, ein Projekt – wenn möglich – von den Phasen her zu analysieren. Deshalb werde ich mich in diesem Kapitel auf diese Methode konzentrieren.

Die Phasen des Projekts auflisten

Sie können einen Projektterminplan auf zwei Weisen aufstellen: Sie können erst die Phasen eingeben und dann die Vorgänge unter den Sammelvorgängen (Phasen) einfügen; oder Sie können die Vorgänge zuerst eingeben und dann die Sammelvorgänge über ihnen einfügen. (Der erste Ansatz ist viel einfacher auszuführen!)

Das Eingeben der Phasen in ein Projekt ist ein Kinderspiel. Führen Sie einfach die folgenden Schritte aus:

1. **Klicken Sie auf die Spalte Vorgangsname.**
2. **Geben Sie den Vorgangsnamen der Phase in der Spalte Vorgangsname ein.**
3. **Drücken Sie auf Enter.**

Abbildung 3.4 zeigt eine zum Teil gefüllte Projektdatei.

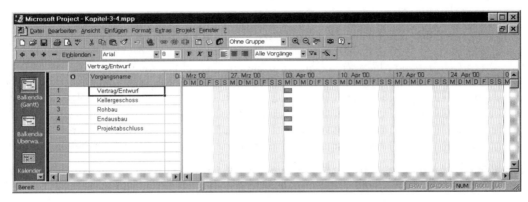

Abbildung 3.4: Wenn Sie mit den Phasen beginnen, sehen diese zunächst wie Vorgänge aus.

Phasen mit Vorgängen füllen

Nachdem Sie die Phasen des Projekts identifiziert haben, können Sie die Vorgänge (Teilvorgänge) hinzufügen (siehe Abbildung 3.5). Wenn Sie Teilvorgänge eingeben, wandelt Microsoft Project Ihren Phasenvorgang in einen Sammelvorgang um.

Um Teilvorgänge unter Phasen einzugeben, führen Sie die folgenden Schritte aus:

4. **Klicken Sie unter einer Phase auf das Feld des Vorgangsnamens.**

   Wahrscheinlich enthält die Zelle eine andere Phase, was aber kein Grund zur Sorge ist.

5. **Drücken Sie auf Ihrer Tastatur auf Einf.**

   Der vorhandene Vorgang wird in die folgende Zeile verschoben.

6. **Geben Sie den Namen des Vorgangs in das leere Feld des Vorgangsnamens ein.**
4. **Drücken Sie auf Enter.**
5. **Der neue Vorgang erscheint wie alle anderen Vorgänge in der Spalte.**
6. **Klicken Sie auf den neuen Vorgang, um ihn zu markieren.**

3 ► Projektkomponenten zusammenstellen

 7. Klicken Sie in der Formatsymbolleiste auf die Schaltfläche TIEFER STUFEN (siehe Abbildung 3.5).

Der neue Vorgang wird eingerückt. Der Vorgang über dem eingerückten Vorgang ändert sein Aussehen. Er ist jetzt ein Sammelvorgang. Der Sammelvorgangsbalken in dem Balkendiagramm (Gantt) ändert seine Farbe von Blau in Schwarz, und seine Form erhält zwei nach unten gerichtete Pfeile, die den Beginn und das Ende des Sammelvorgangs anzeigen.

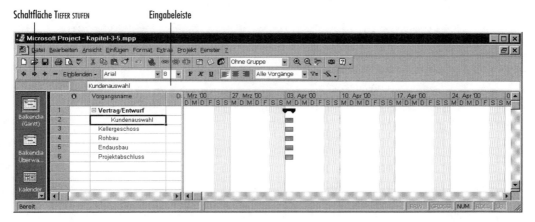

Abbildung 3.5: Wenn Sie einen Vorgang einrücken, machen Sie ihn damit zu einem Teilvorgang.

 Klicken Sie mit der Maus noch einmal auf den Vorgangsnamen. Sie können dann direkt in der Spalte editieren.

 Wenn Sie beim Eintippen eines Vorgangsnamens einen Fehler machen, wählen Sie einfach den eingetippten Text aus und geben dann in der Eingabeleiste unter der Formatsymbolleiste die korrekten Informationen ein (siehe oben Abbildung 3.5). Die Eingabeleiste zeigt den Inhalt der aktiven Zelle an. Wenn die Eingabe Ihren Wünschen entspricht, klicken Sie auf die Schaltfläche mit dem grünen Häkchen. Wenn Sie die Änderung nicht ausführen möchten, klicken Sie auf die Schaltfläche mit dem roten X. Damit wird die Änderung abgebrochen.

 Die Zahl links neben einem Vorgang ist seine ID. Diese Zahl hat zwei Funktionen: Sie zeigt die Reihenfolge eines Vorgangs an und dient als eindeutiger Bezeichner des Vorgangs. Weil jeder Vorgang über eine eigene ID verfügt, können mehrere Vorgänge denselben Namen haben.

Der Gedanke, ein Projekt in Phasenvorgänge zu zerlegen, hilft Ihnen, ein Projekt in handliche Komponenten aufzuteilen, und unterstützt Sie dabei, Berichte über den Fortschritt eines Projekts zu erstellen. Tabelle 3.1 zeigt eine Zerlegung eines Bauprojekts in Phasen und Teilvorgänge.

Phasenvorgänge sind Sammelvorgänge, wenn Sie über Teilvorgänge verfügen. Alle Arten von Vorgängen beziehen sich in Microsoft Project in Wirklichkeit auf dasselbe Ding: auf Vorgänge. Der einzige Unterschied besteht im umsichtigen Einsatz der Schaltflächen Tiefer stufen und Höher stufen.

Phase	Teilphase
Fundament	Aushub
	Außenarbeien
	Fundament
	Inspektion
Rohbau	Gerüstbau
	Dach
	Rohre
	Heizung und Kamin
	Elektroinstallation
	Inspektion
Ausbau	Verputz
	Treppe
	Malerarbeiten
	Reinigung
Fertigstellung	Außenarbeiten
	Kundenabnahme
	Mängelbeseitigung
	Endabnahme
Abschlussphase	Vertragsabwicklung
	Verwaltungstechnische Abwicklung

Tabelle 3.1: Phasen und Teilphasen eines Bauprojekts

Beachten Sie bitte, dass die optimale Spaltenbreite auch durch den Spaltentitel manipuliert wird.

Spaltennamen anpassen

Auf Wunsch können Sie die Spaltennamen in der Balkendiagramm-Tabelle auf der linken Seite der Balkendiagramm-Ansicht ändern. Gehen Sie dabei folgendermaßen vor:

1. **Doppelklicken Sie auf den Namen Spalte, die Sie ändern wollen.**

   Das Dialogfeld DEFINITION SPALTE wird geöffnet (siehe die Abbildung rechts).

2. **Geben Sie im Textfeld SPALTENTITEL einen neuen Namen für die Spalte ein.**

3. **Klicken Sie auf OK.**

Beispielsweise gefällt es mir, die Vorgänge in meinem Bauprojekt als *Traumhausvorgänge* zu bezeichnen. Mit Hilfe der genannten Schritte kann ich die Vorgangsspalte entsprechend umbenennen.

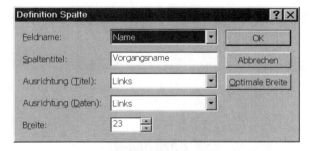

Beachten Sie, dass in Tabelle 3.1 INSPEKTION mehr als einmal vorkommt (siehe Abbildung 3.6). Wie kann Microsoft Project die verschiedenen Inspektionen auseinander halten? Dies ist der Zweck der Vorgangs-ID-Nummern. Jeder Vorgang verfügt über eine eigene eindeutige ID, so dass Microsoft Project die Vorgänge niemals durcheinander bringt.

Sie können einen Vorgang so tief stufen, wie Sie wollen. Eine schnelle Methode, um einen Vorgang tiefer zu stufen, nutzt die Maus. Setzen Sie den Mauszeiger auf den ersten Buchstaben des Vorgangsnamens. Der Zeiger nimmt die Form eines horizontalen Doppelpfeils an. Während Sie die linke Maustaste gedrückt halten, ziehen Sie den Vorgang nach rechts, um ihn tiefer zu stufen, oder nach links, um ihn höher zu stufen.

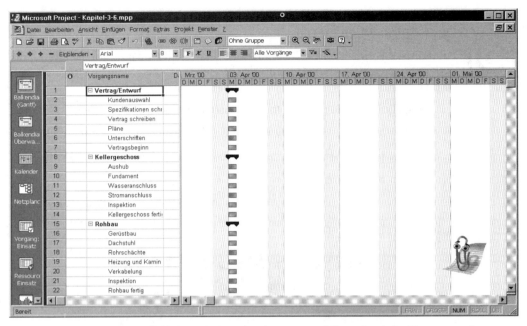

Abbildung 3.6: Dieses Projekt enthält mehr als eine Inspektion, aber jeder Vorgang verfügt über eine eigene ID.

Teilvorgänge anzeigen und verbergen

Ein Teilvorgang ist ein Vorgang, der innerhalb eines Phasenvorgangs (in einem sogenannten *Sammelvorgang*) enthalten ist. Einer der Vorteile davon, Sammelvorgänge als Container für Teilvorgänge zu verwenden, besteht darin, dass Sie die Teilvorgänge verbergen können. Durch das Verbergen der Teilvorgänge können Sie eine lange Liste von Projektvorgängen viel einfacher verwalten. Schauen Sie auf Abbildung 3.3 weiter oben: Die graue Spalte auf der linken Seite der Abbildung zeigt eine Reihe nicht aufeinander folgender Zahlen. Die Reihenfolge ist nicht kontinuierlich, weil einige Vorgänge verborgen sind. Die verborgenen Vorgänge sind Teilvorgänge.

Um die Teilvorgänge anzuzeigen, klicken Sie auf E<small>INBLENDEN</small>|A<small>LLE</small> T<small>EILVORGÄNGE</small>. Die verborgenen Teilvorgänge werden angezeigt (siehe Abbildung 3.7).

Abbildung 3.7 zeigt ein Projekt, das aus Sammelvorgängen und Teilvorgängen besteht. Um das Projekt in anderen Ansichten anzuzeigen, klicken Sie auf die Schaltflächen in der Ansichtsleiste. Klicken Sie danach wieder auf die Balkendiagramm-Ansicht.

3 ➤ Projektkomponenten zusammenstellen

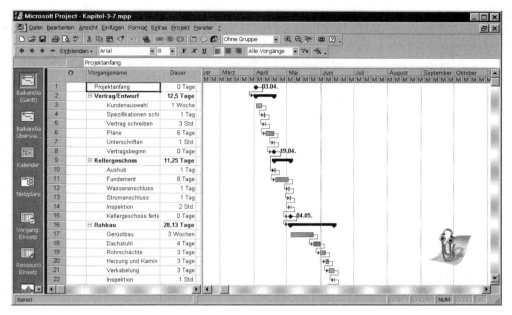

Abbildung 3.7: Das Balkendiagramm füllt sich mit Vorgangsinformationen.

Die Breite der Vorgangsspalte anpassen

Ein Vorgangsname muss nicht komplett in die Zelle des Vorgangsnamens passen. Der vollständige Name ist immer noch vorhanden, auch wenn er nicht ganz zu sehen ist. Aber bei Gliederungen und Berichten sieht der Terminplan besser aus, wenn der gesamte Text in eine Zelle passt. Gliederungen und Berichte werden in Kapitel 18 näher beschrieben.

Um Vorgangsnamen an eine Zelle anzupassen, können Sie entweder die Namen verkürzen oder die Vorgangsspalte so verbreitern, dass die längsten Vorgangsnamen hineinpassen.

Um die Spalte an alle Vorgänge anzupassen, können Sie eines der folgenden Verfahren anwenden:

✔ Ziehen Sie den Rahmen zwischen den Spaltenüberschriften VORGANGSNAME und DAUER nach rechts.

✔ Doppelklicken Sie auf die Spaltenüberschrift VORGANGSNAME. Das Dialogfeld DEFINITION SPALTE wird geöffnet. Geben Sie im Feld BREITE eine größere Zahl als den Standardwert 23 ein (bis zu 128 Zeichen).

✔ Doppelklicken Sie auf die Spaltenüberschrift VORGANGSNAME. Das Dialogfeld DEFINITION SPALTE wird geöffnet. Klicken Sie auf die Schaltfläche OPTIMALE BREITE. Die Spalte wird automatisch an die Länge der Vorgangsnamen angepasst.

✔ Doppelklicken Sie auf den Rahmen zwischen den Spaltenüberschriften VORGANGSNAME und DAUER. Damit wird die Breite automatisch an die Länge des längsten Vorgangs sowie der längsten Spaltenbezeichnung angepasst.

Sammelvorgänge löschen

Ist einer Ihrer Sammelvorgänge weniger brilliant, als er anfänglich zu sein schien? Haben sich die Umstände geändert, und müssen Sie einige Gruppen von Teilvorgängen unter einem einzelnen Sammelvorgang zusammenfassen? Sie können einen Sammelvorgang – vorsichtig! – löschen. Führen Sie die folgenden Schritte aus, um einen Vorgang zu löschen:

1. **Wählen Sie den Sammelvorgang aus.**
2. **Drücken Sie auf die Taste ⌈Entf⌉.**

   Der Planungs-Assistent wird geöffnet (siehe Abbildung 3.8). Er warnt Sie davor, dass es sich bei dem ausgewählten Vorgang um einen Sammelvorgang handelt und dass das Löschen dieses Vorgang zugleich auch die Teilvorgänge löschen wird. Ziemlich klug, nicht wahr?

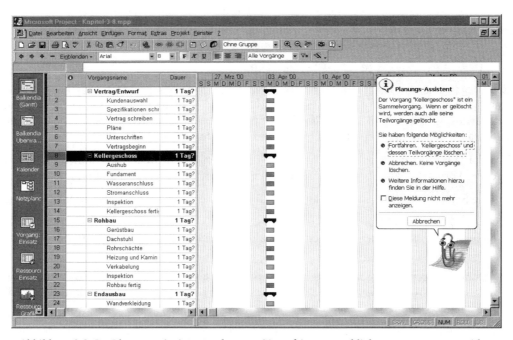

Abbildung 3.8: Im Planungs-Assistenten können Sie auf ABBRECHEN klicken, um es zu vermeiden, den Sammelvorgang zu löschen.

3. **Sie können weitermachen und den Sammelvorgang löschen, indem Sie auf OK klicken, oder Sie können den Löschvorgang durch Klicken auf** ABBRECHEN **unterbrechen.**

Microsoft Project bietet darüber hinaus eine Methode an, um das Löschen rückgängig zu machen. Wählen Sie zu diesem Zweck den Menübefehl BEARBEITEN|RÜCKGÄNGIG [Strg]+[Z]. Die Undo-Funktion steht nur für die *letzte Aktion* zur Verfügung.

Der Planungs-Assistent gibt Ihnen gute Ratschläge, während Sie mit Microsoft Project vertraut werden. Sie sollten deshalb dafür sorgen, dass er aktiviert bleibt, bis Sie einige Projekte erfolgreich abgewickelt haben. Andererseits können Sie den Assistenten deaktivieren, wenn Sie das Gefühl haben, ihn nicht mehr zu benötigen. Sie können den Assistenten an- und abschalten, indem Sie den Menübefehl EXTRAS|OPTIONEN wählen, um das Dialogfeld OPTIONEN zu öffnen, und dann auf der Registerkarte ALLGEMEIN das Kontrollkästchen RATSCHLÄGE VOM PLANUNGS-ASSISTENTEN sowie seine drei untergeordneten Kontrollkästchen aktivieren oder deaktivieren.

Um einen Sammelvorgang zu löschen, ohne die Teilvorgänge zu beeinflussen, müssen Sie die untergeordneten Teilvorgänge höher stufen, bevor Sie etwas löschen. Ein Sammelvorgang ohne Teilvorgänge wird in einen normalen Vorgang umgewandelt. Sie können Teilvorgänge höher stufen, indem Sie sie auswählen und dann in der Formatsymbolleiste auf die Schaltfläche HÖHER STUFEN klicken.

Sammelvorgänge verschieben

Wenn Sie einen Sammelvorgang verschieben, werden dessen Teilvorgänge ebenfalls verschoben. Teilvorgänge sind an ihre Sammelvorgänge gebunden.

Falls Sie einen Sammelvorgang in eine vorhandene Sammelgruppe verschieben, werden der verschobene Sammelvorgang und seine untergeordneten Teilvorgänge zu Teilvorgängen von Teilvorgängen. Mir brummt der Schädel!

Wahrscheinlich müssen Sie die Vorgangsbeziehungen ändern, wenn Sie die Vorgänge bereits verknüpft haben. Informationen über das Ändern von Vorgangsbeziehungen finden Sie in Kapitel 4.

Die Vorgangsdauer festlegen

Neben der Spalte VORGANGSNAMEN befindet sich die Spalte DAUER. Standardmäßig weist Microsoft Project in der Spalte DAUER einem Vorgang eine Dauer von 1t zu.

Die *Dauer* ist der Zeitumfang, der benötigt wird, um einen Vorgang abzuschließen. Sie können keinen Terminplan für ein Projekt aufstellen, ohne die Dauer jedes Vorgangs abzuschätzen. Dieser Abschnitt zeigt Ihnen, wie Sie die Dauer in Microsoft Project eingeben können.

In Microsoft Project können Sie für die Dauer die folgenden Zeiteinheiten verwenden:

✔ min (Minuten)

✔ h (Stunden)

✔ t (Tage)

✔ w (Wochen)

✔ mon (Monate)

✔ 0 (Meilensteine)

Weitere Informationen über Meilensteine finden Sie im Abschnitt *Meilensteine einfügen* weiter unten in diesem Kapitel.

 Standardmäßig weist Microsoft Project einer Arbeitswoche fünf Tage und einem Arbeitstag acht Stunden zu.

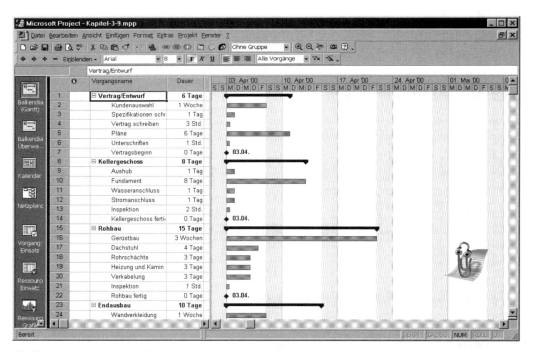

Abbildung 3.9: Die Sammelvorgänge zeigen jetzt die längste Dauer aller zugehörigen Teilvorgänge an.

Sie geben Vorgangsdauern auf dieselbe Weise ein, wie Sie Vorgangsnamen erfassen. Wählen Sie einfach die Zelle aus, in die Sie etwas eingeben wollen, und geben Sie den Wert ein. Wenn

Sie auf ⟨Enter⟩ drücken, wird die nächste Zelle automatisch markiert. Geben Sie die folgenden Vorgangsdauern neben den zugehörigen Vorgängen ein (siehe Abbildung 3.9). (Falls Sie die Spalte DAUER nicht rechts neben der Spalte VORGANGSNAME sehen können, ziehen Sie den vertikalen Balken nach rechts, der die Gantt-Tabelle und das Balkendiagramm trennt.)

Vorgänge editieren

Zu den angenehmsten Funktionen von Microsoft Project gehört die Leichtigkeit, mit der Sie Änderungen durchführen können. Das Hinzufügen, Löschen und Verschieben von Vorgängen ist ein Kinderspiel. Selbst wenn ein Projekt bereits weit fortgeschritten ist, kann das Programm mit Ihren Änderungen Schritt halten und Ihnen deren Auswirkungen auf andere Aspekte des Projekts aufzeigen.

Möglicherweise befinden Sie sich noch am Anfang Ihres Projekts und müssen trotzdem einige Änderungen durchführen. Nehmen wir beispielsweise an, dass Sie bei der Prüfung Ihres Plans für den Bau Ihres Traumhauses die folgenden Punkte bemerken:

- ✔ Die Entwurfsphase findet statt, nachdem die Verträge unterschrieben wurden. Normalerweise sind die Entwürfe Teil des Vertrags. Sie müssen den Vertragsvorgang verschieben.

- ✔ Die Wasserleitungen und Elektrokabel können erst installiert werden, nachdem das Fundament erstellt oder gegossen wurde. Sie müssen diese kleine Gruppe von Vorgängen verschieben.

- ✔ Der Vorgang für die Außenarbeiten wird zweimal aufgeführt. Manchmal mag es einen guten Grund dafür geben, einen Vorgang zweimal aufzuführen, aber hier nicht. Die gesamte Gartengestaltung würde in den frühen Phasen des Baus wieder ruiniert werden. Sie müssen einen Vorgang für die Außenarbeiten löschen und die Dauer des anderen Vorgangs ändern.

- ✔ Sie müssen einige Vorgänge mit der Dauer null, insbesondere Meilensteine hinzufügen.

Einen Vorgang verschieben

Gelegentlich werden Sie feststellen, dass ein Vorgang besser an eine andere Stelle der Vorgangsreihenfolge passt. Glücklicherweise ist das Verschieben eines Vorgangs und seiner Dauer einfach. Führen Sie zu diesem Zweck die folgenden Schritte aus:

1. **Wählen Sie einen Vorgang aus, indem Sie auf seine ID-Nummer klicken.**

    Die gesamte Zeile des Vorgangs wird markiert, und der Cursor ändert seine Form in einen nach Nordwesten weisenden Pfeil (siehe Randabbildung).

2. **Während Sie die linke Maustaste gedrückt halten, ziehen Sie den Cursor nach oben oder unten bis an die neue Position des Vorgangs.**

    Eine graue Linie markiert die Position, an die der Vorgang verschoben wird, wenn Sie die Maustaste loslassen.

3. **Lassen Sie die Maustaste los.**

    Ihre Vorgänge werden verschoben.

Beachten Sie, dass die Vorgangsdauern automatisch ihre Position entsprechend ändern.

Sie können auch mehrere Vorgänge gleichzeitig auswählen und verschieben, aber die Vorgänge müssen aufeinander folgen. Um mehrere Vorgänge auszuwählen, klicken Sie auf den ersten Vorgang, drücken und halten die `Umschalt`-Taste nieder und klicken dann auf den letzten Vorgang, den Sie verschieben wollen. Verschieben Sie die Gruppe von Vorgängen, indem Sie auf eine beliebige Vorgangsnummer innerhalb der markierten Gruppe klicken und diese an die neue Position ziehen.

Einen Vorgang löschen

Wenn Sie einen Vorgang löschen und die Vorgangsdauern der verbleibenden Vorgänge anpassen müssen, führen Sie die folgenden Schritte aus:

1. **Markieren Sie den betreffenden Vorgang in der Vorgangsliste.**

    Sie können auf eine beliebige Stelle des Vorgangs klicken.

2. **Drücken Sie auf die Taste `Entf`.**

    Der Vorgang ist verschwunden. Die folgenden Vorgänge rücken an ihre neuen Positionen auf.

Falls Sie einen Fehler gemacht haben oder Ihre Meinung ändern, können Sie Ihre letzte Aktion rückgängig machen, indem Sie in der Standardsymbolleiste auf die Schaltfläche RÜCKGÄNGIG klicken. Im Gegensatz zu anderen Microsoft-Office- Produkten wie Word können Sie nur Ihre letzte Aktion rückgängig machen. Danach wird die Funktion RÜCKGÄNGIG zur Funktion WIEDERHOLEN. Deshalb müssen Sie sich schnell entscheiden.

Speichern Sie Ihr Projekt häufig, während Sie arbeiten. Wenn Sie mit einem Arbeitsabschnitt zufrieden sind, warten Sie nicht, sondern speichern Sie! Dadurch schützen Sie Ihre Arbeit vor einem Stromausfall oder einem Absturz von Windows. Das Tastenkürzel für das Speichern ist `Strg`+`S`. Machen Sie reichlich Gebrauch davon!

Vorgänge in ein vorhandenes Projekt einfügen

Einen Vorgang oder Vorgänge in ein vorhandenes Projekt einzufügen ist einfach. Klicken Sie einfach auf einen vorhandenen Vorgang, und drücken Sie auf die Taste `Einf` (oder wählen Sie E̲INFÜGEN|N̲EUER VORGANG). Microsoft Project schiebt den vorhandenen Vorgang samt aller folgenden Vorgänge um eine Zeile nach unten und öffnet damit neue leere Zeile zur Eingabe des neuen Vorgangs.

Meilensteine einfügen

Ein *Meilenstein* ist ein wichtiges Ereignis in einem Projekt, anhand dessen Sie den Fortschritt des Projekts messen. Häufig sind Meilensteine mit dem Abschluss eines Sammelvorgangs verbunden. Manchmal werden bei Meilensteinen einige Mitglieder des Projektteams gewechselt.

> Jeder Vorgang in Microsoft Project mit der Dauer null wird automatisch als Meilenstein angezeigt. Um einen Meilenstein einzufügen, klicken Sie auf die Zelle, an der Sie den Meilenstein einfügen wollen, und drücken auf die Taste (Einf). Microsoft Project schiebt den vorhandenen Vorgang samt aller folgenden Vorgänge um eine Zeile nach unten und öffnet damit eine neue leere Zeile zur Eingabe eines neuen Vorgangs. Geben Sie dann einen Vorgang mit der Dauer null ein. Microsoft Project zeigt für den betreffenden Tag das Meilensteinsymbol an (siehe Randsymbol).

Obwohl Meilensteine normalerweise als Signal für einen wichtigen Punkt in einer Phase oder in einem Projekt dienen, können Meilensteine auch echte Vorgänge sein – beispielsweise das Zerbrechen einer Flasche Champagner am Schiffsrumpf beim Stapellauf eines Schiffes. Das Zerbrechen der Flasche ist gleichzeitig ein Meilenstein und ein Vorgang, der mit Ressourcen verbunden ist. Sie können einen Vorgang zu einem Meilenstein machen, indem Sie das Dialogfeld INFORMATIONEN ZUM VORGANG öffnen, zur Registerkarte SPEZIAL gehen und dort das Kontrollkästchen VORGANG ALS M̲EILENSTEIN DARSTELLEN aktivieren. Dieses Dialogfeld wird in Kapitel 4 näher beschrieben.

> Falls Sie ein wenig Übung im Umgang mit Meilensteinen suchen, fügen Sie die folgenden anderen Meilensteine jeweils mit der Dauer 0d in das Beispielprojekt ein:
>
> ✔ Fügen Sie einen Meilenstein unmittelbar am Anfang des Projekts ein, und nennen Sie ihn *Projektstart* (siehe Abbildung 3.10).
>
> ✔ Geben Sie nach den Unterschriften einen Meilenstein namens *Vertragsbeginn* ein.
>
> ✔ Geben Sie nach der Inspektion in der *Fundament*-Phase einen Meilenstein namens *Fundamentphase fertig* ein.
>
> ✔ Geben Sie nach der Inspektion in der *Rohbau*-Phase einen Meilenstein namens *Rohbauphase fertig* ein.

✔ Geben Sie nach der Schlussinspektion in der *Abschlussphase* einen Meilenstein namens *Abschlussphase fertig* ein.

✔ Geben Sie nach der verwaltungstechnischen Abwicklung einen Meilenstein namens *Projektabschluss* ein.

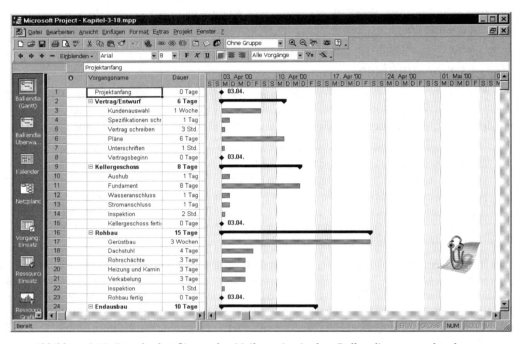

Abbildung 3.10: Standardmäßig werden Meilensteine in dem Balkendiagramm als schwarze Rauten dargestellt.

Falls Sie mit dem Beispielprojekt arbeiten, sollten Sie sich nicht von der Tatsache irritieren lassen, dass Ihre Meilensteine dasselbe Datum haben wie der Projektanfangstermin. Sie können dies später ändern.

Vorgänge verknüpfen

Nachdem Sie die Vorgänge und deren Vorgangsdauern eingegeben haben, besteht der nächste Schritt normalerweise darin, Vorgänge zu verknüpfen. Das Verknüpfen von Vorgängen ist eine Prozedur, bei der Microsoft Project Beziehungen zwischen Vorgängen herstellt.

Indem Sie die Standardverknüpfung verwenden, stellen Sie sicher, dass ein Vorgang nicht beginnt, bevor die vorangehenden Vorgänge abgeschlossen sind. Diese Art der Verknüpfung wird als *Ende-Anfang-Beziehung* bezeichnet. (Um mehr über die anderen Arten von Verknüpfungen zu erfahren, lesen Sie Kapitel 4.)

Sie können mehr als zwei Vorgänge oder alle Vorgänge verknüpfen. Um alle Vorgänge in dem Balkendiagramm (Gantt) zu verknüpfen, führen Sie die folgenden Schritte aus:

1. **Während Sie die Maustaste gedrückt halten, wählen Sie einen Vorgang aus.**
2. **Ziehen Sie den Cursor über alle Vorgänge, die Sie verknüpfen wollen.**

3. **Klicken Sie in der Standardsymbolleiste auf die Schaltfläche Vorgänge verknüpfen.**

Die Vorgänge in dem Balkendiagramm (Gantt) werden ebenfalls nach rechts verschoben, um anzuzeigen, dass sie nacheinander ausgeführt werden. Standardmäßig fügt Microsoft Project eine Ende-Anfang-Abhängigkeit ein, obwohl Sie den Abhängigkeitstyp auf Wunsch ändern können. (Das Ändern der Abhängigkeitstypen wird in Kapitel 4 behandelt.) Linien mit Pfeilen zeigen die Verknüpfungen von Vorgängen an.

Das Verknüpfen von Vorgängen üben

Wenn Sie sich mit dem Verknüpfen vertraut machen wollen, öffnen Sie KAPITEL-3-10.MPP. Wenn Sie das Projekt überfliegen, werden Sie feststellen, dass alle Vorgänge des Projekts am selben Datum anfangen. Die Maler werden Schwierigkeiten haben, das zweite Stockwerk eines Hauses zu erreichen, das noch nicht einmal geplant ist. Hm. Etwas fehlt. Obwohl die Vorgangsdauern alle ziemlich genau sind, stimmt der Zeitraum des Projekts insgesamt nicht. Um dieses Problem zu lösen, führen Sie die folgenden Schritte aus:

1. **Während Sie die Maustaste gedrückt halten, wählen Sie Vorgang 1.**
2. **Ziehen Sie den Cursor über alle Vorgänge.**
3. **Klicken Sie in der Standardsymbolleiste auf die Schaltfläche VORGÄNGE VERKNÜPFEN.**

Jetzt wird das Balkendiagramm (Gantt) aktiv. Die Vorgänge werden in Ende-Anfang-Beziehungen verknüpft und erstrecken sich über die Breite des Bildschirms hinaus (es sei denn, sie verfügen über einen Bildschirm im 2x4-Format).

4. **Drücken Sie auf die Taste `Bild ↑`, bis Sie zum ersten Vorgang zurückkehren.**

Das Balkendiagramm (Gantt) sieht jetzt ganz anders aus.

5. **Drücken Sie ein- oder zweimal auf die Taste `Bild ↓`, bis Sie die letzten Vorgänge sehen.**

6. Wählen Sie die letzte Vorgangszelle mit dem Inhalt Projektabschluss aus.

7. Klicken Sie in der Standardsymbolleiste auf die Schaltfläche Gehe zu ausgewähltem Vorgang.

Nach dem Verknüpfen der Vorgänge sollten Sie Ihren Plan mit der Wirklichkeit vergleichen. In diesem Beispiel haben wir Probleme. Im gegenwärtigen Stand wird das Projekt am 2. August, dem vertraglichen Abschlussdatum, fertig werden. »Großartig!«, werden Sie sagen, aber was machen Sie, wenn ein Gewitterregen Ihren Plan zunichte macht?

Wenn Sie nicht gerade einige Wettertänze beherrschen, müssen Sie wissen, wie Sie durch entsprechende magische Praktiken des Projektmanagements die Länge des Projekts verkürzen. Aber wie alle anderen Formen der Magie ist das Projektmanagement in Wirklichkeit ein Gewerbe. Sie müssen einige Tricks beherrschen, um Dinge verschwinden zu lassen, damit Sie das Smith-Home-Projekt auf eine realistische Dauer kürzen können. Dieses Thema wird in diesem Kapitel und in den Kapiteln 4, 5, und 14 behandelt – die Optimierung der Arbeit durch Qualitätszeitmanagement.

Vorgangsverknüpfungen entfernen

Eine der magischen Funktionen, die Sie beherrschen müssen, ist das Entfernen von Vorgangsverknüpfungen. Manchmal müssen Sie Vorgangsverknüpfungen entfernen, um die Vorgangsbeziehungen reorganisieren zu können. Führen Sie zu diesem Zweck die folgenden Schritte aus:

1. **Klicken Sie auf den ersten Vorgang.**

2. **Klicken Sie in der Standardsymbolleiste auf die Schaltfläche Gehe zu ausgewähltem Vorgang,** um die Vorgangsdauer in dem Balkendiagramm anzuzeigen.

3. **Während Sie die Maustaste gedrückt halten, wählen Sie den ersten Vorgang.**

4. **Ziehen Sie den Cursor über alle Vorgänge, deren Vorgangsverknüpfungen Sie entfernen wollen.**

 5. **Klicken Sie in der Standardsymbolleiste auf die Schaltfläche Vorgangsverknüpfungen entfernen.**

Das Projekt kehrt in den vorherigen unverknüpften Zustand zurück.

Abhängigkeitstypen verstehen

Microsoft Project kennt vier Arten von Vorgangsabhängigkeiten:

- ✔ **Ende-Anfang-(EA)-**Beziehungen sind die standardmäßige Vorgangsbeziehung in Microsoft Project. Die Beziehung bedeutet, dass Vorgang A abgeschlossen sein muss, bevor Vorgang B beginnen kann. Wenn Sie eine Verknüpfung erstellen, ist Ende-Anfang die Standardbeziehung.

- ✔ **Anfang-Anfang-(AA)-**Beziehungen bedeuten, dass Vorgang B nicht beginnen kann, bevor Vorgang A startet. Ein Beispiel dafür ist das Erhitzen einer Fertigpizza. Vorgang A erhitzt den Ofen. Vorgang B bringt die Pizza in den Ofen.

- ✔ **Ende-Ende-(EE)-**Beziehungen bedeuten, dass Vorgang B nicht abgeschlossen werden kann, bevor nicht Vorgang A endet. Ein Beispiel ist ein Verkauf per Kreditkarte. Vorgang A liefert das Produkt an den Kunden aus. Vorgang B sorgt dafür, dass der Kunde die Kreditkartenquittung unterschreibt.

- ✔ **Anfang-Ende-(AE)-**Beziehungen bedeuten, dass Vorgang B nicht abgeschlossen werden kann, bevor Vorgang A startet. Ein Beispiel dafür ist ein elektrischer Generator, der nicht anhalten kann, bevor nicht die Spannung auf ein permanentes elektrisches System übertragen wird.

In Kapitel 4 werden Sie erfahren, wie Sie die standardmäßige Ende-Anfang-Beziehung in eine andere Art von Abhängigkeit umwandeln können.

Vorgangsverknüpfungen

In diesem Kapitel

▶ Vorgänge einschränken

▶ Datumsangaben und Zeiten in der Balkendiagramm-Tabelle anzeigen

▶ Mehrere Informationsansichten zeigen

▶ Vorgangsbeziehungen ändern

Der Schwerpunkt von Microsoft Project liegt auf der Arbeit mit Beziehungen – dieses Programm verfolgt meisterhaft, wer wann was getan hat oder tun wird. Als Projektmanager kontrollieren Sie den Fortgang des Geschehens. Die Vorgänge hängen vom Anfang und/oder Ende anderer Vorgänge ab. Das Ende eines Vorgangs (ein Vorgänger) kann den Start eines neuen Vorgangs anzeigen.

Der Erfolg Ihres Projekts hängt zu einem großen Teil davon ab, wie sorgfältig Sie die Vorgänge verknüpfen. Manchmal werden Vorgänge durch Umstände eingeschränkt, die sich Ihrer Kontrolle entziehen. In diesem Kapitel erfahren Sie, wie Sie verschiedene Vorgangsbeziehungen und Einschränkungen in einem Projekt definieren können.

 Sie können gern ein Projekt aus Ihrer eigenen Praxis verwenden, wenn Sie die Vorgangsbeziehungen in diesem Kapitel erlernen. Alternativ können Sie unsere Beispieldatei auf der CD verwenden. Die Datei basiert auf der HAUSBAU-SCHMITZ-Projektdatei, die in Kapitel 3 eingeführt wurde. Öffnen Sie die Datei KAPITEL-4.MPP auf der CD. Anweisungen zum Gebrauch der Übungsdateien auf der CD finden Sie in Anhang C.

Die zentrale Schaltstelle zur Kontrolle der Vorgänge: das Dialogfeld INFORMATIONEN ZUM VORGANG

Das Dialogfeld INFORMATIONEN ZUM VORGANG bietet eine der schnellsten und einfachsten Methoden an, um Informationen über einen bestimmten Vorgang einzugeben. Dieses Dialogfeld fasst die Informationen zu einem Vorgang über die gesamte Projektdauer an einer zentralen Stelle zusammen. Sie können dieses Dialogfeld mit einer der folgenden Methoden öffnen:

✔ Doppelklicken Sie auf einen Vorgang.

✔ Markieren Sie einen Vorgang, und drücken Sie auf [Umschalt]+[F2].

- ✔ Wählen Sie einen Vorgang aus, und klicken Sie dann in der Standardsymbolleiste auf die Schaltfläche INFORMATIONEN ZUM VORGANG.
- ✔ Wählen Sie den Menübefehl PROJEKT|INFORMATIONEN ZUM VORGANG.

Die Registerkarte ALLGEMEIN

Auf der Registerkarte ALLGEMEIN können Sie den Namen oder die Dauer eines Vorgangs ändern, seinen Start- und Endtermin festlegen und andere Informationen eingeben (siehe Abbildung 4.1). Die folgende Liste erklärt die verfügbaren Optionen der Registerkarte ALLGEMEIN des Dialogfelds INFORMATIONEN ZUM VORGANG:

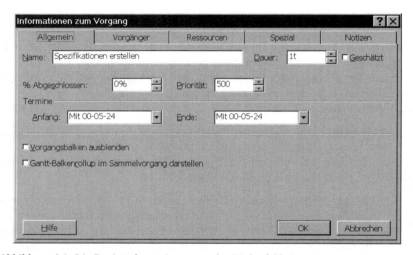

Abbildung 4.1: Die Registerkarte ALLGEMEIN des Dialogfelds INFORMATIONEN ZUM VORGANG

- ✔ **GESCHÄTZT:** Mit dem Kontrollkästchen GESCHÄTZT können Sie anzeigen, dass Sie noch keine definitive Dauer für den Vorgang eingeben können. Wenn Sie das Kontrollkästchen GESCHÄTZT aktivieren, wird im Vorgangsblatt hinter die Dauer ein Fragezeichen gesetzt.
- ✔ **% ABGESCHLOSSEN:** In diesem Textfeld können Sie eine Zahl zwischen 0 und 100 eingeben, um prozentual anzugeben, wie weit der Vorgang fertig gestellt ist.

Sie können diese Information auch einfacher eingeben, indem Sie die Symbolleiste ÜBERWACHEN (ANSICHT|SYMBOLLEISTEN|ÜBERWACHEN) in der Balkendiagramm-Ansicht Ihres Projekts anzeigen (siehe Kapitel 16). Mit dieser Methode können Sie durch einen Klick auf eine Schaltfläche 25%, 50%, 75% oder 100% auswählen. Mit dem Klick auf eine dieser Schaltflächen werden auch die Informationen in dem Textfeld % ABGESCHLOSSEN in dem Dialogfeld INFORMATIONEN ZUM VORGANG aktualisiert, so dass Sie sich dort jederzeit über den aktuellen Stand eines Vorgangs informieren können.

- **Priorität:** Die Priorität jedes Vorgangs wird in dem Drehfeld Priorität standardmäßig auf 500 gesetzt. Der wichtigste Vorgang kann eine Priorität von 1000 haben. Der geringstmögliche Wert ist null. Eine Priorität von 500 liegt also in der Mitte. Die Prioritäten von Vorgängen werden benutzt, um Konflikte zwischen Ressourcen aufzulösen, wenn diese nicht ausreichen, um alle Vorgänge gleichzeitig auszuführen – beispielsweise wenn Jane mehr Vorgänge erledigen muss, als es ihre Zeit erlaubt (ist es nicht immer so?). Wenn Microsoft Project versucht, die Kapazitäten der Ressourcen automatisch abzugleichen, behält Jane die Vorgänge mit einer hohen Priorität, während die Vorgänge mit einer niedrigeren Priorität anderen Ressourcen zugeordnet, verschoben oder in Teilvorgänge zerlegt werden, die teils jetzt, teils später erledigt werden. Vorgänge mit einer Priorität von 1000 werden von Microsoft Project nicht dem Kapazitätsausgleich unterworfen. In Kapitel 13 finden Sie weitere Informationen über den Kapazitätsabgleich bei Ressourcen.
- **Vorgangsbalken ausblenden:** Wenn Sie dieses Kontrollkästchen aktivieren, wird der Vorgangsbalken in dem Balkendiagramm (Gantt) verborgen (aber nicht gelöscht).
- **Gantt-Balkenrollup im Sammelvorgang darstellen:** Wenn Sie dieses Kontrollkästchen aktivieren, wird der Vorgang auf einem Sammelbalken dargestellt, anstatt sequenziell auf der Zeitlinie des Balkendiagramms (Gantt) zu erscheinen.

Die Textfelder Name und Dauer sowie das Kontrollkästchen Geschätzt erscheinen auf allen Registerkarten des Dialogfelds Informationen zum Vorgang.

Die Registerkarte Vorgänger

Auf der Registerkarte Vorgänger können Sie angeben, welche Vorgänge einem Vorgang vorangehen, welche Art von Beziehung der Vorgänger zu dem Vorgang hat und wie groß der Zeitabstand zwischen dem Anfangstermin des Vorgangs und dem Endtermin des Vorgängers sein soll (siehe Abbildung 4.2).

Doppelklicken Sie auf die ID-Spalte, und geben Sie die ID-Nummer des Vorgängers des Vorgangs ein, oder doppelklicken Sie auf die Spalte Vorgangsname, und klicken Sie auf den nach unten gerichteten Pfeil, um den Vorgänger des Vorgangs aus einer Liste auszuwählen. Sie können so viele Vorgänger auswählen, wie Sie wollen.

In Microsoft Project können Sie vier Arten von Beziehungen zwischen einem Vorgänger und einem Vorgang festlegen: *Ende-Anfang, Anfang-Anfang, Ende-Ende,* und *Anfang-Ende.*

- **Ende-Anfang-(EA)-Beziehungen** sind die standardmäßige Vorgangsbeziehung in Microsoft Project. Die Beziehung bedeutet, dass Vorgang A abgeschlossen sein muss, bevor Vorgang B beginnen kann. Wenn Sie eine Verknüpfung erstellen, ist Ende-Anfang die Standardbeziehung.

Abbildung 4.2: Die Registerkarte VORGÄNGER des Dialogfelds INFORMATIONEN ZUM VORGANG

Vorgangsbeziehungen

Einige Vorgangsbeziehungen in dem Smith Home 4.MPP-Hausbauprojekt sind keine standardmäßigen Ende-Anfang-Beziehungen. Insbesondere müssen Sie einige Beziehungstypen in der Abschlussphase des Projekts ändern.

Der WANDVERKLEIDUNG-Vorgang (ID 25) und der TREPPE-Vorgang (ID 26) sollten gleichzeitig beginnen. Sie sollten durch eine Anfang-Anfang-(AA)-Beziehung verknüpft werden.

Der MALERARBEITEN-Vorgang (ID 27) sollte ebenfalls eine Anfang-Anfang-(AA)-Beziehung mit dem WANDVERKLEIDUNG-Vorgang (ID 25) haben, aber der Zeitabstand zwischen beiden sollte vier Tage betragen. Auf diese Weise kann die Wandverkleidungsmannschaft einen Teil des Hauses fertigstellen, so dass der Maler mit dem Grundieren und dem ersten Anstrich beginnen kann.

Der Zimmermann kann mit den abschließenden Holzarbeiten beginnen, sobald die Farbe getrocknet ist. Wenn ein Drittel des MALERARBEITEN-Vorgangs (ID 27) abgeschlossen ist, sollte der HOLZARBEITEN-Vorgang (ID 28) beginnen. Dies ist ebenfalls eine Anfang-Anfang-(AA)-Beziehung.

Der AUSSENARBEITEN-Vorgang sollte mit der Fertigstellung des MALERARBEITEN-Vorgangs zusammenfallen. Dies ist eine Ende-Ende-(EE)-Beziehung.

Der KUNDENABNAHME-Vorgang (ID 30) sollte auf den Abschluss des MALERARBEITEN-Vorgangs (ID 27) folgen und sollte einen zweitägigen Zeitabstand haben. Hier müssen Sie eine Ende-Anfang-(EA)-Beziehung und einen Zeitabstand eingeben.

Dies mag nach viel Arbeit aussehen, ist es aber nicht. Umstände dieser Art zu ändern ist in einem Projektplan normal. Der Vorgang ist in Microsoft Project einfach auszuführen (und zu verstehen). Ehrenwort!

✔ **Anfang-Anfang-(AA)**-Beziehungen bedeuten, dass Vorgang B nicht beginnen kann, bevor Vorgang A startet. Ein Beispiel dafür ist das Erhitzen einer Fertigpizza. Vorgang A erhitzt den Ofen. Vorgang B bringt die Pizza in den Ofen.

✔ **Ende-Ende-(EE)**-Beziehungen bedeuten, dass Vorgang B nicht abgeschlossen werden kann, bevor nicht Vorgang A endet. Ein Beispiel ist ein Verkauf per Kreditkarte. Vorgang A liefert das Produkt an den Kunden aus. Vorgang B sorgt dafür, dass der Kunde die Kreditkartenquittung unterschreibt.

✔ **Anfang-Ende-(AE)**-Beziehungen bedeuten, dass Vorgang B nicht abgeschlossen werden kann, bevor Vorgang A startet. Ein Beispiel dafür ist ein Notstromaggregat, das nicht abgeschaltet werden darf, bevor nicht die Spannungsversorgung von einem permanenten elektrischen System übernommen wurde.

Sie können eine Vorgangsbeziehung auch ändern, indem Sie in dem Balkendiagramm (Gantt) auf eine Verknüpfung zwischen den Vorgängen doppelklicken. Das Dialogfeld ANORDNUNGSBEZIEHUNG wird geöffnet. Das Dialogfeld beschreibt die Verknüpfung von Vorgang A mit Vorgang B. In dem Listenfeld ART können Sie eine Vorgangsbeziehung auswählen. In dem Drehfeld ZEITABSTAND können Sie einen Zeitabstand eingeben oder auswählen.

Die Registerkarte RESSOURCEN

Mit der Registerkarte RESSOURCEN des Dialogfelds INFORMATIONEN ZUM VORGANG können Sie Ressourcen zu einem Vorgang hinzufügen oder Ressourcen ändern. Dieses Thema wird in Kapitel 5 näher behandelt.

Die Registerkarte SPEZIAL

Die Registerkarte SPEZIAL enthält einige spezielle Einschränkungen und andere Einzelinformationen über einen Vorgang (siehe Abbildung 4.3). Die folgende Liste erklärt die auf dieser Registerkarte verfügbaren Optionen:

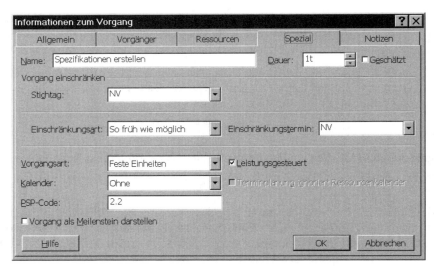

Abbildung 4.3: Die Registerkarte SPEZIAL des Dialogfelds INFORMATIONEN ZUM VORGANG

✔ **STICHTAG:** Mit diesem Feld können Sie ein Zeitlimit für den Vorgang setzen. Wenn der hier festgelegte Stichtag überschritten wird, zeigt Microsoft Project eine Meldung an.

✔ **EINSCHRÄNKUNGSART:** Eine Einschränkung ist eine Begrenzung, die Sie für den Anfang oder das Ende eines Vorgangs definieren. Einige Vorgänge müssen an einem bestimmten Datum beginnen oder enden. Dies kann beispielsweise an der Verfügbarkeit eines wichtigen Beraters oder an dem beschränkten Zugang zu einem wichtigen Gerät liegen. Andere Vorgänge können beginnen, sobald ihre Vorgänger abgeschlossen sind. In beiden Fällen steuern Prioritäten den Beginn und das Ende jedes Vorgangs.

Alle verknüpften Vorgänge unterliegen Einschränkungen. Microsoft Project arbeitet standardmäßig mit der Einschränkung SO FRÜH WIE MÖGLICH. Natürlich sind nicht alle Vorgänge auf diese Weise verknüpft – einer endet, und der nächste beginnt unmittelbar danach. Sie müssen die Einschränkungen festlegen, die der Wirklichkeit Ihres Projekts am ehesten entsprechen. Tatsächlich arbeitet Microsoft Project mit acht Arten von Einschränkungen (siehe Tabelle 4.1).

✔ **VORGANGSART:** Mit diesem Listenfeld können Sie festlegen, wie Microsoft Project den Vorgang berechnen soll. Die Optionen sind: FESTE EINHEITEN, FESTE DAUER oder FESTE ARBEIT, wobei FESTE EINHEITEN die Standeinstellung ist. Bei FESTE EINHEITEN wird ein Vorgang durch das Hinzufügen von Ressourcen verkürzt. Bei FESTE DAUER wird die Anzahl der Arbeitseinheiten durch das Hinzufügen von Ressourcen verringert. FESTE ARBEIT funktioniert wie FESTE EINHEITEN, außer dass die Dauer nicht durch den Arbeitseinsatz variiert werden kann.

✔ **Leistungsgesteuert:** Leistungsgesteuerte Vorgänge hängen von Ressourcen und nicht von anderen Vorgängen ab. Bei einem leistungsgesteuerten Vorgang reduziert das Hinzufügen von Ressourcen den benötigten Zeitaufwand: Wenn Sie vier Personen für eine Aufgabe einteilen, die eine Person in vier Tagen erledigen können, können vier Personen die Aufgabe in einem Tag ausführen.

✔ **Kalender:** Mit diesem Listenfeld können Sie einen anderen Kalender als den Standardkalender für den Abschluss des Vorgangs auswählen. Kalender werden in Kapitel 5 näher behandelt.

✔ **PSP-Code:** Der PSP-Code (Projektstrukturplan-Code) ist ein alphanumerischer Code, der die Position eines Vorgangs in der hierarchischen Struktur eines Projekts repräsentiert.

Einschränkung	Beschreibung
So spät wie möglich	Der Vorgang muss so spät wie möglich anfangen, ohne die Anfangstermine der folgenden Vorgänge zu beeinflussen. Diese Einschränkung hat keinen eigenen Stichtag.
So früh wie möglich	Der Vorgang muss so früh wie möglich anfangen. Diese Einschränkung hat keinen eigenen Stichtag. Dies ist in Microsoft Project die standardmäßige Einschränkung für Vorgänge.
Ende nicht früher als	Der Vorgang darf nicht vor einem bestimmten Stichtag abgeschlossen sein.
Ende nicht später als	Der Vorgang darf nicht nach einem bestimmten Stichtag abgeschlossen sein.
Muss enden am	Der Vorgang muss an einem bestimmten Datum abgeschlossen sein. Das Datum ist im Terminplan verankert.
Muss anfangen am	Der Vorgang muss an einem bestimmten Datum anfangen. Das Datum ist im Terminplan verankert.
Anfang nicht früher als	Der Vorgang muss an oder nach dem Stichtag anfangen.
Anfang nicht später als	Der Vorgang muss an oder vor dem Stichtag anfangen.

Tabelle 4.1: Einschränkungen und ihre Auswirkungen

Die Registerkarte Notizen

Auf der Registerkarte Notizen können Sie Informationen eintragen, die den speziellen Vorgang betreffen. Die Registerkarte funktioniert im Wesentlichen wie ein Texteditor. Wenn Sie eine Notiz eingegeben haben und auf OK klicken, erscheint neben dem Vorgang eine Marke (in der Spalte Indikatoren), die Sie auf die Existenz der Notiz hinweist.

Übungen zum Dialogfeld INFORMATIONEN ZUM VORGANG

Obwohl das Dialogfeld INFORMATIONEN ZUM VORGANG nicht die einzige Möglichkeit darstellt, um die Einzelheiten eines Vorgangs zu ändern, ist es definitiv eines der schnellsten und einfachsten Verfahren in Microsoft Project, um diese Aufgabe zu erledigen. Dieses Dialogfeld dient gewissermaßen als zentrale Schaltstelle für Vorgänge. In dem folgenden Beispiel ändern Sie mit diesem Dialogfeld den Anfangstermin eines Vorgangs in einem vorhandenen Projekt:

1. **Doppelklicken Sie auf den Vorgang, dessen Anfangstermin Sie ändern wollen, um das Dialogfeld INFORMATIONEN ZUM VORGANG zu öffnen.**

   Wählen Sie in dem Beispiel KAPITEL-4.MPP den Vorgang UNTERSCHRIFTEN. In diesem Beispiel weist Microsoft Project die Standardeinschränkung SO FRÜH WIE MÖGLICH zu, wenn es die Vorgänge in dem Hausbauprojekt verknüpft. Dabei sollten Sie einige Umbauarbeiten vornehmen – nicht am Haus, sondern an einigen Vorgangseinschränkungen:

   - Die Standardeinschränkung SO FRÜH WIE MÖGLICH setzt die Unterzeichnung des Vertrags auf den 19. April. Tatsächlich soll die Unterzeichnung am 1. Mai stattfinden.

   - Der Vertrag beginnt mit der Unterzeichnung des Vertrags, aber tatsächlich ist der Anfang der Arbeiten für den 8. Juli geplant.

2. **Klicken Sie auf die Registerkarte ALLGEMEIN.**

3. **Markieren Sie das Textfeld START, und geben Sie in dem Textfeld ein neues Datum ein, oder verwenden Sie den nach unten gerichteten Pfeil rechts neben dem Textfeld, und wählen Sie ein Datum aus.**

   Geben Sie in diesem Beispiel 1.5. ein.

   Der Projektanfangstermin ist der 3. April 2000. Wenn das laufende Jahr nicht 2000 ist, geben Sie 2000 ein.

4. **Klicken Sie auf OK.**

   Das Dialogfeld PLANUNGS-ASSISTENT erscheint (siehe Abbildung 4.4) und weist Sie darauf hin, dass Sie die Beziehung zwischen einem Vorgang und seinem Vorgänger ändern.

   Falls der Planungs-Assistent nicht erscheint, klicken Sie in der Standardsymbolleiste auf die Schaltfläche RÜCKGÄNGIG. Wählen Sie dann EXTRAS|OPTIONEN. Klicken Sie auf die Registerkarte ALLGEMEIN, und aktivieren Sie dann das Kontrollkästchen RATSCHLÄGE VOM PLANUNGS-ASSISTENTEN. Stellen Sie sicher, dass alle Kontrollkästchen für die Ratschläge aktiviert sind. Klicken Sie auf OK, und wiederholen Sie die Schritte 1 bis 4.

5. **Wählen Sie die zweite Option aus, die den Vorgang verschiebt und die Verknüpfung beibehält.**

6. **Klicken Sie auf OK.**

   Sie haben eine Einschränkung von SO FRÜH WIE MÖGLICH in ANFANG NICHT FRÜHER ALS geändert.

4 ➤ Vorgangsverknüpfungen

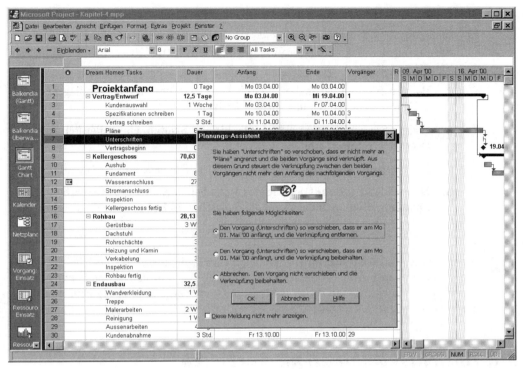

Abbildung 4.4: Der Planungs-Assistent fragt Sie, ob Sie die Verknüpfung beibehalten wollen, obwohl Sie eine Einschränkung geändert haben.

 Datumsangaben und Zeiten in der Balkendiagramm-Tabelle anzeigen

Um den vollen Vorteil der Berichtsmöglichkeiten der Balkendiagramm-Tabelle nutzen zu können, müssen Sie die Art und Weise ändern, wie Microsoft Project Datumsangaben und Zeiten anzeigt. Tag und Datum anzuzeigen ist die Standardmethode von Microsoft Project. Aber Sie müssen auch die Tageszeit sehen. Um die Art und Weise zu ändern, wie Microsoft Project Tage und Datumsangaben anzeigt, führen Sie die folgenden Schritte aus:

1. Wählen Sie E_XTRAS|O_PTIONEN.
2. Klicken Sie auf die Registerkarte A_NSICHT.
3. Wählen Sie in dem Listenfeld D_ATUMSFORMAT das gewünschte Tag/Datum/Zeit-Format (Mon 00-01-31 12:33) aus.
4. Klicken Sie auf OK.

Die Balkendiagramm-Tabelle zeigt Projektpläne in einem Tabellenformat an.

Wer weiß, was sich hinter dem Balkendiagramm (Gantt) verbirgt? Um einen größeren Teil der Balkendiagramm-Tabelle anzuzeigen, führen Sie die folgenden Schritte aus:

1. **Wählen Sie den vertikalen Trennbalken zwischen der Balkendiagramm-Tabelle und dem Balkendiagramm (Gantt) aus.**

2. **Ziehen Sie den Balken nach rechts, bis alle Spalten, einschließlich RESSOURCENNAMEN, sichtbar sind.**

    Zwei Spalten, ANFANG und ENDE, können mit Doppelkreuzen (#) gefüllt sein.

3. **Doppelklicken Sie auf den rechten Rand beider Spaltenüberschriften, um die Spaltenbreiten zu ändern und die #-Zeichen in Datumsangaben zu ändern.**

 Beachten Sie, dass die Indikator-(i)-Spalte jetzt ein Indikatorsymbol enthält, das auf die Einschränkungen hinweist. Wenn Sie den Mauszeiger auf das Symbol schieben, erscheint eine QuickInfo, die Ihnen mitteilt, dass der Vorgang jetzt die Einschränkung ANFANG NICHT FRÜHER ALS sowie den Stichtag enthält.

Mit Ansichtskombinationen arbeiten

Eine Ansichtskombination enthält zwei Ansichten über Informationen. Der untere Bereich zeigt detaillierte Informationen über den Vorgang oder die Ressource an, der bzw. die im oberen Bereich markiert ist. Ansichtskombinationen sind eine Methode, um mehr Einzelheiten über Vorgänge und Ressourcen auf Ihrem Bildschirm anzuzeigen. Viele Anwender finden die Ansicht hilfreich, weil sie in einem Fenster das Projekt insgesamt überblicken und in dem anderen Fenster an den Einzelheiten arbeiten können. Microsoft Project bietet eine Reihe von Ansichtskombinationen an – unter anderem die folgenden vier für das Balkendiagramm (Gantt):

✔ **Balkendiagramm-Ansicht (oben)/Vorgangsansicht (unten):** In dieser Kombination zeigt der untere Bereich Informationen über den Vorgang an, den Sie in der Balkendiagramm-Ansicht ausgewählt haben.

✔ **Balkendiagramm-Ansicht (oben)/Ressourcenansicht (unten):** In dieser Kombination zeigt der untere Bereich Informationen über die Ressource(n) an, die dem Vorgang zugeordnet sind, den Sie in der Balkendiagramm-Ansicht ausgewählt haben. Kapitel 10 erklärt Ressourcenansichten ausführlich.

✔ **Vorgangsansicht (oben)/Balkendiagramm-Ansicht (unten):** In dieser Kombination zeigt der untere Bereich Informationen über den Vorgang an, den Sie in Vorgangsansicht ausgewählt haben.

4 ➤ Vorgangsverknüpfungen

✔ **Ressourcenansicht (oben)/Balkendiagramm-Ansicht (unten):** In dieser Kombination zeigt der untere Bereich Informationen über die Vorgänge an, die mit der Ressource verbunden sind, die Sie in der Ressourcenansicht ausgewählt haben.

Eine gute Methode, um ein Gefühl für Ansichtskombinationen zu bekommen, besteht darin, mit ihnen ein wenig zu üben. In dem folgenden Beispiel müssen Sie möglicherweise die Balkendiagramm-Ansicht so ändern, dass das Vorgangsblatt nur die Spalten VORGANGSNAME und DAUER anzeigt. Wählen Sie zu diesem Zweck den Menübefehl FENSTER|TEILEN. Ihr Bildschirm sollte jetzt ungefähr wie die Abbildung 4.5 aussehen.

Wilkommen bei einer Ansichtskombination! Diese Ansichtskombination zeigt Ihnen im oberen Bereich die Balkendiagramm-Ansicht und im unteren Bereich die Ansicht VORGANG: EINGABE. Diese Ansicht zählt zum Besten, was Microsoft Project anzubieten hat.

Um die geteilte Ansicht zu entfernen, wählen Sie den Menübefehl FENSTER|TEILUNG AUFHEBEN oder doppelklicken auf die horizontale Trennlinie der Bereiche. Der Bildschirm kehrt zu dem vollen Balkendiagramm (Gantt) zurück. Verschieben Sie das Balkendiagramm so, dass sich der Sammelvorgang ABSCHLUSSPHASE in der Nähe der oberen linken Ecke des Diagramms befindet.

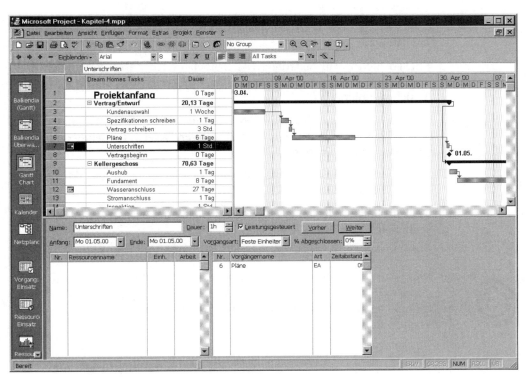

Abbildung 4.5: Der Bildschirm wird geteilt und zeigt das Balkendiagramm sowie das Feld mit den Vorgangsinformationen an.

Eine benutzerdefinierte Ansichtskombination speichern

Sie können Ihre eigene Ansichtskombination definieren und für den späteren Gebrauch speichern. Microsoft Project bietet Ihnen die Möglichkeit, den oberen und unteren Bereich selbst zu wählen. Sie können so viel benutzerdefinierte Ansichtskombinationen erstellen, wie Sie wollen. Gehen Sie zu diesem Zweck folgendermaßen vor:

1. Wählen Sie A̲NSICHT|W̲EITERE ANSICHTEN, um das Dialogfeld WEITERE ANSICHTEN zu öffnen.

2. Klicken Sie auf die Schaltfläche NEU.

   Das Dialogfeld NEUE ANSICHT DEFINIEREN wird geöffnet und fragt Sie, ob Sie eine neue EINZELANSICHT oder eine ANSICHTSKOMBINATION erstellen wollen.

3. Wählen Sie das Optionsfeld ANSICHTSKOMBINATION, und klicken Sie dann auf OK.

   Das Dialogfeld DEFINITION ANSICHT IN »PROJEKT1« wird geöffnet.

4. Geben Sie in dem Textfeld NAME einen Namen für Ihre benutzerdefinierte Ansicht ein.

5. Klicken Sie in dem Listenfeld OBEN auf den nach unten gerichteten Pfeil, und wählen Sie eine Ansicht für den oberen Bereich der benutzerdefinierten Ansichtskombination.

6. Klicken Sie in dem Listenfeld UNTEN auf den nach unten gerichteten Pfeil, und wählen Sie eine Ansicht für den unteren Bereich der benutzerdefinierten Ansichtskombination.

7. Wenn Ihre neue Ansicht in dem Menü ANSICHT erscheinen soll, aktivieren Sie das Kontrollkästchen ANZEIGE IM M̲ENÜ.

8. Klicken Sie auf OK, um das Dialogfeld DEFINITION ANSICHT IN »PROJEKT1« zu schließen.

Sie können den Bildschirm auch leicht teilen oder die Teilung aufheben, indem Sie mit der rechten Maustaste auf eine beliebige Stelle des Balkendiagramms in der Balkendiagramm-Ansicht klicken und dann in dem Kontextmenü zwischen TEILEN und TEILUNG AUFHEBEN umschalten.

Mit Ansichtskombinationen üben

Abgesehen davon, dass Sie Ihre Augen vertikal kreuzen müssen, sind Ansichtskombinationen leicht zu benutzen, und sie können Ihre Effizienz beim Erstellen oder Ändern eines Projekts erheblich vergrößern. Wenn Sie das Smith House 4-Beispiel in einer Ansichtskombination benutzen, können Sie sich Ihre Arbeit erleichtern.

Sie können jeden der beiden Bereiche sowie die zugehörigen Abschnitte manipulieren. Um beispielsweise eine Kombination von Ansichten auf dieselben Informationen darzustellen, führen Sie die folgenden Schritte aus:

1. **Wählen Sie einen Vorgang aus.**

    Wenn Sie das Beispiel weiterverfolgen wollen, wählen Sie den Vorgang UNTERSCHRIFTEN aus.

2. **Klicken Sie in der Standardsymbolleiste auf die Schaltfläche GEHE ZU AUSGEWÄHLTEM VORGANG.**

3. **Klicken Sie in der Standardsymbolleiste einige Male auf die Schaltfläche VERGRÖSSERN, bis Sie die zweistündige Zeitskala sehen.**

4. **Falls notwendig, klicken Sie noch einmal auf die Schaltfläche GEHE ZU AUSGEWÄHLTEM VORGANG, um die Ansicht an der Vorgangsansicht auszurichten.**

    Sie können die Ansicht wieder bis auf die standardmäßige Wochen/Tage-Zeitskala verkleinern.

In diesem Beispiel verwenden Sie die Ansicht VORGANG: EINGABE in einer Ansichtskombination, um die Dauer eines Vorgangs und eine Vorgangsbeziehung zu ändern. Markieren Sie in der Balkendiagramm-Tabelle einen der Vorgänge. Klicken Sie dann – falls notwendig – in der Ansicht VORGANG: EINGABE auf die Schaltfläche WEITER, bis der Vorgang AUSHUB markiert ist und AUSHUB in dem Textfeld NAME der Ansicht VORGANG: EINGABE angezeigt wird.

Das Anfangsdatum für den Vorgang AUSHUB ist falsch. Dieser Vorgang ist der erste Vorgang, nachdem der Vertrag unterschrieben ist. In der jetzigen Form des Terminplans soll der Aushub direkt nach dem Mittagessen desselben Tages beginnen, an dem der Vertrag unterschrieben wird. Realistischerweise benötigt der Subunternehmer für den Aushub eine dreitägige Vorlaufzeit.

Um die Vorlaufzeit des Vertragspartners zu ändern, müssen Sie die Einschränkungen des Vorgangs AUSHUB ändern.

Die standardmäßige Ansicht VORGANG: EINGABE enthält kein Feld zum Editieren von Einschränkungen. Es gehört zu den praktischen Funktionen von Ansichtskombinationen, dass Sie einen der beiden Bereiche ändern können, während der andere Bereich unverändert bleibt. In diesem Fall müssen Sie den unteren Bereich ändern, um die Ansicht VORGANG: EINGABE anzuzeigen, die Einschränkungen enthält. Sie müssen das Formular VORGANG: EINZELHEITEN ändern.

Um den unteren Bereich zu ändern, führen Sie die folgenden Schritte aus:

1. **Wählen Sie den Menübefehl A̲nsicht|W̲eitere Ansichten, um das Formular Vorgang: Einzelheiten zu ändern.**

   Das Listenfeld Weitere Ansichten wird geöffnet.

2. **Verschieben Sie die Liste, bis Sie das Formular Vorgang: Einzelheiten sehen, und doppelklicken Sie darauf.**

   Das Formular Vorgang: Einzelheiten (siehe Abbildung 4.6) ersetzt die standardmäßige Ansicht Vorgang: Eingabe.

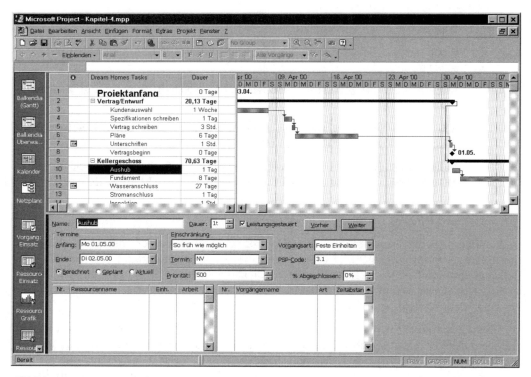

Abbildung 4.6: Das Formular Vorgang: Einzelheiten enthält Felder zur Eingabe von Einschränkungen.

Nachdem Sie von der Ansicht Vorgang: Eingabe zum Formular Vorgang: Einzelheiten gewechselt sind, können Sie die Einschränkungen verändern.

1. **Klicken Sie unter Einschränkung auf den nach unten gerichteten Pfeil.**

   Das Listenfeld wird aufgeklappt.

2. **Wählen Sie Anfang nicht früher als aus.**

3. **Geben Sie unter EINSCHRÄNKUNG in dem Feld TERMIN ein neues Datum ein. Geben Sie in unserem Beispiel 4.5. ein.**

   Falls das laufende Jahr nicht 2000 ist, geben Sie auch das Jahr 2000 ein, also 4.5.00.

4. **Klicken Sie auf OK.**

Beachten Sie, dass sich der Anfangs- und der Endtermin des Vorgangs in dem Formular VORGANG: EINZELHEITEN geändert haben. Beachten Sie auch, dass das Balkendiagramm (Gantt) das Aushubdatum auf Donnerstag, den 4. Mai, verschoben hat (siehe Abbildung 4.7).

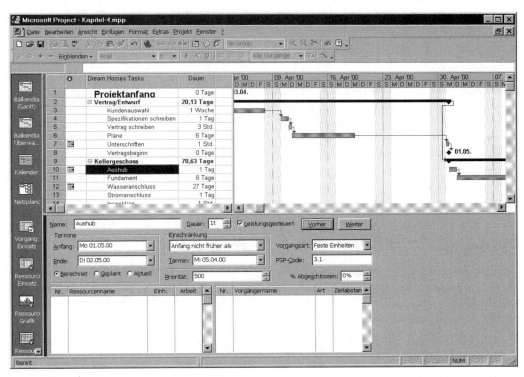

Abbildung 4.7: Änderungen des Anfangs- und des Endtermins werden in dem Balkendiagramm wiedergegeben.

Klicken Sie in dem Formular VORGANG: EINZELHEITEN auf die Schaltfläche VORHER, bis Sie den Vorgang UNTERSCHRIFTEN erreichen. Beachten Sie, dass die Änderung der Einschränkung, die Sie in UNTERSCHRIFTEN durchgeführt haben, in dem Listenfeld unter EINSCHRÄNKUNGEN aufgeführt ist. Klicken Sie auf WEITER, bis Sie wieder zum Vorgang AUSHUB zurückkehren.

Wenn Sie keine weitere Einschränkung ändern wollen, kehren Sie zu dem standardmäßigen Formular VORGANG: EINGABE zurück:

1. **Wählen Sie den Menübefehl A̲NSICHT|W̲EITERE ANSICHTEN.**
2. **Doppelklicken Sie in der Liste auf VORGANG: EINGABE.**

   Sie sind zu dem standardmäßigen Formular VORGANG: EINGABE zurückgekehrt.

Anhand der geteilten Ansicht können Sie den Status des Projekts im Verhältnis zum geschätzten Fertigstellungsdatum beurteilen. Klicken Sie auf eine beliebige Stelle des Balkendiagramms. Der vertikale Balken auf der linken Seite des Fensters wird farbig statt grau dargestellt, um anzuzeigen, dass das Balkendiagramm-Fenster die aktive Ansicht ist.

Drücken Sie auf ⌊Bild↓⌋, bis Sie den letzten Vorgang sehen. Wählen Sie den Vorgang PROJEKTABSCHLUSS.

Das Formular VORGANG: EINGABE zeigt wahrscheinlich an, dass das Projektabschlussdatum Mittwoch, der 16. August 2000 ist. Dies ist nicht akzeptabel. Der Vertrag des Kunden nennt ein festes Einzugsdatum, das nicht später als der 2. August liegen darf. Sie sind als Projektmanager gefordert, um diesen Termin einzuhalten. Eine der Methoden, um Zeit zu gewinnen, ist die Änderung der Vorgangsbeziehungen.

Drücken Sie auf ⌊Bild↑⌋, bis der Vorgang AUSHUB wieder angezeigt wird. Klicken Sie dann auf eine beliebige Stelle im Formular VORGANG: EINGABE, um den Bereich zu aktivieren.

Vorgangsverknüpfungen fein einstellen

Projekte schreiten selten vollkommen linear fort. Häufiger laufen viele Vorgänge gleichzeitig ab. Als Projektmanager benötigen Sie ein Verfahren, um Vorgänge zu planen und zu verwalten, die gleichzeitig ausgeführt werden. Um die Beziehungen zwischen Vorgängen zu ändern, führen Sie die folgenden Schritte aus:

1. **Klicken Sie auf die Schaltfläche VORHER oder WEITER, bis Sie den Vorgang WASSERANSCHLUSS sehen.**

   Das Formular VORGANG: EINGABE zeigt, dass der Vorgänger von WASSERANSCHLUSS der Vorgang FUNDAMENT, ID 11, ist. Dies ist in Ordnung.

2. **Klicken Sie auf WEITER.**

   Sie sollten sich beim Vorgang ELEKTROANSCHLUSS befinden. Sein Vorgänger ist WASSERANSCHLUSS, ID 12. Um den Vorgang Elektroanschluss parallel zum Vorgang WASSERANSCHLUSS auszuführen, müssen die beiden Vorgänge Elektroanschluss und WASSERANSCHLUSS denselben Vorgänger haben.

Um einen Vorgänger zu ändern, führen Sie die folgenden Schritte aus:

1. **Wählen Sie im Formular Vorgang: Eingabe die Spalte ID, und geben Sie eine neue Nummer ein.**

   Ändern Sie in dem Kapitel-4.mpp-Beispiel den Vorgänger Elektroanschluss, indem Sie im Formular Vorgang: Eingabe die Spalte ID wählen und 11 eingeben.

2. **Klicken Sie auf OK.**

   Beachten Sie, dass der Name des Vorgängers in Fundament geändert wurde.

Um die Auswirkung der Änderung zu sehen, führen Sie die folgenden Schritte aus:

1. **Klicken Sie auf eine beliebige Stelle des Balkendiagramms, um das Balkendiagramm-Fenster zu aktivieren, in dem die Ansicht angezeigt werden soll.**

2. **Markieren Sie den geänderten Vorgang, und klicken Sie in der Standardsymbolleiste auf die Schaltfläche Gehe zu ausgewähltem Vorgang. Markieren Sie in diesem Beispiel den Vorgang Elektroanschluss (siehe Abbildung 4.8).**

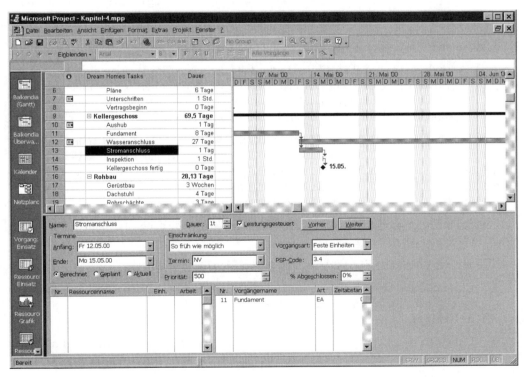

Abbildung 4.8: Die Vorgänge Wasseranschluss und Elektroanschluss haben jetzt denselben Vorgänger.

Beachten Sie, dass das Balkendiagramm den Vorgängen WASSERANSCHLUSS und ELEKTROANSCHLUSS jetzt denselben Vorgänger zuweist. Beide starten am selben Tag. Weil beide Vorgänge dieselbe Dauer haben, enden sie auch am selben Tag.

Positiver und negativer Zeitabstand

Manchmal müssen Sie in einem Projekt Pufferzeiten verwenden, um zeitlich flexibel zu bleiben. Dies erreichen Sie, indem Sie zwischen abhängigen Vorgängen einen *positiven Zeitabstand* einfügen, der Ihnen einen Spielraum bis zum Beginn des nächsten Vorgangs verschafft. Wenn Sie zu dem Nachfolger einen Zeitabstand hinzufügen, legen Sie fest, dass dieser Vorgang später beginnen soll. Beispielsweise fängt dann in einer Anfang-Anfang-Beziehung der Nachfolger später als der Vorgänger an. In einer Ende-Anfang-Beziehung fängt der Nachfolger erst mit einer Zeitverzögerung nach dem Abschluss des Vorgängers an.

Ein *negativer Zeitabstand* ist das Gegenteil eines positiven Zeitabstands. Betrachten wir eine Ende-Anfang-Beziehung zwischen zwei Vorgängen: Dabei beginnt der Nachfolger, sobald der Vorgänger abgeschlossen ist. Wenn Sie zu dem Nachfolger einen negativen Zeitabstand hinzufügen, beginnt der Nachfolger bereits, bevor der Vorgänger abgeschlossen ist. Wenn Sie beispielsweise für einen Nachfolger einen negativen Zeitabstand von 1t festlegen, beginnt der Nachfolger einen Tag, bevor der Vorgänger abgeschlossen ist.

Ein Vorlauf wird als positiver Zeitabstand definiert. Eine Überlappung wird als negativer Zeitabstand ausgedrückt. In beiden Fällen können Sie die folgenden Zeiteinheiten verwenden: Minuten, Stunden, Tage, Wochen oder Monate. Alternativ können Sie den Zeitabstand als Prozentwert angeben.

In dem Hausbau-Beispiel können Sie im Formular VORGANG: EINZELHEITEN sehen, dass der Endtermin des Vorgangs ELEKTROANSCHLUSS auf Mittwoch, den 17. Mai, um 17:00 Uhr fällt. Klicken Sie auf die Schaltfläche WEITER, um zum Vorgang INSPEKTION zu gehen. Dieser beginnt am Donnerstag, den 18. Mai, um 8:00 Uhr. Dies ist der nächste Arbeitstag und die nächste Arbeitsstunde. Sie wollen einen Zeitabstand in diese Vorgangsbeziehung einfügen.

Führen Sie die folgenden Schritte aus, um zwischen einem Vorgang und seinem Vorgänger einen Zeitabstand einzufügen:

1. **Wählen Sie die Spalte ZEITABSTAND, und geben Sie eine Zeit ein.**

    - Um einen positiven Zeitabstand zu erstellen, geben Sie eine positive Zahl und ein Zeiteinheit ein, beispielsweise 1t, oder geben Sie einen Prozentwert ein, beispielsweise 33%.

    - Um einen negativen Zeitabstand zu erstellen, geben Sie eine negative Zahl und eine Zeiteinheit ein, beispielsweise –1t, oder geben Sie einen Prozentwert ein, beispielsweise -33%.

Geben Sie in dem Smith Home 4.mpp-Beispiel in die Spalte ZEITABSTAND des Vorgängers des Vorgangs INSPEKTION den Wert 1t für ein. Damit erstellen Sie einen eintägigen Zeitabstand.

2. Klicken Sie auf OK.

In dem Hausbaubeispiel enthält die Spalte ZEITABSTAND jetzt 1t, und der Anfangstermin wurde auf den Freitag gesetzt (siehe Abbildung 4.9). Das Balkendiagramm (Gantt) gibt jetzt den Zeitabstand wieder. Außerdem wurde der Sammelbalken verlängert, weil der Vorgang INSPEKTION ein Teilvorgang des Sammelvorgangs FUNDAMENT ist.

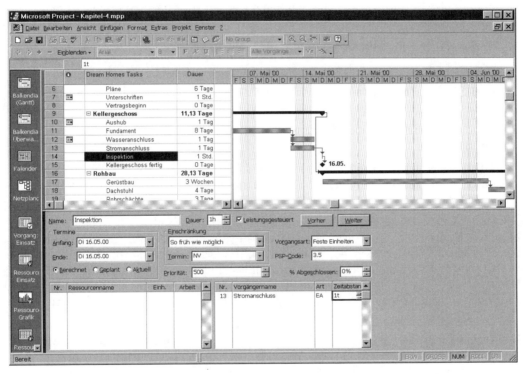

Abbildung 4.9: Das Balkendiagramm zeigt einen Zeitabstand von einem Tag.

Vorgänger teilen

Das Teilen von Vorgängern ist eine brauchbare Methode, um ein Projekt zu verkürzen, weil dann mehrere Vorgänge gleichzeitig ausgeführt werden können. Beispielsweise können die Vorgänge DACHAUSBAU, SANITÄRINSTALLATION, HEIZUNG UND KAMIN sowie VERKABELUNG gleichzeitig erfolgen, weil alle vier Vorgänge nur von einem einzigen Vorgänger abhängig sind – der Erstellung des Rohbaus. Um Vorgänger zu teilen, führen Sie die folgenden Schritte aus:

1. **Klicken Sie im Formular Vorgang: Einzelheiten auf die Schaltfläche Vorher oder Weiter, bis Sie den Vorgang erreichen.**

   Gehen Sie in dem Beispiel `Smith Home 4.mpp` zum Vorgang Dachausbau.

2. **Ändern Sie den Vorgänger des Vorgangs, indem Sie die ID-Spalte auswählen und die neue ID in der Spalte eingeben.**

   Geben Sie in unserem Beispiel 17 ein.

3. **Klicken Sie auf OK.**

   Wiederholen Sie die Schritte 1 bis 3 für die restlichen Vorgänge – Sanitärinstallation, Heizung und Kamin und Verkabelung.

4. **Klicken Sie in dem Balkendiagramm (Gantt) auf einen Vorgang.**

   Wählen Sie in unserem Beispiel den Vorgang Verkabelung aus.

5. **Klicken Sie in der Standardsymbolleiste auf die Schaltfläche Gehe zu ausgewähltem Vorgang.**

6. **Verschieben Sie das Balkendiagramm, bis Sie alle Vorgänge mit demselben Vorgänger sehen können.**

   Falls Sie das Beispiel nachvollzogen haben, sollte Ihr Bildschirm ungefähr so aussehen wie der in Abbildung 4.10 gezeigte: Die Vorgänge erfolgen jetzt zeitlich parallel statt nacheinander.

Manchmal beheben Sie ein Problem, aber schaffen dadurch ein anderes. Beispielsweise haben in Abbildung 4.10 alle vier Vorgänge denselben Vorgänger, aber der Vorgang Inspektion (Vorgang 22) scheint stattzufinden, bevor der Vorgang Dachausbau (Vorgang 18) abgeschlossen ist. Der Grund dafür besteht darin, dass der Vorgang Inspektion den Vorgang 21, Verkabelung, als Vorgänger hat. Das Problem ist, dass die Dauer des Vorgangs Verkabelung kürzer ist als die Dauer des Vorgangs Dachausbau. Der Vorgang Inspektion kann nicht anfangen, bevor nicht alle Teilvorgänge des Rohbaus abgeschlossen sind.

Kommen Sie sich auch so vor, als würden Sie versuchen, einen Tintenfleck auszuradieren? Na ja, so schlimm ist es auch wieder nicht. Wenn Sie ein Projekt ändern, werden manchmal weitere Änderungen notwendig. In diesem Fall müssen Sie den Vorgänger des Vorgangs Inspektion ändern und einen eintägigen Zeitabstand einplanen, so wie Sie es auch bei der Inspektion des Fundaments gemacht haben.

Wenn Sie einen Fehler an einer Stelle ausbügeln, kann es notwendig werden, die Konsistenz mit ähnlichen Vorgängen in anderen Teilen des Projekts zu bewahren. Beispielsweise könnte es notwendig sein, einen Zeitabstand in ein Projekt einzufügen, um einen Telefonanruf einzuplanen, mit dem der Termin für die Inspektion abgesprochen wird.

4 ➤ *Vorgangsverknüpfungen*

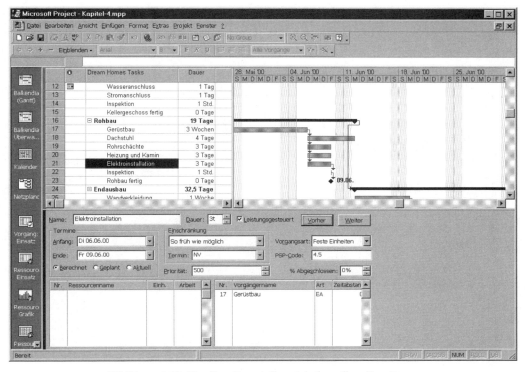

Abbildung 4.10: Vier Vorgänge teilen sich denselben Vorgänger.

Um die Probleme mit der SMITH HOUSE4.MPP-Datei in Abbildung 4.10 zu beheben und einen Zeitabstand von einem Tag einzufügen, führen Sie die folgenden Schritte aus:

1. **Klicken Sie im Formular VORGANG: EINGABE auf die Schaltfläche WEITER, um zu Vorgang 22, INSPEKTION, zu gehen.**

2. **Geben Sie in der Vorgänger-ID-Spalte den Wert 18 ein, um den Vorgänger des Vorgangs INSPEKTION in den Vorgang DACHAUSBAU zu ändern.**

   DACHAUSBAU ist der längste der parallelen Vorgänge.

3. **Wählen Sie die Spalte ZEITABSTAND, und geben Sie 1t ein, um Zeit für einen Anruf beim Inspekteur zu schaffen.**

4. **Klicken Sie auf OK.**

Ihr Beispielprojekt sollte jetzt etwa der Abbildung 4.11 entsprechen, die viel mehr Sinn ergibt.

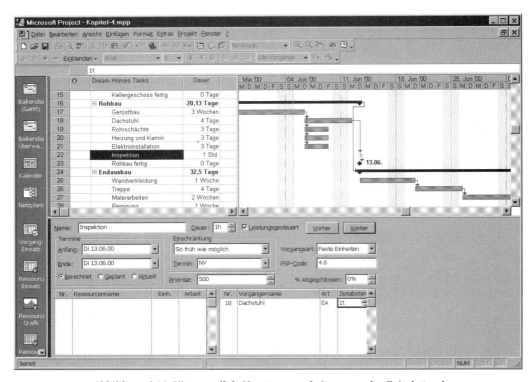

Abbildung 4.11: Vier parallele Vorgänge und ein passender Zeitabstand

Ressourcen an Vorgänge delegieren

In diesem Kapitel

▶ Personen und Dinge als Ressourcen identifizieren

▶ Den Bedarf an Ressourcen vorhersagen

▶ Ressourcen mit Vorgängen verbinden

▶ Einzelheiten von Ressourcen festlegen

▶ Zeit mit mehreren Kalendern verwalten

▶ Das Vorgangsformular als Shortcut für Zuordnungen verwenden

---

*I*dealerweise planen Sie ein Projekt so, dass es im Autoprojektmanagermodus ablaufen kann. (Dieses Wort hat es noch nicht zu einem Eintrag im Wörterbuch gebracht!) Leider müssen Sie sich mit einem kleinen Problem namens *Wirklichkeit* herumschlagen. Personen sagen mehr zu, als es ihre Zeit erlaubt, Material wird zu spät geliefert, und Maschinen fallen aus. Trotzdem müssen Sie Ihre Projektziele fristgerecht und im vorgegebenen Kostenrahmen erreichen. So ist nun mal das Leben eines Projektmanagers.

Fristgerecht und im vorgegebenen Kostenrahmen fertig zu werden ist jedoch nicht so schwierig, wie es scheinen mag. Werfen Sie das Handbuch Ihres Autoprojektmanagers noch nicht weg. Vielleicht mag Ihnen der Gedanke etwas radikal erscheinen, aber was halten Sie davon, wenn Sie einfach die Tatsache einplanen, dass Personen mehr zusagen, als es ihre Zeit erlaubt, dass Material zu spät geliefert wird und dass Maschinen ausfallen? Wie wäre es, wenn Sie diese Eventualitäten in Ihren Projektterminplan einbauen würden? Microsoft Project 2000 hilft Ihnen dabei. Microsoft Project wurde für die wohlgesonnene, aber unvollkommene Welt des Projektmanagements geschaffen. Sie können Ihre Ziele so setzen, dass Ihnen viel Spielraum bei den Terminen bleibt.

 Mit der Datei SMITH HOUSE 5.MPP, die sich auf der CD befindet, können Sie das Verbinden von Ressourcen mit Projekten üben. Es handelt sich um dieselbe Hausbau-Projektdatei, die wir auch in den Kapiteln 3 und 4 verwendet haben. In diesen Kapiteln haben Sie einen Terminplan entwickelt und Vorgänge miteinander verknüpft. In Anhang C erfahren Sie, wie Sie die Übungsdateien öffnen können.

Ressourcen sind Personen und Dinge

In Microsoft Project sind *Ressourcen* Ausrüstungsgegenstände und Personen, die Arbeit an Ihrem Projekt leisten. Jedoch ist nicht jedes Ausrüstungsstück und nicht jede Person eine Ressource, das bzw. die Arbeit an Ihrem Projekt leistet.

Beispielsweise ist ein Projektmanager normalerweise nicht dafür zuständig, alle Mitglieder des Projektteams mit einem Schreibtisch auszustatten. Dies kann beispielsweise zu den Aufgaben der Organisationsabteilung des Unternehmens gehören, das das Projekt anstößt. Wenn Sie dagegen mit Ihrem Projektteam jeden Montag um 8:30 Uhr in einem bestimmten Konferenzraum eine Besprechung abhalten, kann dieser Raum zu den Ressourcen Ihres Projekts gehören. Dann müssen Sie die Verfügbarkeit des Raums überwachen.

Dasselbe gilt für Personen. Es kann beispielsweise zur Ablauforganisation in Ihrem Unternehmen gehören, dass die Versandabteilung das Personal abstellt, das für die gesamte ein- und ausgehende Brief- und Paketpost zuständig ist. Falls die Massenaussendung eines Briefes an einem bestimmten Datum zu den Vorgängen Ihres Projekts gehört, wird das Personal der Versandabteilung zu einer Ressource Ihres Projekts. Die entsprechende Planung und Kommunikation über diese Aussendung gehört dann zu den Zuständigkeiten des Projektmanagements.

Die Kunst der Ressourcenplanung ist bewundernswert, wenn sie meisterhaft ausgeführt wird – und hässlich wie die Nacht, wenn ein Stümper am Werk ist.

Den Ressourcenbedarf voraussagen

Die Art und Weise, wie die Qualität, der Umfang und die Verfügbarkeit von Ressourcen festgelegt und verwaltet wird, unterscheidet den professionellen von einem Möchtegern-Projektmanager. Die richtigen Ressourcenentscheidungen zu treffen ist nicht so schwierig, wie es den Anschein hat. Beachten Sie die folgenden Faktoren, bevor Sie Ressourcen für Ihr Projekt identifizieren und zuordnen:

✔ **Verlieren Sie Ihr Ziel nicht aus den Augen:** Neue Projektmanager vergeuden gelegentlich Stunden mit der Entwicklung hochtrabender Ziele, die dann in einer Schublade verschwinden und niemals auf das Projekt angewendet werden. Wenn Sie Ressourcen zuordnen, sollten diese direkt auf Ihre Ziele und auf den Umfang des Projekts bezogen sein. Falls Sie dies nicht tun, halten Sie ein! Atmen Sie tief durch, treffen Sie sich mit Ihrem Projektteam, und kehren Sie sofort auf den richtigen Weg zurück.

✔ **Ordnen Sie den Vorgängen die richtigen Ressourcen zu:** Es ist viel einfacher, Ressourcen erfolgreich einem Projekt zuzuordnen, wenn Sie die Ressourcen speziell einzelnen Vorgängen oder Gruppen von Vorgängen zuordnen. Microsoft Project erkennt nur Ressourcen, die an Vorgänge gebunden sind.

✔ **Erstellen Sie einen ausführlichen Ressourcenpool:** Ein *Ressourcenpool* ist die Gesamtheit der Personen und Ausrüstung, die für Ihr Projekt zur Verfügung stehen. Einige Ressourcen sind uneingeschränkt, andere nur zeitlich und/oder mengenmäßig begrenzt verfügbar. Einige Ressourcen sind kostenlos verfügbar, andere tragen fixe Kosten bei, und wieder andere können à la carte abgerufen werden. Stellen Sie die Liste entsprechend zusammen.

✔ **Beachten Sie Ihre Grenzen:** Wenn Sie über Ressourcen verfügen wollen, müssen Sie die Richtlinien Ihres Unternehmens über Mietkosten, Beraterhonorare, Beschaffungskosten und Ähnliches kennen. Achten Sie darauf, dass Sie oder eines Ihrer Projektteammitglieder jederzeit die passende Firmenrichtlinie hinsichtlich Ihrer Ressourcenplanung parat hat. Vermeiden Sie auf jeden Fall Annahmen oder Genehmigungen, die nur implizit erfolgen. Je mehr Genehmigungen explizit erteilt werden, desto größer ist die Erfolgsaussicht des Projekts.

Ich möchte diesen Punkt mit einem Beispiel aus dem Leben illustrieren: Ein Freund von mir verwaltete ein Projekt, bei dem es um eine Multimillionen-Dollar-Videoproduktion ging. Die Auftraggeber saßen in Los Angeles, Indianapolis und Washington, D.C. Der Zeitrahmen des Projekts war sehr straff, und die Genehmigungen für alle Produktionsphasen mussten von allen drei Auftraggebern unterschrieben werden. Deshalb gingen fast täglich Express-Sendungen hin und her. Nach dem Abschluss des sehr erfolgreichen Projekts wurde die Leistung meines Freundes negativ beurteilt, weil er gegen die Firmenrichtlinien über Express-Sendungen verstoßen hatte.

✔ **Beachten Sie die Kosten der Ressourcen:** Sie dürfen Ressourcen und deren Kosten nicht getrennt betrachten. (In Kapitel 13 erfahren Sie mehr über die Verfolgung von Ressourcen und Kosten.) In Microsoft Project können Sie an beiden Aspekten gleichzeitig arbeiten:

- Stellen Sie fest, ob die Kosten der Ressource vorher anfallen, ob sie während der Arbeit steigen oder ob sie am Ende des Projekts fällig werden.
- Legen Sie Stunden- und Überstundensätze fest.
- Geben Sie Kosten an, die pro Gebrauch der Ressource anfallen.
- Halten Sie es fest, wenn eine Ressource für einen vertraglich fixierten Festbetrag arbeitet.

Ressourcengesteuerte Vorgänge und Vorgänge mit fester Dauer

Microsoft Project nimmt an, dass Sie mit ressourcengesteuerten Vorgängen arbeiten, solange Sie nichts anderes angeben. Wenn Sie den Umfang der Ressourcen steigern, die einem *ressourcengesteuerten (leistungsgesteuerten) Vorgang* zugewiesen sind, dauert der Vorgang weniger lange. Wenn beispielsweise zwei Personen sechs Stunden benötigen, um einen Lastwagen mit Orangenkisten zu entladen, können vier Personen die Aufgabe in drei Stunden erledigen. Dagegen wird ein Vorgang mit *fester Dauer* von den Ressourcen nicht beeinflusst. Beispielsweise dauert das Unterschreiben eines Hypothekenvertrags eine Stunde. Auch wenn 15 Personen im Raum wären, würde es immer noch eine Stunde dauern.

Wenn Sie Ressourcen und ihre Einheiten zum ersten Mal einem Vorgang zuordnen, nimmt Microsoft Project an, dass die Ressourcenzuordnung dieselbe Dauer hat, wie Sie anfänglich geschätzt haben. Nach der Zuordnung der Ressource und ihrer Einheit wird der Vorgang standardmäßig als ressourcengesteuerter Vorgang behandelt. Deshalb ändert sich die Vorgangsdauer automatisch, wenn Sie andere Einheiten eingeben.

Um aus einem ressourcengesteuerten Vorgang einen Vorgang mit fester Dauer zu machen, doppelklicken Sie auf den Vorgang. Das Dialogfeld INFORMATIONEN ZUM VORGANG wird geöffnet. Klicken Sie auf die Registerkarte SPEZIAL, und deaktivieren Sie das Kontrollkästchen LEISTUNGSGESTEUERT neben dem Listenfeld VORGANGSTYP. Klicken Sie auf OK, um das Dialogfeld INFORMATIONEN ZUM VORGANG zu schließen.

Ressourcen mit Vorgängen verbinden

Bevor Sie sich die Mühe machen, Vorgängen Ressourcen zuzuordnen, sollten Sie sich fragen, ob dies wirklich erforderlich ist. Einige Projekte müssen nicht so detailliert geplant werden. Wenn Sie den Vorgängen keine Ressourcen zuordnen, berechnet Microsoft Project den Terminplan anhand der Vorgangsdauern und Vorgangsbeziehungen. (In Kapitel 4 finden Sie Näheres über Vorgangsbeziehungen.)

In den meisten Fällen ist es hilfreich, den Vorgängen Ressourcen zuzuordnen. Microsoft Project ist sehr versiert darin, auch die komplexesten Ressourcen- und Kostenbeziehungen zu verfolgen und automatisch zu aktualisieren. Wenn Sie Vorgängen Ressourcen zuordnen, können Sie...

✔ **die Kosten überwachen.**

✔ **feststellen, ob einem Vorgang zu viele oder zu wenige Ressourcen zugeordnet sind.**

✔ **herausfinden, ob Ressourcen gleichzeitig verschiedenen Vorgängen zugeordnet sind.**

✔ **den Grad der Fertigstellung eines Vorgangs durch verschiedene Ressourcen überwachen.**

✔ **genaue Berichte erstellen.**

Ressourcen zu Vorgängen zuordnen

 Die einfachste Methode, um Ressourcen mit Vorgängen zu verbinden, besteht darin, das Dialogfeld RESSOURCEN ZUORDNEN zu öffnen, indem Sie in der Standardsymbolleiste auf die Schaltfläche RESSOURCEN ZUORDNEN klicken. In diesem Dialogfeld können Sie Ressourcen mit einem Vorgang verbinden, indem Sie diese aus einer Ressourcenliste auswählen. Das Dialogfeld enthält zwei Spalten: NAME und EINH.

Mit der Namensspalte arbeiten

Der NAME ist die Bezeichnung, die Sie einer Ressource zuweisen. Um Ressourcen in Microsoft Project zuzuweisen, führen Sie die folgenden Schritte aus:

1. **Wählen Sie einen Vorgang.**

   Wählen Sie beispielsweise den Vorgang KUNDENAUSWAHL.

2. **Klicken Sie in der Standardsymbolleiste auf die Schaltfläche RESSOURCEN ZUORDNEN.**

   Das gleichnamige Dialogfeld wird geöffnet.

3. **Geben Sie in dem Textfeld NAME einen Ressourcennamen ein.**

   Die Ressource kann aus einem Kollegen, einer Teilzeitkraft oder einer anderen Person bestehen, die den Vorgang ausführen soll. Der Ressourcenname kann aus dem Namen der Person, ihrem Titel, ihrer Hemdgröße oder irgendeiner anderen Angabe bestehen, mit der Sie sie in der Ressourcenliste identifizieren wollen.

4. **Drücken Sie auf [Enter].**

Bis jetzt haben Sie eine Ressource erstellt, aber Sie haben sie nicht dem Vorgang zugeordnet. Microsoft Project erwartet zunächst, dass Sie der Ressource eine Einheit zuweisen.

Mit der Einheitenspalte arbeiten

Einheit bezieht sich auf die Anzahl der Ressourceneinheiten, die Sie für einen ausgewählten Vorgang benötigen. Standardmäßig weist Microsoft Project die Einheit 1 zu. Dies bedeutet, dass eine Einheit (Person oder Gerät) während der Vorgangsdauer zu 100 Prozent ihrer Zeit pro Tag dem Vorgang zugeordnet ist. Wenn Sie beispielsweise 0,25 eingeben, teilen Sie Microsoft Project mit, dass eine Person ein Viertel ihrer Zeit dem Projekt widmet. Um Zeiteinheiten in Microsoft Project einzugeben, führen Sie die folgenden Schritte aus:

1. **Geben Sie einen Dezimalanteil von 100 Prozent in das Feld EINH. ein.**
2. **Drücken Sie auf [Enter].**

Es treten drei Änderungen ein (siehe Abbildung 5.1):

- ✔ In dem Dialogfeld RESSOURCEN ZUORDNEN erscheint neben dem Ressourcennamen ein Häkchen, das eine Ressourcenzuordnung anzeigt.
- ✔ Der Ressourcenname erscheint neben dem Balken im Balkendiagramm (Gantt).
- ✔ Die Einheitenzuordnung erscheint neben dem Ressourcennamen in dem Balkendiagramm (Gantt).

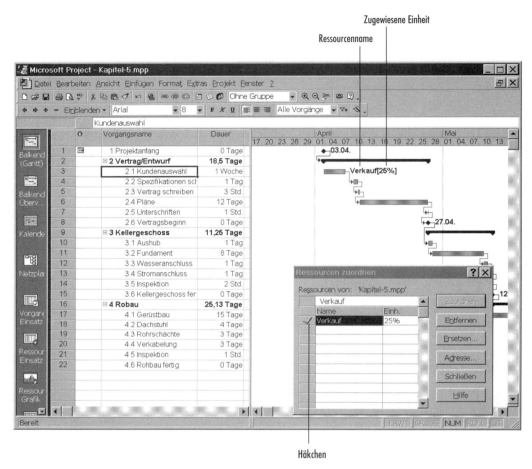

Abbildung 5.1: Im Balkendiagramm werden rechts neben dem Balken der Ressourcenname und die Einheiten angegeben.

Einen Ressourcenpool erstellen

Wenn Sie einen Ressourcenpool erstellen, können Sie Ressourcen identifizieren, die für Ihr Projekt zur Verfügung stehen und sie zu Vorgängen zuordnen. Um einen Ressourcenpool zu erstellen, führen Sie die folgenden Schritte aus:

1. **Markieren Sie in dem Balkendiagramm einen Vorgang.**
2. **Klicken Sie in der Standardsymbolleiste auf die Schaltfläche RESSOURCEN ZUORDNEN.**
3. **Geben Sie in der Spalte NAME einen Ressourcennamen ein.**

5 ➤ Ressourcen an Vorgänge delegieren

4. **Drücken Sie auf [Enter].**
5. **Wiederholen Sie Schritte 1 bis 4, bis Sie alle Ressourcen eingegeben haben.**

Geben Sie zu Übungszwecken die folgenden Ressourcen unter der Ressource VERKAUF in das Hausbaubeispiel ein. Danach sollte Ihr Projekt etwa wie Abbildung 5.2 aussehen:

- ✔ Spezifikationen
- ✔ Rechtsanwalt
- ✔ Architekt
- ✔ Aushubunternehmer
- ✔ Wasserwerk
- ✔ Stromversorger
- ✔ Bauinspektor
- ✔ Gerüstbauer

- ✔ Rohrinstallateur
- ✔ Maurer
- ✔ Elektroinstallateur
- ✔ Verputzer
- ✔ Maler
- ✔ Zimmerleute
- ✔ Projektmanager

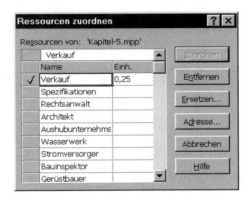

Abbildung 5.2: Ein Häkchen zeigt an, dass die Ressource einem Vorgang zugeordnet ist.

Bei Personen und Unternehmen ist es sinnvoll, die ausgeübte Funktion bzw. den Geschäftsbereich anstelle des Namens einzugeben. Dann müssen Sie bei einem Personalwechsel oder bei einer Änderung eines Vertragspartners weniger ändern.

Die Anlage eines Ressourcenpools ist ein Hauptschritt bei der Ressourcenzuordnung. Nachdem Sie diesen wichtigen Schritt beendet haben, speichern Sie Ihre Projektdatei. Weil Sie sich wahrscheinlich immer noch in der Planungsphase Ihres Projekts befinden, sollten Sie das Projekt ohne Basisplan speichern.

Einzelheiten über Ressourcen festhalten

Microsoft Project kann so viele Einzelheiten über ein Projekt verwalten, wie Sie eingeben. Beispielsweise können Sie Ressourceninformationen über Personen eingeben, deren Lohn nicht direkt an den Kostenrahmen des Projekts gebunden ist. Alternativ können Sie Daten über Stundenlöhner eingeben, die direkt an das Budget des Projekts gebunden sind. Wieder andere Ressourcen können für einen Festbetrag arbeiten.

Um das Dialogfeld INFORMATIONEN ZUR RESSOURCE (siehe Abbildung 5.3) zu öffnen, klicken Sie einfach auf die Schaltfläche RESSOURCEN ZUORDNEN. Doppelklicken Sie dann auf einen Ressourcennamen.

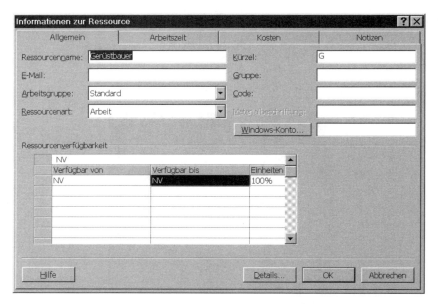

Abbildung 5.3: Im Dialogfeld INFORMATIONEN ZUR RESSOURCE können Sie Informationen zur Ressource eingeben.

Das Dialogfeld INFORMATIONEN ZUR RESSOURCE hat vier Registerkarten, die jeweils eine Gruppe zusammengehöriger Informationen über die Ressource enthalten. Die eingegebenen Informationen bleiben mit der Ressource verbunden, egal welchem Vorgang diese zugewiesen wird. Die folgende Aufstellung beschreibt die Registerkarten und Felder (siehe Abbildungen 5.4 und 5.5):

✔ **Registerkarte ALLGEMEIN:** Die Registerkarte ALLGEMEIN enthält die folgenden Informationen:

- **RESSOURCENNAME:** Alle Ressourcen werden durch ihren Namen oder ihr Kürzel identifiziert.

5 ➤ Ressourcen an Vorgänge delegieren

- **Kürzel:** Ein Ersatz für den Namen. Dadurch können Sie einige Tastenanschläge einsparen, wenn Sie Ressourcen zuweisen.

- **Gruppe:** Der Name einer Ressourcengruppe. Jede Ressource, die diesen Gruppennamen benutzt, gehört zu der Gruppe. (Beispielsweise könnten Sie das Wasserwerk und den Stromversorger unter einer Gruppe namens *Versorgungsunternehmen* zusammenfassen.) Dann könnten Sie die Ressourcen nach Gruppennamen sortieren.

- **Code:** Ein alphanumerischer Code für die Ressource. Dieser Code ist beispielsweise bei der Buchhaltung hilfreich. Einige Unternehmen verwenden Kostencodes zur Überwachung der Ausgaben.

- **Ressourcenverfügbarkeit:** Die Gesamtzahl der Einheiten, die für ein Projekt verfügbar sind. Die Zahl hat einen Wertebereich von 0 bis 100. Microsoft Project verwendet diese Zahl, um zu berechnen, ob Sie für einen Vorgang oder mehrere gleichzeitige Vorgänge über ausreichende Ressourcen verfügen. (Falls die Einheit als Prozentsatz angegeben wird, wählen Sie den Menübefehl Extras|Optionen. Klicken Sie auf die Registerkarte Terminplan, und ändern Sie den Eintrag im Listenfeld Zuordnungseinheiten anzeigen als: in Dezimalwert.)

✔ **Registerkarte Arbeitszeit:** Die Registerkarte Arbeitszeit enthält den Basiskalender. Microsoft Project unterscheidet drei Arten von Baisiskalendern: Standard, Nachtschicht und 24 Stunden. Jeder Kalender verfügt über eigene Standardeinstellungen. Beispielsweise arbeitet der Standardprojektkalender mit einer Arbeitswoche von Montag bis Freitag, von 8:00 bis 17:00 Uhr mit einer Stunde Mittagspause und keinen Feiertagen.

✔ **Registerkarte Kosten:** Die Registerkarte Kosten enthält die folgenden Informationen:

- **Standardsatz:** Die Kosten für normale Arbeit. Die Standardeinheit für dieses Feld ist Stunden. Wenn Sie beispielsweise 30 eintippen, nimmt Microsoft Project 30 DM/Stunde an. Die möglichen Zeiteinheiten sind Minuten (min), Stunden (h), Tage (t) und Wochen (w).

- **Überstundensatz:** Die Kosten für Überstunden. Geben Sie diesen Satz ein, wenn Sie bei der Ressource mit Überstunden rechnen. Geben Sie den Wert wie den Standardsatz mit einer Zeiteinheit ein.

- **Kosten pro Einsatz:** Die Kosten pro Einsatz der Ressource. Beispielsweise betragen die Gebühren für einen Bauinspektor 130 DM pro Besuch.

- **Kostenfälligkeit:** Zeitpunkt, zu dem die Kosten für die Ressource tatsächlich anfallen. Es gibt drei Optionen: Anfang (die Gesamtkosten werden angesetzt, wenn der Vorgang anfängt, der diese Ressource benutzt), Anteilig (die anteiligen Kosten werden angesetzt, wenn der Vorgänge fortschreitet, der diese Ressource benutzt) und Ende (die Gesamtkosten werden angesetzt, wenn der Vorgang endet, der diese Ressource benutzt). Microsoft Project berechnet standardmäßig die anteiligen Kosten, solange Sie nichts anderes festlegen.

Geben Sie in unserem Beispiel im Dialogfeld INFORMATIONEN ZUR RESSOURCE für die GERÜSTBAUER die folgenden Einzelheiten ein:

Option	Value
KÜRZEL	FC
GRUPPE	Zimmerleute
RESSOURCENVERFÜGBARKEIT	16
STANDARDSATZ	25
ÜBERSTUNDENSATZ	35

Die Registerkarten ALLGEMEIN und KOSTEN des Dialogfelds INFORMATIONEN ZUR RESSOURCE sollten jetzt wie die Abbildungen 5.4 bzw. 5.5 aussehen. Klicken Sie auf OK. Das Dialogfeld INFORMATIONEN ZUR RESSOURCE interpretiert die Sätze für die Arbeit automatisch als Stundensätze, falls Sie keine andere Einheit (min für Minute, t für Tag oder w für Woche) eingegeben haben.

Klicken Sie auf OK, wenn Sie mit diesem Dialogfeld fertig sind.

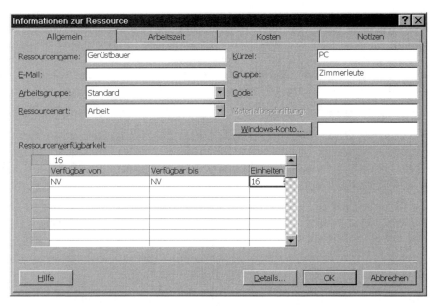

Abbildung 5.4: Die Registerkarte ALLGEMEIN des Dialogfelds INFORMATIONEN ZUR RESSOURCE

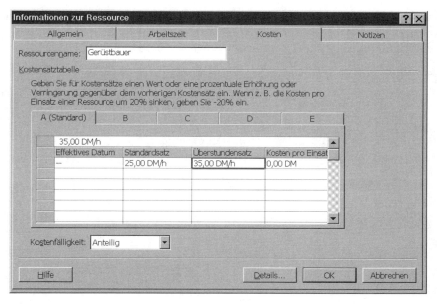

Abbildung 5.5: Die Registerkarte KOSTEN des Dialogfelds INFORMATIONEN ZUR RESSOURCE

Eine Ressource ziehen

Wenn Sie einem Vorgang in dem Balkendiagramm eine Ressource des Ressourcenpools zuordnen wollen, können Sie die Ressource aus dem Dialogfeld RESSOURCEN ZUORDNEN auf den Vorgang in der Balkendiagramm-Tabelle ziehen. Führen Sie zu diesem Zweck die folgenden Schritte aus:

1. **Wählen Sie in dem Ressourcenpool eine Ressource aus.**

    Verschieben Sie in unserem Beispiel das Balkendiagramm (Gantt) ganz nach oben. Wählen Sie dann in dem Ressourcenpool die Ressource SPEZIFIKATIONEN aus.

2. **Fahren Sie mit dem Mauszeiger auf die äußerste linke Spalte des Dialogfelds RESSOURCEN ZUORDNEN.**

    Der Mauszeiger nimmt die Form eines Pfeils mit einem Kopf an.

3. **Drücken und halten Sie die linke Maustaste, und ziehen Sie den Mauszeiger auf den Vorgang.**

    Ziehen Sie in unserem Beispiel den Mauszeiger auf den Vorgang SPEZIFIKATIONEN ERSTELLEN.

4. **Lassen Sie die Maustaste los.**

Beachten Sie in Abbildung 5.6, dass die Ressource SPEZIFIKATIONEN jetzt mit einem Häkchen versehen ist. Die Einheit der Ressource beträgt jetzt für diesen Vorgang 1,00. Außerdem zeigt das Balkendiagramm (Gantt) den Ressourcennamen an.

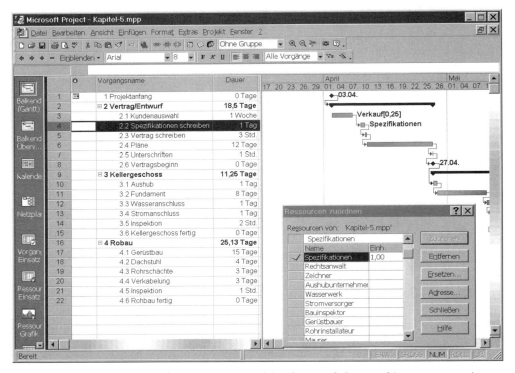

Abbildung 5.6: Die Ressource SPEZIFIKATIONEN wird durch ein Häkchen markiert, um anzuzeigen, dass sie einem Vorgang zugeordnet ist.

 Die Ziehfunktion weist der Ressource automatisch eine Einheit von 1,00 zu. Nachdem Sie die Ressource zugeordnet haben, ändern Sie die Vorgangseinheiten, um die Vorgangsdauer anzupassen. Wenn Sie laut Plan dem Vorgang eine andere Einheit als 1,00 zuordnen wollen, verwenden Sie nicht die Ziehfunktion, sondern geben Sie stattdessen in der Spalte EINH. des Dialogfelds RESSOURCEN ZUORDNEN einen Wert ein, und klicken Sie dann auf die Schaltfläche ZUORDNEN.

Eine Ressource mehreren Vorgängen zuordnen

Mit Hilfe des Ressourcenpools können Sie eine Ressource mehreren Vorgängen gleichzeitig zuordnen. Wenn die Vorgänge nacheinander angeordnet sind, markieren Sie den ersten Vorgang, halten die `Umschalt`-Taste gedrückt und wählen den letzten Vorgang in der Folge aus. Lassen Sie dann die `Umschalt`-Taste los. Alle Vorgänge in Folge sollten jetzt markiert sein.

5 ➤ Ressourcen an Vorgänge delegieren

Falls die Vorgänge nicht nacheinander angeordnet sind, wählen Sie den ersten Vorgang aus, halten die [Strg]-Taste gedrückt und wählen die gewünschten Vorgänge aus. Nachdem Sie den letzten Vorgang ausgewählt haben, lassen Sie die [Strg]-Taste los. Alle ausgewählten nicht sequenziellen Vorgänge sind jetzt markiert.

Nachdem Sie die Vorgänge markiert haben, wählen Sie eine Ressource im Ressourcenpool aus. Wenn Sie wollen, können Sie eine Einheitszuordnung hinzufügen. Klicken Sie dann auf die Schaltfläche ZUORDNEN.

Sie können einem einzelnen Vorgang auch mehrere Ressourcen und mehrere Ressourcen zu mehreren Vorgängen zuordnen.

In unserem Hausbaubeispiel wollen wir zwei Ressourcen zu drei Vorgängen zuordnen – und zwar müssen der Projektmanager und der Bauinspektor beide den Vorgang INSPEKTION durchführen.

Ändern Sie zur Vorbereitung die Balkendiagramm-Ansicht so, dass Sie Ihre Arbeit besser sehen können:

1. **Verschieben Sie das Balkendiagramm (Gantt), bis der erste Vorgang ganz oben steht.**

    Verschieben Sie in unserem Beispiel das Balkendiagramm so, dass Vorgang 14, die erste Inspektion, ganz oben im Fenster steht.

2. **Wählen Sie den ersten Vorgang aus.**

    Wählen Sie in unserem Beispiel Vorgang 14 aus.

3. **Klicken Sie in der Standardsymbolleiste auf die Schaltfläche GEHE ZU AUSGEWÄHLTEM VORGANG.**

4. **Klicken Sie auf die Schaltfläche VERKLEINERN (oder VERGRÖSSERN), bis die Zeitskala Monate und Wochen anzeigt.**

5. **Ziehen Sie das Dialogfeld RESSOURCEN ZUORDNEN in die obere rechte Ecke des Bildschirms.**

Damit erhalten Sie einen besseren Überblick über das Balkendiagramm (Gantt), um Ressourcen zu mehreren Vorgänge zuzuordnen.

Um eine Ressource zu mehreren Vorgängen zuzuordnen, führen Sie die folgenden Schritte aus:

1. **Wählen Sie einen Vorgang aus, wenn nicht bereits einer ausgewählt ist.**

    Wählen Sie in unserem Beispiel den ersten Inspektionsvorgang, Vorgang 14, aus.

2. **Halten Sie die [Strg]-Taste gedrückt, und wählen Sie weitere Vorgänge aus. Lassen Sie dann die [Strg]-Taste los.**

    Halten Sie in unserem Beispiel die [Strg]-Taste gedrückt, und wählen Sie die beiden anderen Inspektionsvorgänge 22 und 32 aus. Lassen Sie dann die [Strg]-Taste los.

3. **Wählen Sie in dem Dialogfeld RESSOURCEN ZUORDNEN die erste Ressource aus.**

   Wählen Sie in unserem Beispiel die Ressource BAUINSPEKTOR aus.

4. **Halten Sie die [Strg]-Taste gedrückt, verschieben Sie den Ressourcenpool zur nächsten Ressource, und wählen Sie diese aus. Lassen Sie dann die [Strg]-Taste los.**

   Halten Sie in unserem Beispiel die [Strg]-Taste gedrückt, gehen Sie zum Ende des Ressourcenpools, und wählen Sie die Ressource PROJEKTMANAGER aus. Lassen Sie dann die [Strg]-Taste los.

5. **Klicken Sie in dem Dialogfeld RESSOURCEN ZUORDNEN auf die Schaltfläche ZUORDNEN.**

   Wenn Sie einem Vorgang mehrere Ressourcen zuordnen, hat dies keinen Einfluss auf die Vorgangsdauer (siehe Abbildung 5.7). Aber wenn Sie die Einheiten in einer aus mehreren Ressourcen bestehenden Zuordnung oder in einer einzelnen Ressourcenzuordnung ändern, ändert sich die Vorgangsdauer, es sei denn, der Vorgang hat eine feste Länge.

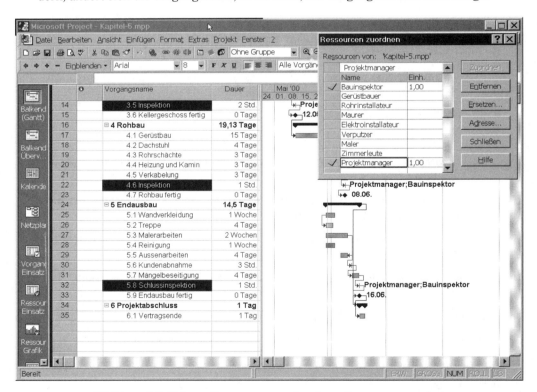

Abbildung 5.7: Mehrere Ressourcen wurden einem Vorgang zugeordnet.

Um die normale Zeitskala des Balkendiagramms (Gantt) wiederherzustellen, klicken Sie auf die Schaltfläche VERGRÖSSERN, bis die normale Zeitskala wieder angezeigt wird.

Ressourcen zu Vorgängen hinzufügen oder aus diesen entfernen

Der Erfolg oder Misserfolg eines Projekts hängt von dem termingerechten Abschluss der Vorgänge ab. Aber Vorgänge können ohne ausreichende Ressourcen nicht fristgerecht abgeschlossen werden. Zu häufig verzögern sich Projekte, weil sich die Ressourcenverfügbarkeit geändert hat. Als Projektmanager müssen Sie dafür sorgen, dass Ihr Projekt überlebt, indem Sie die geänderten Bedingungen korrekt einschätzen und den Projektplan rechtzeitig anpassen. Die Änderung der Ressourcenzuordnungen kann einfach oder kompliziert sein, je nachdem, wann im Ablauf des Projekts Sie die Änderungen durchführen. Ein frühes Ändern von Ressourcenzuordnungen ist ein Kinderspiel.

In unserem Hausbaubeispiel können Sie das Ändern einiger Dinge üben. Erstens fehlt im Ressourcenpool eine wichtige Person, nämlich der Vorarbeiter des Projekts. Zweitens sollte der Projektvorarbeiter statt des Projektmanagers die Inspektionen mit dem Bauinspektor ausführen.

Um Ressourcen hinzuzufügen oder zu entfernen, führen Sie die folgenden Schritte aus:

1. **Wählen Sie die Vorgänge aus, deren Ressourcen Sie ändern wollen.**

   In dem Hausbaubeispiel können Sie die drei Inspektionsvorgänge auswählen (falls sie noch nicht ausgewählt sind). Wählen Sie zu diesem Zweck den ersten Inspektionsvorgang aus – Vorgang 14. Halten Sie die [Strg]-Taste gedrückt, und wählen Sie die zwei anderen Inspektionsvorgänge aus – die Vorgänge 22 und 32. Lassen Sie dann die [Strg]-Taste los.

2. **Klicken Sie in der Standardsymbolleiste auf die Schaltfläche Ressourcen zuordnen.**

3. **Geben Sie in das erste leere Namensfeld den Ressourcennamen ein.**

   Geben Sie in dem Hausbau-Beispielprojekt in das erste leere Feld VORARBEITER ein.

4. **Wählen Sie eine Ressource aus, und klicken Sie auf die Schaltfläche Ersetzen.**

   Das Dialogfeld Ressourcen ersetzen wird geöffnet.

   Wählen Sie in dem Hausbaubeispiel die Ressource Projektmanager aus.

5. **Wählen Sie eine andere Ressource aus, und klicken Sie auf OK.**

   Wählen Sie in dem Hausbaubeispiel die Ressource Projektvorarbeiter aus.

6. **Schließen Sie das Dialogfeld Ressourcen zuordnen.**

Die drei Inspektionsvorgänge werden geändert. Aus jedem Vorgang wird der Projektmanager entfernt, und der Projektvorarbeiter wird zu dem Vorgang hinzugefügt.

Eine Ressource aus dem Pool entfernen

Wenn Sie eine Ressource aus dem Ressourcenpool löschen wollen, müssen Sie mit der Ansicht RESSOURCE: TABELLE arbeiten. Diese Ansicht ist besonders hilfreich, um Einzelheiten über alle Ressourcen zusammenzufassen. Sie können diese Ansicht auch benutzen, um Ressourcen zu ändern. Gehen Sie zu diesem Zweck folgendermaßen vor:

1. **Öffnen Sie die Ansichtsleiste, indem Sie mit der rechten Maustaste auf den vertikalen Balken ganz rechts klicken und in dem Kontextmenü Ansicht BALKENDIGRAMM (GANTT) wählen.**

2. **Öffnen Sie in der Ansichtsleiste die Ansicht RESSOURCE: TABELLE, oder wählen Sie den Menübefehl ANSICHT| RESSOURCE: TABELLE.**

   Der Bildschirm sollte jetzt wie Abbildung 5.8 aussehen.

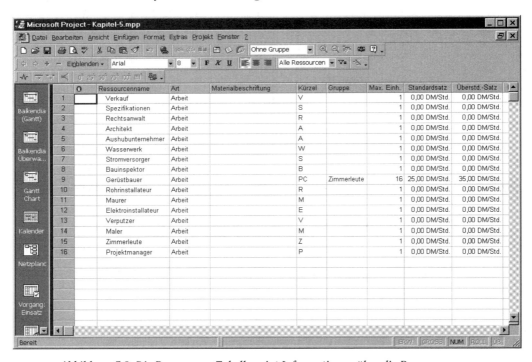

Abbildung 5.8: Die Ressourcen-Tabelle zeigt Informationen über die Ressourcen an.

In dem Hausbaubeispiel werden die Vorgänge ROHRINSTALLATEUR und HEIZUNG jetzt von einem einzelnen Vertragspartner ausgeführt. Deshalb müssen Sie eine Ressource löschen und einen Ressourcennamen ändern.

5 ► Ressourcen an Vorgänge delegieren

Um Einträge aus dem Ressourcenpool zu löschen, führen Sie die folgenden Schritte aus:

1. **Wählen Sie in der Ansicht RESSOURCE: TABELLE eine Ressource aus.**

   Wählen Sie in unserem Beispiel die Ressource 10, ROHRINSTALLATEUR, aus.

2. **Drücken Sie auf die `Entf`-Taste.**

   Die Ressource ROHRINSTALLATEUR wird gelöscht, und alle folgenden Ressourcen rücken nach oben, so dass die Ressource MAURER von Platz 11 auf Platz 10 rückt.

Um eine Ressource in der Ansicht RESSOURCE: TABELLE zu ändern, führen Sie die folgenden Schritte aus:

1. **Wählen Sie eine Ressource aus.**
2. **Geben Sie im Feld RESSOURCENNAMEN einen neuen Namen ein.**

Eine neue, kombinierte Ressource ersetzt die beiden Ressourcen, die vorher getrennt waren. Wenn Sie mit der Ansicht RESSOURCEN: TABELLE fertig sind, kehren Sie zur Ansicht BALKENDIAGRAMM (GANTT) zurück, indem Sie in der Ansichtsleiste auf die entsprechende Schaltfläche klicken.

Terminpläne benutzen und anpassen

Microsoft Project verwendet zwei Arten von Kalendern: Projektkalender und Ressourcenkalender. Ein *Projektkalender* (auch als *Standardkalender* bezeichnet) ist der Standardkalender, der für alle Vorgänge und Ressourcen verwendet wird. Dieser Kalender legt die folgenden Arbeitszeiten zugrunde: Montag bis Freitag von 8:00 Uhr bis 17:00 Uhr mit einer Stunde Mittagszeit. Standardmäßig gibt es im Projektkalender keine Feiertage. Was für ein Ärger!

Sie können jeden beliebigen Teil eines Projektkalenders oder den ganzen Projektkalender ändern. Sie können jeden Wochentag, der ein *r* im Namen hat, als Urlaubstag definieren. Oder Sie können die Mittagspause auf 12:00 bis 15:00 Uhr ausdehnen. Die Gestaltung liegt ganz in Ihrem Ermessen.

Ein *Ressourcenkalender* kann eine andere Zeiteinteilung haben. Ein Ressourcenkalender ist ein Kalender, den Sie an die Verfügbarkeit und Arbeitszeiten einer speziellen Ressource anpassen können. Beispielsweise können Sie mit einem Ressourcenkalender die Malerarbeiten so terminieren, dass sie nach dem Verputzen der Wände erfolgen, weil Maler Staub hassen.

Den Projektkalender ändern

Die Änderung des Projektkalenders ist nicht schwieriger oder ungewöhnlicher als das Ändern des Kalenders neben Ihrem Telefon. Der einzige Unterschied besteht darin, dass dieser Kalender nicht an der Wand Ihrer Küche hängt.

Um den Projektkalender zu ändern, führen Sie die folgenden Schritte aus:

1. **Wählen Sie den Menübefehl EXTRAS|ARBEITSZEIT ÄNDERN.**

   Das Dialogfeld ARBEITSZEIT ÄNDERN wird angezeigt (siehe Abbildung 5.9).

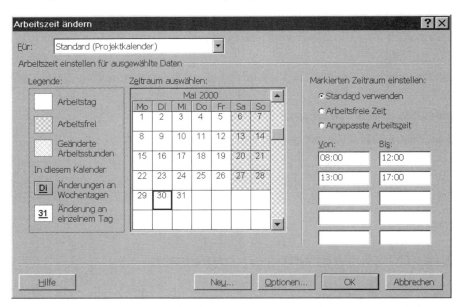

Abbildung 5.9: Grau unterlegte Felder repräsentieren die standardmäßig arbeitsfreien Tage.

2. **Verschieben Sie die Bildlaufleiste, bis Sie zu dem Monat kommen, den Sie ändern wollen.**

3. **Wählen Sie den Tag aus, den Sie in einen arbeitsfreien Tag ändern wollen.**

4. **Wählen Sie unter MARKIERTEN ZEITRAUM EINSTELLEN: die Option ARBEITSFREIE ZEIT.**

5. **Wiederholen Sie die Schritte 1 bis 4 für andere arbeitsfreie Zeiten.**

6. **Klicken Sie auf OK.**

    Mit der Schaltfläche GEHE ZU AUSGEWÄHLTEM VORGANG können Sie auf Wunsch Ihre Arbeit begutachten. Wählen Sie in unserem Hausbaubeispiel den Vorgang 27, MALERARBEITEN, und klicken Sie in der Standardsymbolleiste auf die Schaltfläche GEHE ZU AUSGEWÄHLTEM VORGANG. Das Balkendiagramm (Gantt) zeigt an, dass Dienstag, der 4. Juli 2000, arbeitsfrei ist. Der Tag ist in dem Diagramm grau unterlegt. Im Vergleich zu dem Zustand vor der Änderung des Projektkalenders erfolgen alle Vorgänge nach dem 29. Mai um einen Tag und alle Vorgänge nach dem 4. Juli um zwei Tage später.

Grau ist keine geeignete Farbe für einen arbeitsfreien Tag! Kapitel 7 beschreibt, wie Sie das Aussehen Ihres Balkendiagramms (Gantt) anpassen können. Mögen all Ihre arbeitsfreien Tage sonnig und himmelblau sein!

Einen neuen Kalender erstellen

Manchmal müssen Sie den Projektkalender durch einen anderen Kalender ergänzen. In Microsoft Project ist das Arbeiten mit mehreren Kalendern ganz einfach. Im Gegensatz zu dem Versuch, den häuslichen Kalender mit dem Arbeitskalender im Büro zu koordinieren, können Sie mit Microsoft Project Zeitkonflikte vermeiden.

Nehmen wir beispielsweise an, dass die Maurer, die an Ihrem Projekt beteiligt sind, um 7:00 Uhr anfangen zu arbeiten, ein halbe Stunde Mittagspause machen und ihren Arbeitstag in der Mitte des Nachmittags beenden. Dagegen fangen Büroangestellte, die an dem Projekt beteiligt sind, um 8:00 Uhr an zu arbeiten, machen eine Stunde Mittagspause und gehen um 17:00 Uhr – die standardmäßigen Kalendereinstellungen.

Um die Differenzen auszugleichen, müssen Sie einen zweiten Kalender erstellen. Dies geschieht, indem Sie zunächst den Projektkalender duplizieren und dann Änderungen durchführen. Auf diese Weise werden bestimmte Daten, wie beispielsweise Feiertage, in den neuen Kalender übernommen. Einfach, nicht wahr? Um einen neuen Kalender zu erstellen, führen Sie die folgenden Schritte aus:

1. **Wählen Sie den Menübefehl E**X**TRAS|A**R**BEITSZEIT ÄNDERN.**

    Das Dialogfeld ARBEITSZEIT ÄNDERN wird geöffnet.

2. **Klicken Sie auf die Schaltfläche N**EU**.**

    Das Dialogfeld NEUEN BASISKALENDER ERSTELLEN wird geöffnet.

3. **Geben Sie in dem Textfeld N**AME **einen Namen für den Basiskalender ein.**

    Geben Sie in unserem Beispiel BAUZEITENKALENDER ein.

4. **Stellen Sie sicher, dass das zweite Optionsfeld (K**OPIE ERSTELLEN VON**) markiert ist und dass in dem zugehörigen Listenfeld der Eintrag S**TANDARD **gewählt ist (siehe Abbildung 5.10).**

    Alle Änderungen an dem Standardkalender werden in den Bauzeitenkalender übernommen.

5. **Klicken Sie auf OK.**

Wenn Sie einen neuen Kalender erstellen, wird der Standardkalender nicht ersetzt. Alle Ressourcen beziehen sich mit ihren Arbeitsstunden und -tagen auf den Standardkalender, falls nicht anderes angegeben wird.

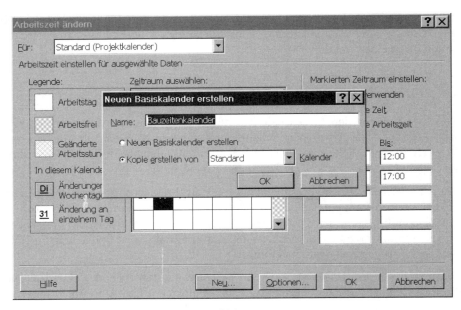

Abbildung 5.10: Das Dialogfeld NEUEN BASISKALENDER ERSTELLEN

Um die Arbeitsstunden für den Bauzeitenkalender zu ändern, führen Sie danach die folgenden Schritte aus:

1. **Wählen Sie die Spalten für die Arbeitstage, indem Sie auf M (Montag) klicken und dann horizontal auf F (Freitag) ziehen.**

2. **Wählen Sie in dem Bereich MARKIERTEN ZEITRAUM EINSTELLEN: die Option ANGEPASSTE ARBEITSZEIT.**

3. **Geben Sie in die Felder VON und BIS die neuen Arbeitszeiten für den Morgen ein.**

   Geben Sie in unserem Beispiel 7:00 Uhr in das Feld VON und 11:00 in das Feld BIS ein.

4. **Geben Sie in die nächste Zeile des VON- und TO-Bereiches die neuen Arbeitszeiten für den Nachmittag ein.**

   Geben Sie in unserem Beispiel 11:30 in das Feld VON und 15:30 in das Feld BIS ein. Wenn Sie dem Beispiel folgen, sollte Ihr Bildschirm wie Abbildung 5.11 aussehen.

5. **Klicken Sie auf OK.**

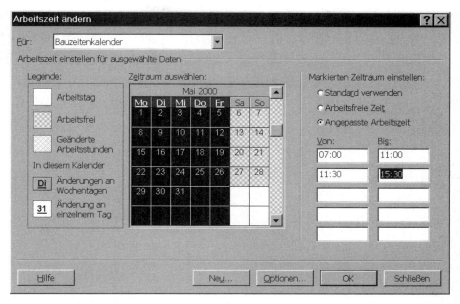

Abbildung 5.11: Erstellen Sie mit dem Dialogfeld ARBEITSZEIT ÄNDERN einen benutzerdefinierten Kalender, der die Änderungen im Standardkalender enthält.

Der letzte Schritt besteht darin, diesen Kalender auf alle betroffenen Ressourcen anzuwenden. Die Ansicht RESSOURCE: TABELLE stellt eine einfache Methode dar, um dies zu tun. Um den neuen Basiskalender den entsprechenden Ressourcen zuzuordnen, führen Sie die folgenden Schritte aus:

1. **Wählen Sie in der Ansichtsleiste die Ansicht RESSOURCE: TABELLE.**

   Die Ressourcennamen werden angezeigt.

   In unserem Beispiel haben die Ressourcennamen die Nummern 1 bis 16. Beachten Sie insbesondere den Aushubunternehmer in Zeile 5.

2. **Verschieben Sie die Ansicht nach rechts, bis Sie die Spalte BASISKALENDER sehen.**

3. **Wählen Sie eine Zelle in der Spalte BASISKALENDER.**

   Ein nach unten gerichteter Pfeil wird angezeigt.

   Wählen Sie in unserem Beispiel in der Spalte BASISKALENDER die Zeile 5 (den Aushubunternehmer).

4. **Klicken Sie auf den nach unten gerichteten Pfeil.**

   Es werden vier Optionen angezeigt (siehe Abbildung 5.12).

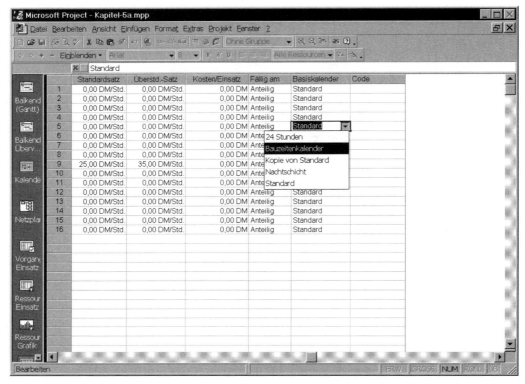

Abbildung 5.12: Das Textfeld zeigt die Basiskalender des Projekts an. Standardmäßig gibt es drei Kalender. Der BAUZEITENKALENDER wurde von Ihnen erstellt.

5. **Wählen Sie den Basiskalender, den Sie dieser Ressource zuweisen wollen.**

   Wählen Sie in unserem Beispiel den Eintrag BAUZEITENKALENDER. Der Bauzeitenkalender ersetzt den Eintrag STANDARD in der Zelle BASISKALENDER der Ressource 5, des Aushubunternehmers.

    Wenn Sie wollen, können Sie auf die vertikale Linie doppelklicken, welche die Überschriften der Spalten BASISKALENDER und CODE trennt. Damit wird die Breite der Spalte vergrößert, um den kompletten Namen des Bauzeitenkalenders anzuzeigen.

6. **Führen Sie die Schritte 2 bis 5 durch, um den anderen Ressourcen ein neuen Basiskalender zuzuweisen.**

   Weisen Sie in unserem Beispiel den Bauzeitenkalender den Ressourcenzeilen 6, 7, 9-13 und 16 zu. Das Ergebnis sollte wie Abbildung 5.13 aussehen.

5 ➤ Ressourcen an Vorgänge delegieren

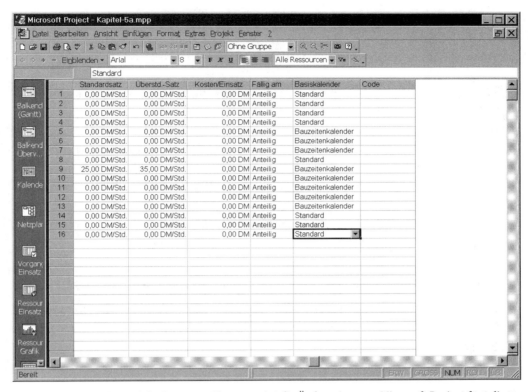

Abbildung 5.13: Die Ansicht RESSOURCE: TABELLE zeigt die Änderungen an. Microsoft Project fügt diese Änderungen automatisch in alle Ansichten ein, die Arbeitszeiten anzeigen.

Nachdem Sie jetzt den Standardkalender ändern können und einen zusätzlichen Basiskalender erstellt haben, ist das Erstellen eines Ressourcenkalenders noch einfacher. Diese Funktion wird in dem folgenden Abschnitt erstellt.

Einen Ressourcenkalender erstellen

Ein Ressourcenkalender unterscheidet sich von einem Basiskalender dadurch, dass er die Arbeitszeiten und die arbeitsfreien Zeiten einer speziellen Ressource verwaltet. Die beste Ansicht für die Erstellung eines Ressourcenkalenders ist die BALKENDIAGRAMM-Ansicht, die Sie jederzeit über das Symbol BALKENDIAGRAMM (GANTT) in der Ansichtsleiste aufrufen können. Im Beispielprojekt dieses Kapitels werden Sie einen zusätzlichen Feiertag für die VERPUTZER-Ressource erstellen. Um einen Ressourcenkalender zu erstellen, führen Sie die folgenden Schritte aus:

1. **Wählen Sie den Menübefehl EXTRAS|ARBEITSZEIT ÄNDERN.**

    Das Dialogfeld ARBEITSZEIT ÄNDERN wird geöffnet.

2. **Wählen Sie in dem Dropdownlistenfeld FÜR die Ressource aus, für die Sie einen Ressourcenkalender erstellen wollen.**

   Wählen Sie in unserem Beispielprojekt die Ressource VERPUTZER aus.

    Beachten Sie, dass die Standardfarbe für die Arbeitstage eines Ressourcenkalenders ein leichter Grauschatten ist.

3. **Gehen Sie in dem Feld ZEITRAUM AUSWÄHLEN zu dem Monat, in dem Sie die Arbeitszeit ändern wollen.**

   Gehen Sie in unserem Beispiel zum Juni 2000. Die Woche, die am 12. Juni beginnt, soll arbeitsfrei sein.

4. **Ziehen Sie die Maus über den Zeitraum, den Sie ändern wollen.**

   Ziehen Sie in unserem Beispiel die Maus über die gesamte Woche, die am 12. Juni beginnt, um sie zu markieren.

5. **Wählen Sie unter MARKIERTEN ZEITRAUM AUSWÄHLEN: die Option ARBEITSFREIE ZEIT.**

   Die Verputzer haben jetzt eine zusätzliche Urlaubswoche. Glücklicherweise benötigen Sie sie laut Ihrem Terminplan in dieser Woche sowieso nicht.

6. **Klicken Sie auf OK.**

Ressourcen mit dem Vorgangsformular zuordnen

Microsoft Project bietet Ihnen häufig mehrere Verfahren an, um eine Aufgabe zu erledigen. Mit der Ansicht VORGANG: EINGABE können Sie Ressourcen leicht und schnell zu Vorgängen zuordnen:

1. **Wählen Sie den Menübefehl FENSTER|TEILEN.**

   Die Ansicht VORGANG: EINGABE wird in der unteren Hälfte des Bildschirms angezeigt.

2. **Klicken Sie auf VORHER oder WEITER, bis Sie zum dem Vorgang kommen, dem Sie Ressourcen zuordnen wollen.**

   Wählen Sie in unserem Beispiel den Vorgang 5, VERTRAG SCHREIBEN.

3. **Klicken Sie auf den leeren Raum unter der Spaltenüberschrift RESSOURCENNAME.**

   Es wird ein leeres Dropdownlistenfeld angezeigt.

4. **Klicken Sie auf den nach unten gerichteten Pfeil des Dropdownlistenfelds.**

   Es wird eine Liste der Ressourcen in dem Ressourcenpool angezeigt (siehe Abbildung 5.14).

5 ➤ Ressourcen an Vorgänge delegieren

5. **Wählen Sie die Ressource aus.**

   Wählen Sie in unserem Beispiel RECHTSANWALT aus. Die Ressource wird jetzt unter RESSOURCENNAMEN angezeigt.

6. **Klicken Sie auf OK.**

   Die Ressource wird dem Vorgang zugewiesen.

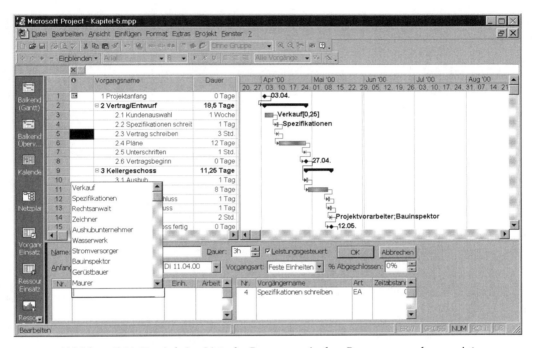

Abbildung 5.14: Es wird eine Liste der Ressourcen in dem Ressourcenpool angezeigt.

In der Spalte RESSOURCENNAMEN können Sie so viele Ressourcen eingeben, wie Sie wollen. Diese Ressourcen werden alle diesem bestimmten Vorgang zugeordnet. Wenn Sie sich wieder in der ungeteilten Ansicht befinden, können Sie die Ressourcenzuordnungen anzeigen, indem Sie den Vorgang markieren und in der Standardsymbolleiste auf die Schaltfläche GEHE ZU AUSGEWÄHLTEM VORGANG klicken.

 Speichern Sie Ihre Arbeit jedes Mal, wenn Sie einen wichtigen Arbeitsschritt erledigt haben (wie beispielsweise die Zuordnung der Ressourcen zu den Vorgängen).

Teil III
Ein Projekt analysieren

»Was meinen Sie damit, es sei teils kompatibel, teils nicht kompatibel?«

In diesem Teil...

Wie viele Projektmanager werden benötigt, um eine Glühbirne auszuwechseln? Tut mir leid, das ist Aufgabe der Produktion. Okay. Wie viele Glühbirnen werden benötigt, um einen Projektmanager zu wechseln? Ja, das ist eine gute Frage. Ein Projektmanager muss ein Thema häufig auf viele Weisen durchleuchten, um genügend Klarheit für sinnvolle Änderungen zu gewinnen. Beim Projektmanagement durchleuchten Sie ein Thema, indem Sie andere Ansichten wählen.

In diesem Teil lernen Sie, wie Sie Diagramme, Tabellen und Graphen anzeigen können. Sie benutzen und ändern die Ansichten BALKENDIAGRAMM (GANTT), NETZPLANDIAGRAMM, KALENDER sowie diverse Ressourcenansichten. Außerdem lernen Sie Filter kennen.

Ein Projekt von allen Seiten betrachten

In diesem Kapitel

▶ Mehrere Ansichten eines Projekts anzeigen

▶ Mit Ansichten Ressourcen überwachen

▶ Kleine Projekte in der KALENDER-Ansicht verwalten

▶ Ein Projekt mit einem Flussdiagramm überwachen

In den unübersichtlichen Stadien eines Projekts möchte ein Projektmanager wie ein Pilot schnell auf eine Landkarte und einen intelligenten Navigator zugreifen können. Microsoft Project hilft Ihnen, die Richtung zu halten, indem es Ihnen verschiedene Ansichten zur Verfügung stellt.

Ansichten sind für einen Projektmanager das, was der Instrumentenflug für einen Piloten bedeutet. Eine Perspektive kann Ihnen nicht alle benötigten Informationen liefern. Eine Ansicht zeigt Ihnen beispielsweise an, dass Sie bei einer großen Anzahl von Ressourcen im Plan liegen, aber in einer anderen Ansicht stellen Sie fest, dass die Ressourcen auf einen Irrgarten konkurrierender Vorgänge zusteuern.

Eine Ansicht zeigt Projektinformationen an. Microsoft Project teilt Ansichten in zwei Hauptgruppen ein: *Vorgangsansichten* und *Ressourcenansichten*. Dieses Kapitel behandelt Vorgangsansichten. Ressourcenansichten werden in Kapitel 10 beschrieben.

Ein Projekt mit Ansichten darstellen

Wenn Sie ein Projekt gestartet haben, können Sie sich Informationen über das Projekt auf verschiedene Weisen anzeigen lassen. Dieses Kapitel hilft Ihnen, die verschiedenen Ansichten zu nutzen.

Microsoft nimmt an, dass Sie ein Projekt wahrscheinlich in der Ansicht BALKENDIAGRAMM (GANTT) öffnen wollen (siehe Abbildung 6.1). Diese Annahme trifft wahrscheinlich zu. In neunzig Prozent aller Fälle arbeiten Sie bei Ihrem Projektmanagement wahrscheinlich in der Ansicht BALKENDIAGRAMM (GANTT). Auf Wunsch können Sie diese Standardansicht ändern. Microsoft Project bietet Ihnen viele Ansichten zur Auswahl an: KALENDER, NETZPLANDIAGRAMM (Flussdiagramm) oder RESSOURCE: GRAFIK (eine grafische Repräsentation der verfügbaren und benutzten Ressourcen).

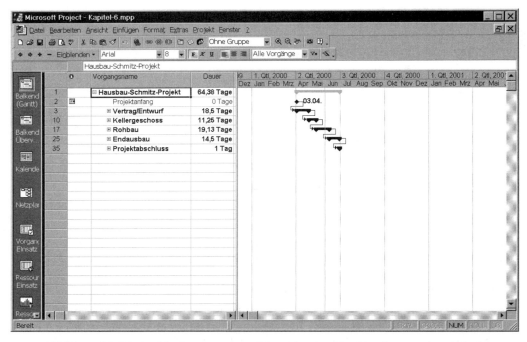

Abbildung 6.1: Die Ansicht BALKENDIAGRAMM (GANTT) ist eine Kombination aus einer Tabelle und einem Diagramm.

Die Datei KAPITEL-6.MPP auf der CD enthält Ansichten, die Sie zum Üben verwenden können. Die Übungsdatei in diesem Kapitel basiert auf der Hausbau-Schmitz-Projektdatei, die ich in Kapitel 3 eingeführt habe. Anhang C enthält Informationen über das Öffnen der Übungsdateien auf der CD. Wenn die Datei geöffnet wird, sehen Sie die Ansicht BALKENDIAGRAMM (GANTT) (siehe Abbildung 6.1).

Wenn Sie eine andere Ansicht als BALKENDIAGRAMM (GANTT) als Standardansicht verwenden wollen, wählen Sie den Menübefehl EXTRAS|OPTIONEN. Das Dialogfeld OPTIONEN wird geöffnet. Klicken Sie auf die Registerkarte ANSICHT. Wählen Sie aus dem Dropdownlistenfeld STANDARDANSICHT die gewünschte Ansicht aus, und klicken Sie dann auf OK, um das Dialogfeld wieder zu schließen. Wenn Sie beim nächsten Mal eine Projektdatei öffnen, wird die neue Standardansicht verwendet.

Die Ansicht BALKENDIAGRAMM (GANTT)

Die Ansicht BALKENDIAGRAMM (GANTT) zeigt wichtige Informationen über ein Projekt in Textform und grafisch an. Microsoft Project verwendet diese Ansicht als Standardansicht, weil sie ungefähr alles anzeigt, was Sie für die Erstellung und Verwaltung eines Projekts benötigen.

Informationen in eine Vorgangstabelle eingeben

Microsoft Project bezeichnet die linke Seite der Ansicht BALKENDIAGRAMM (GANTT) als *Vorgangseingabetabelle*. Diese Tabelle funktioniert ungefähr wie das Arbeitsblatt einer Tabellenkalkulation und stellt die Vorgänge und zugehörige Informationen in Form von Zeilen und Spalten dar. Sie bearbeiten die Vorgänge, indem Sie die Inhalte der Zellen dieses Arbeitsblatts ändern. In den Zellen verbergen sich Projektformeln (unsichtbar), die Ihre Texteingaben mit anderen Zellen und mit dem gesamten Projekt verbinden. Sie erstellen und ändern ein Projekt, indem Sie Informationen über Vorgänge, Ressourcen, Zeiten und Beziehungen eingeben.

Microsoft Project bietet Ihnen zahlreiche Vorgangstabellen an, die in den folgenden Abschnitten beschrieben werden. Führen Sie die folgenden Schritte aus, um die verfügbaren Tabellen anzuzeigen:

1. **Wählen Sie den Menübefehl ANSICHT|TABELLE: EINGABE.**

   Die Liste der Vorgangstabellen wird angezeigt (siehe Abbildung 6.2). Die Tabelle EINGABE ist durch ein Häkchen markiert, weil sie gegenwärtig angezeigt wird. Das Untermenü enthält die am häufigsten benötigten Tabellen. Wenn Sie auf die Option WEITERE TABELLEN klicken, wird eine komplette Liste aller Tabellen angezeigt.

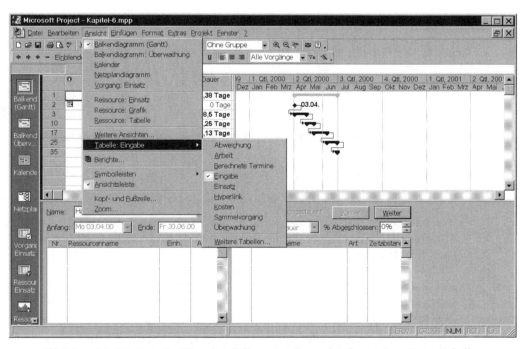

Abbildung 6.2: Die Liste der Eingabetabellen zeigt die am häufigsten benötigten Tabellen.

2. **Wählen Sie den Menübefehl WEITERE TABELLEN.**

   Das Dialogfeld WEITERE TABELLEN wird geöffnet (siehe Abbildung 6.3). Sie können entweder Vorgangs- oder Ressourcentabellen wählen. Wenn Sie die Ressourcentabellen anzeigen wollen, klicken Sie auf das Optionsfeld RESSOURCE.

Abbildung 6.3: Das Dialogfeld WEITERE TABELLEN zeigt alle Vorgangs- und Ressourcentabellen an.

Tabelle EINGABE

MIT der Tabelle EINGABE geben Sie normalerweise Vorgangsnamen ein, legen Vorgangsdauern fest, verknüpfen Vorgänge und ordnen Ressourcen zu. Sie enthält zahlreiche Informations- und Organisationswerkzeuge. Vile Informationen der Tabelle werden auch grafisch in dem BALKENDIAGRAMM (GANTT) dargestellt. Um die gesamte Tabelle EINGABE sichtbar zu machen, führen Sie die folgenden Schritte aus:

1. **Fahren Sie mit dem Mauszeiger auf den vertikalen Balken zwischen der Tabelle und dem Diagramm.**

2. **Ziehen Sie die vertikale Linie ganz nach rechts.**

   Bei einer Auflösung von 800 x 600 können Sie fast die gesamte Tabelle sehen.

    Sie können die Auflösung des Bildschirms ändern, indem Sie mit der rechten Maustaste auf eine leere Stelle des Desktops klicken und dann einen Eintrag aus dem Kontextmenü EIGENSCHAFTEN auswählen. Das Dialogfeld EIGENSCHAFTEN VON ANZEIGE wird geöffnet. Klicken Sie auf die Registerkarte EINSTELLUNGEN. Abhängig von der Grafikkarte Ihres Computers können Sie die Anzahl der Pixel (Bildpunkte) von einer geringen Auflösung (640 x 480) bis zu einer hohen Auflösung (1024 x 768) und mehr ändern.

3. **Um die Ansichtsleiste auf der linken Seite zu verbergen, klicken Sie mit der rechten Maustaste auf die Ansichtsleiste. Klicken Sie dann auf ANSICHTSLEISTE.**

   Jetzt haben Sie die Ansicht so weit wie möglich erweitert. Möglicherweise zeigt die ansonsten brauchbare Ansicht einige Spalten mit Doppelkreuzen (#). Diese Zeichen zeigen an,

6 ➤ Ein Projekt von allen Seiten betrachten

dass die Informationen in einer Zelle zu lang sind, um bei der aktuellen Spaltenbreite komplett angezeigt werden zu können. Wenn beispielsweise eine Datumsangabe wie 28. Februar 2000 nicht in die Spalte passt, wird ###### angezeigt.

4. Um die Doppelkreuze zu entfernen, doppelklicken Sie auf die vertikale Linie zwischen den Spaltenüberschriften.

Die Spalten werden verbreitert, um den gesamten Text in allen Feldern anzuzeigen. Abbildung 6.4 zeigt die Tabelle EINGABE nach diesen Einstellungen.

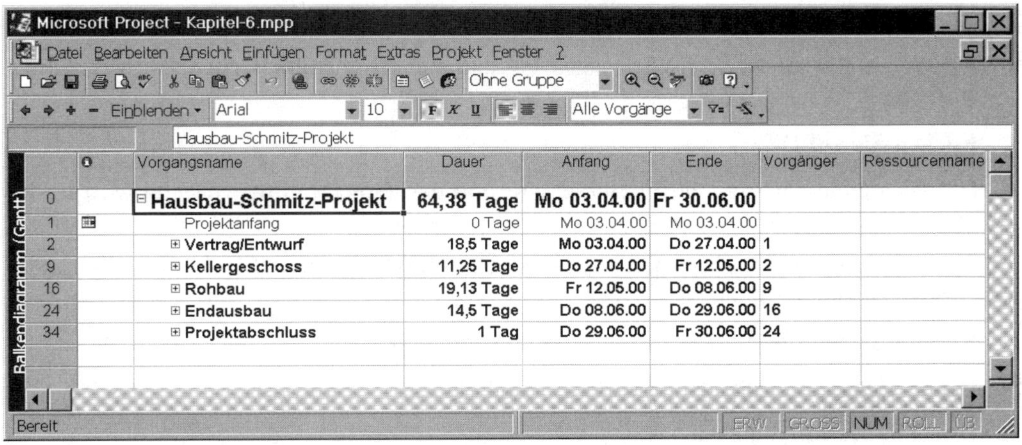

Abbildung 6.4: Die komplett geöffnete Vorgangseingabetabelle zeigt Spalten mit den Grundinformationen eines Projekts an.

Microsoft Project organisiert die Tabelle EINGABE klugerweise so, dass Sie nicht mit zu vielen Informationen gleichzeitig überfordert werden. Sie können die Informationen in der Tabelle EINGABE mit den folgenden Werkzeugen und Optionen organisieren:

✔ Projektsammelvorgang

✔ Indikatorspalte

✔ Projektphasen einblenden und ausblenden

✔ Gliederungsnummerierung

✔ Individuelle Zellenhöhen

Projektsammelvorgang

Die Summe der Vorgangsdauern der einzelnen Sammelvorgänge des Projekts ergibt die Dauer des Projektsammelvorgangs. Der Projektsammelvorgang zeigt Ihnen die Gesamtdauer des Projekts an. Um die Projektsammelvorgang-Option zu aktivieren, führen Sie die folgenden Schritte aus:

1. **Wählen Sie E̲xtras|O̲ptionen.**

   Das Dialogfeld Optionen wird geöffnet.

2. **Klicken Sie auf die Registerkarte Ansicht.**

3. **Aktivieren Sie im Bereich Gliederungsoptionen das Kontrollkästchen Projektsammelvorgang.**

4. **Klicken Sie auf OK.**

   Das Dialogfeld Optionen wird geschlossen, und der Projektsammelvorgang wird in der Spalte Vorgangsnamen angezeigt.

Um die Erstellung des Projektsammelvorgangs abzuschließen, weisen Sie ihm wie allen anderen Vorgängen einen Namen zu:

1. **Klicken Sie auf die Zelle des Projektsammelvorgangs.**

2. **Geben Sie einen Vorgangsnamen Ihrer Wahl ein.**

3. **Drücken Sie auf ⌈Enter⌉.**

Indikatorspalte

Die Indikatorspalte zeigt verschiedene Symbole an, die Auskunft über Vorgänge und Ressourcen geben. Häkchen zeigen an, dass Vorgänge abgeschlossen sind. Notizsymbole zeigen an, dass ein Vorgang mit Notizen verbunden ist. Das Kalendersymbol zeigt an, dass Vorgänge einer Datumseinschränkung unterliegen. (Sie finden diese Symbole in der Spalte mit dem Symbol i links in Abbildung 6.4.) Wenn Sie mit dem Mauszeiger über einem Symbol in der Indikatorspalte stehen bleiben, wird eine QuickInfo mit Informationen über den betreffenden Vorgang angezeigt (siehe Abbildung 6.5).

Sie können die Indikatorspalte verbergen, indem Sie mit der rechten Maustaste auf die Spaltenüberschrift klicken und im Kontextmenü Spalte ausblenden wählen.

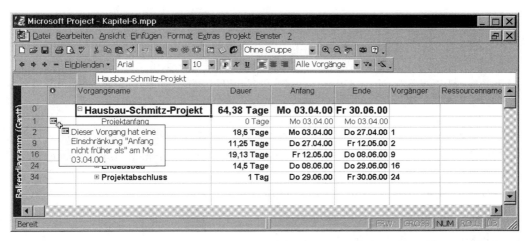

Abbildung 6.5: Microsoft Project fügt automatisch Informationssymbole in die Indikatorspalte ein.

Projektphasen einblenden und ausblenden

In Microsoft Project können Sie Ihr gesamtes Projekt sehen, indem Sie eine erweiterte Ansicht oder durch Ausblenden einzelne Phasen des Projekts anzeigen. Um eine Projektdatei zu erweitern, führen Sie die folgenden Schritte aus:

1. **Klicken Sie in der Formatsymbolleiste auf die Schaltfläche EINBLENDEN.**

    Ein Dropdownlistenfeld wird geöffnet.

2. **Wählen Sie ALLE TEILVORGÄNGE.**

    Das Projekt wird so weit wie nur möglich erweitert, und alle Vorgänge werden angezeigt.

Mit Hilfe der vorangegangenen Schritte können Sie auch einen Teil der Projektdatei oder die gesamte Projektdatei verbergen. Um beispielsweise alle Teilvorgänge zu verbergen, führen Sie die folgenden Schritte aus:

1. **Klicken Sie in der Formatsymbolleiste auf die Schaltfläche EINBLENDEN.**

    Ein Dropdownlistenfeld wird geöffnet.

2. **Wählen Sie GLIEDERUNGSEBENE 1.**

    Das Projekt verbirgt alle Teilvorgänge unter ihren Sammelvorgängen.

Gliederungsnummerierung

Sie können auf Wunsch die Vorgänge mit Gliederungsnummern versehen sowie die Plus- bzw. Minuszeichen vor den Sammelvorgängen unterdrücken. Die Numerierung hat die folgende Struktur: *3.1, 3.2, 3.3, 3.4*.

Die Gliederungsoption ordnet die Vorgänge in einer Art und Weise an, die in der Terminologie des Projektmanagements als *Projektstrukturplan* (PSP) bezeichnet wird. In diesem System werden Vorgänge so angeordnet, dass die Detailberichterstattung und die Kostenverfolgung erleichtert werden. Jede zusätzliche Einrückung eines Teilvorgangs bedeutet eine zunehmend ins Detail gehende Aufgliederung der Projektarbeit.

Bevor Sie die Gliederungsnummerierung aktivieren, sollten Sie die Übungsdatei komplett erweitern, um die Auswirkung der Nummerierung deutlicher sehen zu können.

Um die Gliederungsoption zu aktivieren und die Gliederungssymbole zu unterdrücken, führen Sie die folgenden Schritte aus:

1. **Wählen Sie den Menübefehl E**X**TRAS|O**PTIONEN**.**

   Das Dialogfeld OPTIONEN wird geöffnet.

2. **Klicken Sie auf die Registerkarte A**NSICHT**.**

3. **Deaktivieren Sie das Kontrollkästchen G**LIEDERUNGSSYMBOL ANZEIGEN**.**

4. **Aktivieren Sie das Kontrollkästchen G**LIEDERUNGSNUMMER ANZEIGEN**.**

5. **Klicken Sie auf OK.**

Die Vorgänge und Teilvorgänge sind jetzt mit Gliederungsnummern versehen (siehe Abbildung 6.6). Die Gliederungsnummern geben die Nummer eines Sammelvorgangs, die Nummern der zugehörigen Teilvorgänge und die Hierarchieebene innerhalb des Sammelvorgangs wieder. Die Vorgangsnummer unterscheidet sich von einer Vorgangs-ID. Beispielsweise kann der Vorgang mit der ID 10 die Gliederungsnummer 3.1 haben, was bedeutet, dass es sich um den ersten Teilvorgang des Sammelvorgangs 3 handelt.

Individuelle Zellenhöhe

Die Eingabe langer Vorgangsnamen war in früheren Versionen von Microsoft Project ein Problem. Wenn Sie in einem Bericht lange Vorgangsnamen verwenden wollten, mussten Sie immer zusätzliche Seiten drucken, um Raum für die Namen zu schaffen. Wenn ein Vorgang mehr als eine Zeile beanspruchte, mussten Sie alle Zeilen auf die maximale Höhe einstellen. In Microsoft Project 2000 kann eine einzelne Zelle einen langen Vorgangsnamen haben, der mehr als die Höhe einer Zeile beansprucht. Führen Sie dazu die folgenden Schritte aus:

1. **Setzen Sie den Mauszeiger in der Spalte V**ORGANG **ID (der Nummernspalte) zwischen zwei Zeilen.**

Der Mauszeiger ändert seine Form von einem Pluszeichen in einen Zeilenhöhencursor.

2. **Ziehen Sie die Linie nach unten, bis sie die nächste Zeile berührt.**

3. **Lassen Sie die Maustaste los.**

   Der lange Vorgangsname sollte jetzt in zwei Zeilen stehen.

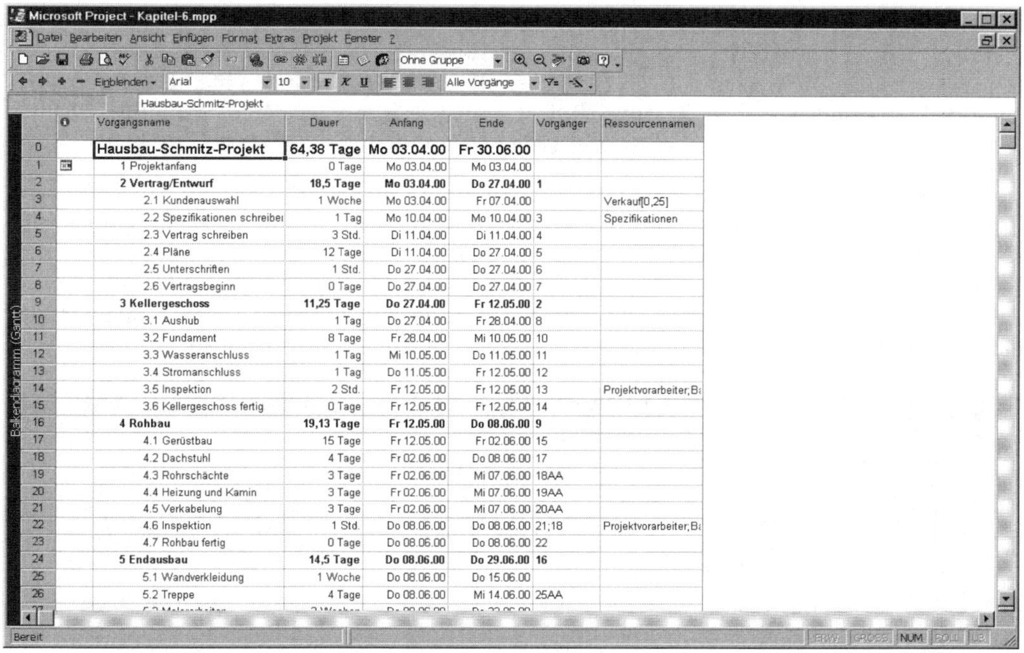

Abbildung 6.6: Die Gliederungsnummern bleiben so lange sichtbar, bis Sie das Kontrollkästchen GLIEDERUNGSNUMMER ANZEIGEN *in dem Dialogfeld* OPTIONEN *deaktivieren.*

Falls die Vorgangsnamen immer noch zu lang sind, wiederholen Sie die Schritte 1 bis 3, um die Zeilenhöhe zu vergrößern. Sie können dieselbe Prozedur auch verwenden, um die Zeilenhöhe wieder zu verringern.

Kostentabelle

Die Kostentabelle ist eine weitere Vorgangstabelle, die in der Ansicht BALKENDIAGRAMM (GANTT) zur Verfügung steht. Die Kostentabelle entspricht im Aussehen und in ihrer Funktion einem Arbeitsblatt einer Tabellenkalkulation. Diese Tabelle gehört zu den dynamischeren Vorgangstabellen. Während des Projekts überwacht die Kostentabelle die Vorgangskosten, vergleicht die Ist-Kosten mit Ihren ursprünglichen Schätzungen und hält Sie über Ihr restliches Budget auf dem Laufenden. Um auf die Kostentabelle zuzugreifen, wählen Sie den Menübefehl ANSICHT|TABELLE:|KOSTEN. Die Kostentabelle (siehe Abbildung 6.7) wird angezeigt. Sie enthält Informationen über die Kosten der Projektvorgänge.

Aufgrund der vorhergesagten Dauern und der Stundensätze aller benötigten Ressourcenheiten kann Microsoft Project die gesamten Arbeitskosten eines Vorgangs berechnen. Microsoft Project überwacht die tatsächlichen Kosten und das Geld, das für andere Vorgänge übrig bleibt.

Beispielsweise verursacht in dem Projekt KAPITEL-6.MPP der Vorgang 18, der Dachausbau, geplante Kosten von 1.600 DM. Die bisherigen Ist-Kosten betragen 800 DM, so dass noch 800 DM übrigbleiben. Die Kosten von Vorgang 10 sind fix. Fixkosten hängen häufig von vertraglichen Vereinbarungen ab – in diesem Fall liegt ein Vertrag mit dem Aushubsubunternehmer vor. Kosten werden ausführlich in Kapitel 12 behandelt.

Die Spalte GEPLANT (siehe oben Abbildung 6.7) repräsentiert eine Art von Schnappschuss Ihres Projekts, der gemacht wird, wenn Ihre Planung abgeschlossen ist, aber bevor das Projekt tatsächlich beginnt. Nachdem Sie Ihr Projekt begonnen haben, überwacht Microsoft Project Ihre Kosten, die Zeitgrenzen und den Umfang der verfügbaren Ressourcen, die Sie bereits verwendet haben, indem es diese Komponenten mit dem Basisplan vergleicht. Der Basisplan ist der Maßstab, an dem Sie Ihr Projekt messen. Kapitel 16 behandelt Basispläne ausführlich.

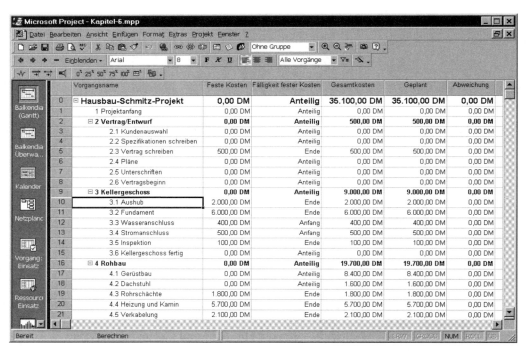

Abbildung 6.7: Fixkosten können auf vertraglichen Vereinbarungen beruhen.

Tabelle: Sammelvorgang

Die Tabelle SAMMELVORGANG (siehe Abbildung 6.8) überwacht den Fortschritt eines Projekts auf einer Vorgang-für-Vorgang-Basis. Um darauf zuzugreifen, wählen Sie den Menübefehl ANSICHT|TABELLE:|SAMMELVORGANG. Microsoft Project überwacht den Fortschritt einer Vorgangskategorie in der Spalte % ABG. Die ROHBAU-Phase ist zu 71 Prozent abgeschlossen, während ihre Teilvorgänge von 0 bis 100 Prozent fertig gestellt sind.

6 ➤ Ein Projekt von allen Seiten betrachten

	Vorgangsname	Dauer	Anfang	Ende	% Abg.	Kosten	Arbeit
11	3.2 Fundament	8 Tage	05.05.00 08:00	16.05.00 17:00	100%	6.000,00 DM	0 Std.
12	3.3 Wasseransc	1 Tag	17.05.00 08:00	17.05.00 17:00	100%	400,00 DM	0 Std.
13	3.4 Stromanschl	1 Tag	17.05.00 08:00	17.05.00 17:00	100%	500,00 DM	0 Std.
14	3.5 Inspektion	1 Std.	19.05.00 08:00	19.05.00 09:00	100%	100,00 DM	2 Std.
15	3.6 Kellergeschc	0 Tage	19.05.00 09:00	19.05.00 09:00	100%	0,00 DM	0 Std.
16	⊟ 4 Rohbau	20,13 Tage	19.05.00 09:00	19.06.00 10:00	71%	19.700,00 DM	1.074 Std.
17	4.1 Gerüstbau	3 Wochen	19.05.00 09:00	12.06.00 09:00	100%	8.400,00 DM	840 Std.
18	4.2 Dachstuhl	4 Tage	12.06.00 09:00	16.06.00 09:00	50%	1.600,00 DM	160 Std.
19	4.3 Rohrschäct	3 Tage	12.06.00 09:00	15.06.00 09:00	0%	1.800,00 DM	24 Std.
20	4.4 Heizung und	3 Tage	12.06.00 09:00	15.06.00 09:00	25%	5.700,00 DM	24 Std.
21	4.5 Verkabelung	3 Tage	12.06.00 09:00	15.06.00 09:00	75%	2.100,00 DM	24 Std.
22	4.6 Inspektion	1 Std.	19.06.00 09:00	19.06.00 10:00	0%	100,00 DM	2 Std.
23	4.7 Rohbau fertig	0 Tage	19.06.00 10:00	19.06.00 10:00	0%	0,00 DM	0 Std.
24	⊟ 5 Endausbau	27,25 Tage	19.06.00 10:00	27.07.00 12:00	0%	5.900,00 DM	279,2 Std.
25	5.1 Wandverklei	1 Woche	19.06.00 10:00	26.06.00 10:00	0%	0,00 DM	40 Std.
26	5.2 Treppe	4 Tage	19.06.00 10:00	23.06.00 10:00	0%	0,00 DM	32 Std.
27	5.3 Malerarbeiter	3,33 Wochen	23.06.00 10:00	19.07.00 07:12	0%	0,00 DM	133,2 Std.
28	5.4 Reinigung	1 Woche	30.06.00 14:57	10.07.00 14:57	0%	0,00 DM	40 Std.
29	5.5 Aussenarbei	4 Tage	13.07.00 07:12	19.07.00 07:12	0%	5.800,00 DM	32 Std.
30	5.6 Kundenabna	3 Std.	21.07.00 08:00	21.07.00 11:00	0%	0,00 DM	0 Std.
31	5.7 Mängelbesei	4 Tage	21.07.00 11:00	27.07.00 11:00	0%	0,00 DM	0 Std.
32	5.8 Schlussinspe	1 Std.	27.07.00 11:00	27.07.00 12:00	0%	100,00 DM	2 Std.

Abbildung 6.8: Die Spalte % ABG. zeigt die Summe der Arbeitszeiten, die von allen Ressourcen einer Kategorie und ihrer Teilvorgänge geleistet wurden.

Tabelle: Berechnete Termine

Die Tabelle BERECHNETE TERMINE zeigt die Anfangs- und Endtermine für Vorgänge an. Um darauf zuzugreifen, wählen Sie ANSICHT|TABELLE:|BERECHNETE TERMINE. Die Tabelle zeigt auch die spätesten Termine, an denen Vorgänge anfangen oder enden können, ohne den Terminplan durcheinander zu bringen. Der Unterschied zwischen dem geplanten Anfang und Ende sowie dem spätesten Anfang und Ende wird in den beiden PUFFERZEIT-Spalten angezeigt (siehe Abbildung 6.9). Die *freie Pufferzeit* gibt an, welchen Zeitpuffer Microsoft Project einem Vorgang einräumt, bevor ein Konflikt mit einem Nachfolger eintritt. Die *gesamte Pufferzeit* gibt an, welchen Zeitpuffer der Vorgang hat, bis er die Fertigstellung des Projekts verzögert.

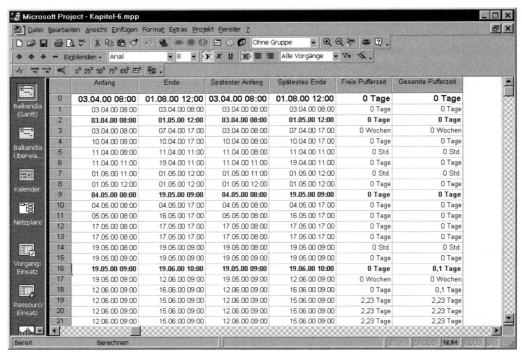

Abbildung 6.9: Die freie Pufferzeit und die gesamte Pufferzeit geben an, wie spät ein Vorgang starten und enden kann, ohne den Zeitplan durcheinander zu bringen.

Andere Tabellen

Microsoft Project stellt Ihnen acht weitere Vorgangstabellen in der Ansicht BALKENDIAGRAMM (GANTT) zur Verfügung (siehe Tabelle 6.1). Falls Sie die Tabellen nicht mit dem Menübefehl ANSICHT|TABELLE sehen können, versuchen Sie es mit ANSICHT|TABELLE:|WEITERE TABELLEN.

Tabelle	Funktion
Überwachung	Zeigt die Istinformationen über den Fortschritt der Vorgänge eines Projekts an. Sie werden über den Terminplan und das ausgegebene Geld auf dem Laufenden gehalten. Zu den Informationen zählen die tatsächlichen Anfangs- und Endtermine, der Prozentsatz der Fertigstellung, die tatsächliche und verbleibende Dauer, die tatsächlichen Kosten und der tatsächliche Umfang der geleisteten Arbeit.
Abweichung	Zeigt die Abweichung der tatsächlichen Anfangs- und Endtermine von den geplanten (Basisplan) Anfangs- und Endterminen der Vorgangsdauern an. Die Standardmaßeinheit für diese Tabelle ist Tage.

Tabelle	Funktion
Arbeit	Zeigt die Abweichung zwischen der geschätzten Arbeit und der tatsächlichen Arbeit für einzelne Vorgänge an (ähnlich wie die Abweichungstabelle). Sie zeigt auch den Prozentsatz der abgeschlossenen Arbeit und der verbleibenden Arbeit. Die Standardmaßeinheit für diese Tabelle ist Stunden.
Geplant	Zeigt für jeden Vorgang die folgenden Basisplan-Informationen an: Vorgangsdauer, Anfangs- und Endtermine, Arbeitsstunden und Kosten.
Einschränkungstermine	Zeigt die Einschränkungsart jedes Vorgangs an. Falls Sie nichts anderes angeben, weist Microsoft Project allen Vorgängen standardmäßig die Einschränkungsart SO FRÜH WIE MÖGLICH zu. Die Tabelle zeigt auch alle speziellen Stichtagsangaben an.
Verzögerung	Unterstützt den Kapazitätsabgleich bei Ressourcen. Mit dem Abgleich (siehe Kapitel 13) können Vorgangsdauern verlängert werden, um die Belastung einer Ressource zu einem bestimmten Zeitpunkt zu reduzieren.
Kostenanalyse	Vergleicht Arbeits- und Kosteninformationen für Vorgänge, einschließlich der Soll-Kosten geplanter und berechneter Arbeiten. Geplante Daten unterscheiden sich manchmal von budgetierten Daten, weil sie auf aktualisierten Informationen basieren können. Zu den Spaltenabkürzungen gehören: SBKA (Soll-Kosten der berechneten Arbeit); SKAA (Soll-Kosten bereits abgeschlossener Arbeit); IKAA (Ist-Kosten bereits abgeschlossener Arbeit); PA (Planabweichung); KA (Abweichung Kosten); BK (Berechnete Kosten); ANA (Abweichung nach Abschluss).
Export	Überträgt eine Microsoft Project-Datei zu einer anderen Anwendung, wie beispielsweise zu einer Tabellenkalkulation.

Tabelle 6.1: Weitere Vorgangstabellen

In Kapitel 13 erfahren Sie, wie Sie in Microsoft Project benutzerdefinierte Tabellen erstellen können.

Sie kehren zur Tabelle EINGABE zurück, indem Sie ANSICHT|TABELLE:|EINGABE wählen. Ziehen Sie dann den vertikalen Ansichtsbalken nach links, bis er an die rechte Seite der Spalte DAUER stößt. Öffnen Sie außerdem die Ansichtsleiste, indem Sie mit der rechten Maustaste auf die äußere linke Seite des Bildschirms klicken und dann in dem Kontextmenü ANSICHTSLEISTE auswählen.

Falls die Indikatorspalte verschwunden ist, klicken Sie mit der rechten Maustaste auf die Überschrift der Spalte VORGANGSNAME. Wählen Sie in dem Kontextmenü den Menübefehl SPALTE EINFÜGEN. Das Dialogfeld DEFINITION SPALTE wird geöffnet. Klicken Sie auf den nach unten gerichteten Pfeil im Feld FELDNAME, und klicken Sie auf INDIKATOREN. Klicken Sie dann auf OK. Die Spalte INDIKATOREN wird geöffnet.

Henry Gantt, Sie gefallen mir

Vielleicht haben Sie sich gefragt, warum Microsoft Project am Anfang das BALKENDIAGRAMM (GANTT) anzeigt und woher der Name *Gantt* kommt?

Henry Laurence Gantt (1861-1919) war zu seiner Zeit ein bekannter Pionier des industriellen und wissenschaftlichen Managements. Er zählte zu den ersten Leuten, die die Bedeutung einer psychologisch förderlichen Arbeitsumgebung für die Arbeiter erkannt und öffentlich gemacht haben.

Der Altruismus von Gantt mag bemerkenswert gewesen sein, aber zum Thema von Spielen wie *Trivial Pursuit* oder *Jeopardy!* ist er durch seine Erfindung geworden, Arbeit im Zeitablauf darzustellen – durch das BALKENDIAGRAMM (GANTT).

BALKENDIAGRAMME (GANTT) lesen

Auf der rechten Seite der Ansicht BALKENDIAGRAMM (GANTT) befindet sich ein grafisches Diagramm. Das Diagramm besteht aus einer Reihe von horizontalen Balken, die in eine Tabelle eingebettet sind und Zeiträume anzeigen. Jeder Balken stellt den entsprechenden Vorgang dar, der sich in gleicher Höhe in der Tabellenzeile auf der linken Seite befindet. Projektinformationen, die Sie in der linken Tabelle eingeben, werden in den Eigenschaften des grafischen Balkens sowie in seinen Beziehungen zu anderen Balken in dem Diagramm reflektiert. Häufig (aber nicht immer) sind die Balken beschriftet und zeigen dann die Namen der Ressourcen an, die dem Vorgang zugeordnet sind. Diese Ressourcenzuordnungen wurden auch in dem Diagramm auf der rechten Seite ausgeführt.

Informationen eines BALKENDIAGRAMMS (GANTT) interpretieren

Das BALKENDIAGRAMM (GANTT) liefert Ihnen gleichzeitig vier Arten von Informationen über Ihr Projekt: Zeit, Vorgangsfortschritt, Vorgangsbeziehungen und Ressourcenzuordnungen zu Vorgängen.

Zeit

In dem BALKENDIAGRAMM (GANTT) können Sie die Darstellung vergrößern, um zu sehen, ob einzelne Vorgänge im Terminplan liegen, oder Sie können die Ansicht verkleinern, um einen Überblick über den Zeitplan Ihres Projekts zu bekommen.

Sie können die Zeitskala in Wochen und Tage ändern, indem Sie dreimal auf die Schaltfläche VERGRÖSSERN klicken. Falls Vorgänge nicht im Bild sind, klicken Sie auf die Schaltfläche GEHE ZU AUSGEWÄHLTEM VORGANG, um den Vorgang anzuzeigen, der in der linken Tabelle markiert ist. Die Projektdatei sollte jetzt der Abbildung 6.10 entsprechen.

6 ➤ Ein Projekt von allen Seiten betrachten

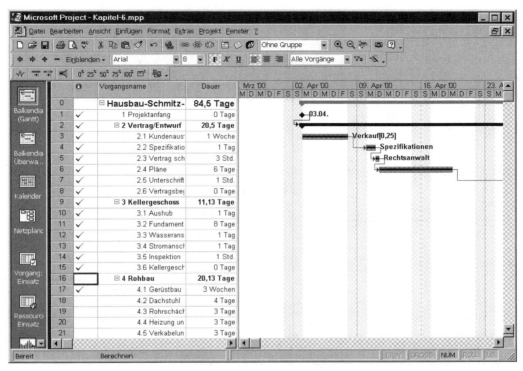

Abbildung 6.10: Die Zeitskala des BALKENDIAGRAMMS (GANTT) zeigt oben Wochen und unten Tage an.

In dem BALKENDIAGRAMM (GANTT), können Sie visuell festlegen, wann ein Vorgang anfangen und enden soll, indem Sie den Anfang und das Ende des zugehörigen Balkens mit der Zeitskala vergleichen.

Vorgangsfortschritt

Microsoft Project markiert einen abgeschlossenen Vorgang mit einer durchgehenden schwarzen horizontalen Linie im Vorgangsbalken. Wenn Sie mit der Maus über dieser schwarzen Linie stehen bleiben, zeigt Ihnen ein Feld Informationen über den Vorgang an, unter anderem, dass der Vorgang abgeschlossen ist (siehe Abbildung 6.11). Falls die schwarze Linie nur einen Teil des Vorgangsbalkens bedeckt, ist der Vorgang nicht abgeschlossen, was Ihnen in dem Informationsfeld ebenfalls angezeigt wird. Der Vorgangsfortschritt wird ausführlich in Kapitel 17 behandelt.

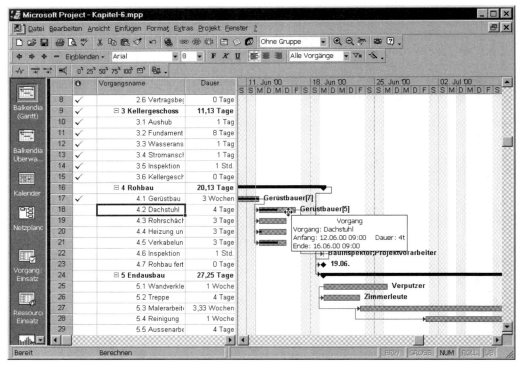

Abbildung 6.11: Das BALKENDIAGRAMM (GANTT) zeigt den Vorgangsstatus an.

Vorgangsbeziehungen

Der Status jedes Vorgangs beeinflusst in gewisser Weise den Status anderer Vorgänge. Beispielsweise können in dem Haus keine Rohre installiert werden, wenn nicht das Gerüst ausreichend fertig gestellt ist. Das BALKENDIAGRAMM (GANTT) stellt Vorgangsbeziehungen durch Pfeile dar.

Wenn Sie mit der Maus über einem Pfeil zwischen zwei Vorgängen stehen bleiben, zeigt ein Informationsfeld Ihnen an, dass der gewählte Vorgang in einer Ende-Anfang-(EA)-Beziehung zu dem Vorgang steht, der ihm vorausgeht (siehe Abbildung 6.12). Kapitel 4 beschreibt die Arten von Vorgangsbeziehungen.

6 ➤ Ein Projekt von allen Seiten betrachten

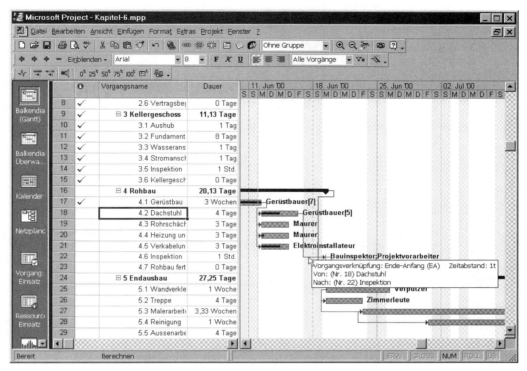

Abbildung 6.12: Die Vorgangsbeziehungen werden durch Pfeile dargestellt.

Zuordnungen von Ressourcen zu Vorgängen

Die Ressourcenzuordnungen geben an, wer wann womit welchen Vorgang in Ihrem Projekt bearbeitet. Microsoft Project teilt Ihnen mit, wie viele Einheiten (Arbeit oder Material) einem bestimmten Vorgang zugeordnet sind.

Die Ansicht BALKENDIAGRAMM: ÜBERWACHUNG

Mit der Ansicht BALKENDIAGRAMM: ÜBERWACHUNG können Sie schnell einen optischen Überblick über den Status der Vorgänge im Vergleich zu Ihrem Basisplan erhalten. Um diese Ansicht anzuzeigen, klicken Sie in der Ansichtsleiste auf die Schaltfläche BALKENDIAGRAMM: ÜBERWACHUNG.

Sie können gleichzeitig die Tabelle ÜBERWACHUNG anzeigen (siehe Tabelle 6.1), indem Sie den Menübefehl ANSICHT|TABELLE:|ÜBERWACHUNG wählen. Mit Hilfe dieser Ansichten können Sie kritische Projektelemente auf einen Blick kontrollieren (siehe Abbildung 6.13). In Kapitel 16 erfahren Sie mehr über die Ansicht BALKENDIAGRAMM: ÜBERWACHUNG.

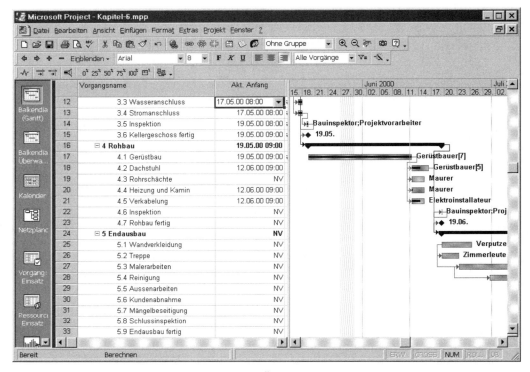

Abbildung 6.13: Die Ansicht BALKENDIAGRAMM: ÜBERWACHUNG zeigt Sammelvorgänge und ihren Fortschritt, Soll-Vorgänge und ihren Fortschritt sowie kritische Vorgänge.

Den Balkenplan-Assistenten benutzen

Wenn Sie eigene Ansichten erstellen wollen, klicken Sie einfach in der Formatsymbolleiste auf die Schaltfläche BALKENPLAN-ASSISTENT. Der Balkenplan-Assistent führt Sie Schritt für Schritt durch die Erstellung einer benutzerdefinierten Ansicht. Sie können die Farben, Muster und Endformen der Gantt-Balken wählen; Sie können eindeutige Balken für Sammelvorgänge definieren; und Sie können diverse Muster und Formen für Meilensteine festlegen. Abgesehen von ästhetischen Erwägungen können Sie durch die unterschiedliche Gestaltung mehrere Projekte optisch auseinander halten.

Ressourcen in der Ansicht VORGANG: EINSATZ überwachen

Die Ansicht VORGANG: EINSATZ gibt Ihnen einen schnellen visuellen Überblick über einen Vorgang und die ihm zugeordneten Ressourcen, den Umfang der geleisteten Arbeit jeder Ressource sowie die Dauer und die Anfangs- und Endtermine (siehe Abbildung 6.14.) Der Tabellenteil der Ansicht besteht aus Vorgangsinformationen, der Diagrammteil hauptsächlich aus Ressourceninformationen. In Kapitel 11 erfahren Sie, wie Sie diese Ansicht mit einem speziellen Filter verwenden können.

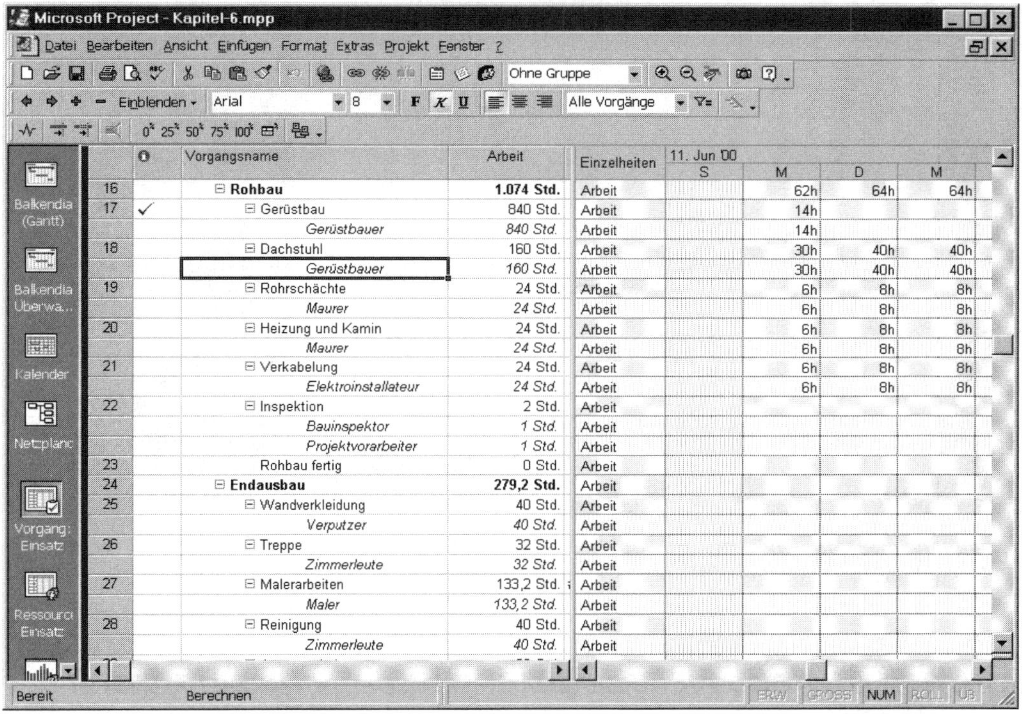

Abbildung 6.14: Die Ansicht VORGANG: EINSATZ zeigt einen Überblick über einen Vorgang und die ihm zugeordneten Ressourcen, den Umfang der geleisteten Arbeit jeder Ressource sowie über die Dauer und die Anfangs- und Endtermine.

Zeitpläne in der Ansicht KALENDER anzeigen

Die Ansicht KALENDER ist ein hilfreiches Kommunikationswerkzeug für den Druck von Zeitplänen. Sie eignet sich auch als Hauptwerkzeug für die Verwaltung kleiner Projekte. Die standardmäßige KALENDER-Ansicht ist ein Monatskalender, der die Vorgänge als Balken anzeigt (siehe Abbildung 6.15).

Die Länge eines Balkens zeigt die Vorgangsdauer an. Sie können die KALENDER-Ansicht anzeigen, indem Sie in der Ansichtsleiste auf das Symbol KALENDER klicken. Kapitel 9 behandelt die KALENDER-Ansicht ausführlich.

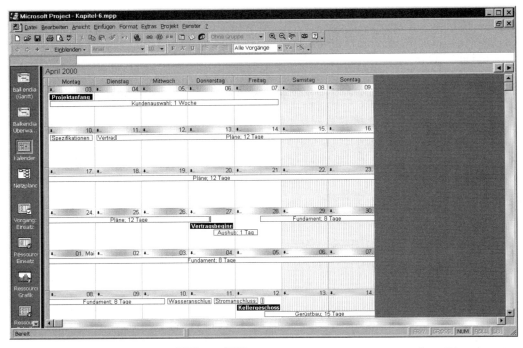

Abbildung 6.15: Mit den Tasten ↑ und ↓ können Sie die Monatsanzeige ändern. Die vertraute Darstellung erleichtert die Interpretation und Änderung der Vorgänge und der Vorgangsdauern.

Mit der Ansicht NETZPLANDIAGRAMM ein Flussdiagramm erstellen

Die Ansicht NETZPLANDIAGRAMM stellt eine ganz andere Methode dar, um ein Projekt zu erstellen und zu verwalten. In dieser Ansicht erstellen und ändern Sie Vorgänge und Vorgangsbeziehungen in einem Flussdiagramm. Jeder Vorgang ist in einem Kasten, dem sogenannten *Knoten*, enthalten. Die Linie zwischen zwei Knoten zeigt die Beziehung der beiden Vorgänge an. Eine diagonale Linie durch einen Vorgang zeigt an, dass dieser angefangen wurde. Zwei diagonale Linien bedeuten, dass der Vorgang abgeschlossen ist.

Um diese Ansicht (siehe Abbildung 6.16) anzuzeigen, klicken Sie in der Ansichtsleiste auf das Symbol NETZPLANDIAGRAMM. (Weitere Einzelheiten über die Ansicht NETZPLANDIAGRAMM erfahren Sie in Kapitel 8.)

6 ➤ Ein Projekt von allen Seiten betrachten

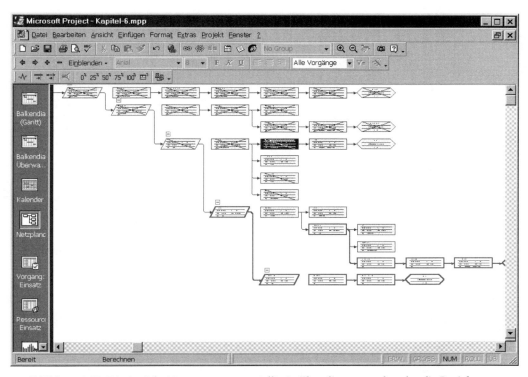

Abbildung 6.16: Die Ansicht NETZPLANDIAGRAMM stellt ein Flussdiagramm dar, das die Beziehungen zwischen den Vorgängen betont.

Das Balkendiagramm bestmöglich nutzen

In diesem Kapitel

▶ Die Zeitskala in dem Balkendiagramm (Gantt) anpassen

▶ Die Oberfläche des Balkendiagramms (Gantt) ändern

▶ Tatsachen über Vorgänge ermitteln

▶ Attraktive Diagramme erstellen

▶ Grafiken in Microsoft Project kopieren

Zu Beginn des 19. Jahrhunderts führte Henry Gantt eine neue Methode ein, um Informationen als Balkendiagramm und in Tabellenform anzuzeigen. Voilà! Der Mann wurde unsterblich. Wann immer Projektmanager über ihre Arbeit diskutieren, erweisen sie ihm indirekt ihre Reverenz. So wie Henry Gantts Schöpfung ein Erfolg wurde, können auch Sie Lorbeeren ernten, indem Sie das Balkendiagramm (Gantt) so anpassen, dass es Sie leichter und mit mehr Übersicht durch Ihr Projekt leitet.

Ein *Balkendiagramm (Gantt)* stellt die Vorgangsinformationen eines Projekts grafisch dar. Ein Gantt-Balken zeigt folgende Informationen über einen Vorgang an: Vorgangsdauer, Anfangs- und Endtermin sowie die Beziehungen des Vorgangs zu anderen Vorgängen. Gantt-Balken basieren auf einer Zeitskala. Die Positionen der Gantt-Balken auf der Zeitskala vermitteln in Relation zueinander einen zeitlichen Überblick über das gesamte Projekt und seine Komponenten. In diesem Kapitel erfahren Sie, wie Sie das Balkendiagramm (Gantt) an Ihre Anforderungen anpassen und mit ihm verschiedene Arten von Informationen isolieren können. Der alte Henry mag zwar der Erste gewesen sein, der mit dieser Art von Diagramm gearbeitet hat, aber Sie werden das Balkendiagramm (Gantt) zu seiner vollen Blüte führen.

In diesem Kapitel zeige ich Ihnen, wie Sie das Aussehen des BALKENDIAGRAMMS (GANTT) an die Anforderungen eines Projekts anpassen können. Auf der CD befindet sich eine Übungsdatei, mit der Sie den Gebrauch der Gantt-Tools einüben können. Sie heißt AWARD PROGRAM 7.MPP. Anhang C beschreibt, wie Sie die Übungsdateien auf der CD-ROM laden können.

Das Problem der Zeitverwaltung

Im Projektmanagement (und im Leben) ist die Zeitverwaltung niemals einfach. Microsoft Project kann nicht alle Ihre Zeitprobleme lösen, aber wenigstens kann es Ihnen mitteilen, ob die Zeit Ihrem Projekt hilft oder es behindert. Die *Zeitskala* ist eines der Werkzeuge, die für diesen Zweck zur Verfügung stehen.

Die Zeitskala ist der horizontale Balken am oberen Rand des Balkendiagramms (Gantt), der die Zeit in größeren und kleineren Abständen anzeigt (siehe Abbildung 7.1). Die obere Leiste der Zeitskala enthält die größeren Zeitabstände, die untere Leiste die kleineren. In Abbildung 7.1 zeigt die obere Zeitskala Wochen und die untere Zeitskala Tage an.

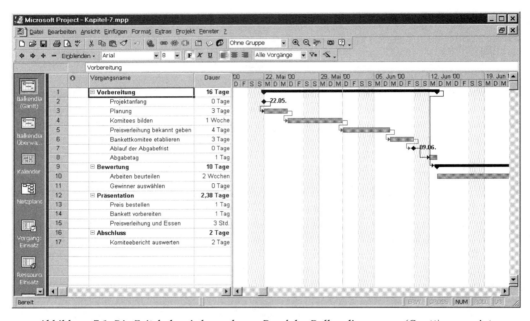

Abbildung 7.1: Die Zeitskala wird am oberen Rand des Balkendiagramms (Gantt) angezeigt.

Wenn Sie bestimmte Termine für ein Projekt in der Zeitskala eingeben wollen, führen Sie die folgenden Schritte aus:

1. **Doppelklicken Sie im Balkendiagramm (Gantt) auf den Bereich der Zeitskala.**

   Das Dialogfeld ZEITSKALA wird angezeigt (siehe Abbildung 7.2).

2. **Klicken Sie auf die Registerkarte ZEITSKALA, falls diese nicht bereits sichtbar ist.**

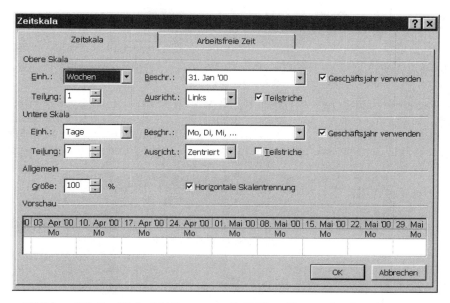

Abbildung 7.2: Das Dialogfeld ZEITSKALA enthält Einstellungen für die Arbeitszeiten und die arbeitsfreien Zeiten.

Die Standardeinstellung der oberen Skala ist WOCHEN und die der unteren Skala TAGE. Die Zeitangaben werden in der oberen Skala standardmäßig als Tag, Monat und Jahr und in der unteren Zeitskala als Abkürzungen des Tags dargestellt. Mit der oberen Zeitskala können Sie das Projekt insgesamt leicht überblicken. Mit der unteren Zeitskala können Sie gezielt auf Einzelheiten zugreifen.

Mit dem oberen bzw. dem unteren Feld TEILUNG können Sie sowohl für die obere als auch für die untere Skala die Länge der Zeiträume auf der jeweiligen Skala festlegen, die angezeigt bzw. übersprungen werden sollen. Ein Zeitraum wird übersprungen, wenn Sie eine andere Teilung als 1 wählen. Wenn beispielsweise die obere Skala auf Monate eingestellt ist (Januar, Februar, März), können Sie jeden zweiten Monat anzeigen (Januar, März, Mai), indem Sie die Teilung auf 2 setzen. Wenn Sie mit den Eingaben fertig sind, klicken Sie auf OK, um die Änderungen zu speichern, oder klicken Sie auf ABBRECHEN, um die Änderungen zu verwerfen und die Standardeinstellungen beizubehalten.

Das Aussehen des Balkendiagramms ändern

Microsoft Project bietet allgemeine Funktionen zum Editieren von Texten und spezielle Funktionen zur Formatierung an, mit denen Sie Ihr Balkendiagramm (Gantt) für die Anzeige auf dem Bildschirm und für Berichte gestalten können.

Die Rechtschreibprüfung benutzen

Durch Rechtschreibfehler oder falsch verwendete Wörter machen Sie sehr schnell einen schlechten Eindruck. Microsoft Project hilft Ihnen nicht bei der Auswahl der Wörter, aber es stellt Ihnen eine Rechtschreibprüfung zur Verfügung.

Um die Rechtschreibprüfung zu verwenden, klicken Sie in der Standardsymbolleiste auf die Schaltfläche RECHTSCHREIBUNG, oder drücken Sie auf F7. Das Dialogfeld RECHTSCHREIBUNG wird angezeigt (siehe Abbildung 7.3). Die Position des Worts in einem Vorgang oder einer Ressource wird in dem Feld GEFUNDEN IN angezeigt. Führen Sie die Korrekturen nach Bedarf durch.

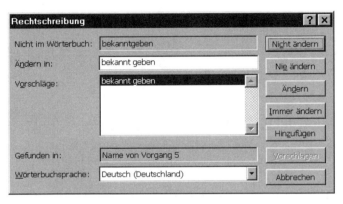

Abbildung 7.3: Das Dialogfeld RECHTSCHREIBUNG zeigt das falsch geschriebene Wort an.

 Wie jede andere Textverarbeitung findet auch die Rechtschreibprüfung von Microsoft Project nicht alle Fehler. Falls ein Vorgangsname den Artikel *ein* enthält, wo die Konjunktion *und* stehen sollte, müssen Sie den Text auf die altmodische Art und Weise korrigieren: Markieren Sie den Vorgang, und ändern Sie den Text in der Eingabeleiste.

Text anpassen

Mit der Formatsymbolleiste können Sie Schriftarten, Schriftgrade und Farben ändern, um das Diagramm an Ihre Vorstellungen anzupassen.

Um die Schriftart in Ihrem Balkendiagramm (Gantt) zu ändern, führen Sie die folgenden Schritte aus:

1. **Wählen Sie in der Formatsymbolleiste aus dem Dropdownlistenfeld FILTER die Vorgänge aus, die Sie ändern wollen.**

    In Abbildung 7.4 werden nur Sammelvorgänge angezeigt. (Kapitel 11 beschreibt den Filter SAMMELVORGÄNGE und andere Filter ausführlich.)

7 ➤ Das Balkendiagramm bestmöglich nutzen

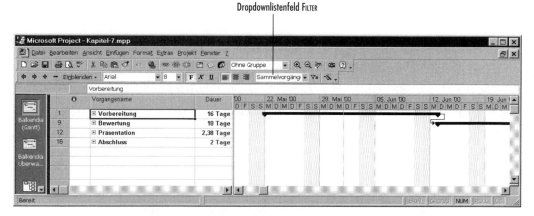

Abbildung 7.4: Der Filter SAMMELVORGÄNGE zeigt nur die Sammelvorgänge an und verbirgt die Detailvorgänge und Meilensteine.

2. **Markieren Sie die Vorgänge, indem Sie auf den ersten Vorgang klicken und den Mauszeiger bis zum letzten Vorgang ziehen.**

   Die Vorgänge sind markiert.

3. **Wählen Sie in der Formatsymbolleiste aus dem Dropdownlistenfeld SCHRIFTART eine Schriftart aus.**

4. **Wählen Sie in der Formatsymbolleiste aus dem Dropdownlistenfeld SCHRIFTGRAD einen Schriftgrad aus.**

Wenn Sie 12 Punkt wählen, ändert sich der Schriftgrad der Vorgänge entsprechend (siehe Abbildung 7.5).

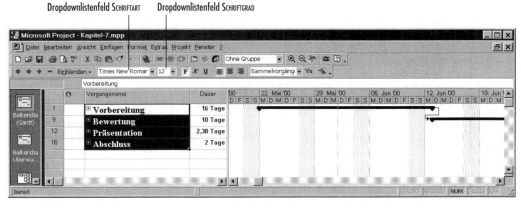

Abbildung 7.5: Die Formatsymbolleiste bietet Funktionen an, die im Allgemeinen in einem Textverarbeitungsprogramm verwendet werden.

Wenn Sie die Farbe eines Sammelvorgangs ändern wollen, führen Sie die folgenden Schritte aus:

1. **Markieren Sie alle Vorgänge, die Sie ändern wollen (falls sie nicht bereits markiert sind), indem Sie den Mauszeiger über die Vorgänge ziehen.**
2. **Klicken Sie mit der rechten Maustaste auf den markierten Bereich.**
3. **Wählen Sie in dem Kontextmenü den Menübefehl SCHRIFT.**

   Das Dialogfeld SCHRIFT wird geöffnet (siehe Abbildung 7.6). Das Dialogfeld sollte bereits anzeigen, dass die ausgewählten Vorgänge von 8 Punkt Arial in 12 Punkt Times New Roman geändert wurden.

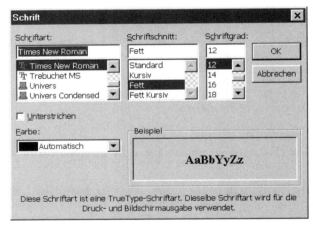

Abbildung 7.6: In dem Dialogfeld SCHRIFT können Sie die Schriftart, den Schriftschnitt, den Schriftgrad und die Schriftfarbe ändern.

4. **Wählen Sie im Dropdownlistenfeld FARBE eine Farbe aus, und klicken Sie dann auf OK.**
5. **Wählen Sie in der Formatsymbolleiste in dem Dropdownlistenfeld FILTER den Eintrag SAMMELVORGÄNGE aus.**

   Die Sammelvorgänge werden jetzt in einer anderen Farbe dargestellt.

 Die Anzahl der verfügbaren Schriftarten kann von Computer zu Computer verschieden sein. Falls Sie Ihre Projektdatei mit anderen Personen gemeinsam benutzen wollen, sollten Sie bei den gebräuchlichen Schriftarten bleiben, damit Sie sicher sein können, dass Ihr Projekt auf einem anderen Computer nicht allzu anders dargestellt wird.

Notizen hinzufügen

 Manchmal müssen Sie für sich oder jemand anderen eine Notiz über einen Vorgang, eine Ressource oder das gesamte Projekt festhalten. Um in der Ansicht Balkendiagramm (Gantt) eine Notiz für einen bestimmten Vorgang festzuhalten, können Sie die Schaltfläche VORGANGSNOTIZEN in der Standardsymbolleiste benutzen:

1. **Wählen Sie einen beliebigen Vorgang aus.**
2. **Klicken Sie in der Standardsymbolleiste auf die Schaltfläche VORGANGSNOTIZEN.**

Das Dialogfeld INFORMATIONEN ZUM VORGANG wird geöffnet und zeigt die Registerkarte NOTIZEN (siehe Abbildung 7.7).

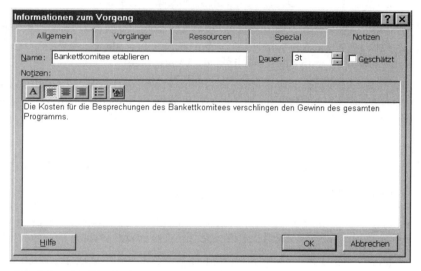

Abbildung 7.7: Geben Sie Ihre Notizen, z.B. zu Ressourcen, Vorgängern, Start- und Endterminen ein.

3. **Geben Sie in das Textfeld NOTIZEN Ihre Notiz ein.**
4. **Klicken Sie auf OK.**

Neben der Vorgangsnummer wird ein Notizindikator angezeigt.

 Sie können sich die Notiz jederzeit anzeigen lassen, indem Sie mit dem Mauszeiger einen Moment über dem Notizindikator stehen bleiben oder indem Sie den Vorgang auswählen und dann auf die Schaltfläche VORGANGSNOTIZEN klicken.

Um eine Notiz zu löschen, markieren Sie den Vorgang und wählen BEARBEITEN|INHALTE LÖSCHEN|NOTIZEN.

Informationen über Vorgänge anzeigen

In dem Balkendiagramm (Gantt) können Sie mit der Maus Informationen anzeigen oder ändern. Klicken Sie mit der linken Maustaste auf die Mitte eines Vorgangsbalkens, und halten Sie die Maustaste gedrückt. Probieren Sie dasselbe bei einem Sammelvorgang und dann bei einem Meilenstein. Es wird jeweils ein Informationsfeld mit den Anfangs- und Endterminen des jeweiligen Vorgangs angezeigt. Diese Informationen sind hilfreich, wenn Sie die verschiedenen Stadien eines Projekts überprüfen. Indem Sie den Vorgangsdauerbalken nach rechts oder links ziehen, können Sie den gesamten Vorgang an neue Anfangs- und Endtermine verschieben. Um die Vorgangsinformationen mit der Maus anzuzeigen und einen Vorgang zu verschieben, führen Sie die folgenden Schritte aus:

1. **Bleiben Sie mit dem Mauszeiger über einem Vorgang stehen.**

   Ein Informationsfeld zeigt Ihnen den Anfangs- und den Endtermin des Vorgangs an.

2. **Um einen Vorgang mit der Maus zu verschieben, klicken Sie mit der Maus auf den Vorgang und ziehen ihn entweder nach links oder nach rechts.**

   Wenn Sie einen Vorgang ziehen, kann ein Planungs-Assistent erscheinen, um Sie darauf hinzuweisen, dass Sie im Begriff sind, durch die Verschiebung z.B. eine Verknüpfung aufzulösen oder Anfang- und Endedatum des Vorgangs zu verändern.

In dem Balkendiagramm zeichnen und kopieren

In der Grundschule war Zeichnen eine gute Sache, während das Kopieren verpönt war. In Microsoft Project ist das Zeichnen allenfalls ein Problem, und das Kopieren ist etwas Gutes. Wenn Sie in Microsoft Project etwas zeichnen wollen, sollten Sie nicht zu viel erwarten. Dagegen ist das Programm, was das Kopieren angeht, einigermaßen versiert.

Vielleicht fragen Sie sich, warum man auf einem Balkendiagramm etwas zeichnen sollte. Nun, beispielsweise können Sie Linien von verschiedenen Vorgängen ziehen und in einem gemeinsamen Textfeld enden lassen, das Informationen über diese Vorgänge enthält. Oder Sie können eine einfache Illustration oder Karte zeichnen, um einen Punkt zu verdeutlichen. Einige Unternehmen versehen ihre Balkendiagramme standardmäßig mit ihrem Firmenlogo oder einem professionellen Siegel. Wenn Sie eine komplexere Zeichnung erstellen wollen, sollten Sie ein Zeichenprogramm wie den *Adobe Illustrator* oder *Corel Draw* verwenden und die fertige Zeichnung per Kopieren und Einfügen in das Balkendiagramm einfügen.

In Microsoft Project zeichnen

Damit Sie in dem Balkendiagramm (Gantt) Zeichnungen erstellen können, stellt Ihnen Microsoft Project in der Symbolleiste ZEICHNEN einen begrenzten Satz von Zeichenwerkzeugen zur Verfügung. Um diese Symbolleiste anzuzeigen, klicken Sie mit der rechten Maustaste auf eine beliebige Stelle einer angezeigten Symbolleiste und wählen in dem Kontextmenü ZEICHNEN aus.

7 ➤ Das Balkendiagramm bestmöglich nutzen

Die folgende Tabelle beschreibt die Zeichenwerkzeuge, die in dieser Symbolleiste zu finden sind:

Schaltfläche	Werkzeug/Funktion
	LINIE: Mit diesem Werkzeug können Sie eine Linie von einem Punkt des Balkendiagramms zu einem anderen ziehen. Nachdem Sie die Linie gezeichnet haben, können Sie auf die Linie klicken und sie verschieben.
	PFEIL: Mit diesem Werkzeug können Sie einen Pfeil zeichnen. Das Werkzeug funktioniert wie das Werkzeug LINIE.
	RECHTECK: Mit diesem Werkzeug können Sie ein Rechteck in das Balkendiagramm einfügen. Wählen Sie das Werkzeug aus, klicken Sie auf das Balkendiagramm, und ziehen Sie die Maus, um ein Rechteck zu zeichnen. Wenn das Rechteck ungefähr die passende Größe und Form hat, lassen Sie die Maus los. Das Rechteck wird angezeigt und markiert. Ein markiertes Rechteck verfügt über acht sogenannte *Ziehpunkte*. Mit den mittleren Ziehpunkten einer Seite können Sie die Breite bzw. die Höhe des Rechtecks verändern. Mit den Ziehpunkten in den Ecken können Sie die Form des Rechtecks verändern. Wenn Sie auf eine beliebige Stelle des Rechtecks klicken, die Ziehpunkte ausgenommen, können Sie das Rechteck an eine andere Position in dem Balkendiagramm ziehen.
	ELLIPSE: Mit diesem Werkzeug können Sie eine Ellipse in das Balkendiagramm einfügen. Das Werkzeug funktioniert ansonsten wie das RECHTECK. Wenn Sie beim Zeichnen die `Umschalt`-Taste gedrückt halten, können Sie einen Kreis zeichnen.
	BOGEN: Mit diesem Werkzeug können Sie gebogene Linien in das Balkendiagramm einfügen. Wählen Sie das Werkzeug aus, klicken Sie auf das Balkendiagramm, und ziehen Sie die Maus. Der erste Punkt, auf den Sie geklickt haben, übernimmt die Funktion eines *Ankers*, wenn Sie den Bogen zeichnen. Dieses Werkzeug hat den Nachteil, dass Microsoft Project die Fläche innerhalb des Bogens als festes Objekt behandelt. Deshalb sieht ein Bogen, der eine arbeitsfreie Zeit oder einen anderen schattierten Bereich des Balkendiagramms überquert, etwas seltsam aus.
	VIELECK: Mit diesem Werkzeug können Sie ein Vieleck mit beliebig vielen geraden Seiten in das Balkendiagramm einfügen. Klicken Sie zunächst auf den Startpunkt und dann nacheinander auf die weiteren Punkte. Nachdem Sie das Vieleck erstellt haben, können Sie seine Größe, Form und Position wie bei anderen Objekten ändern.
	TEXTFELD: Mit diesem Werkzeug können Sie ein Textfeld in das Balkendiagramm einfügen. Zeichnen Sie zunächst das Textfeld wie bei den anderen Werkzeugen, und geben Sie dann einen beliebig langen Text in das Feld ein. Mit Hilfe der rechten Maustaste können Sie Text aus einem Textverarbeitungsprogramm in das Textfeld einfügen.
	FARBE WECHSELN: Mit diesem Werkzeug können Sie einem Objekt eine andere Farbe zuweisen, indem Sie verschiedene Farben zyklisch durchlaufen.
	MIT VORGANG VERBINDEN: Mit diesem Werkzeug können Sie ein markiertes Zeichnungsobjekt mit dem Anfang oder Ende eines Vorgangsbalkens in dem Balkendiagramm verbinden. Das Dialogfeld ZEICHUNG FORMATIEREN wird geöffnet. Sie können dort die Vorgangs-ID eingeben, mit der Sie das Objekt verbinden wollen.

Tabelle 7.1: Standardzeichenwerkzeuge

Grafiken in Microsoft Project kopieren

Mit Grafiken können Sie ein Balkendiagramm optisch aufpeppen, ein Firmenlogo einfügen oder es mit einem GEHEIM-Stempel versehen. Falls Sie über ein Grafikprogramm verfügen, können Sie damit ein Bild erstellen und dieses in die Windows-Zwischenablage kopieren. Von dort können Sie das Bild mit dem Microsoft Project-Befehl INHALTE EINFÜGEN in das Balkendiagramm kopieren.

Beispielsweise können Sie in das Balkendiagramm des Preisverleihungsprojekts eine Grafik einfügen. Verwenden Sie zu diesem Zweck das PAINT-Programm, das zu Windows 95/98/2000 gehört, oder ein anderes Grafikprogramm Ihrer Wahl.

Um die Grafik in das Balkendiagramm einzufügen, führen Sie die folgenden Schritte aus:

1. **Wählen Sie in Windows START|PROGRAMME|ZUBEHÖR|PAINT.**

   Die PAINT-Anwendung wird angezeigt (siehe Abbildung 7.8). Obwohl ihre Fähigkeiten zum Editieren von Bildern begrenzt sind, eignet sie sich gut zum Kopieren und Einfügen von Grafiken.

2. **Wählen Sie den Menübefehl DATEI|ÖFFNEN, um das Dialogfeld ÖFFNEN anzuzeigen.**

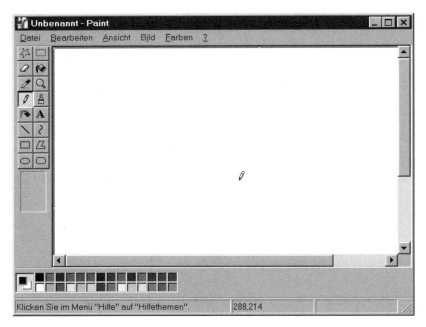

Abbildung 7.8: Die PAINT-Anwendung kennt nur die Dateierweiterungen BMP und PCX.

3. Gehen Sie zu dem passenden Ordner auf Ihrer Festplatte.

 Gehen Sie in unserem Beispiel zum Ordner BEISPIELE (siehe Anhang C für Einzelheiten).

4. **Doppelklicken Sie auf die Grafikdatei, um sie zu öffnen.**

   Doppelklicken Sie in unserem Beispiel auf die Datei 07-AWARD.BMP. Die Grafik wird in der PAINT-Anwendung geöffnet.

5. **Klicken Sie auf die Grafik, um sie auszuwählen. (Alternativ können Sie in PAINT auch den Menübefehl BEARBEITEN|ALLES MARKIEREN wählen.)**

6. **Wählen Sie den Menübefehl BEARBEITEN|KOPIEREN (oder den entsprechenden Befehl Ihres Grafikprogramms).**

7. **Klicken Sie in der Windows-Taskleiste auf die Schaltfläche von Microsoft Project, um zu Project zu wechseln, und klicken Sie auf das Project-Fenster, um es zu aktivieren.**

8. **Wählen Sie den Menübefehl BEARBEITEN|INHALTE EINFÜGEN.**

   Das Dialogfeld INHALTE EINFÜGEN wird geöffnet.

9. **Wählen Sie die Option BITMAP, und klicken Sie auf OK.**

   Die Grafik wird in das Projekt eingefügt (siehe Abbildung 7.9). Sie können die Grafik an eine andere Position ziehen. Wenn Sie auf die Grafik doppelklicken, können Sie sie editieren.

Von Microsoft Project kopieren

 Sie können einen Teil Ihrer Projektdatei in ein Bild umwandeln und in eine andere Anwendung wie beispielsweise Word kopieren. Sie können auch einen Teil einer Projektdatei in einer GIF-Datei speichern und diese im World Wide Web veröffentlichen. Wenn Sie einen Teil einer Projektdatei kopieren wollen, klicken Sie in der Standardsymbolleiste auf die Schaltfläche BILD KOPIEREN. Das Dialogfeld BILD KOPIEREN wird geöffnet. Wählen Sie dort, ob Microsoft Project die Kopie für den Druck, für eine andere Anwendung oder für eine GIF-Datei aufbereiten (*rendern*) soll.

Abbildung 7.9: Sie können die Grafik in dem Balkendiagramm verschieben. Um sie zu editieren, klicken Sie mit der rechten Maustaste auf die Grafik und wählen in dem Kontextmenü den Befehl B̲EARBEITEN.

Das Aussehen des Balkendiagramms anpassen

In Microsoft Project können Sie das Aussehen des Balkendiagramms ändern, ohne die eingegebenen Informationen zu modifizieren. Dadurch werden Sie zwar keinen Kunstpreis gewinnen, aber es lässt den Umgang mit Vorgangsinformationen weniger nach Arbeit aussehen.

Gitternetzlinien ändern

Gitternetzlinien sind die horizontalen und vertikalen Linien, die in der Ansicht Balkendiagramm (Gantt) und in einigen anderen Ansichten angezeigt werden. Indem Sie die Anzahl und das Aussehen der Gitternetzlinien ändern, können Sie das Lesen der Ansicht B̲ALKENDIAGRAMM (G̲ANTT) leichter machen. Um die Gitternetzlinien zu ändern, führen Sie die folgenden Schritte aus:

1. Klicken Sie mit der rechten Maustaste auf eine weiße Stelle des Balkendiagramms (nicht der Balkendiagramm-Tabelle).
2. Wählen Sie in dem Kontextmenü den Menübefehl GITTERNETZLINIEN.
3. Das Dialogfeld GITTERNETZLINIEN wird geöffnet.
4. Markieren Sie – falls notwendig – in dem Listenfeld ZU ÄNDERNDE LINIE den Eintrag DIAGRAMMZEILEN. Klicken Sie dann in dem Gruppenfeld HAUPTINTERVALL auf den nach unten gerichteten Pfeil des Dropdownlistenfelds ART, und wählen Sie dort eine Linienart.
5. Wählen Sie in dem daneben stehenden Dropdownlistenfeld FARBE die Farbe für die Diagrammzeilen aus.
6. Klicken Sie auf OK.

Die Gitternetzlinien werden mit der ausgewählten Farbe dargestellt. Wenn Ihnen die Farbe nicht gefällt, können Sie sie leicht ändern.

Um die Gitternetzlinien zu entfernen, wiederholen Sie die Schritte 1 bis 3 und wählen das leere Feld oben auf der Liste.

Balkenarten ändern

Die Balkenart bestimmt die Form eines Balkens im Balkendiagramm. Manchmal ist es sinnvoll, das Aussehen eines Balkens zu ändern. Eine solche Änderung hat keinen Einfluss auf die Vorgangsinformationen. Um die Balkenart zu ändern, führen Sie die folgenden Schritte aus:

1. Klicken Sie mit der rechten Maustaste auf eine weiße Stelle des Balkendiagramms (nicht der Balkendiagramm-Tabelle).
2. Wählen Sie in dem Kontextmenü den Menübefehl BALKENARTEN.

    Das Dialogfeld BALKENARTEN wird geöffnet.
3. Wählen Sie einen Namen in der Liste NAME aus.

    Beispielsweise können Sie die Form des Anfangs, der Mitte und des Endes aller Sammelbalken in dem Balkendiagramm ändern.

Den Stil einzelner Balken ändern

Manchmal ist es sinnvoll, einzelne Elemente des Balkendiagramms zu ändern. Wenn Sie beispielsweise einzelne Sammelbalken in verschiedenen Farben oder Mustern darstellen, ist es einfacher, die verschiedenen Phasen eines Projekts zu identifizieren.

Um die Farbe oder das Muster eines Sammelbalkens zu ändern, führen Sie die folgenden Schritte aus:

1. **Klicken Sie mit der rechten Maustaste auf einen Sammelbalken.**
2. **Wählen Sie den Menübefehl BALKEN FORMATIEREN.**

   Das Dialogfeld BALKEN FORMATIEREN wird geöffnet.
3. **Wählen Sie Registerkarte BALKENFORM.**
4. **Ändern Sie den Anfang, die Mitte und/oder das Ende des Balkens, indem Sie seine Form, seine Art und/oder seine Farbe ändern.**

   Ändern Sie beispielsweise die Farbe der Mitte des Balkens in eine eindeutige Farbe, seine Form oder sein Muster. Sie können auch die anderen Komponenten nach Bedarf ändern.
5. **Klicken Sie auf OK.**
6. **Wiederholen Sie die Schritte 1 bis 5 für alle Komponenten, die Sie ändern wollen.**

Andere kosmetische Änderungen durchführen

Endlich können Ihre arbeitsfreien Tage himmelblau sein, wenn Sie dies wollen! Indem Sie mit der rechten Maustaste auf den allgemeinen Diagrammbereich klicken, können Sie die Farbe und das Aussehen der arbeitsfreien Zeit ändern. Wenn Sie auf einen bestimmten Bereich oder ein Element doppelklicken, erscheint ein Dialogfeld, mit dem Sie das Aussehen dieses speziellen Elements ändern können.

Verknüpfungen ändern

Wenn Sie auf eine Verknüpfung zwischen Vorgängen in dem Balkendiagramm doppelklicken, können Sie nicht nur das Aussehen des Diagramms, sondern auch den Terminplan des Projekts ändern.

Falls Sie beispielsweise einen Tag nach der Bildung eines Komitees eine Projektbesprechung für das Komitee angesetzt haben, ist es unwahrscheinlich, dass alle Mitglieder anwesend sind. Um zusätzliche Zeit einzuplanen, damit sich Projektinformationen in Ihrem Unternehmen verbreiten oder Sie an Einzelheiten arbeiten können, müssen Sie einen positiven Zeitabstand einplanen. (Nähere Informationen über Zeitabstände finden Sie in Kapitel 4.) Um einen Zeitabstand einzuplanen, führen Sie die folgenden Schritte aus:

1. **Doppelklicken Sie in dem Balkendiagramm auf die Verknüpfung zwischen zwei Vorgängen.**

   Das Dialogfeld ANORDNUNGSBEZIEHUNG wird geöffnet.

2. Ändern Sie in dem Dropdownlistenfeld ZEITABSTAND die aktuelle Einstellung des Zeitabstands in einen längeren Wert (siehe Abbildung 7.10).

3. **Klicken Sie auf OK.**

   Alle Vorgänge, die dem gewählten Vorgang folgen, werden im Terminplan verschoben.

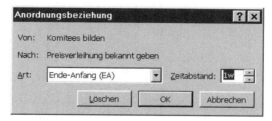

Abbildung 7.10: Sie können die Art der Beziehung und den Zeitabstand ändern.

Beziehungen mit der Ansicht Netzplandiagramm verdeutlichen

In diesem Kapitel

▶ Die Ansicht NETZPLANDIAGRAMM kennen lernen

▶ Mit Vorgängen und Beziehungen in der Ansicht NETZPLANDIAGRAMM arbeiten

---

Die Ansicht NETZPLANDIAGRAMM wurde in Microsoft Project 2000 unter diesem neuen Namen eingeführt. In früheren Versionen wurde sie als *PERT-Diagramm* bezeichnet. Netzplandiagramme stellen die Vorgangsbeziehungen deutlich heraus, während die Darstellung der Vorgangslängen oder der Zeitlinie des Projekts in den Hintergrund tritt. Dieses Kapitel zeigt Ihnen, wie Sie die Ansicht NETZPLANDIAGRAMM verwenden können.

Auf der CD befindet sich die Übungsdatei KAPITEL-8.MPP, mit der Sie die Netzplandiagramm-Funktionen einüben können. In Anhang C finden Sie weitere Informationen über den Umgang mit den Übungsdateien auf der CD.

Die Ansicht NETZPLANDIAGRAMM öffnen

Netzplandiagramme sind Flussdiagramme. Deshalb hilft Ihnen diese Ansicht dabei, die Auswirkungen von Vorgangsverknüpfungen zu studieren. Klicken Sie in der Ansichtsleiste auf das Symbol NETZPLANDIAGRAMM, um die Ansicht NETZPLANDIAGRAMM anzuzeigen. Die Ansicht BALKENDIAGRAMM (GANTT) wird durch die Ansicht NETZPLANDIAGRAMM ersetzt (siehe Abbildung 8.1).

Die Ansicht NETZPLANDIAGRAMM eignet sich für die folgenden Zwecke:

✔ Projektvorgänge grafisch darstellen

✔ Vorgangsbeziehungen im Detail oder im Überblick darstellen

✔ Vorgänge editieren

✔ Vorgänge verknüpfen

✔ Zeitpläne erstellen

✔ Vorgänge analysieren

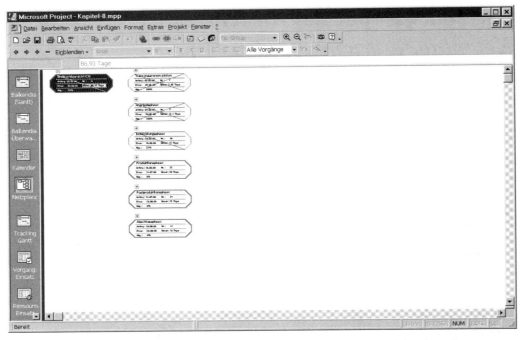

Abbildung 8.1: Die Ansicht NETZPLANDIAGRAMM zeigt die Vorgänge, ohne dabei deren Dauer zu berücksichtigen.

Zoomen, erweitern und in die Einzelheiten gehen

Mit den folgenden Funktionen können Sie als Projektmanager in der Ansicht NETZPLAN-DIAGRAMM das gesamte Projekt, Teile des Projekts oder die Einzelheiten einzelner Vorgänge anzeigen:

- ✔ **Zoomen:** Klicken Sie in der Standardsymbolleiste auf die Schaltfläche VERKLEINERN.

- ✔ **Sammelvorgänge erweitern:** Wenn Sie mit der Maus auf das Pluszeichen über einem Knoten in der Ansicht klicken, werden die untergeordneten Vorgänge des betreffenden Sammelvorgangs angezeigt.

- ✔ **Einzelinformationen über Vorgänge anzeigen:** Wenn Sie mit der Maus über einem Vorgang stehen bleiben, wird ein Informationsfeld mit Einzelheiten über den Vorgang angezeigt (siehe Abbildung 8.2). Das Beispiel zeigt das Infofeld zum dritten Knoten in der zweiten Spalte.

8 ➤ Beziehungen mit der Ansicht NETZPLANDIAGRAMM verdeutlichen

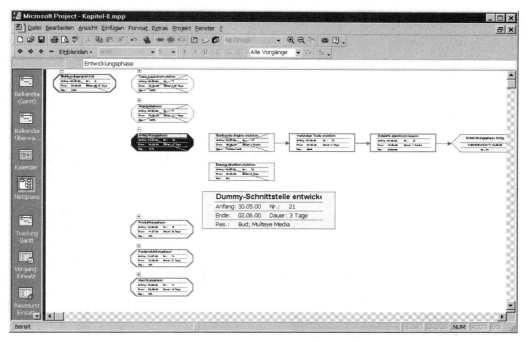

Abbildung 8.2: Zoomen, erweitern und in die Einzelheiten gehen – Sie können gleichzeitig das Projekt insgesamt und Einzelheiten über einen Vorgang anzeigen.

Die Ansicht NETZPLANDIAGRAMM interpretieren

In der Ansicht NETZPLANDIAGRAMM wird jeder Vorgang als Kästchen, als so genannter *Knoten*, dargestellt. Vorgänger-Vorgänge stehen immer links von ihren Nachfolgern. Sammelvorgänge befinden sich ebenfalls links von ihren Teilvorgängen.

Wenn Sie in der Standardsymbolleiste auf die Schaltfläche VERGRÖSSERN klicken, sehen Sie, dass einige Vorgänge zwei diagonale Linien, einige eine diagonale Linie und einige keine diagonale Linie enthalten. Zwei Diagonalen bedeuten, dass der Vorgang abgeschlossen ist. Eine einzelne Diagonale zeigt an, dass ein Vorgang zum Teil abgeschlossen ist. Wenn keine Diagonale vorhanden ist, wurde der Vorgang noch nicht begonnen.

In unserem Beispiel enthält der Knoten in der ersten Spalte (der Projektsammelvorgang) eine einzelne diagonale Linie. Dies bedeutet, dass das gesamte Projekt noch nicht abgeschlossen ist. Wenn Sie mit dem Mauszeiger über dem Knoten stehen bleiben, können Sie aus dem Infofeld entnehmen, dass das Projekt zu 30 Prozent abgeschlossen ist.

Die Bedeutung der Knotenformen in einem Netzplandiagramm

Falls Sie sich bereits mit Flussdiagrammen beschäftigt haben, wissen Sie, dass die Knoten in einem Netzplandiagramm unterschiedliche Formen und Farben haben können, denen jeweils eine bestimmte Bedeutung zugewiesen ist. Mit Hilfe des Dialogfelds KNOTENARTEN können Sie die verschiedenen Knotenarten, ihre Farben und Bedeutungen kennen lernen:

1. **Doppelklicken Sie auf eine beliebige leere Stelle der ANSICHT NETZPLANDIAGRAMM.**

   Das Dialogfeld KNOTENARTEN wird geöffnet (siehe Abbildung 8.3).

2. **Wenn Sie in der Liste EINSTELLUNGEN FÜR auf einen Eintrag klicken, wird rechts ein Muster des Knotens angezeigt.**

Das Dialogfeld KNOTENARTEN hilft Ihnen nicht nur, die Knotenarten festzulegen, sondern informiert Sie auch über die Bedeutung der Knotenfarben und -formen. In der Vorschau können Sie grafische Darstellung verschiedener Knotenrahmen, -farben und und -breiten beurteilen. Sie können mit diesem Dialogfeld die Art und die Farbe jedes Knotens ändern.

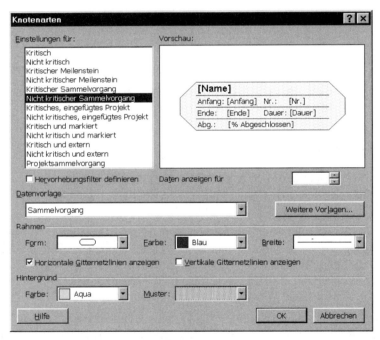

Abbildung 8.3: Die Form und die Farbe von Knoten vermitteln Ihnen zusätzlich zu ihren Inhalten weitere Informationen über die Vorgänge.

Knoteninformationen ändern

Das Dialogfeld KNOTENARTEN zeigt Ihnen zusätzlich zu den Knotenrahmen und den Bedeutungen der Knoten auch die Informationen, die in den Knoten enthalten sind.

Der Standardknoten in einem Netzplandiagramm enthält sechs Felder (maximal 16 Felder). Jeder Knoten enthält standardmäßig die folgenden Vorgangsinformationen: NAME, VORGANGS-ID (NR.), ANFANG, ENDE und die Ressourcennamen. Sie können in jedem Feld auch eine andere Information angeben:

1. **Doppelklicken Sie auf eine leere Stelle der Ansicht NETZPLANDIAGRAMM.**

    Das Dialogfeld KNOTENARTEN wird geöffnet.

2. **Klicken Sie auf die Schaltfläche WEITERE VORLAGEN.**

    Das Dialogfeld DATENVORLAGEN wird geöffnet.

3. **Klicken Sie auf die Schaltfläche KOPIEREN.**

    Das Dialogfeld DATENVORLAGE DEFINIEREN wird geöffnet (siehe Abbildung 8.4). Wenn Sie auf eine Zelle klicken, erscheint ein nach unten gerichteter Pfeil, mit dem Sie die Informationen auswählen können, die in dieser Zelle angezeigt werden sollen.

4. **Klicken Sie auf OK, SCHLIESSEN und noch einmal auf OK, um Ihre Änderungen zu speichern.**

Abbildung 8.4: Zusätzlich zu den Knoteninformationen können Sie das Aussehen des Knotens ändern.

Vorgänge und Beziehungen editieren

Einen Vorgang oder eine Verknüpfung in der Ansicht NETZPLANDIAGRAMM zu ändern ist einfach. Sie müssen sich dabei auch keine Gedanken über die Auswirkung der Änderungen auf die Ansicht BALKENDIAGRAMM (GANTT) machen. Microsoft Project sorgt für die Anpassung. Jede Änderung eines Vorgangs oder einer Verknüpfung in der Ansicht NETZPLANDIAGRAMM erscheint automatisch in der Ansicht BALKENDIAGRAMM (GANTT) und wird in den betroffenen Tabellen nachvollzogen.

Einen Vorgang hinzufügen

Einen Vorgang in der Ansicht NETZPLANDIAGRAMM hinzuzufügen unterscheidet sich wesentlich von der gleichen Funktion in der Ansicht BALKENDIAGRAMM (GANTT). Trotzdem ist der Vorgang einfach.

Nehmen wir beispielsweise an, dass Sie in die Übungsdatei dieses Kapitels eine Besprechung über das Storyboard für angestellte und freie Mitarbeiter einfügen wollen. Dies bedeutet, dass Sie den Vorgang STORYBOARD nach Vorgang 22, VORLÄUFIGE TESTS ERSTELLEN, und vor Vorgang 23, ENTWÜRFE ABNEHMEN LASSEN, einfügen müssen. Wenn Sie wollen, können Sie die Ansicht ein- oder zweimal vergrößern, um die Informationen in den Vorgängen besser lesen zu können. Um ein neuen Vorgang hinzuzufügen, führen Sie die folgenden Schritte aus:

1. **Sorgen Sie dafür, dass Sie die Vorgangsinformationen lesen können. Klicken Sie auf die Schaltflächen VERGRÖSSERN oder VERKLEINERN, bis die Informationen gut lesbar sind.**

   Passen Sie unser Beispiel entsprechend an, und verschieben Sie den Bildschirm so, dass die Vorgänge 22 und 23 sichtbar sind (siehe Abbildung 8.5).

2. **Zeichnen Sie neben oder unter dem Knoten, der der Vorgänger sein wird, einen Vorgangsknoten.**

   Zeichnen Sie den Knoten, indem Sie mit der Maus klicken und den Mauszeiger ziehen.

   Zeichnen Sie in unserem Beispiel den Vorgangsknoten unter dem Knoten DUMMY-SCHNITTSTELLE ENTWICKELN (siehe Abbildung 8.6).

    Eine andere Methode, um einen neuen Vorgangsknoten neben einem vorhandenen Vorgang zu erstellen, besteht darin, den vorhandenen Vorgang auszuwählen und dann die ⌜Einf⌝-Taste zu drücken.

3. **Doppelklicken Sie auf den neuen Vorgangsknoten.**

   Das Dialogfeld INFORMATIONEN ZUM VORGANG wird geöffnet.

8 ▶ Beziehungen mit der Ansicht NETZPLANDIAGRAMM verdeutlichen

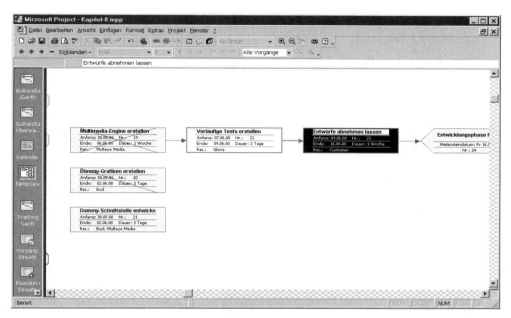

Abbildung 8.5: Wenn Sie zunächst einen Vorgang wählen, bleibt der Fokus beim Betätigen der Schaltflächen VERGRÖSSERN oder VERKLEINERN auf diesem Vorgang.

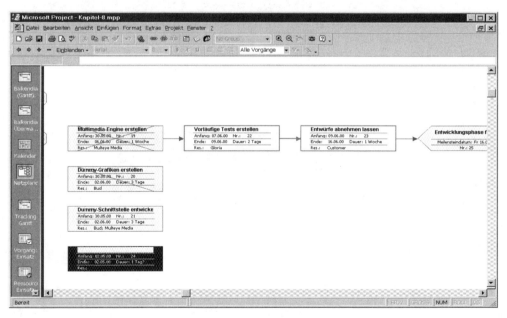

Abbildung 8.6: Jetzt steht unter dem Vorgangsknoten DUMMY-SCHNITTSTELLE ENTWICKELN ein leerer, unverknüpfter Vorgangsknoten.

4. **Wählen Sie die Registerkarte ALLGEMEIN, und geben Sie einen Vorgangsnamen in dem Textfeld NAME ein.**

   Geben Sie für unser Beispiel STORYBOARD ein.

5. **Geben Sie die Vorgangsdauer ein.**

   Geben Sie in unserem Beispiel eine Vorgangsdauer von 1 Tag ein.

6. **Klicken Sie auf die Registerkarte RESSOURCEN.**

7. **Wählen Sie das erste Textfeld unter RESSOURCENNAME aus.**

   Wählen Sie aus der Dropdownliste eine Ressource aus.

8. **Wählen Sie das zweite Textfeld unter RESSOURCENNAME aus, und wiederholen Sie Schritt 7, um eine weitere Ressource auszuwählen.**

   Wählen Sie in unserem Beispiel die Ressourcen aus, die in dem Infofeld RES.: in Abbildung 8.7 angezeigt werden.

9. **Klicken Sie auf OK.**

   Der neue Vorgangsknoten enthält die Vorgangsinformationen (siehe die vergrößerte Version in Abbildung 8.7). Wenn Sie das Feld gesehen haben, verkleinern Sie die Ansicht wieder.

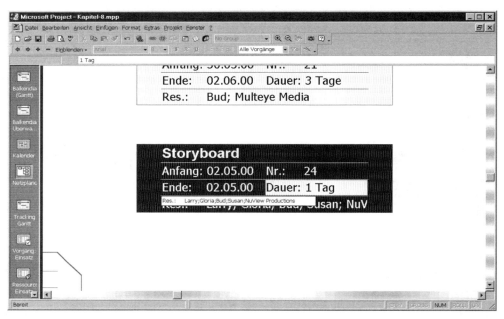

Abbildung 8.7: Falls ein Knotenfeld nicht groß genug ist, um alle Informationen anzuzeigen, bleiben Sie einen Moment mit dem Mauszeiger über dem Feld stehen. Sie sehen dann ein Infofeld mit den kompletten Informationen.

Eine neue Verknüpfung erstellen und vorhandene Verknüpfungen entfernen

Um eine vorhandene Verknüpfung zu ändern oder eine neue Verknüpfung zwischen einem Vorgänger und einem Nachfolger zu erstellen, klicken Sie auf die Mitte des Vorgängervorgangs und ziehen ihn zu seiner neuen Beziehung. (In Kapitel 6 finden Sie eingehendere Informationen über das Verknüpfen.)

Führen Sie die folgenden Schritte aus, um Vorgänge mit Vorgängern oder Nachfolgern zu verknüpfen:

1. **Klicken Sie auf die Schaltfläche VERKLEINERN oder VERGRÖSSERN, um die Knoten in der Umgebung der neuen Vorgänge anzuzeigen, die Sie verknüpfen wollen.**

   Durch das Zoomen können Sie die Vorgangsinformationen besser lesen.

   Wählen Sie in unserem Beispiel die Knoten in der Umgebung des Knotens STORYBOARD.

2. **Positionieren Sie den Mauszeiger auf den Vorgänger des neuen Vorgangs. Halten Sie die linke Maustaste gedrückt, ziehen Sie die Maus zu dem neuen Vorgang, und lassen Sie dann die Maustaste los**

   Ziehen in unserem Beispiel den Mauszeiger von dem Vorgang VORLÄUFIGE TESTS ERSTELLEN zum Vorgang STORYBOARD.

3. **Positionieren Sie den Mauszeiger auf den neuen Vorgang. Halten Sie die linke Maustaste gedrückt, ziehen Sie die Maus zu dem Nachfolger, und lassen Sie dann die Maustaste los.**

   Ziehen in unserem Beispiel den Mauszeiger von dem Vorgang STORYBOARD zum Vorgang ENTWÜRFE ABNEHMEN LASSEN.

4. **Doppelklicken Sie mit der Maus auf die Verknüpfung zwischen zwei Vorgängen.**

   Das Dialogfeld ANORDNUNGSBEZIEHUNG wird geöffnet. Falls notwendig, ändern Sie in diesem Dialogfeld die standardmäßige Ende-Anfang-Beziehung in einen anderen Beziehungstyp.

5. **Klicken Sie auf OK, um die neuen Vorgangsabhängigkeiten zu bestätigen.**

   Doppelklicken Sie in unserem Beispiel auf die Verknüpfung zwischen den Vorgängen VORLÄUFIGE TESTS ERSTELLEN und ENTWÜRFE ABNEHMEN LASSEN.

6. **Löschen Sie die alte Verknüpfung.**

Microsoft Project löscht alte Vorgangsbeziehungen nicht automatisch, so dass Sie dies selbst tun müssen. Doppelklicken Sie zu diesem Zweck auf die unerwünschte Verknüpfung zwischen den beiden Vorgängen, um das Dialogfeld ANORDNUNGSBEZIEHUNG zu öffnen. Klicken Sie dort auf die Schaltfläche LÖSCHEN, um die alte Vorgangsbeziehung zu entfernen.

Sie können die vorherige Situation wiederherstellen, indem Sie BEARBEITEN|RÜCK-GÄNGIG wählen.

Ihre Änderungen erscheinen automatisch auch in der Ansicht BALKENDIAGRAMM (GANTT).

Mit einem Kalender die Einzelheiten im Griff behalten

In diesem Kapitel

▶ Einen Terminplan mit dem Kalender erstellen

▶ Ein vorhandenes Projekt in den Kalender einfügen

▶ Im Kalender navigieren

▶ Den Kalender anpassen

Die Schönheit der KALENDER-Ansicht hat auch ihre Nachteile. Auf der Habenseite können Sie mit der KALENDER-Ansicht Ihre Arbeit in einer vertrauten Weise ansehen. Auf der Sollseite begrenzt die KALENDER-Ansicht die Menge der Informationen, die Sie gleichzeitig sehen können. Es ist wie im richtigen Leben! Wenn Sie jedoch mit den Begrenzungen der KALENDER-Ansicht leben können, bietet sie Ihnen zahlreiche nützliche Möglichkeiten.

Die KALENDER-Ansicht kann Sie auf zweifache Weise unterstützen: Erstens können Sie damit sehr schnell einfache Projekte erstellen. Zweitens ist sie sehr gut dafür geeignet, um komplexere Projekte anzuzeigen, zu teilen und Berichte über diese Projekte zu erstellen. Dementsprechend ist dieses Kapitel in zwei Hauptabschnitte eingeteilt. Der erste beschreibt, wie Sie mit der KALENDER-Ansicht ein einfaches Projekt erstellen können. Der zweite Abschnitt behandelt den Einsatz der KALENDER-Ansicht bei vorhandenen oder komplexeren Projekten.

Ein einfaches Projekt in der KALENDER-Ansicht erstellen

Die Anbieter von Terminkalendern brauchen keine Angst vor der KALENDER-Ansicht von Microsoft Project zu haben. Terminkalender und die KALENDER-Ansicht haben ganz verschiedene Funktionen. Sie unterscheiden sich wie Zwergkaninchen und Orang-Utans.

Sie können in der KALENDER-Ansicht ein voll funktionsfähiges Projekt erstellen. Sie können einen Terminplan mit Vorgängen erstellen und überwachen sowie die Ressourcen festhalten, die Sie benötigen, um diese Vorgänge abzuschließen. Nachdem Sie ein Projekt in der KALENDER-Ansicht erstellt haben, können Sie es in der Ansicht BALKENDIAGRAMM (GANTT), in den Ressourcenansichten, in Grafiken und in Ansichtskombinationen darstellen. Außerdem können Sie Berichte über dieses Projekt erstellen.

Ein Projekt in der KALENDER-Ansicht erstellen

Das Erstellen eines Projekts in der KALENDER-Ansicht kann Spaß machen – falls man an dieser Art der Arbeit Gefallen findet. Wenn Sie ein kleines Projekt in der KALENDER-Ansicht erstellen wollen, klicken Sie in der Ansichtsleiste auf die KALENDER-Schaltfläche.

Microsoft Project verwendet das Tagesdatum als das standardmäßige Anfangsdatum des Projekts, wenn Sie keinen Anfangstermin eingeben. Um einen Anfangstermin festzulegen, wählen Sie PROJEKT|PROJEKTINFO. Das Dialogfeld PROJEKTINFO FÜR <PROJEKTNAME> wird geöffnet. Legen Sie dort im Feld ANFANGSTERMIN den Projektanfangstermin fest.

Vorgänge definieren

Das Erstellen von Vorgängen in der KALENDER-Ansicht unterscheidet sich von der gleichartigen Funktion in der Ansicht BALKENDIAGRAMM (GANTT). In der KALENDER-Ansicht ist diese Funktion etwas primitiver und aufwendiger als in der Ansicht BALKENDIAGRAMM (GANTT). Die KALENDER-Ansicht bietet Ihnen keine Vorgangstabelle an, und die Vorgänge werden nicht wie in der Ansicht BALKENDIAGRAMM (GANTT) grafisch dargestellt. Aber wenn Sie einige grundlegende Prinzipien beherrschen, können Sie die Aufgabe lösen.

Gehen Sie folgendermaßen vor, um ein Projekt in der KALENDER-Ansicht zu planen:

1. **Klicken Sie im Kalender auf den Anfangstermin des Projekts.**

2. **Drücken Sie für jeden Vorgang, den Sie erstellen wollen, auf die `Einf`-Taste und geben Sie den Vorgang ein.**

    Nehmen wir beispielsweise an, dass Sie für Ihr neues Projekt sieben Vorgänge eingeben wollen. Drücken Sie sieben Mal auf die `Einf`-Taste, um sieben Vorgänge zu erstellen. Für jeden Vorgang wird ein Feld in den Kasten des Anfangstermins im Kalender eingefügt.

    Die Vorgänge füllen schnell den Platz, der in dem Datumsfenster verfügbar ist. Ein nach unten gerichteter Pfeil in dem grau unterlegten Bereich des Datums zeigt Ihnen an, dass einige Vorgänge verborgen sind. Sie können auf diese Vorgänge zugreifen, indem Sie auf die Schaltfläche VERGRÖSSERN klicken oder indem Sie das Datumsfenster öffen. Wenn Sie die Ansicht vergrößern, wird der gesamte Kalender größer dargestellt. Wenn Sie das Datumsfenster öffnen, wird nur dieses eine Datum vergrößert. Zeigen Sie in diesem Beispiel die verborgenen Vorgänge an, indem Sie das Datumsfenster öffnen.

3. **Doppelklicken Sie auf den grauen Balken des Datums, das die Vorgangsfelder enthält.**

    Eine Vorgangsliste wird angezeigt (siehe Abbildung 9.1). Das Häkchen zeigt an, dass diese Vorgänge in dem Fenster dieses Datums in der KALENDER-Ansicht sichtbar sind. Vorgänge ohne Häkchen sind nur über die Vorgangsliste sichtbar.

Eine weitere Möglichkeit, um auf die Vorgangsliste zuzugreifen, besteht darin, mit der rechten Maustaste auf den Datumsbalken zu klicken und in dem Kontextmenü VORGANGSLISTE zu wählen.

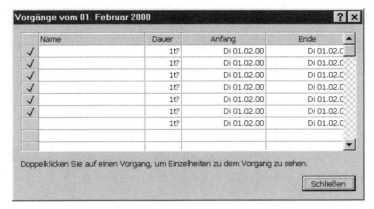

Abbildung 9.1: Die Vorgangsliste in der KALENDER-Ansicht

Vorgangsinformationen eingeben

Nachdem Sie die Vorgangsliste geöffnet haben, können Sie die Namen der Vorgänge eingeben:

1. **Doppelklicken Sie in der Vorgangsliste auf die erste leere Zelle der Spalte NAME.**

   Das Dialogfeld INFORMATIONEN ZUM VORGANG wird geöffnet. (Nähere Informationen über dieses Dialogfeld finden Sie in Kapitel 4.)

2. **Geben Sie in das Namensfeld einen Vorgangsnamen ein.**

   Geben Sie in unserem Beispiel WEBSEITE ENTWICKELN ein.

3. **Klicken Sie auf OK.**

4. **Klicken Sie auf SCHLIESSEN, um die Vorgangsliste zu schließen.**

Führen Sie dieselben Schritte aus, um die folgenden Vorgänge an demselben Tag einzugeben:

- ✔ Broschüre veröffentlichen
- ✔ Verbände kontaktieren
- ✔ Werbebriefe aussenden
- ✔ Prospekte verteilen
- ✔ Bei Suchmaschinen anmelden
- ✔ Datenbankformulare anpassen

Wenn Sie fertig sind, sollte Ihr Bildschirm ähnlich wie Abbildung 9.2 aussehen.

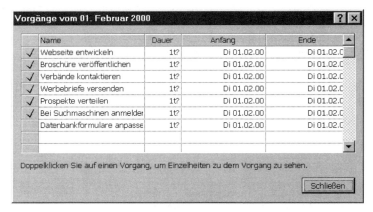

Abbildung 9.2: Arbeit für einen ganzen Tag

Vergrößern: einen näheren Blick auf den Terminplan werfen

Die standardmäßige KALENDER-Ansicht in Microsoft Project zeigt vier zusammenhängende Wochen. Mit der Schaltfläche VERGRÖSSERN können Sie diese Ansicht von vier in zwei Wochen ändern.

 Klicken Sie in der Standardsymbolleiste einmal auf die Schaltfläche VERGRÖSSERN. Die Ansicht ändert sich in ein Zwei-Wochen-Intervall. Falls Ihr Anfangstermin in eine der beiden späteren Wochen fällt, verschwinden die Vorgänge, weil beim Vergrößern die ersten beiden Wochen des Kalenders hervorgehoben werden. Um Ihren Anfangstermin anzuzeigen, verwenden Sie die Bildlaufleiste, oder drücken Sie einmal auf die $\boxed{\text{Bild}\downarrow}$-Taste. Der Kalender sollte jetzt wie der Kalender in Abbildung 9.3 aussehen.

Falls Sie wollen, können Sie die Vorgangsliste noch einmal öffnen, um zu prüfen, ob jetzt alle Vorgänge mit einem Häkchen markiert sind. Doppelklicken Sie zu diesem Zweck einfach auf den Datumsbalken des Datums, das die Vorgangsfelder enthält. Klicken Sie wegen des folgenden Beispiels auf die Schaltfläche VERKLEINERN, um zu einer Vier-Wochen-Ansicht zurückzukehren.

Die Vorgangsdauer in der KALENDER-Ansicht eingeben

In der KALENDER-Ansicht können Sie die Vorgangsdauer für Vorgänge auf zwei Weisen eingeben – mit dem Dialogfeld INFORMATIONEN ZUM VORGANG oder durch Ziehen eines Vorgangs.

9 ➤ Mit einem Kalender die Einzelheiten im Griff behalten

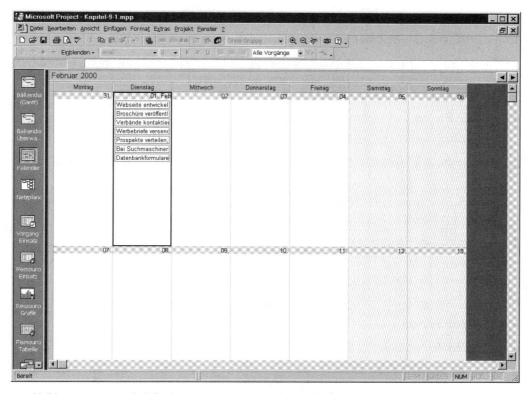

Abbildung 9.3: Die Schaltfläche VERGRÖSSERN vergrößert jedes Datumsfeld und zeigt alle Vorgänge am Anfangstermin an.

Um die Dauer mit dem Dialogfeld INFORMATIONEN ZUM VORGANG einzugeben, führen Sie die folgenden Schritte aus:

1. **Doppelklicken Sie auf einen Vorgang.**

   Doppelklicken Sie in diesem Beispiel auf den ersten Vorgang, WEBSEITE ENTWICKELN. Das Dialogfeld INFORMATIONEN ZUM VORGANG wird geöffnet.

2. **Geben Sie in das Drehfeld DAUER einen Wert für die Dauer ein.**

   Geben Sie in unserem Beispiel 2w ein.

3. **Klicken Sie auf OK.**

   Sie haben gerade im Dialogfeld INFORMATIONEN ZUM VORGANG die Dauer des Vorgangs WEBSEITE ENTWICKELN auf zwei Wochen festgelegt.

Wenn Sie die Dauer durch Ziehen eingeben wollen, führen Sie die folgenden Schritte aus:

1. **Positionieren Sie den Mauszeiger auf die rechte Seite eines Vorgangs.**

   Setzen Sie in unserem Beispiel den Mauszeiger auf die rechte Seite des zweiten Vorgangs, BROSCHÜRE VERÖFFENTLICHEN. Der Mauszeiger ändert seine Form in einen vertikalen Balken mit einem nach rechts gerichteten Pfeil.

2. **Klicken Sie auf den Vorgang, und halten Sie die Maustaste gedrückt.**

   Ein Infofeld mit Vorgangsinformationen wird angezeigt und gibt die Dauer an.

3. **Ziehen Sie den Mauszeiger nach rechts und unten, bis Sie die gewünschte Dauer erreichen.**

   Ziehen Sie in unserem Beispiel die Dauer des Vorgangs BROSCHÜRE VERÖFFENTLICHEN auf eine Dauer von 15 Tagen (drei Arbeitswochen).

4. **Lassen Sie die Maustaste los.**

   Sie haben gerade erfolgreich eine Dauer durch Ziehen eingegeben. Der zweite Vorgang, BROSCHÜRE VERÖFFENTLICHEN, sollte jetzt eine Dauer von 15 Tagen anzeigen.

Geben Sie für das Beispiel dieses Kapitels zusätzlich die folgenden Vorgangsdauern ein:

- **Verbände kontaktieren:** 2 Tage
- **Werbebriefe versenden:** 2 Tage
- **Prospekte verteilen:** 2 Tage
- **Bei Suchmaschinen anmelden:** 2 Tage
- **Datenbankformulare anpassen:** 2 Tage

Um die oben genannten Vorgangsdauern einzugeben, führen Sie die folgenden Schritte aus:

1. **Klicken Sie in der Standardsymbolleiste einmal auf die Schaltfläche VERGRÖSSERN.**

   Die Ansicht zeigt zwei Wochen an.

2. **Falls notwendig, verschieben Sie die Anzeige oder drücken auf die `Bild↓`-Taste, um den Anfangstermin anzuzeigen.**

3. **Weisen Sie durch Ziehen jedem der verbleibenden Vorgänge eine Dauer von zwei Tagen zu.**

Die daraus resultierende Ansicht wird in Abbildung 9.4 gezeigt.

9 ➤ Mit einem Kalender die Einzelheiten im Griff behalten

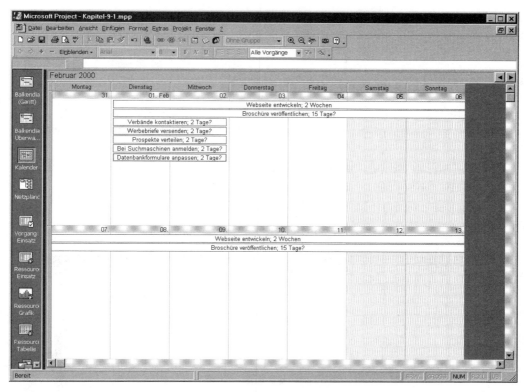

Abbildung 9.4: Die Vorgänge werden übereinander gestapelt, weil sie noch keine Vorgänger oder Nachfolger haben.

 Microsoft Project behandelt eine Vorgangsdauer, die durch Ziehen eingestellt wird, als Schätzwert und setzt deshalb ein Fragezeichen hinter die Dauer. Wenn Sie die Dauer eines Vorgangs präzise eingeben wollen, verwenden Sie das Dialogfeld INFORMATIONEN ZUM VORGANG.

Vorgänge in der KALENDER-Ansicht verknüpfen

Wie in der Ansicht BALKENDIAGRAMM (GANTT) verknüpfen Sie Vorgänge, indem Sie Vorgangsbeziehungen erstellen. Das Verknüpfen von Vorgängen in der KALENDER-Ansicht ist einfach, wenn Ihre Vorgänge eine Ende-Anfang-Beziehung haben. In diesem Fall klicken Sie einfach auf den einen Vorgang und ziehen die Maus auf den anderen Vorgang. (Kapitel 3 behandelt das Verknüpfen von Vorgängen.)

In der KALENDER-Ansicht ist – wie in der Ansicht BALKENDIAGRAMM (GANTT) – die Standardbeziehung die Ende-Anfang-Beziehung. (In Kapitel 4 finden Sie weitere Informationen über die Arten von Vorgangsbeziehungen.) Wenn Sie Vorgänge mit einer anderen Art von Beziehung als Ende-Anfang verknüpfen wollen, verwenden Sie das Dialogfeld INFORMATIONEN ZUM VORGANG.

Verknüpfen durch Ziehen

Eine der einfachsten Methoden, um Vorgänge zu verknüpfen, besteht darin, einen Vorgang zu einem anderen zu ziehen. Um zwei Vorgänge zu verknüpfen, die eine Ende-Anfang-Beziehung haben, führen Sie die folgenden Schritte aus:

1. **Klicken Sie auf die linke Maustaste, und ziehen Sie den Mauszeiger von einem Vorgang zu seinem Nachfolger.**

   Ein Infofeld informiert Sie über Ihre Aktionen (siehe Abbildung 9.5).

2. **Lassen Sie die Maustaste los, um die Verknüpfung abzuschließen.**

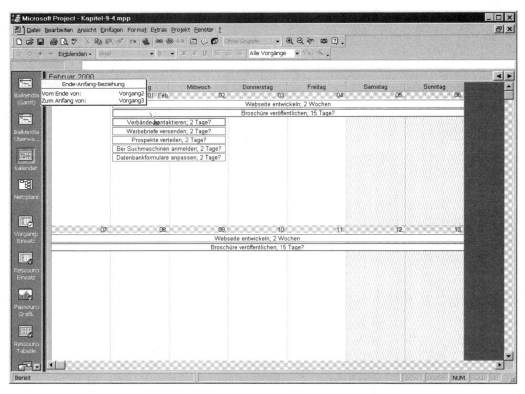

Abbildung 9.5: Durch Ziehen können Sie zwei Vorgänge mit der standardmäßigen Ende-Anfang-Beziehung verknüpfen.

Verknüpfungen mit dem Dialogfeld INFORMATIONEN ZUM VORGANG erstellen

Wenn Sie das Dialogfeld INFORMATIONEN ZUM VORGANG benutzen müssen, um Vorgänge durch eine nicht standardmäßige Beziehung zu verknüpfen, führen Sie die folgenden Schritte aus:

1. **Doppelklicken Sie auf einen Vorgang.**

   Das Dialogfeld INFORMATIONEN ZUM VORGANG wird geöffnet.

2. **Klicken Sie auf die Registerkarte VORGÄNGER.**

3. **Klicken Sie auf die erste leere Zelle der Spalte VORGANGSNAME.**

   Rechts neben dem Eingabefeld erscheint ein kleiner nach unten gerichteter Pfeil.

4. **Klicken Sie auf den nach unten gerichteten Pfeil.**

   Eine Liste aller Vorgänge wird geöffnet.

5. **Wählen Sie einen Vorgänger aus.**

6. **Klicken Sie auf die erste leere Zelle der Spalte ART.**

7. **Klicken Sie auf den nach unten gerichteten Pfeil, um eine Beziehungsart auszuwählen.**

   Neben der standardmäßigen Ende-Anfang-(EA)-Beziehung, können Sie Ende-Ende (EE), Anfang-Ende (AE) und Anfang-Anfang (AA) wählen.

8. **Klicken Sie auf OK.**

   Geschafft!

Wenn Sie das Erstellen von Vorgangsbeziehungen in der KALENDER-Ansicht üben wollen, arbeiten Sie entweder mit dem Ziehen oder verwenden Sie das Dialogfeld INFORMATIONEN ZUM VORGANG, um die folgenden Vorgänge zu verknüpfen und ihre Beziehungen einzurichten:

ID	Vorgangsname	Vorgänger	Beziehungsart
1	WEBSEITE ENTWICKELN		
2	BORSCHÜRE VERÖFFENTLICHEN	1	Anfang-Anfang
3	VERBÄNDE KONTAKTIEREN	2	Ende-Anfang
4	WERBEBRIEFE VERSENDEN	3	Ende-Anfang
5	PROSPEKTE VERTEILEN	3	Ende-Anfang
6	BEI SUCHMASCHINEN ANMELDEN	3	Ende-Anfang
7	DATENBANKFORMULARE ANPASSEN	3	Ende-Anfang

Die Informationen für den Kalender aufbereiten

Nachdem Sie die Vorgangsinformationen in der KALENDER-Ansicht eingegeben haben, können Sie die Ansicht auf die monatliche Ansicht verkleinern. Einige Vorgänge können in der Standardansicht zum Teil verborgen sein, aber Sie können die Anzeige optimieren, damit Ihre Vorgänge auf den Bildschirm passen. Verwenden Sie die folgenden Schritte, um das Layout Ihrer Vorgänge zu ändern:

1. **Wählen Sie den Menübefehl FORMAT|LAYOUT.**

    Das Dialogfeld LAYOUT wird geöffnet.

2. **Wählen Sie die Option SO VIELE VORGÄNGE WIE MÖGLICH EINPASSEN.**

3. **Klicken Sie auf OK.**

Die KALENDER-Ansicht für vorhandene Projekte verwenden

Sie können die KALENDER-Ansicht für vorhandene Projekte verwenden. Manchmal eignet sich die Ansicht dazu, einen Teil des Terminplans eines Projekts zu begutachten und einen Bericht darüber zu erstellen. Beachten Sie jedoch, dass die KALENDER-Ansicht ihre Stärken und Schwächen hat. Die Ansicht kann mit kleinen Mengen von Informationen gut umgehen, aber wird für kompliziertere Projekte schnell unhandlich.

Die beiliegende CD enthält die Datei KAPITEL-9.MPP, mit der Sie die Beispiele im Rest dieses Abschnitts nachvollziehen können. Die Datei startet mit der Ansicht BALKENDIAGRAMM (GANTT) (siehe Abbildung 9.6).

Wenn Sie mit einem vorhandenen Projekt arbeiten, kann das Hinzufügen oder Ändern von Vorgängen in der KALENDER-Ansicht kompliziert sein. Wenn Sie beispielsweise einen Vorgang in der Mitte eines Projekts in der KALENDER-Ansicht einfügen, kommt es in der Ansicht BALKENDIAGRAMM (GANTT) zu einem Durcheinander. Der Vorgang wird so verknüpft, wie Sie angegeben haben, aber ihm wird die kleinste (freie) ID-Nummer zugewiesen. Solche Probleme sollte man vermeiden! Es ist sicherer, Vorgänge in der Ansicht BALKENDIAGRAMM (GANTT) hinzuzufügen oder zu ändern und dann zurück zur KALENDER-Ansicht zu gehen, um dort den Vorgang an der richtigen Stelle zu sehen.

9 ➤ Mit einem Kalender die Einzelheiten im Griff behalten

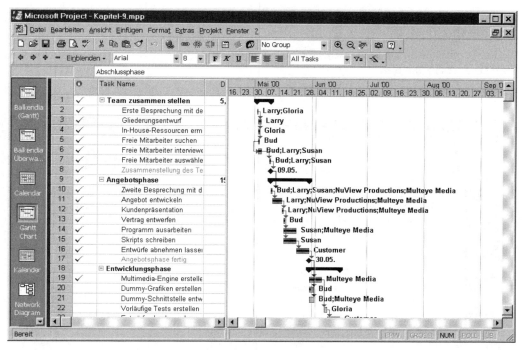

Abbildung 9.6: Microsoft Project öffnet die standardmäßige Ansicht BALKENDIAGRAMM (GANTT), bevor Sie in der KALENDER-Ansicht arbeiten können.

Im Kalender navigieren

Beachten Sie in Abbildung 9.7, dass der Kalender mit dem Projektanfangstermin geöffnet wird. Microsoft Project zeigt in der oberen linken Ecke einen Monat an und verwendet als Standardansicht einen Zeitraum von vier Wochen. Arbeitsfreie Tage sind grau unterlegt.

Schauen Sie sich ein wenig im Kalender um. Sie können auf vier Weisen im Kalender navigieren:

✔ Klicken Sie auf die horizontalen Monatspfeile, um von einem Monat zum anderen zu gehen.

✔ Klicken Sie auf die Bildlaufleiste, um den Kalender nach oben oder unten zu schieben. Wenn Sie auf das Scroll-Feld klicken, wird ein Infofeld mit den Terminen angezeigt, die auf dem Bildschirm sichtbar sind.

✔ Drücken Sie auf ⌈Bild ↑⌉ oder ⌈Bild ↓⌉ (oder klicken Sie auf die nach oben und nach unten gerichteten Pfeile in der Bildlaufleiste), um von einem Monat zum anderen zu gehen.

✔ Drücken Sie auf [Str]+[Pos1] oder [Str]+[Ende], um zum Anfang bzw. zum Ende des Projekts zu springen.

Wenn Sie mit dem Navigieren fertig sind, drücken Sie auf [Str]+[Pos1], um zum Anfang des Projekts zurückzukehren.

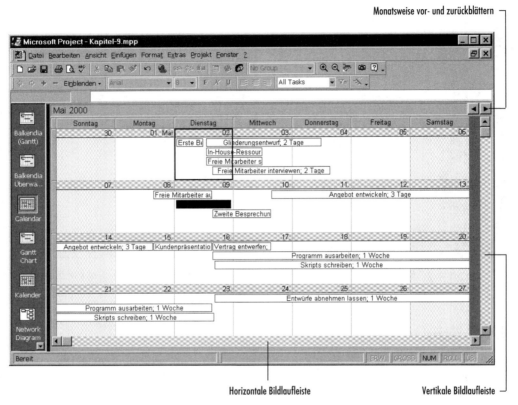

Abbildung 9.7: Die KALENDER-Ansicht zeigt Vorgänge als Balken an. Standardmäßig besteht ein Vorgang aus dem Vorgangsnamen und seiner Dauer.

Durch Zoomen einen Monat auf dem Bildschirm anzeigen

Möglicherweise ist in der KALENDER-Ansicht nicht der komplette Monat in einem einzelnen Fenster sichtbar. Um einen kompletten Monat auf dem Bildschirm zu sehen, können Sie die Anzeige nach oben oder unten verschieben. Alternativ können Sie in der Standardsymbolleiste auf die Schaltflächen VERGRÖSSERN und VERKLEINERN klicken. Die beste Methode, um einen kompletten Monat anzuzeigen, bietet jedoch das Dialogfeld ZOOM:

1. **Klicken Sie mit der rechten Maustaste auf eine beliebige leere Stelle eines beliebigen Datumsfelds.**

   Ein Kontextmenü wird geöffnet.

2. **Wählen Sie den Menübefehl ZOOM.**

   Das Dialogfeld ZOOM wird geöffnet (siehe Abbildung 9.8).

3. **Wählen Sie das Optionsfeld ANPASSSEN aus.**

4. **Geben Sie im Drehfeld WOCHEN den Wert 5 ein.**

5. **Klicken Sie auf OK.**

   Die KALENDER-Ansicht zeigt fünf Wochen an.

Abbildung 9.8: Die praktischen Grenzen einer angepassten Vergrößerung hängen direkt mit der Anzahl der Vorgänge zusammen, die auf einen bestimmten Tag fallen.

Die Standardstufen beim Vergrößern und Verkleinern sind eine, zwei, vier und sechs Wochen. Sie können Ihre Ansicht so anpassen, dass sie eine bestimmte Anzahl von Wochen anzeigt. Alternativ können Sie die Anzeige von einem bestimmten Anfangs- bzw. Endtermin abhängig machen.

Mit dem Layout-Befehl Vorgänge anzeigen

Wenn Sie in Ihrer Ansicht alle Wochen, aber nur wenige Vorgänge sehen können, können Sie die Ansicht mit dem Layout-Befehl ändern. Aber Sie müssen sich entscheiden, ob Sie alle Wochen des Monats oder alle Vorgänge für jeden Tag sehen wollen. Mit der Layout-Option können Sie die Anzahl der Wochen veringern, die angezeigt werden. Dadurch werden die Kästen der einzelnen Tage größer, aber natürlich können Sie dann nicht den ganzen Monat auf einmal sehen.

Um mit dem Layout-Befehl alle Vorgänge für jeden Tag anzuzeigen, führen Sie die folgenden Schritte aus:

1. **Klicken Sie mit der rechten Maustaste auf eine beliebige leere Stelle eines Datumsfelds.**

   Das Kontextmenü wird geöffnet.

2. **Wählen Sie den Menübefehl Zoom.**

3. **Wählen Sie die Option 4 Wochen, und klicken Sie dann auf OK.**

Um alle Vorgänge bei den Tagen anzuzeigen, denen sie zugewiesen sind, führen Sie die folgenden Schritte aus:

1. **Klicken Sie mit der rechten Maustaste auf eine beliebige leere Stelle eines Datumsfelds.**

   Das Kontextmenü wird geöffnet.

2. **Wählen Sie den Menübefehl Layout.**

   Das Dialogfeld Layout wird angezeigt (siehe Abbildung 9.9).

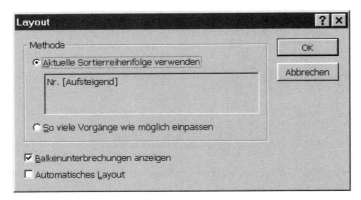

Abbildung 9.9: Standardmäßig ordnet das Dialogfeld Layout die Vorgänge nach ihrer ID-Nummer.

3. **Wählen Sie die Option So viele Vorgänge wie möglich einpassen, und klicken Sie dann auf OK.**

   Jetzt werden einige der Vorgänge angezeigt (siehe Abbildung 9.10).

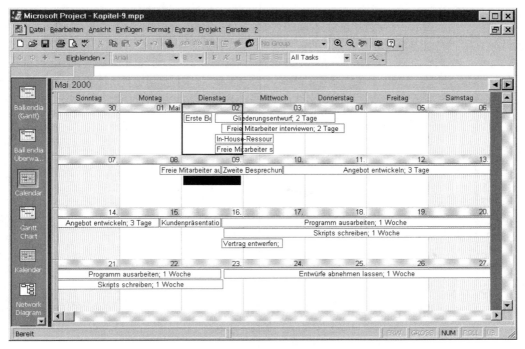

Abbildung 9.10: Der Layout-Befehl fügt so viele Vorgänge wie möglich in die Datumsfelder ein.

 Machen Sie die Wochenzeilen groß genug, um möglichst viele Vorgänge anzuzeigen. Vergrößern Sie die Wochenzeilen mit der Funktion zur automatischen Größenanpassung, indem Sie die folgenden Schritte ausführen:

1. **Setzen Sie den Mauszeiger auf eine der horizontalen Linien an der Unterseite einer Wochenzeile.**

    Der Mauszeiger nimmt die Form einer horizontalen Linie mit einem nach oben und nach unten gerichteten Pfeil an.

2. **Doppelklicken Sie.**

    Voilà! Alle Vorgänge passen in ihre Datumsfelder.

Beachten Sie in Abbildung 9.11, dass Microsoft Project den Platz berechnet hat, der benötigt wird, um alle Vorgänge anzuzeigen, und die Wochen etwas nach unten verschoben hat, damit Sie mehr Vorgänge sehen können.

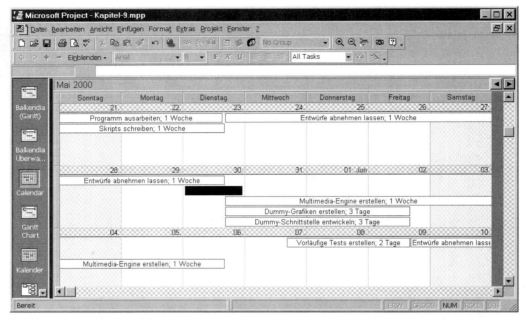

Abbildung 9.11: Die KALENDER-Ansicht ist jetzt maximiert, um alle Vorgänge anzuzeigen.

Die Vorgänge eines Tages anzeigen

Manchmal dauern Vorgänge so kurz, dass ihre Vorgangsnamen und Informationen nicht komplett in ihr Textfeld passen. Beispielsweise kommen in Abbildung 9.10 am 2. Mai derartige Vorgänge vor, deren Namen nicht vollständig angezeigt werden können. Sie können die betreffenden Vorgänge sowie alle anderen Vorgänge an diesem Tag gleichzeitig anzeigen, indem Sie auf den Datumsbalken dieses Tages doppelklicken.

Ressourcen überwachen

In diesem Kapitel

▶ Ressourcen in der Ansicht RESSOURCE: TABELLE überwachen

▶ Ressourcen-Einzelheiten in verschiedenen Ansichten anzeigen

▶ Zuordnung und Kosten von Ressourcen kontrollieren

Manchmal ist es hilfreich, Ressourceninformationen zu isolieren, insbesondere wenn es in Ihrem Projekt Probleme mit der Zuordnung von Ressourcen gibt. Kapitel 6 beschreibt die verschiedenen Ansichten eines Projekts in Microsoft Project (insbesondere Vorgangsansichten) und erläutert ihre Funktionen.

Ressourcenansichten zeigen Informationen aus einer anderen Perspektive als Vorgangsansichten an. Es gibt zwei Ressourcenansichten, RESSOURCE: TABELLE und RESSOURCE: EINSATZ, mit denen Sie Ressourceninformationen eingeben und ändern können. Mit einer weiteren Ansicht, RESSOURCE: GRAFIK, können Sie Ressorcen grafisch anzeigen.

Falls Sie bereits an einem Projekt arbeiten, hilft Ihnen dieses Kapitel, diese Ansichten für Ihre Arbeit zu nutzen. Alternativ können Sie anhand der Übungsdatei KAPITEL-10.MPP auf der CD die Beispiele in diesem Kapitel nachvollziehen. Sie zeigen Ihnen den Nutzen der Ressourcenansichten. Wenn Sie die Datei öffnen, erscheint zunächst die Ansicht BALKENDIAGRAMM (GANTT) (siehe Abbildung 10.1). Anhang C beschreibt, wie Sie die Übungsdateien laden können.

Ressourcendetails in der Ansicht RESSOURCE: TABELLE ändern

Die Ansicht RESSOURCE: TABELLE ist wie das Vorgangsblatt ein Tabellenformular. Sie enthält die Ressourcen und deren Einzelheiten: KÜRZEL, GRUPPE, MAX. EINH. usw. Sie können mit dieser Tabelle Ressourcen-Einzelheiten eingeben und ändern. Um die Ansicht RESSOURCE: TABELLE aufzurufen, klicken Sie in der Ansichtsleiste auf das Symbol RESSOURCE: TABELLE (siehe Abbildung 10.2).

In der Ansicht RESSOURCE: TABELLE können Sie Informationen wie in einem Arbeitsblatt einer Tabellenkalkulation eingeben. Sie können Zeilen und Spalten einfügen. Sie können die Informationen auch in die erste Leerzeile am unteren Rand der Tabelle eingeben.

Zu den nützlichsten Funktionen der Ansicht RESSOURCE: TABELLE gehören das Sortieren und das Filtern. Diese Funktionen werden in Kapitel 11 ausführlich behandelt.

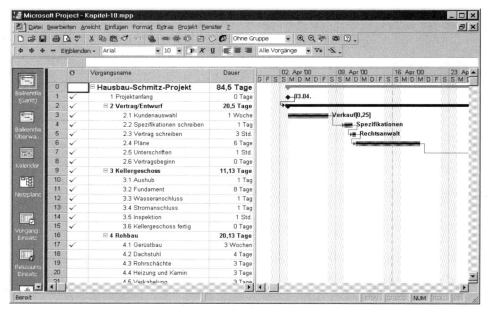

Abbildung 10.1: Microsoft Project öffnet Dateien in der Ansicht BALKENDIAGRAMM (GANTT).

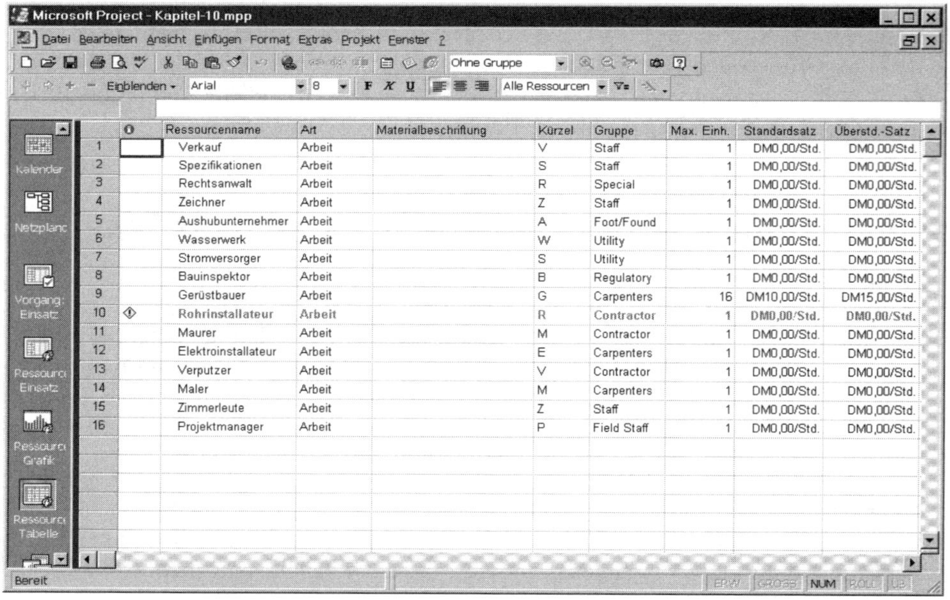

Abbildung 10.2: Mit der Ansicht RESSOURCE: TABELLE können Sie einzelne Ressourcen sowie Gruppen von Ressourcen eingeben und ändern.

Sortieren

Microsoft Project weist jeder Ressource automatisch eine Identifikationsnummer zu. Standardmäßig ist die Ansicht RESSOURCE: TABELLE nach dieser ID geordnet. Dieses standardmäßige Nummerierungssystem entspricht jedoch einfach der Reihenfolge, in der Sie die Ressourcen eingegeben haben. Falls diese Reihenfolge eine besondere Bedeutung hat, ist alles in Ordnung. Häufig ist diese Reihenfolge jedoch rein zufällig. Sie können die Aussagekraft der Ansicht RESSOURCE: TABELLE erhöhen, indem Sie die Ressourcen sortieren.

Führen Sie zu diesem Zweck die folgenden Schritte aus:

1. **Wählen Sie den Menübefehl PROJEKT|SORTIEREN|SORTIEREN NACH.**

   Das Dialogfeld SORTIEREN wird geöffnet. Dort können Sie die Optionen für die Sortierung der Ressourcen festlegen.

2. **Wählen Sie in dem Dropdownlistenfeld SORTIEREN NACH das gewünschte Sortierkriterium aus, und markieren Sie, ob die Ressourcen AUFSTEIGEND oder ABSTEIGEND sortiert werden sollen.**

   Wählen Sie beispielsweise als Sortierkriterium NAME aus, und markieren Sie das Optionsfeld AUFSTEIGEND. Die Ansicht zeigt jetzt die Ressourcen nach Namen sortiert an (siehe Abbildung 10.3).

   Wählen Sie PROJEKT|SORTIEREN|NACH NR., um zur Standardsortierung zurückzukehren.

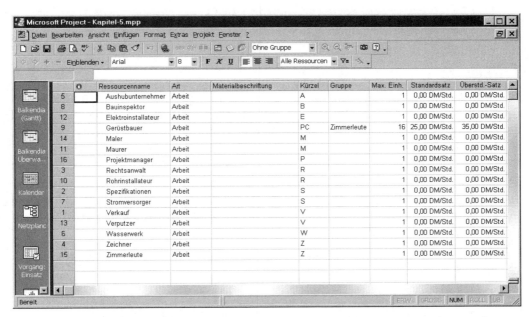

Abbildung 10.3: Die ID-Nummern der Ressourcen werden durch das Sortieren nicht verändert. Dadurch wird verhindert, dass das Sortieren die Ressourcen durcheinander bringt.

Falls die Ressourcen immer in der neuen Reihenfolge angezeigt werden sollen, aktivieren Sie das Kontrollkästchen DAUERHAFTE NEUNUMMERIERUNG FÜR RESSOURCEN (siehe Abbildung 10.4).

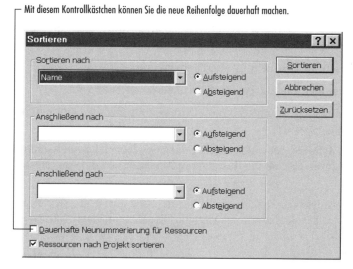

Abbildung 10.4: Bevor Sie die Sortierung ausführen, können Sie mit diesem Kontrollkästchen festlegen, ob die Ressourcen dauerhaft neu nummeriert werden sollen.

Filtern

In der Ansicht RESSOURCE: TABELLE können Sie nicht nur die Reihenfolge der Ressourcen, sondern auch den Filter ändern. Mit Filtern können Sie bestimmte Ressourcen auswählen und andere verbergen. Wenn Sie einen Filter wählen, ändern Sie die Daten des Projekts nicht, sondern verbannen nur unerwünschte Informationen aus einer Ansicht. Das Filtern ist ein Prozess, der in Microsoft Project ständig abläuft: In jeder Ansicht müssen – schon aus Platzgründen – die angezeigten Informationen ausgewählt werden.

Der Standardfilter in der Ansicht RESSOURCE: TABELLE ist ALLE RESSOURCEN. Der aktive Filter wird in der Formatsymbolleiste in dem Feld Filter angezeigt (siehe oben Abbildung 10.3). Sie können den Filter folgendermaßen ändern:

1. **Klicken Sie in der Formatsymbolleiste in dem Dropdownlistenfeld FILTER auf den nach unten gerichteten Pfeil.**
2. **Wählen Sie einen Filter aus.**

   Wählen Sie in unserem Beispiel den Filter GRUPPE aus. Das Dialogfeld GRUPPE wird geöffnet. Geben Sie dort den Namen der gewünschten Gruppe ein, und klicken Sie dann auf OK.

10 ➤ Ressourcen überwachen

In unserem Beispiel ist die Ansicht RESSOURCE: TABELLE so gefiltert, dass Sie nur die Mitglieder der Gruppe PERSONAL anzeigt (Abbildung 10.5). Probieren Sie in der Ansicht RESSOURCE: TABELLE verschiedene Sortierungen und Filter aus. Kehren Sie dann zur Ausgangstabelle zurück.

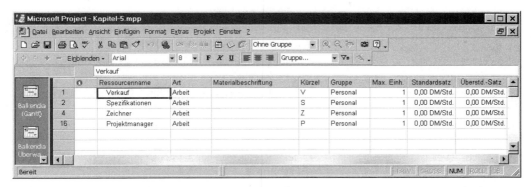

Abbildung 10.5: Die Filteroptionen in der Filterliste stellen nur einen Bruchteil aller verfügbaren Filteroptionen dar.

Die folgende Tabelle beschreibt die anderen Filteroptionen in Microsoft Project:

Filter	Beschreibung
ALLE RESSOURCEN	Zeigt alle Ressourcen im Projekt an.
BESTÄTIGTE ZUORDNUNGEN	Zeigt nur die Zuordnungen an, die von keiner Ressource abgelehnt wurden. Nur in der Ansicht RESSOURCE: EINSATZ anwendbar.
KOSTEN GRÖSSER ALS	Zeigt die Ressourcen an, die mehr als den angegebenen Betrag kosten.
KOSTENRAHMEN ÜBERSCHRITTEN	Ein berechneter Filter, der alle Ressourcen anzeigt, deren berechnete Kosten über den geplanten Kosten liegen.
TERMINBEREICH	Ein interaktiver Filter, der Sie zum Eingeben von zwei Terminen auffordert und dann alle Vorgänge und Ressourcen anzeigt, deren Zuordnungen innerhalb des angegebenen Terminbereichs anfangen oder enden.
GRUPPE	Ein interaktiver Filter, der alle Ressourcen der angegebenen Gruppe anzeigt.
ZUORDNUNGEN IN ARBEIT	Zeigt nur die Zuordnungen an, die angefangen, aber noch nicht abgeschlossen wurden. Nur in der Ansicht RESSOURCE: EINSATZ anwendbar.
VERKNÜPFTE FELDER	Zeigt Ressourcen, mit denen Text aus anderen Programmen verknüpft ist.

Filter	Beschreibung
ÜBERLASTETE RESSOURCEN	Zeigt alle Ressourcen an, die gemäß Terminplan mehr Arbeit verrichten sollen, als sie in der angegebenen Zeit verrichten können.
RESSOURCENBEREICH	Ein interaktiver Filter, der alle Ressourcen innerhalb des angegebenen Nummernbereichs anzeigt.
RESSOURCEN - MATERIAL	Zeigt Ressourcen der Art Material an, z.B. Holz, Nägel oder Zement.
RESSOURCEN MIT ANLAGEN	Zeigt Ressourcen mit angefügten Objekten oder mit einer im Feld NOTIZEN angefügten Notiz an.
RESSOURCEN/ZUORDNUNGEN MIT ÜBERSTUNDEN	Zeigt Ressourcen oder Zuordnungen an, die Überstunden aufweisen.
RESSOURCEN - ARBEIT	Zeigt Ressourcen der Art Arbeit an, wie z.B. Personal oder Sachmittel.
SOLLTE ANFANGEN BIS ZUM	Ein interaktiver Filter, der Sie zum Eingeben eines Datums auffordert und dann alle Vorgänge und Ressourcen mit Zuordnungen anzeigt, die bis zum eingegebenen Datum hätten anfangen sollen, aber nicht angefangen haben.
SOLLTE ANFANGEN/ENDEN BIS ZUM	Ein interaktiver Filter, der Sie zum Eingeben von zwei Terminen auffordert. Der erste Termin gibt an, wann ein Vorgang oder eine Zuordnung anfangen sollte, und der zweite Termin gibt an, wann der Vorgang oder die Zuordnung beendet sein sollte.
ÜBERFÄLLIGE/SPÄTE BEARBEITUNG	Zeigt Ressourcen mit Vorgängen an, die entweder nach dem berechneten Endtermin im Terminplan überfällig sind oder nicht terminplangemäß fortschreiten.
ÜBERFÄLLIGE ZUORDNUNGEN	Zeigt Ressourcen an, deren Vorgänge hinter dem ursprünglichen Basisplan zurückliegen und noch nicht abgeschlossen sind.
NICHT BESTÄTIGTE ZUORDNUNGEN	Zeigt Zuordnungen an, die von den angeforderten Ressourcen abgelehnt wurden.
NICHT ANGEFANGENE ZUORDNUNGEN	Zeigt Zuordnungen an, die noch nicht angefangen haben.
ARBEIT ABGESCHLOSSEN	Zeigt Ressourcen an, für die alle zugeordneten Vorgänge abgeschlossen sind.
ARBEIT NICHT ABGESCHLOSSEN	Ein berechneter Filter, der alle Ressourcen anzeigt, deren berechnete Arbeit die geplante Arbeit unterschreitet.
ARBEITSRAHMEN ÜBERSCHRITTEN	Ein berechneter Filter, der alle Ressourcen anzeigt, deren berechnete Arbeit die geplante Arbeit übersteigt.

Tabelle 10.1: Filteroptionen für Ressourcen

Mehrere Ansichten in der Ansicht RESSOURCE: EINSATZ anzeigen

Um von der Ansicht BALKENDIAGRAMM (GANTT) zur Ansicht RESSOURCE: EINSATZ zu wechseln, klicken Sie in der Ansichtsleiste auf das Symbol RESSOURCE: EINSATZ. Die Ansicht RESSOURCE: EINSATZ zeigt eine Ansichtskombination (siehe Abbildung 10.6): Sie zeigt Ressourcen und darunter die zugehörigen Vorgänge. In der Ansicht RESSOURCE: EINSATZ können Sie Informationen über die Vorgangszuordnungen der Ressource eingeben. Sie können nach überbelasteten Ressourcen suchen und die Probleme lösen.

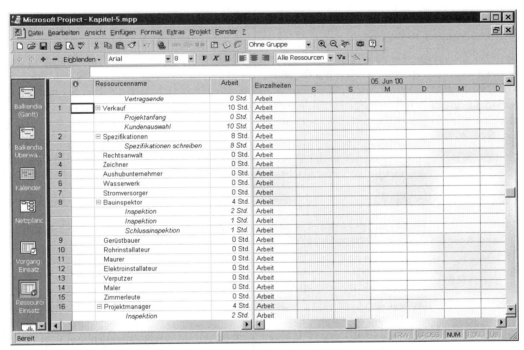

Abbildung 10.6: Sie können die Informationen in jedem Fenster mit den Bildlaufleisten verschieben.

Standardmäßig enthält das rechte Fenster eine Zeitlinie, die das Datum und den Arbeitsumfang der einzelnen Ressourcen angibt. Die Spalte EINZELHEITEN identifiziert die Informationen als ARBEIT. Tatsächlich können Sie eine beliebige Kombination sechs verschiedener Einzelheiten in dieser Spalte anzeigen:

1. **Wählen Sie den Menübefehl FORMAT|EINZELHEITEN.**

   Eine Liste mit den Einzelheiten wird geöffnet.

2. **Wählen Sie eine beliebige Kombination von Einzelheiten.**

   Sie können die folgenden Einzelheiten wählen: Arbeit, Aktuelle Arbeit, Kumulierte Arbeit, Überlastung, Kosten und Verbleibende Verfügbarkeit.

3. **Falls Sie mit diesen Optionen nicht zufrieden sind, können Sie Format|Einzelheitenarten wählen.**

   Das Dialogfeld Einzelheitenarten wird geöffnet. Wählen Sie eine beliebige verfügbare Einzelheit, und klicken Sie dann auf Anzeigen. Wenn Sie wollen, können Sie auch die Reihenfolge der Einzelheiten verändern sowie den Text und die Hintergrundfarbe jeder Einzelheit ändern.

4. **Klicken Sie auf OK, um die Änderungen zu übernehmen, oder auf Abbrechen, um die Änderungen zu verwerfen.**

Die linke Seite des Fensters kann eine von fünf Tabellen anzeigen. Standardmäßig wird die Tabelle Einsatz angezeigt, welche die Ressourcen mit ihren Vorgängen verbindet. Die Indikator-Spalte zeigt Informationen an, welche die Ressource betreffen. Verschieben Sie beispielsweise die Ansicht zu Ressource 10 der Übungsdatei Kapitel-10.mpp. Bleiben Sie mit dem Mauszeiger über den Indikatoren stehen, um die Meldungen von Microsoft Project zu lesen.

Um eine andere Tabelle anzuzeigen, wählen Sie Ansicht|Tabelle. Sie können den vertikalen Balken zwischen der Zeitlinie und der Tabelle nach rechts ziehen, um alle Einzelheiten einer Tabelle anzuzeigen. Tabelle 10.2 beschreibt sechs der verfügbaren Tabellen.

Tabelle	Funktion
Arbeit	Zeigt Arbeitsinformationen an, z.B. geplante Arbeit, Arbeitsabweichung, aktuelle Arbeit, Überstundenarbeit und verbleibende Arbeit.
Eingabe	Zeigt Ressourceninformationen an, z.B. Ressourcengruppe, Ressourceneinheiten, Stundensatz, Überstundensatz, Kosten pro Ressourceneinsatz, Fälligkeitsverfahren und Ressourcencode.
Einsatz	Zeigt eine Liste der Ressourcen und der Arbeitsmenge an, die den einzelnen Ressourcen zugeordnet ist.
Hyperlink	Zeigt die URL- und UNC-Verknüpfungen an, die Vorgängen und Ressourcen zugeordnet sind und zu Websites und Intranetdateien führen.
Kosten	Zeigt Kosteninformationen zu den Projektressourcen an, z.B. Kosten, geplante Kosten, Abweichung, aktuelle Kosten und verbleibende Kosten.
Sammelvorgang	Zeigt Ressourcenzuordnungen an, z.B. Ressourcengruppe, maximale Einheiten, Spitzenwerte für den Ressourceneinsatz, Standardsatz, Überstundensatz, Kosten und Arbeit.

Tabelle 10.2: Microsoft-Project-Tabellen und Ihre Anwendungen

Eine Möglichkeit, die Ansicht Ressource: Einsatz zu nutzen, besteht darin, den Bildschirm in zwei Ansichten zu teilen. Wählen Sie zu diesem Zweck Fenster|Teilen. In der unteren Hälfte wird das Formular Ressource: Einsatz angezeigt (siehe Abbildung 10.7).

10 ➤ *Ressourcen überwachen*

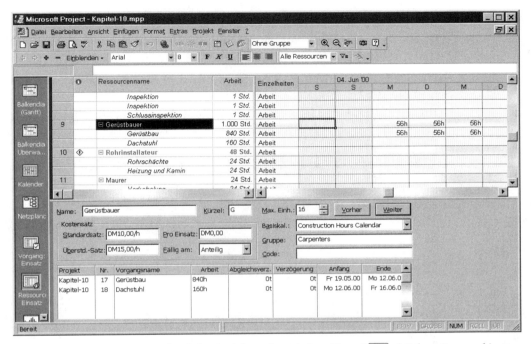

Abbildung 10.7: Sie können die aktive Ansicht ändern, indem Sie auf F6 *drücken. Der markierte Balken ganz links zeigt Ihnen an, welche Ansicht aktiv ist.*

Um die geteilte Ansicht auszuprobieren, markieren Sie in der oberen Hälfte die Ressource BAUINSPEKTOR (von KAPITEL-10.MPP). Das Formular in der unteren Hälfte zeigt Ihnen dann die zugehörigen Vorgangsinformationen an.

Nachdem Sie diese geteilte Ansicht begutachtet haben, kehren Sie mit FENSTER|TEILUNG AUFHEBEN wieder zur Ansicht BALKENDIAGRAMM (GANTT) zurück.

Die Ressourcenbelastung und -kosten ermitteln

Die Ansicht RESSOURCE: GRAFIK zeigt Ihnen Informationen über die Belastung oder die Kosten von Ressourcen an, wobei die Zeit als Maßeinheit verwendet wird. Sie können damit einzelne Ressourcen oder eine Gruppe von Ressourcen überwachen.

Am besten kombinieren Sie diese Grafik in einer geteilten Ansicht mit der Ansicht RESSOURCE: EINSATZ. Führen Sie zu diesem Zweck die folgenden Schritte aus:

1. **Wählen Sie den Menübefehl ANSICHT|RESSOURCE: GRAFIK, oder klicken Sie in der Ansichtsleiste auf das Symbol RESSOURCE: GRAFIK.**

   Die Ansicht RESSOURCE: GRAFIK wird angezeigt.

2. Wählen Sie FENSTER|TEILEN.

3. Wählen Sie den unteren Fensterausschnitt aus, und wählen Sie den Menübefehl ANSICHT|WEITERE ANSICHTEN.

4. Wählen Sie in dem Dialogfeld WEITERE ANSICHTEN die Ansicht RESSOURCE: MASKE aus, und klicken Sie auf AUSWAHL.

Die Ansicht RESSOURCE: MASKE wird im unteren Fensterausschnitt angezeigt (siehe Abbildung 10.8).

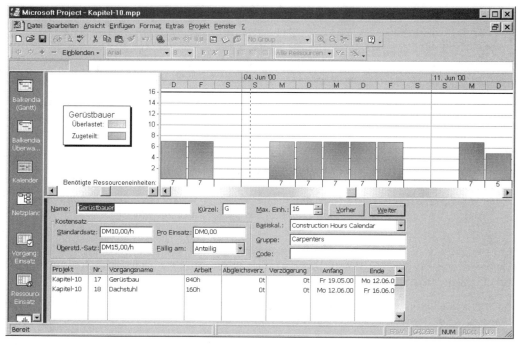

Abbildung 10.8: Der obere Fensterausschnitt zeigt die Ansicht RESSOURCE: GRAFIK, der untere die Ansicht RESSOURCE: MASKE.

In dieser geteilten Ansicht können Sie die grafische Darstellung mit den Arbeitsstunden vergleichen. Auf Wunsch können Sie Überlastungen korrigieren oder die Arbeit auf mehr Ressourcen verteilen. Um die Arbeitszeit zu ändern, wählen Sie eine Arbeitszelle in der Spalte ARBEIT und geben einen neuen Wert ein. Die Änderung erscheint auch in der Ansicht RESSOURCE: GRAFIK.

Eine Überlastung tritt ein, wenn Sie den Vorgängen Ihres Projekts mehr Zeit einer Ressource zuweisen, als diese zur Verfügung hat (beispielsweise zehn Arbeitsstunden in einem Acht-Stunden-Tag). In Kapitel 13 erfahren Sie mehr über die Überlastung von Ressourcen.

Klicken Sie in der Ansicht RESSOURCE: GRAFIK auf den rechten Pfeil der Bildlaufleiste im linken Ausschnitt, bis der ROHRINSTALLATEUR angezeigt wird (siehe Abbildung 10.9). Das obere Fenster zeigt die Überlastung der Ressource an. Das untere Fenster zeigt die zugehörigen Zahlenwerte an.

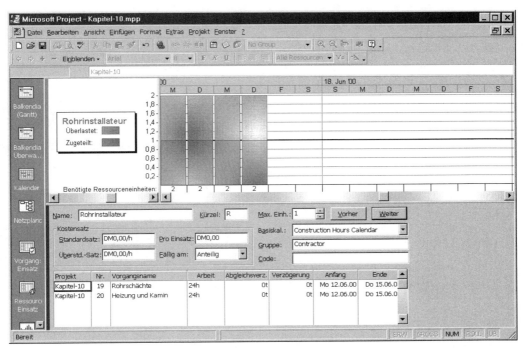

Abbildung 10.9: Die Ansicht RESSOURCE: GRAFIK zeigt im oberen Fensterausschnitt links die Ressource und rechts die Zeitlinie an. Die Ansicht RESSOURCE: MASKE zeigt die zugehörigen Details als Zahlenwerte an.

Ansichten filtern und sortieren

In diesem Kapitel

▶ Tatsachen mit Filtern schnell finden

▶ Standardfilter verstehen

▶ Gefilterte Fakten editieren

▶ Eigene Filter erstellen

▶ Vorgänge und Ressourcen sortieren

Sie haben ein wunderschönes, riesiges Projekt entwickelt. Die Vorgänge befinden sich in der richtigen Reihenfolge, und die Ressourcen sind zugeordnet. Die Beziehungen wurden definiert, und die Vorgangsdauern sind knapp kalkuliert. Sie wissen, wie Sie das Projekt aus jeder denkbaren Ansicht analysieren können.

Das Leben ist im Lot – wenigstens eine Stunde lang. Dann erhalten Sie ein Memo vom Auftraggeber, der eine Liste aller Ressourcen haben möchte, deren Vorgänge jeweils am Dienstag der ungeraden Wochen aller Sommermonate stattfinden. Während Sie noch herauszufinden versuchen, was eine ungerade Woche ist, erhalten Sie einen Anruf von einem Vertragspartner, der wissen möchte, ob es Verzögerungen bei anderen Vorgängen gibt, die seinen Anfangstermin beeinflussen könnten. Oh – er braucht diese Auskunft sofort. Während Ihnen noch die Ohren von diesem Anruf klingeln, stürmt Ihr Chef in Ihr Büro und verlangt eine Liste aller Vorgänge, die mehr als 1500 DM kosten, beginnend mit dem teuersten und endend mit dem billigsten Vorgang.

Ein Kinderspiel! Warum wollen diese Personen nicht etwas Komplizierteres wissen? Sie müssen die Daten nur ein wenig filtern und sortieren. Dann müssen Sie sich überlegen, was Sie in der zweiten Hälfte der Stunde tun wollen.

Filtern und Sortieren sind zwei der besten Gründe für den Einsatz von Softwareprogrammen für das Projektmanagement. Ziemlich häufig müssen Sie Kriterien festlegen, um bestimmte Einzelheiten zu verknüpfen und zu finden. In solchen Situationen benötigen Sie manchmal relativ unbedeutende Projektinformationen sehr dringend.

Der Wert eines Softwareprogramms zum Projektmanagement wird an seiner Fähigkeit gemessen, aus der Masse der Projektinformationen ganz bestimmte Gruppen von Tatsachen herauszuziehen. Mit Microsoft Project können Sie diese Aufgabe überraschend einfach und kreativ lösen.

Ein *Filter* trennt Informationen aufgrund vordefinierter Kriterien. Eine hilfreiche Analogie stellen Filter dar, die beim Fotografieren verwendet werden. Wenn Sie einen bestimmten Farbfilter wählen, werden alle Blautöne aus dem Bild herausgefiltert. Wenn Sie dagegen einen

Sättigungsfilter wählen, wird die Sättigung aller Farben um einen bestimmten Prozentsatz reduziert. Solange Sie denselben Filter verwenden, bilden Sie eine temporäre Gruppe von Beziehungen, die einige Klassen visueller Informationen einschließen und eine andere Gruppe ausschließen. Mit demselben Filter erhalten Sie dieselben visuellen Beziehungen, egal was Sie mit der Kamera aufnehmen.

In Microsoft Project funktionieren Filter im Wesentlichen auf die gleiche Art und Weise. Beispielsweise können Sie einen Filter wählen, der nur die nicht abgeschlossenen Vorgänge anzeigt. Sie können auch einen Filter wählen, der alle Vorgänge anzeigt, die länger als drei Tage dauern.

Beim *Sortieren* werden die Informationen nicht gefiltert. Eine *Sortierung* stellt eine bestimmte Reihenfolge von Vorgängen oder Ressourcen anhand von Kriterien her, die Sie festlegen. Im Gegensatz zum Filtern trennen Sie die Informationen nicht. Stattdessen ordnen Sie mit einer Sortierung die Informationen auf eine andere Weise. Beispielsweise können Sie die Vorgänge alphabetisch nach Vorgangsnamen sortieren.

In Microsoft Project können Sie gleichzeitig filtern und sortieren. Beispielsweise können Sie einen Filter verwenden, der nur die Vorgänge auswählt, deren Kosten auf Stundensätzen basieren. Dann können Sie die gefilterten Vorgänge nach dem Stundensatz aufsteigend oder absteigend sortieren.

Auf der CD finden Sie die Übungsdatei KAPITEL-11.MPP, mit der Sie viele Beispiele zum Filtern und Sortieren nachvollziehen können. In Anhang C finden Sie Informationen über den Umgang mit den Übungsdateien auf der CD-ROM.

Standardfilter verwenden

Ein *Filter* trennt und verknüpft Projektinformationen, um Ihnen bestimmte benötigte Fakten zu liefern. Filter arbeiten mit Tests und Wertkriterien. Wenn Sie einen Filter auswählen, weisen Sie Microsoft Project an, alle Vorgänge oder Ressourcen anzuzeigen, deren Werte die Bedingungen eines bestimmten Tests erfüllen. Beispielsweise könnte der Test darin bestehen, alle Vorgänge zu selektieren, die länger als eine Woche dauern. Microsoft Project durchsucht dann die Projekt-datenbank nach den betreffenden Vorgängen.

Microsoft Project stellt Ihnen mehrere Standardfilter zur Verfügung. Diese Filter erfüllen wahrscheinlich die meisten Ihrer Anforderungen. Früher oder später treten jedoch Situationen ein, in denen Sie neue Filter erstellen müssen. Glücklicherweise ist diese Aufgabe fast so einfach wie die Benutzung eines Standardfilters. Jedoch sollten Sie sich, bevor Sie sich an diese Aufgabe wagen, mit den Standardfiltern gründlich vertraut machen.

Die Informationen aller Ansichten werden von Standardfiltern zur Verfügung gestellt. Beispielsweise wird in der Ansicht BALKENDIAGRAMM (GANTT) der Filter ALLE VORGÄNGE verwendet. Der aktive Filter wird im FILTER-Feld in der Formatsymbolleiste angezeigt (siehe Abbildung 11.1).

11 ➤ Ansichten filtern und sortieren

In den meisten Ansichten können Sie Standardfilter und neue Filter folgendermaßen aktivieren: mit dem Menübefehl PROJEKT|FILTER, mit dem FILTER-Feld, mit dem Menübefehl PROJEKT| FILTER|WEITERE FILTER oder mit dem Menübefehl PROJEKT|AUTOFILTER. Jede der vier Optionen bietet Ihnen eine spezielle Methode an, um auf die Daten zuzugreifen.

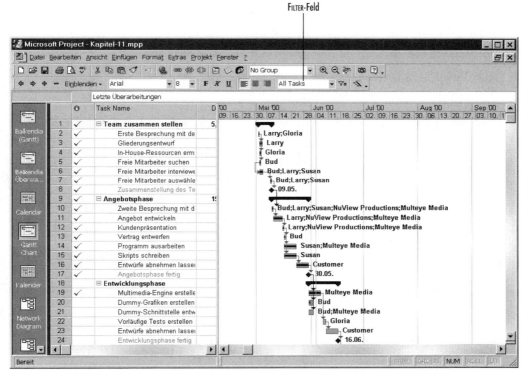

Abbildung 11.1: Microsoft Project öffnet Dateien mit den Einstellungen, mit denen sie gespeichert wurden.

Der Menübefehl PROJEKT\FILTER

Der Menübefehl PROJEKT|FILTER ändert die aktive Vorgangs- oder Ressourcenansicht so, dass nur Informationen angezeigt werden, welche die gewählten Filterkriterien erfüllen. Wenn Sie beispielsweise nur die abgeschlossenen Vorgänge sehen wollen, wählen Sie PROJEKT|FILTER| ABGESCHLOSSENE VORGÄNGE. Sie können den Menübefehl PROJEKT|FILTER sowohl für isolierte als auch für hervorgehobene Filteransichten verwenden.

Isolierte Filteransichten

Die Standardansicht, die Sie in dem Untermenü des Menübefehls P<small>ROJEKT</small>|F<small>ILTER</small> ausgewählt haben, kann als *isolierte Filteransicht* bezeichnet werden, da sie nur die Vorgänge oder Ressourcen anzeigt, die das Kriterium des ausgewählten Filters erfüllen.

Um mit dem Menübefehl P<small>ROJEKT</small>|F<small>ILTER</small> alle abgeschlossenen Vorgänge in einer isolierten Filteransicht anzuzeigen, führen Sie die folgenden Schritte aus:

1. **Wählen Sie den Menübefehl P<small>ROJEKT</small>|F<small>ILTER</small>: A<small>LLE</small> V<small>ORGÄNGE</small> aus.**

   Das Untermenü des Menübefehls P<small>ROJEKT</small>|F<small>ILTER</small> wird angezeigt (siehe Abbildung 11.2). Das Untermenü zeigt elf allgemein verwendete Filter.

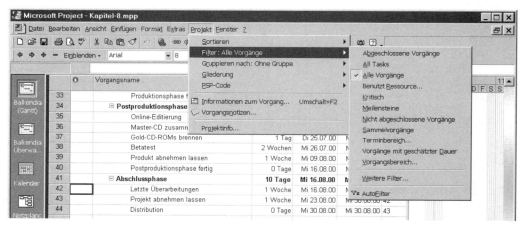

Abbildung 11.2: Zusätzlich zu den elf meistverwendeten Filtern kann das Untermenü alle Filter anzeigen, die Sie erstellen.

2. **Wählen Sie in dem Untermenü eine Option aus, beispielsweise A<small>BGESCHLOSSENE</small> V<small>ORGÄNGE</small>.**

   Die Tabellen 11.1 und 11.2 weiter unten in diesem Kapitel erklären die verschiedenen Filteroptionen ausführlich.

   Die Ansicht B<small>ALKENDIAGRAMM</small> (G<small>ANTT</small>) zeigt alle Vorgänge an, die den Abschlusstest erfüllen (siehe Abbildung 11.3).

Die hervorgehobene Filteransicht

Mit dem Menübefehl P<small>ROJEKT</small>|F<small>ILTER</small> können Sie entweder eine isolierte oder eine hervorgehobene Filteransicht anzeigen. Eine hervorgehobene Filteransicht unterscheidet sich von der isolierten Filteransicht in einer wesentlichen Hinsicht: Eine hervorgehobene Filteransicht identifiziert die Vorgänge oder Ressourcen, welche das Filterkriterium erfüllen, und hebt sie farblich (blau) aus allen anderen Vorgängen oder Ressourcen hervor.

11 ➤ Ansichten filtern und sortieren

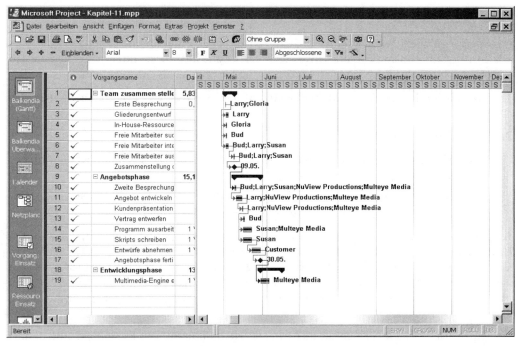

Abbildung 11.3: Der Filter ABGESCHLOSSENE VORGÄNGE zeigt nur die abgeschlossenen Vorgänge an.

Führen Sie mit dem Menübefehl P<small>ROJEKT</small>|F<small>ILTER</small> die folgenden Schritte aus, um einen Filter in der hervorgehobenen Filteransicht auszuwählen:

1. **Halten Sie die** `Umschalt`**-Taste gedrückt.**
2. **Wählen Sie den Menübefehl P<small>ROJEKT</small>|F<small>ILTER</small>: A<small>BGESCHLOSSENE</small> V<small>ORGÄNGE</small>.**

   Das Untermenü wird geöffnet.
3. **Wählen Sie den Menübefehl N<small>ICHT ABGESCHLOSSENE</small> V<small>ORGÄNGE</small>.**

   Die Ansicht B<small>ALKENDIAGRAMM</small> (G<small>ANTT</small>) zeigt alle Vorgänge an, hebt aber die nicht abgeschlossenen Vorgänge hervor.

Der Menübefehl P<small>ROJEKT</small>|F<small>ILTER</small> zeigt ein Untermenü mit den meistgewählten Filtern an, einschließlich der Filter, die Sie erstellen. Später in diesem Kapitel erfahren Sie, wie Sie einen Filter erstellen und in diesem Untermenü anzeigen können.

 Sie können zu dem Standardfilter zurückkehren, indem Sie auf `F3` drücken.

209

Das FILTER-Feld

Das FILTER-Feld dient zwei Zwecken: Es zeigt den aktuellen Filter an und bietet den Zugriff auf alle Vorgangsfilter in den Vorgangsansichten oder auf alle Ressourcenfilter in den Ressourcenansichten an. Um das FILTER-Feld zu benutzen, führen Sie die folgenden Schritte aus:

1. **Klicken Sie in der Formatsymbolleiste auf den nach unten gerichteten Pfeil in dem FILTER-Feld.**
2. **Wählen Sie einen Filter.**

   Wenn Sie beispielsweise den Filter NICHT ANGEFANGENE VORGÄNGE wählen, werden nur die Vorgänge angezeigt, die noch nicht angefangen haben.

   Es passieren zwei Dinge: Der hervorgehobene Filter verschwindet und wird durch eine isolierte Ansicht der Vorgänge ersetzt, die noch nicht begonnen wurden.

Jeder Filter zeigt ein eindeutige Perspektive Ihres Projekts. Beispielsweise zeigt die Ansicht NICHT ANGEFANGENE VORGÄNGE alle Vorgänge, die den folgenden Test erfüllen: *Tatsächlicher Anfangstermin gleich NV* (nicht verfügbar). Im Vergleich zu diesen Vorgängen hat jeder angefangene oder abgeschlossene Vorgang einen tatsächlichen Anfangstermin mit einem Wert ungleich NV, weil in das Microsoft-Project-Datenbankfeld ein Datum eingegeben wurde.

Das FILTER-Feld zeigt immer den aktuellen Filter an. Das FILTER-Feld enthält auch alle verfügbaren Vorgangs- oder Ressourcenfilter sowie die Filter, die Sie erstellen.

Mit dem FILTER-Feld können Sie nicht auf die hervorgehobene Filteransicht zugreifen.

Der Befehl WEITERE FILTER

Der Befehl WEITERE FILTER öffnet das Dialogfeld WEITERE FILTER, das als zentrale Schaltstelle für Filter dient – es bietet eine Reihe von Optionen zur Auswahl, Hervorhebung, Änderung, Definition und Organisation von Filtern an. Um auf dieses Dialogfeld zuzugreifen, führen Sie die folgenden Schritte aus:

1. **Wählen Sie den Menübefehl PROJEKT|FILTER: ALLE VORGÄNGE.**

   Das Untermenü des Menübefehls PROJEKT|FILTER wird geöffnet.
2. **Wählen Sie den Menübefehl WEITERE FILTER.**

   Das Dialogfeld WEITERE FILTER wird angezeigt (siehe Abbildung 11.4).

Mit dem Dialogfeld WEITERE FILTER können Sie viele Funktionen ausführen. (Sie werden in Tabelle 11.1 weiter unten in diesem Kapitel beschrieben.) Zusätzlich zu diesen kreativen Möglichkeiten können Sie entweder eine isolierte oder eine hervorgehobene Filteransicht wählen.

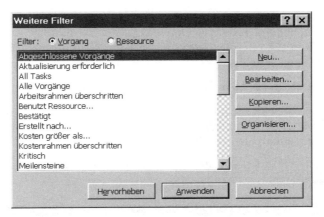

Abbildung 11.4: Das Dialogfeld WEITERE FILTER

Um eine isolierte Filteransicht zu wählen, wählen Sie einen Filter aus und klicken dann auf die Schaltfläche ANWENDEN. Um eine hervorgehobene Filteransicht zu wählen, wählen Sie einen Filter aus und klicken dann auf die Schaltfläche HERVORHEBEN.

Drücken Sie auf F3, um zu dem Filter ALLE VORGÄNGE zurückzukehren.

Der Befehl AUTOFILTER

Der Befehl AUTOFILTER ist eine hübsche kleine Funktion. Sie hilft Ihnen, Vorgangs- oder Ressourceninformationen in einzelnen Spalten von Tabellenansichten zu filtern. Das mag sich technisch anhören, ist es aber nicht. Um den Befehl AUTOFILTER zu benutzen, führen Sie die folgenden Schritte aus:

1. **Klicken Sie in der Formatsymbolleiste auf das Symbol AUTOFILTER.**

   In den Tabellenspalten der Ansicht BALKENDIAGRAMM (GANTT) erscheinen nach unten gerichtete Pfeile.

2. **Klicken Sie in einer Spalte, die Sie zum Filtern verwenden wollen, auf den nach unten gerichteten Pfeil, und wählen Sie ein Filterkriterium für die Informationen in dieser Spalte aus.**

   Wenn Sie beispielsweise auf den Pfeil in der Spalte VORGANGSNAME klicken, werden alle Vorgänge des Projekts in einer Liste angezeigt. Wenn Sie auf einen der Vorgänge in dieser Liste klicken, zeigt die gefilterte Ansicht nur diesen Vorgang. Wenn Sie auf F3 drücken, kehren Sie zu dem standardmäßigen Filter ALLE VORGÄNGE zurück.

Zusätzlich enthält die AUTOFILTER-Liste die Optionen ALLE und BENUTZERDEFINIERT (siehe Abbildung 11.5). Die Option ALLE bewirkt dasselbe wie das Drücken von F3. Mit der Option BENUTZERDEFINIERT können Sie eigene Filterkriterien für Vorgangsnamen erstellen.

3. **Wählen Sie in der Liste AUTOFILTER ein Kriterium aus.**

   Die Ansicht zeigt jetzt alle Vorgänge an, die dem gewählten Kriterium entsprechen. Der Spaltenname (in diesem Fall VORGANGSNAME) wird in der Farbe Blau dargestellt, um anzuzeigen, dass in dieser Spalte der AutoFilter aktiv ist.

4. **Drücken Sie auf F3, um zu dem standardmäßigen Filter ALLE VORGÄNGE zurückzukehren.**

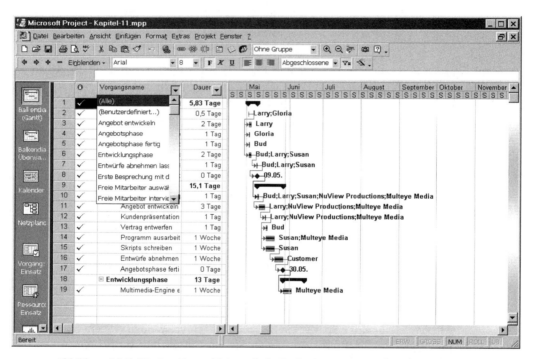

Abbildung 11.5: Die AUTOFILTER-Liste enthält die Optionen ALLE und BENUTZERDEFINIERT.

Mit Ausnahme der Indikator-Spalte sind AutoFilter sind in allen Spalten der Ansicht BALKENDIAGRAMM (GANTT) verfügbar. Jede Tabellenansicht verfügt über diese Funktion.

Die Option BENUTZERDEFINIERT zählt zu den wichtigsten Funktionen des AUTOFILTER-Befehls. Dabei handelt es sich um eine fortgeschrittene Funktion, die jedermann ohne großen Aufwand zugänglich ist:

1. **Klicken Sie in der Spalte ENDE auf den AUTOFILTER-Pfeil.**

   Die AUTOFILTER-Liste zeigt alle Filterkriterien für die Spalte ENDE an.

2. **Wählen Sie BENUTZERDEFINIERT.**

   Das Dialogfeld BENUTZERDEFINIERTER AUTOFILTER wird angezeigt (siehe Abbildung 11.6).

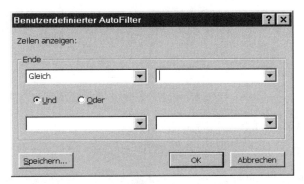

Abbildung 11.6: Das Dialogfeld BENUTZERDEFINIERTER AUTOFILTER

3. **Klicken Sie in dem Dropdownlistenfeld unter ENDE auf den nach unten gerichteten Pfeil.**

   Die Liste zeigt verschiedene Vergleichsoperatoren (beispielsweise UNGLEICH) an.

4. **Wählen Sie einen anderen Vergleichsoperator als GLEICH.**

5. **Klicken Sie in dem Dropdownlistenfeld rechts neben dem Feld für den Operator auf den nach unten gerichteten Pfeil.**

   Dieses Feld zeigt die Kriterien für das Feld ENDE an, mit denen der Vergleichsoperator arbeiten kann. Wählen Sie das Kriterium aus, das der AUTOFILTER-Befehl verwenden soll.

6. **Klicken Sie auf OK.**

Wenn Sie die Filterfunktion erweitern wollen, können Sie das erste Kriterium mit einem weiteren Filterkriterium durch ein logisches UND bzw. ODER verknüpfen. Markieren Sie die gewünschte Verknüpfungsart, und geben Sie dann das zweite Filterkriterium ein (siehe Abbildung 11.7). Links befinden sich die Vergleichsoperatoren, rechts die Vergleichskriterien. Durch zwei Vergleiche können Sie beispielsweise Zeiträume eingrenzen.

Schließlich können Sie Ihren benutzerdefinierten AutoFilter speichern, so dass er Ihnen dauerhaft als Filteroption zur Verfügung steht. (Beachten Sie jedoch, dass der benutzerdefinierte Filter nicht zum Standardfilter der betreffenden Spalte wird.) Um einen benutzerdefinierten AutoFilter dauerhaft zu speichern, führen Sie die folgenden Schritte aus:

1. **Öffnen Sie, falls notwendig, das Dialogfeld BENUTZERDEFINIERTER AUTOFILTER.**

   Wenn die Informationen verschwunden sind, geben Sie Ihre Kriterien erneut ein.

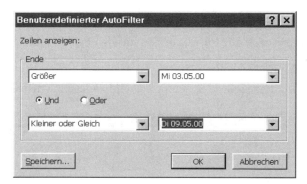

Abbildung 11.7: Das Dialogfeld BENUTZERDEFINIERTER AUTOFILTER mit zwei Kriterien

2. **Klicken Sie auf die Schaltfläche SPEICHERN.**

   Das Dialogfeld FILTERDEFINITION wird geöffnet (siehe Abbildung 11.8).

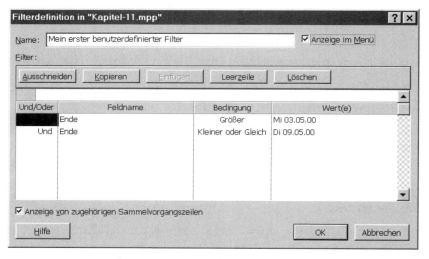

Abbildung 11.8: Das Dialogfeld FILTERDEFINITION

3. **Geben Sie in das Feld NAME einen Namen für den benutzerdefinierten Filter ein.**

   Wählen Sie einen Namen, der leicht zu merken ist.

4. **Aktivieren Sie das Kontrollkästchen ANZEIGE IM MENÜ.**

   Damit machen Sie den benutzerdefinierten Filter im Untermenü der Filter verfügbar.

5. **Wenn Sie wollen, können Sie noch weitere Änderungen an dem Filter durchführen.**

6. **Klicken Sie im Dialogfeld FILTERDEFINITION auf OK. Klicken Sie dann im Dialogfeld BENUTZERDEFINIERTER AUTOFILTER auf OK.**

   Zwei Dinge sind passiert: Ihre Ansicht basiert jetzt auf den benutzerdefinierten Kriterien, und Ihr benutzerdefinierter Filter wurde in das Untermenü der Filter eingefügt.

7. **Um den benutzerdefinierten Filter anzuzeigen, wählen Sie PROJEKT|FILTER.**

   Das Untermenü der Filter enthält jetzt Ihren benutzerdefinierten Filter (siehe Abbildung 11.9).

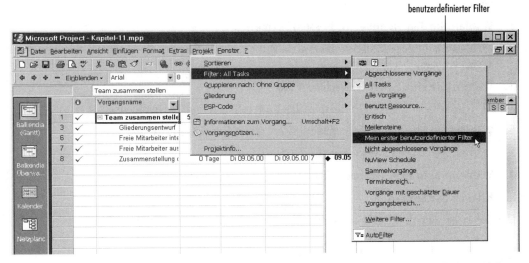

Abbildung 11.9: Wenn Sie einen benutzerdefinierten Filter speichern, können Sie ihn während der Dauer des Projekts jederzeit verwenden.

Sie können einen benutzerdefinierten Filter jederzeit löschen, indem Sie EXTRAS|ORGANISIEREN wählen. Das Dialogfeld ORGANISIEREN wird geöffnet. Wählen Sie die Registerkarte FILTER. Markieren Sie in der rechten Spalte den benutzerdefinierten Filter, und klicken Sie auf die Schaltfläche LÖSCHEN.

 Wenn Sie Ihre Beschäftigung mit benutzerdefinierten Filtern beenden wollen, drücken Sie auf [F3], um zur Standardanzeige ALLE FILTER zurückzukehren. Klicken Sie auf das Symbol AUTOFILTER, um die AUTOFILTER-Option abzuschalten. Das Symbol funktioniert wie ein Kippschalter.

Die hervorgehobene Anzeige anpassen

Manchmal müssen Sie eine Projektansicht an bestimmte Anforderungen anpassen, oder Sie wollen der Standardansicht einfach ein anderes Aussehen verpassen. In diesem Abschnitt werden Sie in unserem Beispiel die Farbe des hervorgehobenen Filters ändern, der standardmäßig die Textfarbe Blau verwendet. Beginnen Sie mit dieser Aufgabe, indem Sie eine gefilterte Auswahl hervorheben:

1. **Wählen Sie den Menübefehl Projekt|Filter: Alle Vorgänge|Weitere Filter.**
2. **Wählen Sie einen Filter aus, beispielsweise Nicht abgeschlossene Vorgange.**
3. **Klicken Sie auf die Schaltfläche Hervorheben.**

In diesem Beispiel wollen wir den Text leichter lesbar machen und deshalb die Textart des hervorgehobenen Filters ändern:

1. **Wählen Sie den Menübefehl Format|Textarten.**
2. **Wählen Sie in dem Dropdownlistenfeld Zu ändernder Eintrag die Option Hervorgehobene Vorgänge aus.**
3. **Wählen Sie eine Schrifteigenschaft aus.**

   Aktivieren Sie in unserem Beispiel das Kontrollkästchen Unterstrichen.
4. **Wählen Sie im Listenfeld Schriftschnitt einen Schriftschnitt aus.**

   Wählen Sie beispielsweise Fett Kursiv aus.
5. **Wählen Sie in dem Dropdownlistenfeld Farbe eine Farbe aus.**
6. **Klicken Sie auf OK.**

Die hervorgehobene Filteransicht zeigt den geänderten hervorgehobenen Text an.

Filterarten

Die Standardfilter in Microsoft Project werden in zwei Hauptgruppen eingeteilt: Vorgangsfilter und Ressourcenfilter. Vorgangsfilter stehen in allen Vorgangsansichten und Ressourcenfilter in allen Ressourcenansichten zur Verfügung. Die Tabellen 11.1 und 11.2 beschreiben die verfügbaren Vorgangs- bzw. Ressourcenfilter.

 In geteilten Ansichten gelten Filter nur für die obere Ansicht. Außerdem gelten sie immer für die gesamte Projektdatei. Wenn Sie einen Filter auswählen und dann einen zweiten Filter selektieren, analysiert der zweite Filter die gesamte Datei, nicht nur das Ergebnis des ersten Filters.

Interaktive Filter verwenden

Ein interaktiver Filter ist ein Filter, der Ihnen eine oder mehrere Fragen stellt und dann nach den gewünschten Informationen sucht. Sie können viele der interaktiven Filter in dem Filter-Listenfeld an den Aufzählungspunkten (...) erkennen, die hinter dem Filternamen stehen (beispielsweise Sollte anfangen bis zum...).

11 ➤ Ansichten filtern und sortieren

Suchen Sie in unserem KAPITEL-11-Beispiel alle Vorgänge, die mit der Ressource BUD verbunden sind. Verwenden Sie dann die Option HERVORGEHOBEN, um diese Vorgänge aus den anderen Vorgängen hervorzuheben. Gehen Sie folgendermaßen vor:

1. **Drücken und halten Sie die Umschalt-Taste nieder.**

   Sie sollten die ⌈Umschalt⌉-Taste bis zum letzten Schritt gedrückt halten.

2. **Wählen Sie den Menübefehl PROJEKT|FILTER|BENUTZT RESSOURCE.**

   Das Dialogfeld BENUTZT RESSOURCE wird geöffnet.

3. **Wählen Sie in dem Dropdownlistenfeld einen Ressourcennamen aus.**

   Wählen Sie in unserem Beispiel die Ressource BUD aus.

4. **Klicken Sie auf OK, und lassen Sie dann die ⌈Umschalt⌉-Taste los.**

Der Filter BENUTZT RESSOURCE wird hervorgehoben statt isoliert angewendet. Zusätzlich bietet das FILTER-Feld in der Formatsymbolleiste die Option BENUTZT RESSOURCE an.

Filter	Beschreibung
ALLE VORGÄNGE	Zeigt alle Vorgänge im Projekt an.
ABGESCHLOSSENE VORGÄNGE	Zeigt alle abgeschlossenen Vorgänge an.
BESTÄTIGT	Zeigt die Vorgänge an, bei denen keine der angeforderten Ressourcen die Zuordnung abgelehnt hat.
KOSTEN GRÖSSER ALS	Zeigt die Vorgänge an, deren Kosten den von Ihnen angegebenen Währungsbetrag überschreiten.
KOSTENRAHMEN ÜBERSCHRITTEN	Ein berechneter Filter, der alle Vorgänge anzeigt, deren Kosten die geplanten Kosten übersteigen.
ERSTELLT NACH	Zeigt alle Vorgänge an, die Sie am angegebenen Datum oder danach in dem Projekt erstellt haben.
KRITISCH	Zeigt alle Vorgänge auf dem kritischen Weg an.
TERMINBEREICH	Ein interaktiver Filter, der Sie zum Eingeben von zwei Terminen auffordert und dann alle Vorgänge anzeigt, die nach dem früheren Termin und vor dem späteren Termin anfangen oder enden.
VORGÄNGE IN ARBEIT	Zeigt alle Vorgänge an, die angefangen, aber noch nicht abgeschlossen wurden.
NICHT ABGESCHLOSSENE VORGÄNGE	Zeigt alle nicht abgeschlossenen Vorgänge an.
VERSPÄTETE/KOSTENRAHMEN ÜBERSCHREITENDE VORGÄNGE	Zeigt die der angegebenen Ressource zugeordneten Vorgänge an, die den Kostenrahmen überschreiten oder noch nicht abgeschlossen wurden und nach dem geplanten Endtermin abgeschlossen werden.
VERKNÜPFTE FELDER	Zeigt Vorgänge mit Verknüpfungen zu Werten in anderen Programmen an, wie z.B. eine Verknüpfung mit einer Zelle in einem Microsoft Excel-Tabellenblatt.
MEILENSTEINE	Zeigt nur die Vorgänge an, die Meilensteine sind.

Filter	Beschreibung
RESSOURCENGRUPPE	Ein interaktiver Filter, der die Vorgänge anzeigt, die den Ressourcen der angegebenen Gruppe zugeordnet sind.
SOLLTE ANFANGEN BIS ZUM	Ein interaktiver Filter, der Sie zum Eingeben eines Termins auffordert und dann alle Vorgänge anzeigt, die bis zu diesem Termin hätten anfangen sollen, aber nicht angefangen haben.
SOLLTE ANFANGEN/ENDEN BIS ZUM	Ein interaktiver Filter, der Sie zum Eingeben von zwei Terminen auffordert und dann die Vorgänge anzeigt, die nicht innerhalb des angegebenen Zeitraums angefangen und beendet wurden.
ÜBERFÄLLIGE/SPÄTE BEARBEITUNG	Zeigt alle Vorgänge an, die entweder nach dem berechneten Endtermin im Terminplan überfällig sind oder nicht terminplangemäß fortschreiten.
VERZÖGERTE VORGÄNGE	Zeigt alle Vorgänge an, die hinter dem Terminplan zurückliegen.
SAMMELVORGÄNGE	Zeigt alle Vorgänge an, denen Teilvorgänge untergeordnet sind.
VORGANGSBEREICH	Ein interaktiver Filter, der alle Vorgänge anzeigt, deren Vorgangsnummern im angegebenen Bereich liegen.
VORGÄNGE MIT ANLAGEN	Zeigt Vorgänge mit angefügten Objekten oder mit einer im Feld Notizen angefügten Notiz an.
VORGÄNGE MIT ZUGEORDNETEM VORGANGSKALENDER	Zeigt Vorgänge an, denen Objekte und ein Kalender zugeordnet sind.
VORGÄNGE MIT STICHTAGEN	Zeigt Vorgänge mit einem festgelegten Stichtag an.
VORGÄNGE MIT GESCHÄTZTER DAUER	Zeigt Vorgänge mit einer geschätzten Dauer an.
VORGÄNGE MIT FESTEN TERMINEN	Zeigt alle Vorgänge an, die keine Einschränkung SO FRÜH WIE MÖGLICH (SFWM) aufweisen oder die einen aktuellen Anfangstermin haben.
VORGÄNGE/ZUORDNUNGEN MIT ÜBERSTUNDEN	Zeigt die Vorgänge oder Zuordnungen an, die Überstunden aufweisen.
VORGÄNGE HÖCHSTER EBENE	Zeigt die Sammelvorgänge höchster Ebene an.
NICHT BESTÄTIGT	Zeigt die Vorgänge an, die von mindestens einer angeforderten Ressource abgelehnt wurden.
NICHT ANGEFANGENE VORGÄNGE	Zeigt noch nicht angefangene Vorgänge an.
AKTUALISIERUNG ERFORDERLICH	Zeigt Vorgänge an, bei denen Änderungen aufgetreten sind (z.B. neue Anfangs- oder Endtermine oder neue Ressourcenzuordnungen) und die zum Aktualisieren oder Bestätigen gesendet werden müssen.
BENUTZT RESSOURCE	Ein interaktiver Filter, der alle Vorgänge anzeigt, die die angegebene Ressource verwenden.
VERWENDET RESSOURCE IM TERMINBEREICH	Zeigt die Vorgänge an, die der angegebenen Ressource zugeordnet sind und die innerhalb eines angegebenen Terminbereichs anfangen oder enden.
ARBEITSRAHMEN ÜBERSCHRITTEN	Ein berechneter Filter, der alle Vorgänge anzeigt, deren berechnete Arbeit die geplante Arbeit überschreitet.

Tabelle 11.1: Arten von Vorgangsfiltern

Filter	Beschreibung
ALLE RESSOURCEN	Zeigt alle Ressourcen im Projekt an.
BESTÄTIGTE ZUORDNUNGEN	Zeigt nur die Zuordnungen an, die von keiner Ressource abgelehnt wurden. Nur in der Ansicht RESSOURCE: EINSATZ anwendbar.
KOSTEN GRÖSSER ALS	Zeigt die Ressourcen an, die mehr als den angegebenen Betrag kosten.
KOSTENRAHMEN ÜBERSCHRITTEN	Ein berechneter Filter, der alle Ressourcen anzeigt, deren berechnete Kosten über den geplanten Kosten liegen.
TERMINBEREICH	Ein interaktiver Filter, der Sie zum Eingeben von zwei Terminen auffordert und dann alle Vorgänge und Ressourcen anzeigt, deren Zuordnungen innerhalb des angegebenen Terminbereichs anfangen oder enden.
GRUPPE	Ein interaktiver Filter, der alle Ressourcen der angegebenen Gruppe anzeigt.
ZUORDNUNGEN IN ARBEIT	Zeigt nur die Zuordnungen an, die angefangen, aber noch nicht abgeschlossen wurden. Nur in der Ansicht RESSOURCE: EINSATZ anwendbar.
VERKNÜPFTE FELDER	Zeigt Ressourcen, mit denen Text aus anderen Programmen verknüpft ist.
ÜBERLASTETE RESSOURCEN	Zeigt alle Ressourcen an, die gemäß Terminplan mehr Arbeit verrichten sollen, als sie in der angegebenen Zeit verrichten können.
RESSOURCENBEREICH	Ein interaktiver Filter, der alle Ressourcen innerhalb des angegebenen Nummernbereichs anzeigt.
RESSOURCEN - MATERIAL	Zeigt Ressourcen der Art Material an, z.B. Holz, Nägel oder Zement.
RESSOURCEN MIT ANLAGEN	Zeigt Ressourcen mit angefügten Objekten oder mit einer im Feld NOTIZEN angefügten Notiz an.
RESSOURCEN/ZUORDNUNGEN MIT ÜBERSTUNDEN	Zeigt Ressourcen oder Zuordnungen an, die Überstunden aufweisen.
RESSOURCEN - ARBEIT	Zeigt Ressourcen der Art Arbeit an, wie z.B. Personal oder Sachmittel.
SOLLTE ANFANGEN BIS ZUM	Ein interaktiver Filter, der Sie zum Eingeben eines Datums auffordert und dann alle Vorgänge und Ressourcen mit Zuordnungen anzeigt, die bis zum eingegebenen Datum hätten anfangen sollen, aber nicht angefangen haben.
SOLLTE ANFANGEN/ENDEN BIS ZUM	Ein interaktiver Filter, der Sie zum Eingeben von zwei Terminen auffordert. Der erste Termin gibt an, wann ein Vorgang oder eine Zuordnung anfangen sollte, und der zweite Termin gibt an, wann der Vorgang oder die Zuordnung beendet sein sollte.
ÜBERFÄLLIGE/SPÄTE BEARBEITUNG	Zeigt Ressourcen mit Vorgängen an, die entweder nach dem berechneten Endtermin im Terminplan überfällig sind oder nicht terminplangemäß fortschreiten.

Filter	Beschreibung
Überfällige Zuordnungen	Zeigt Ressourcen an, deren Vorgänge hinter dem ursprünglichen Basisplan zurückliegen und noch nicht abgeschlossen sind.
Nicht bestätigte Zuordnungen	Zeigt Zuordnungen an, die von den angeforderten Ressourcen abgelehnt wurden.
Nicht angefangene Zuordnungen	Zeigt Zuordnungen an, die noch nicht angefangen haben.
Arbeit abgeschlossen	Zeigt Ressourcen an, für die alle zugeordneten Vorgänge abgeschlossen sind.
Arbeit nicht abgeschlossen	Ein berechneter Filter, der alle Ressourcen anzeigt, deren berechnete Arbeit die geplante Arbeit unterschreitet.
Arbeitsrahmen überschritten	Ein berechneter Filter, der alle Ressourcen anzeigt, deren berechnete Arbeit die geplante Arbeit übersteigt.

Tabelle 11.2: Arten von Ressourcenfiltern

Eigene Filter erstellen

Sie haben jetzt Microsoft Project eine Chance gegeben. Sie haben alle Vorgangs- und Ressourcenfilter geprüft, aber keiner liefert Ihnen genau die Einzelheiten über Ihr Projekt, die Sie suchen. Sie sind kein gewöhnlicher Projektmanager, sondern verlangen etwas mehr. Kein Problem – erstellen Sie Ihren eigenen Filter.

Wenn Sie einige Regeln beachten, können Sie Ihr Projekt mit Microsoft Project genau an Ihre Anforderungen anpassen. Sie müssen ja niemandem sagen, wie leicht dies geht – erledigen Sie einfach Ihre Arbeit, und beeindrucken Sie Ihre Auftraggeber!

Einen Filter durch Änderung eines vorhandenen Filters erstellen

Die einfachste Methode, einen neuen Filter zu erstellen, besteht darin, einen vorhandenen Filter zu ändern, weil die meiste Arbeit bereits geleistet wurde. Durch die Änderung eines vorhandenen Filters können Sie dessen Arbeitsweise und Darstellung ändern.

In unserem Beispiel können Sie einen vorhandenen Filter ändern, um einen neuen Filter zu erstellen, der die letzte Woche vor der Fertigstellung des Projekts anzeigt:

1. **Wählen Sie den Menübefehl Projekt|Filter: Alle Vorgänge|Weitere Filter.**

    Das Dialogfeld Weitere Filter wird geöffnet.

2. **Wählen Sie das Optionsfeld Vorgänge aus.**

3. **Wählen Sie in der Liste den Eintrag VORGANGSBEREICH aus, und klicken Sie dann auf die Schaltfläche KOPIEREN.**

Das Dialogfeld FILTERDEFINITION wird angezeigt (siehe Abbildung 11.10). KOPIE VON &VORGANGSBEREICH ist ein temporärer Name für die Kopie des Filters VORGANGSBEREICH. Alle Änderungen, die Sie durchführen, betreffen die Kopie, während der ursprüngliche Filter nicht verändert wird.

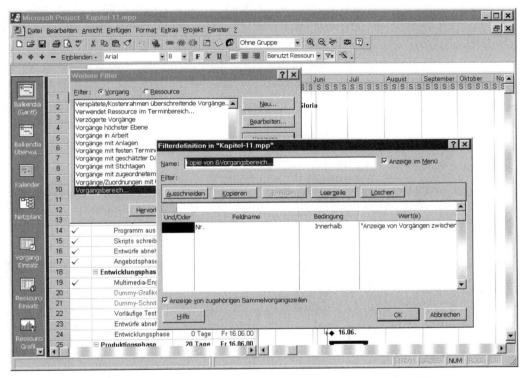

Abbildung 11.10: Mit dem Dialogfeld FILTERDEFINITION können Sie vorhandene Filter anpassen.

4. **Geben Sie in dem Textfeld NAME einen Namen ein.**

Geben Sie in unserem Beispiel DATUM DER FERTIGSTELLUNG (oder einen anderen Namen Ihrer Wahl) ein. Der FELDNAME lautet bereits NR., so dass Sie ihn nicht ändern müssen.

5. **Wählen Sie in der Spalte TEST den Eintrag INNERHALB.**

Wenn Sie auf dieses Feld klicken, erscheint neben dem Textfeld ein kleiner nach unten gerichteter Pfeil.

6. **Klicken Sie auf den kleinen nach unten gerichteten Pfeil, und wählen Sie einen Wert aus.**

   Wählen Sie in unserem Beispiel GLEICH aus.

7. **Klicken Sie in der Spalte WERT(E) auf den Eintrag ANZEIGE VON VORGÄNGEN ZWISCHEN NR.:«?;«UND NR.:.**

8. **Ziehen Sie in dem Eingabefeld über den Feldnamen den Mauszeiger über den Text, um diesen zu markieren, und drücken Sie dann auf die ⌞Entf⌟-Taste.**

9. **Geben Sie in das Textfeld über der Spalte FELDNAME einen Wert ein.**

   Geben Sie in unserem Beispiel 44 ein. Beachten Sie, dass das Kontrollkästchen ANZEIGE IM MENÜ aktiviert ist. Wenn Sie diese Einstellung beibehalten, wird Ihr neuer Filter in dem Untermenü der Filter angezeigt.

10. **Klicken Sie auf OK.**

    Der neue Filter DATUM DER FERTIGSTELLUNG erscheint in dem Dialogfeld WEITERE FILTER.

11. **Klicken Sie auf die Schaltfläche ANWENDEN.**

    Der neue Filter sucht nach allen Vorgängen, bei denen NR. GLEICH 44 ist. Dann werden der Sammelvorgang ABSCHLUSSPHASE und der Meilenstein DISTRIBUTION angezeigt (siehe Abbildung 11.11). Standardmäßig zeigt Microsoft Project einen Sammelvorgang an, wenn ein Filter einen der Teilvorgänge des Sammelvorgangs auswählt.

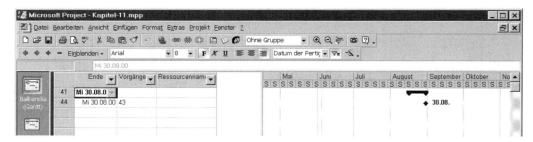

Abbildung 11.11: Der Filter zeigt den einzigen Vorgang an, der das Filterkriterium NR. GLEICH 44 erfüllt. (Die erste Zeile zeigt den zugehörigen Sammelvorgang an.)

Einen Filter von Grund auf erstellen

Ein neuer Filter wird im Wesentlichen auf dieselbe Art und Weise erstellt wie beim Kopieren eines vorhandenen Filters, außer dass Sie in dem Dialogfeld WEITERE FILTER auf die Schaltfläche NEU klicken. In diesem Abschnitt verwenden Sie das KAPITEL-11-Beispiel, um einen Filter zu erstellen, der alle Vorgänge mit der Ressource NUVIEW PRODUCTIONS auswählt. Gehen Sie folgendermaßen vor:

1. **Prüfen Sie, ob der Filter ALLE VORGÄNGE ausgewählt ist.**

   Falls nicht, drücken Sie auf [F3].

2. **Wählen Sie den Menübefehl PROJEKT|FILTER: ALLE VORGÄNGE|WEITERE FILTER.**

   Das Dialogfeld WEITERE FILTER wird geöffnet.

3. **Klicken Sie auf die Schaltfläche NEU.**

   Das Dialogfeld FILTERDEFINITION wird angezeigt.

Mit dem Dialogfeld FILTERDEFINITION legen Sie die Kriterien für die Auswahl von Vorgängen oder Ressourcen fest. Nachdem Sie den Filter erstellt haben, können Sie ihn sowohl für isolierte als auch für hervorgehobene Ansichten verwenden. Führen Sie die folgenden Schritte aus:

1. **Geben Sie in dem Textfeld NAME einen Namen ein.**

   Geben Sie beispielsweise den Namen NUVIEW-TERMINPLAN ein.

2. **Aktivieren Sie das Kontrollkästchen ANZEIGE IM MENÜ.**

   Damit wird der neue Filter im Untermenü der Filter angezeigt.

3. **Klicken Sie auf das Textfeld FELDNAME.**

   Rechts neben dem Texteingabefeld erscheint ein nach unten gerichteter Pfeil.

4. **Klicken Sie auf den nach unten gerichteten Pfeil, und wählen Sie den Eintrag RESSOURCENNAMEN aus.**

   Sie können den Feldnamen auch einfach eintippen, aber auf diese Weise stellen Sie sicher, dass der Name korrekt ist.

5. **Klicken Sie auf das Textfeld BEDINGUNG, klicken Sie dann auf den nach unten gerichteten Pfeil, und wählen Sie den Eintrag ENTHÄLT aus.**

   Das Feld BEDINGUNG zeigt Vorgänge und Ressourcen an, die einen Wert enthalten. Der Wert wird im nächsten Schritt festgelegt.

6. **Wählen Sie das Textfeld WERT(E).**

7. **Klicken Sie auf das Textfeld über der Spalte FELDNAME.**

   Wenn dieses Feld aktiv ist, werden links neben ihm ein rotes X und ein grünes Häkchen angezeigt.

8. **Geben Sie in dem Textfeld einen Wert ein.**

   Geben Sie in unserem Beispiel NU ein.

9. **Klicken Sie auf die Häkchen-Schaltfläche, um den Text zu übernehmen.**

   Falls Sie das Beispiel nachvollziehen, sollte Ihre Filterdefinition jetzt wie die in Abbildung 11.12 aussehen.

10. Klicken Sie auf OK.

Das Dialogfeld WEITERE FILTER enthält jetzt Ihren neuen Filter.

11. Klicken Sie auf die Schaltfläche HERVORHEBEN.

Alle Vorgänge, die das Kriterium des neuen Filters erfüllen, werden hervorgehoben.

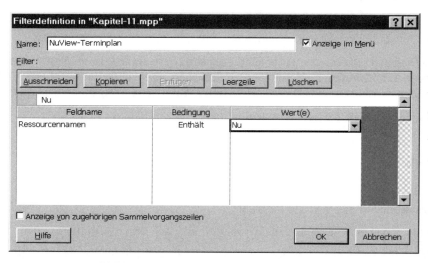

Abbildung 11.12: Die Definition des neuen Filters

Ein Projekt sortieren

Das Sortieren von Vorgängen und Ressourcen ist eine weitere Methode, um die Anzeige von Projektinformationen zu steuern. Beim Sortieren werden im Gegensatz zum Filtern keine einzelnen Informationen isoliert oder aussortiert. Stattdessen ändert es die Reihenfolge der Vorgänge und zeigt sie aufsteigend oder absteigend anhand des Inhalts eines oder mehrerer Felder an.

Standardmäßig weist Microsoft Project den Vorgängen bei der Eingabe in die Projektdatei aufsteigende ID-Nummern zu. Die Vorgangsnummer 1 ist nur deshalb 1, weil Sie den betreffenden Vorgang als Ersten eingegeben haben. Entsprechendes gilt für die Vorgangsnummern 2, 3 usw. Mit der Sortierfunktion können Sie ein anderes Kriterium für die Anordnung der Vorgänge festlegen.

Die Sortierfunktion arbeitet mit dem Inhalt der aktiven Anzeige. Falls Sie bereits einen Filter auf das Projekt angewendet haben, arbeitet die Sortierfunktion mit den Vorgängen oder Ressourcen, die durch die Kriterien des Filters ausgewählt wurden.

Bevor Sie die Sortierfunktion anwenden, prüfen Sie, ob Sie die ursprünglichen Beziehungen der Vorgangsnummern beibehalten werden. Das Dialogfeld bietet Ihnen die Möglichkeit an, die Vorgänge dauerhaft neu zu nummerieren. Falls Sie die Vorgänge beim Sortieren neu nummerieren, können Ihren Vorgangsbeziehungen seltsame und unerwünschte Dinge zustoßen.

Arten von Sortierfunktionen

In diesem Abschnitt können Sie die Sortierfunktionen von Microsoft Project ausprobieren. Im Gegensatz zum Filtern bleiben beim Sortieren alle Informationen sichtbar – es werden keine Informationen herausgefiltert. Sie teilen Microsoft Project mit, wie die Informationen nach Prioritäten geordnet werden sollen. Verwirrt? Tatsächlich ist die Funktion recht einfach. Aber vielleicht wollen Sie ein wenig mit der Funktion üben. Verwenden Sie zu diesem Zweck das KAPITEL-11-Beispiel.

Wechseln Sie zunächst zur Ansicht VORGANG: TABELLE, indem Sie am unteren Ende der Ansichtsleiste auf das Symbol WEITERE ANSICHTEN klicken. Wählen Sie dann in der Liste die Ansicht VORGANGSBLATT: TABELLE aus, und klicken Sie dann auf die Schaltfläche ANWENDEN. Falls notwendig, verbreitern Sie die Spalten mit Doppelkreuzen (#), indem Sie auf die rechte Seite der Spaltenüberschriften doppelklicken.

Um den Sortierbefehl zu verwenden, führen Sie die folgenden Schritte aus:

1. **Wählen Sie den Menübefehl P**R**OJEKT|S**ORTIEREN**|S**ORTIEREN NACH**.**

    Das Dialogfeld SORTIEREN wird angezeigt (siehe Abbildung 11.13).

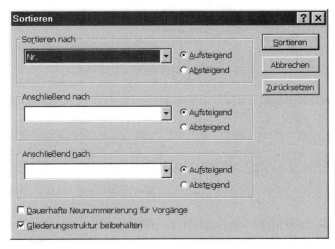

*Abbildung 11.13: Mit dem Dialogfeld S*ORTIEREN *können Sie bis zu drei Felder zum Sortieren von Vorgängen oder Ressourcen festlegen.*

2. **Wählen Sie in dem Feld SORTIEREN NACH einen Wert aus.**

   Wählen Sie in unserem Beispiel NAME aus.

3. **Stellen Sie sicher, dass das Kontrollkästchen DAUERHAFTE NEUNUMMERIERUNG FÜR VORGÄNGE deaktiviert ist.**

   In unserem Beispiel sollten Sie die Reihenfolge nicht dauerhaft speichern. Natürlich können Sie das Kontrollkästchen auch aktivieren, wenn Sie die Sortierung beibehalten wollen.

4. **Klicken Sie auf die Schaltfläche SORTIEREN.**

   Das Projekt zeigt jetzt alle Vorgänge in alphabetischer Reihenfolge an, wobei die Sammelvorgang-Teilvorgang-Beziehungen erhalten geblieben sind (siehe Abbildung 11.14). Sie können die geänderte Reihenfolge leicht anhand der Vorgangsnummern erkennen.

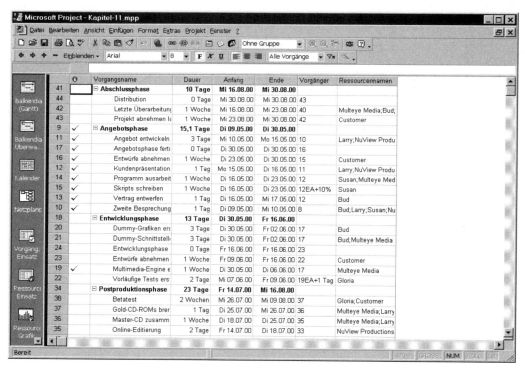

Abbildung 11.14: Der Sortierbefehl ordnet die Vorgänge alphabetisch in aufsteigender Reihenfolge.

 Das Dialogfeld SORTIEREN enthält am unteren Rand zwei Kontrollkästchen. Das erste ist standardmäßig deaktiviert. Das zweite ist standardmäßig aktiviert. Diese Standardeinstellungen sorgen dafür, dass die Vorgangsnummern beim Sortieren nicht geändert werden und dass die Teilvorgänge ihren Sammelvorgängen untergeordnet bleiben.

Nachdem Sie die neue Sortierung begutachtet haben, drücken Sie auf `Umschalt`+`F3`, um die standardmäßige Sortierfolge wiederherzustellen.

Mit mehreren Feldern sortieren

Mit dem Sortierbefehl können Sie die Informationen anhand mehrerer Kriterien sortieren. Ein Beispiel für eine Sortierung nach mehreren Feldern ist die Anordnung von Artikeln nach Warengruppen und innerhalb der Warengruppen nach Preisen. Das erste Kriterium ist die Sortierung nach Warengruppen in aufsteigender alphabetischer Reihenfolge, wie beispielsweise Fleischwaren, Gemüse, Milchprodukte, Obst usw. Das zweite Kriterium sortiert die Waren innerhalb einer Warengruppe nach Kilopreisen, beispielsweise Äpfel 2,50 DM, Bananen 4,00 DM und Kirschen 7,50 DM.

In unserem Beispiel werden wir alle Ressourcengruppen aufsteigend in alphabetischer Reihenfolge und die einzelnen Ressourcen innerhalb jeder Gruppe nach ihren Stundensätzen in absteigender Reihenfolge sortieren. Zunächst müssen Sie zur Ansicht RESSOURCE: TABELLE gehen. Klicken Sie deshalb in der Ansichtsleiste auf das Symbol RESSOURCE: TABELLE.

Um die Ressourcen zu sortieren, führen Sie die folgenden Schritte aus:

1. **Wählen Sie den Menübefehl PROJEKT|SORTIEREN|SORTIEREN NACH.**
2. **Wählen Sie in dem Dropdownlistenfeld SORTIEREN NACH eine Option aus.**

   Wählen Sie in unserem Beispiel GRUPPE aus, und verwenden Sie die standardmäßige Reihenfolge AUFSTEIGEND.

3. **Wählen Sie in dem ersten Dropdownlistenfeld ANSCHLIESSEND NACH eine weitere Option aus.**

   Wählen Sie in unserem Beispiel KÜRZEL aus, und verwenden Sie hier die Reihenfolge ABSTEIGEND.

4. **Stellen Sie sicher, dass das Kontrollkästchen DAUERHAFTE NEUNUMMERIERUNG FÜR RESSOURCEN deaktiviert ist.**
5. **Klicken Sie auf die Schaltfläche SORTIEREN.**

   Die Sortierung sieht wie in Abbildung 11.15 aus.

Vorgänge und Ressourcen gruppieren

Die Gruppierungsfunktion bietet eine andere Methode an, um auf das Projekt insgesamt und einzelne Teile darin zuzugreifen. Mit Hilfe dieser Funktion können Sie Vorgänge oder Ressourcen zu Gruppen zusammenfassen und anzeigen, die Sie selbst definieren. Die Gruppierungsfunktion fasst Informationen ähnlich wie das Sortieren zusammen, fügt aber zu jeder Gruppe zusammenfassende Informationen hinzu.

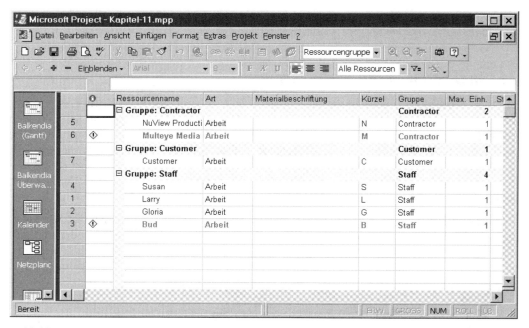

Abbildung 11.15: Der Sortierbefehl hat die Ressourcen aufsteigend nach Gruppen und innerhalb der Grupppen absteigend nach Kürzeln angeordnet.

Mit der Gruppierungsfunktion können Sie schnell die Vorgänge eines Projekts kontrollieren, da sie Ihnen den Vergleich von Vorgangsinformationen ermöglicht, die bestimmte Werte gemeinsam haben. Beispielsweise können Sie damit die kritischen und die nicht kritischen Vorgänge ermitteln. (Kritische Vorgänge müssen fristgerecht abgeschlossen werden, damit das Projekt fristgerecht beendet werden kann.) Um die kritischen Vorgänge herauszufinden, führen Sie die folgenden Schritte aus:

1. **Wechseln Sie mit der Ansichtsleiste zu einer Vorgangsansicht.**

   Wählen Sie in unserem Beispiel die Ansicht VORGANG: TABELLE, indem Sie auf das Symbol WEITERE ANSICHTEN klicken, die Ansicht VORGANG: TABELLE in der Liste auswählen und dann auf die Schaltfläche AUSWAHL klicken.

2. **Klicken Sie in der Standardsymbolleiste auf den nach unten gerichteten Pfeil in dem Dropdownlistenfeld GRUPPIEREN NACH (siehe Abbildung 11.16).**

3. **Wählen Sie eine Gruppe aus.**

   Wählen Sie in unserem Beispiel KRITISCH aus. Die Ansicht VORGANG: TABELLE zeigt jetzt alle Vorgänge getrennt nach den Gruppen KRITISCH: NEIN und KRITISCH: JA an.

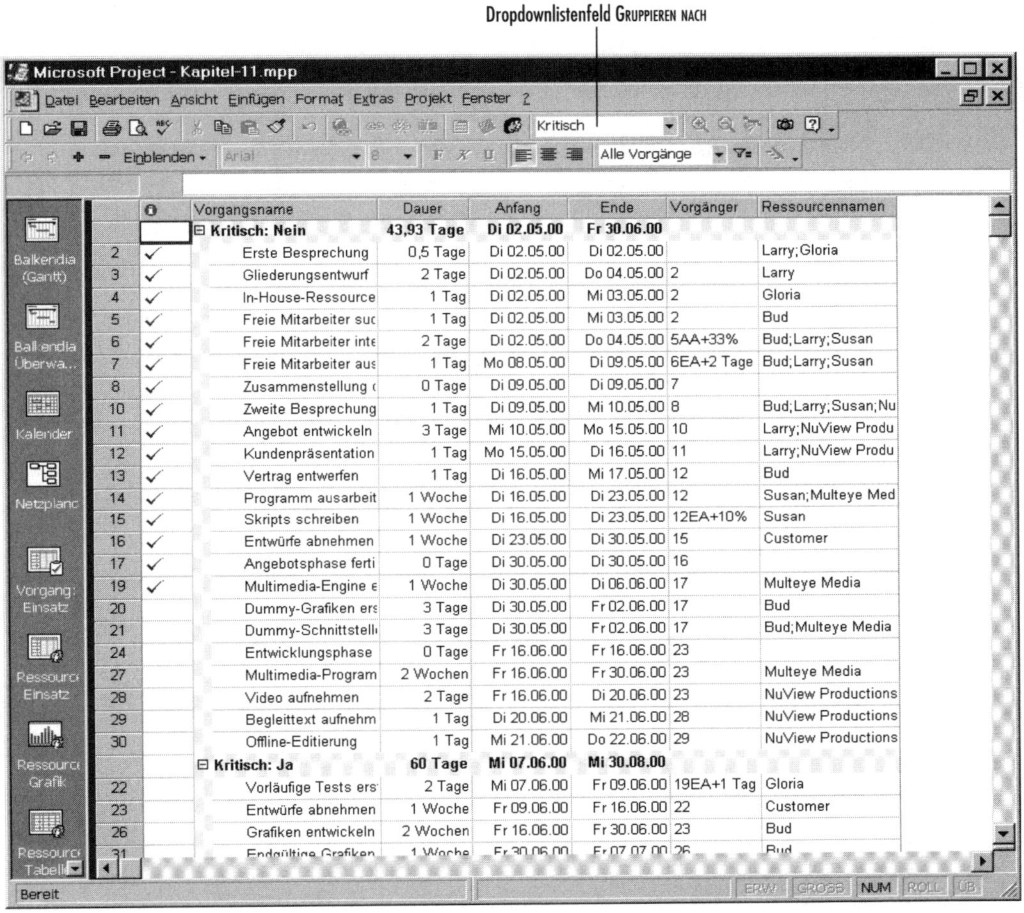

11 ➤ Ansichten filtern und sortieren

Abbildung 11.16: Die Gruppierungsfunktion zeigt zusammenfassende Informationen über jede Gruppe in Gelb am oberen Rand der Gruppe an.

Die Gruppierungsfunktion erstellt eine Reihe von Sammelvorgängen mit Informationen, die nach den verfügbaren Optionen sortiert sind. Beispielsweise sortiert die Gruppe DAUER die Vorgänge nach der allgemeinen Vorgangsdauer. Jede Dauer verfügt über einen separaten Sammelvorgang, beispielsweise die Dauer: 0 Tage.

Die Optionen im Dropdownlistenfeld GRUPPIEREN NACH sind für Vorgangs- und Ressourcenansichten verschieden.

Drücken Sie [Umschalt]+[F3], um zur Standardeinstellung OHNE GRUPPE der Projektdatei zurückzukehren.

Teil IV

Ein Projekt ausarbeiten

»Im Moment bewahre ich ein niedriges Profil. In der letzten Nacht habe ich alles angeworfen und dabei alle Laternen im Umkreis von drei Straßenblöcken zerschossen.«

In diesem Teil...

Jetzt konzentrieren Sie sich auf das Endspiel des Projektplans, die letzten Momente, bevor das Projekt anfängt. Dazu gehört eine Begutachtung des ursprünglichen Projektumfangs und der Ziele des Projekts sowie ein Vergleich dieser frühen Erwartungen mit dem aktuellen Stand. In diesem Teil erfahren Sie, wie Sie Ihren Projektplan optimieren können, wie Sie Kosten- und Arbeitsüberlastungen auflösen und wie Sie Ressourcenkonflikte beheben können. Sie erfahren, wie Sie den kritischen Pfad identifizieren und wie Sie den Terminplan des Projekts ruinieren können.

Jetzt beginnen sich Ihre früheren Anstrengungen auszuzahlen.

Kostenrahmen festlegen und Kosten überwachen

In diesem Kapitel

▶ Widersprüche in der Arbeit und in den Kosten finden

▶ Probleme der Kostenschätzung lösen

▶ Kosten reduzieren

Ich mache eine wilde Annahme: Ich wette, dass Sie nicht die Begabung haben, Geld oder ein Kaninchen aus dem Hut zu zaubern (es sei denn, Ihr Projekt hat mit der Eröffnung einer Schule für Zauberer zu tun). Doch selbst dann können Sie als Projektmanager Geld an Stellen finden, wo niemand sonst es vermutet hätte; und Sie können die Kaninchen davon abhalten, die Scheinchen aufzufressen. In der Fachsprache des Projektmanagements heißt diese Zauberei *Kostenkontrolle (Controlling)*.

Wir wollen annehmen, dass Sie die Vorgänge festgelegt, die Verknüpfungen erstellt, die Vorgangsdauern eingegeben und die Kosten zu Ihrem Projekt zugeordnet haben. Der Anfangstermin des ersten Projektsvorgangs steht unmittelbar bevor. In diesem und dem nächsten Kapitel erfahren Sie, wie Sie die letzten Anpassungen an Ihrem Projekt vornehmen können, um es auf den Realitätsschock vorzubereiten. Zunächst werden Sie einige unansehnliche Bauchringe loswerden – überhöhte Kosten.

Kosten festlegen

In Microsoft Project können Sie den Kostenrahmen Ihres Projekts auf zwei Weisen festlegen: durch eine Top-down-Schätzung und durch eine Bottom-up-Schätzung. Eine Top-down-Schätzung ist eine schnelle Methode, um Kosteninformationen zu einem Projekt hinzuzufügen. Aber die Schnelligkeit geht auf Kosten der Gelegenheit zur Genauigkeit, welche die andere Methode der Kostenschätzung, die Bottom-up-Schätzung, bietet.

Bei der Bottom-up-Schätzung der Kosten können Sie die Stundensätze für Ressourcen festlegen und feste Kosten (beispielsweise für Verträge) für einzelne Vorgänge eingeben. Diese Art der detaillierten Kostenschätzung gibt Ihnen viel mehr Kontrolle über das gesamte Projekt. In diesem Kapitel gehe ich davon aus, dass Sie die Grabenkämpfe kennen lernen wollen, die mit der Kostenkontrolle eines Projekts verbunden sind – deshalb werden wir uns mit der Bottom-up-Schätzung befassen!

Microsoft Project definiert Kosten entweder als Kostensätze von Ressourcen oder als feste Kosten, die Sie einem Vorgang zuweisen. Ein allgemeines Beispiel eines Ressourcensatzes ist der

Stundenlohn von Arbeitern. Ein Beispiel für einen festen Satz eines Vorgangs ist ein vertraglich festgelegtes Honorar, wie beispielsweise das Honorar, das ein Autor für das Schreiben eines Drehbuchs erhält. Indem Sie diese beiden Ansätze – Ressourcensätze und feste Kosten – verwenden, können Sie die kontrollierbaren Kosten eines Projekts abschätzen. Ressourcensätze und feste Kosten werden in der Ansicht RESSOURCE: TABELLE eingegeben, die ich im folgenden Abschnitt beschreibe.

Die Ansicht RESSOURCE: TABELLE verwenden

Die Ansicht RESSOURCE: TABELLE enthält die meisten grundlegenden Informationen für die Schätzung und Kontrolle der Ressourcenkosten. Wechseln Sie zur Ansicht RESSOURCE: TABELLE, indem Sie in der Ansichtsleiste auf das gleichnamige Symbol klicken.

Falls Sie gerade mit einem neuen Projekt beginnen, müssen Sie zunächst einige Ressourcennamen eingeben (vergleiche Abbildung 12.1). Nachdem Sie eine Ressource erstellt haben, können Sie sie jederzeit ändern. Wenn Sie die Tabelle horizontal verschieben, sehen Sie, dass Microsoft den Ressourcen einige Standardwerte zugewiesen hat. Beispielsweise nimmt Project an, dass die Ressource Arbeit leistet und kein Material ist.

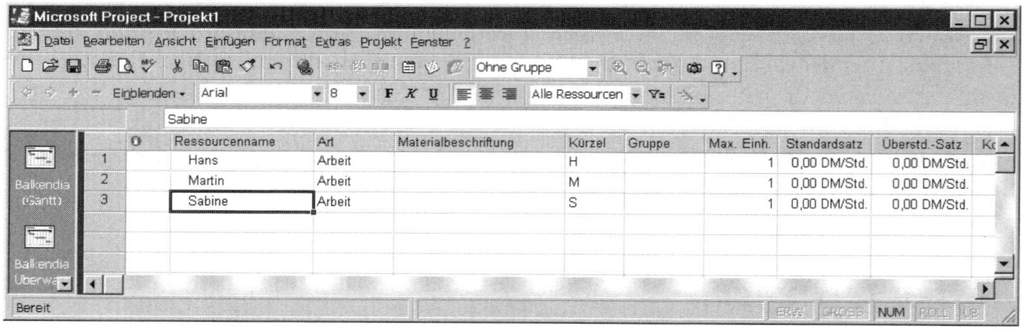

Abbildung 12.1: Microsoft Project weist einer Ressource automatisch eine Reihe von Standardwerten zu.

Microsoft Project unterscheidet die Ressourcenarten ARBEIT und MATERIAL, wobei ARBEIT die Standardressourcenart ist. Sie können die Ressourcenart leicht in MATERIAL ändern, indem Sie in der ART-Spalte auf den nach unten gerichteten Pfeil klicken und die Option MATERIAL aus der Liste auswählen. Mit einer solchen Änderung werden auch die Standardeinstellungen für diese Ressource geändert (siehe Abbildung 12.2).

Wenn Sie die Ansicht RESSOURCE: TABELLE horizontal verschieben, werden die Spalten STANDARDSATZ und ÜBERSTD.-SATZ angezeigt. Sie können den Zeitpunkt ändern, wann die Kosten in dem Vorgang fällig werden. Außerdem können Sie der Ressource einen der drei Basiskalender STANDARD, NACHTSCHICHT oder 24 STUNDEN zuweisen.

12 ➤ Kostenrahmen festlegen und Kosten überwachen

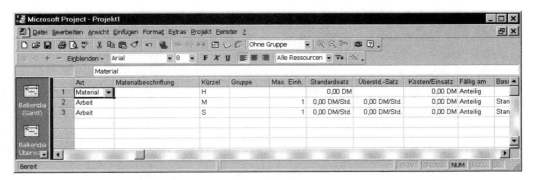

Abbildung 12.2: Für MATERIAL-Ressourcen verwendet Microsoft Project andere Standardwerte.

 Wenn Sie wissen, dass eine Ressource ihren Standardsatz wahrscheinlich im Laufe des Projekts ändern wird oder dass die Verfügbarkeit der Ressource von dem Standardkalender oder von einem der anderen Basiskalender abweicht, können Sie ihr mit dem Dialogfeld INFORMATIONEN ZUR RESSOURCE benutzerdefinierte Werte zuweisen. Sie können dieses Dialogfeld öffnen, indem Sie in der Ressourcentabelle auf die Zeile der betreffenden Ressource doppelklicken.

Der folgende Abschnitt beschreibt das Dialogfeld INFORMATIONEN ZUR RESSOURCE ausführlich.

Ressourcenwerte anpassen

Wenn Sie für eine Ressource benutzerdefinierte Kostenwerte eingeben müssen, verwenden Sie das Dialogfeld INFORMATIONEN ZUR RESSOURCE:

1. **Doppelklicken Sie in der Ressourcentabelle auf die Zeile der betreffenden Ressource.**

   Das Dialogfeld INFORMATIONEN ZUR RESSOURCE wird geöffnet und zeigt die Informationen über die betreffende Ressource an.

2. **Klicken Sie auf die passende Registerkarte, um die gewünschten Änderungen einzugeben.**

   Wenn Sie beispielsweise den Standardsatz der Ressource ändern wollen, klicken Sie auf die Registerkarte KOSTEN. Dort können Sie unter EFFEKTIVES DATUM das Datum, an dem die Änderung in Kraft treten soll, und unter STANDARDSATZ und ÜBERSTUNDENSATZ die neue Sätze eingeben (siehe Abbildung 12.3).

Abbildung 12.3: Mit dem Dialogfeld INFORMATIONEN ZUR RESSOURCE können Sie die Ressourcenwerte anpassen.

In dem Dialogfeld INFORMATIONEN ZUR RESSOURCE können Sie auch andere Eigenschaften der Ressource ändern. Beispielsweise können Sie der Ressource auf der Registerkarte ARBEITSZEIT einen individuellen Terminplan zuweisen. (In Kapitel 5 finden Sie nähere Informationen über Terminpläne.) Die Standardeinstellung für Ressourcenkosten ist ANTEILIG. Dies bedeutet, dass die Ressourcenkosten über ihren gesamten Einsatz hinweg verteilt werden. Auf der Registerkarte KOSTEN können Sie die Kostenfälligkeit von ANTEILIG in ANFANG oder ENDE ändern. Dann werden die Kosten gleich am Anfang bzw. erst am Ende der Arbeit der Ressource berechnet.

Kosten in einem vorhandenen Projekt kontrollieren

Die CD enthält für dieses Kapitel die Übungsdatei KAPITEL-12.MPP. In ihr können Sie die letzten Änderungen und Verbesserungen an dem Projekt vornehmen, bevor dieses tatsächlich beginnt. Benutzen Sie diese Projektdatei, um die Funktionen zur Kostenkontrolle in Microsoft Project kennen zu lernen. Alternativ können Sie natürlich auch eine eigene Projektdatei verwenden. Dieses Kapitel beschreibt einen bestimmten Arbeitsablauf, den Sie befolgen sollten, um das Projekt korrekt voranzubringen. Die Beispieldatei wird nach dem Öffnen in der Balkendiagrammansicht angezeigt (siehe Abbildung 12.4).

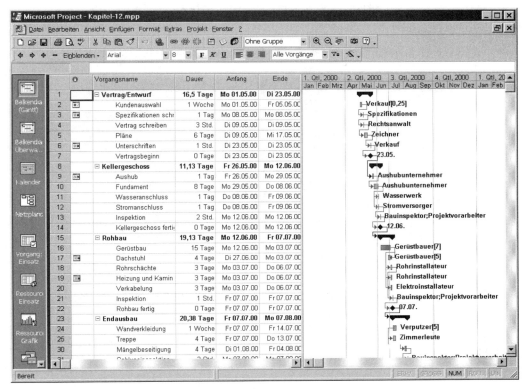

Abbildung 12.4: Die Beispieldatei für Kapitel 12

Kosten und Arbeit

Sie sollten schon vor seiner Geburt gelegentlich den Puls Ihres Projekts fühlen. Eine der schnellsten Methoden, um einen Gesamtüberblick über ein Projekt zu gewinnen, besteht darin, die Projektstatistiken zu kontrollieren. Das Dialogfeld PROJEKTSTATISTIK ermöglicht Ihnen die Analyse des aktuellen Stands der Projektdaten im Vergleich zu den Schätzungen des Basisplans. Um die Statistik anzuzeigen, führen Sie die folgenden Schritte aus:

1. **Aktivieren Sie, falls notwendig, die Symbolleiste ÜBERWACHEN (siehe Abbildung 12.5).**

   Falls die Symbolleiste nicht sichtbar ist, wählen Sie ANSICHT|SYMBOLLEISTEN|ÜBERWACHEN.

Abbildung 12.5: Die Symbolleiste ÜBERWACHEN

2. **Klicken Sie in der Symbolleiste ÜBERWACHEN auf die Schaltfläche PROJEKTSTATISTIK.**

 Das Dialogfeld PROJEKTSTATISTIK wird angezeigt (siehe Abbildung 12.6).

Abbildung 12.6: Das Dialogfeld PROJEKTSTATISTIK zeigt statistische Daten über Ihr Projekt an.

Alternativ können Sie dieses Dialogfeld anzeigen, indem Sie PROJEKT|PROJEKTINFO wählen und dann auf die Schaltfläche STATISTIK klicken.

Das Dialogfeld PROJEKTSTATISTIK zeigt die folgenden statistischen Daten über Ihr Projekt an: ANFANG, ENDE, DAUER, ARBEIT und KOSTEN. Das Gruppenfeld PROZENT ABGESCHLOSSEN zeigt an, dass die Projektdauer noch null ist und noch keine Arbeit geleistet wurde. Dies bedeutet, dass noch keine Zeit verbraucht wurde und dass noch keine Ressource in Aktion getreten ist. Die Projektdauer beträgt laut Basisplan 73,13 Tage. Seit der Erstellung des Basisplans hat sich die berechnete Dauer in 74,13 Tage geändert.

Die Spalten ARBEIT und KOSTEN zeigen zusätzliche Warnsignale an. Laut Basisplan waren 1.908 Stunden eingeplant. Die aktuelle Schätzung ergibt 2.004 Stunden. Die Kosten betrugen laut Basisplan DM 59.175, während die aktuelle Schätzung von DM 60,135 ausgeht. Diese Statistik zeigt Ihnen an, dass der Projektplan den Kostenrahmen überschreitet. Sie müssen den oder die Schuldigen finden und ihm bzw. ihnen DM 960 abnehmen.

Wenn Sie das Dialogfeld PROJEKTSTATISTIK ausgewertet haben, klicken Sie auf die Schaltfläche SCHLIESSEN. Verbergen Sie dann die Symbolleiste ÜBERWACHEN, indem Sie mit der rechten Maustaste auf eine beliebige Stelle der Symbolleiste klicken und dann in dem Kontextmenü auf ÜBERWACHEN klicken. (Eine geöffnete Symbolleiste wird geschlossen, wenn Sie in dem Kontextmenü auf ihren Namen klicken.)

Detaillierte Arbeits- und Kostenschätzungen anzeigen

In der Ansicht VORGANG: EINSATZ können Sie leicht die Überlastung von Kosten oder Arbeit ermitteln. Diese Ansicht zeigt die Vorgänge zusammen mit Ihren Ressourcen in Gruppen an:

1. **Klicken Sie in der Ansichtsleiste auf das Symbol VORGANG: EINSATZ.**

   Die Ansicht VORGANG: EINSATZ wird geöffnet. Standardmäßig wird in dieser Ansicht die Tabelle EINSATZ angezeigt.

2. **Wählen Sie den Menübefehl ANSICHT|TABELLE: EINSATZ|ARBEIT.**

   Die Tabelle ARBEIT wird geöffnet.

3. **Verschieben Sie die Ansicht der Gruppe, die Sie analysieren wollen.**

   Falls Sie unser Beispiel nachvollziehen, verschieben Sie die Ansicht zu der Gruppe ROHBAU.

4. **Ziehen Sie den vertikalen Balken, der die Tabelle und das Diagramm trennt, nach rechts, so dass die Spalte Abweichung vollständig sichtbar ist (siehe Abbildung 12.7).**

   Jetzt können Sie die aktuellen Werte mit den Schätzungen des Basisplans vergleichen.

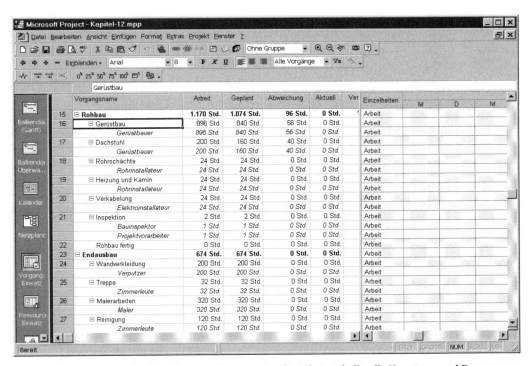

Abbildung 12.7: In der Ansicht VORGANG: EINSATZ zeigt die Arbeitstabelle alle Vorgänge und Ressourcen sowie die Arbeit, die den Ressourcen laut Basisplan zugewiesen wurde.

Sie können sich das Arbeiten mit dieser Ansicht erleichtern, indem Sie einen Filter verwenden. Wählen Sie einfach in der Formatsymbolleiste in dem Dropdownlistenfeld FILTER den Eintrag KOSTENRAHMEN ÜBERSCHRITTEN aus. Jetzt werden nur noch zwei Vorgänge und ihr Sammelvorgang angezeigt (siehe Abbildung 12.8).

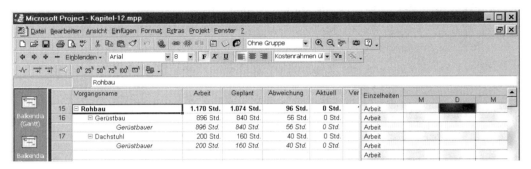

Abbildung 12.8: Der Filter KOSTENRAHMEN ÜBERSCHRITTEN zeigt nur noch zwei Vorgänge und ihren Sammelvorgang an.

 Falls Sie die betreffenden Vorgänge lieber markieren wollen, anstatt Sie isoliert darzustellen, wählen Sie PROJEKT|FILTER|WEITERE FILTER. Wählen Sie in dem Dialogfeld WEITERE FILTER den Filter KOSTENRAHMEN ÜBERSCHRITTEN, und klicken Sie dann auf die Schaltfläche HERVORHEBEN.

Der Vorgang GERÜSTBAU dauert 56 Stunden länger, als ursprünglich geplant wurde. Der Vorgang DACHSTUHL überschreitet die ursprüngliche Schätzung um 40 Stunden.

Wenn Sie mit dem Filter KOSTENRAHMEN ÜBERSCHRITTEN arbeiten, sollten Sie auch einen Blick auf die Ansicht KOSTENTABELLE werfen, indem Sie ANSICHT|TABELLE|KOSTEN wählen. Diese Tabelle zeigt die Abweichungen zwischen den Kosten laut Basisplan und den Gesamtkosten an (siehe Abbildung 12.9).

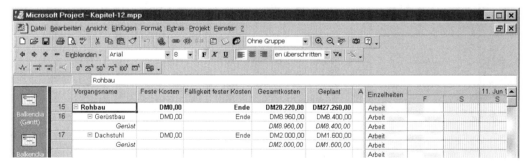

Abbildung 12.9: In der Ansicht VORGANG: TABELLE zeigt der Filter KOSTENRAHMEN ÜBERSCHRITTEN die Einzel- und Sammelvorgänge an, die ihren Kostenrahmen überschritten haben.

12 ► Kostenrahmen festlegen und Kosten überwachen

Der GERÜSTBAU hat seine Schätzkosten um 560 DM überschritten. Der Dachstuhl kostet 400 DM mehr, als im Basisplan vorgesehen war.

Nachdem Sie die Probleme gefunden haben, können Sie nach Lösungen suchen. Dafür sollten Sie sich in der geeigneten Ansicht befinden. Zeigen Sie alle Vorgänge an (indem Sie mit [F3] den Filter ALLE VORGÄNGE aktivieren), und wechseln Sie in die Ansicht BALKENDIAGRAMM (GANTT).

Kosten reduzieren

Mit Microsoft Project können Sie Kostenabweichungen mit einer Reihe verschiedener Methoden auflösen. In diesem Abschnitt lernen Sie eine dieser Methoden kennen.

Arbeiten Sie in einer geteilten Ansicht mit der Ansicht VORGANG: EINGABE, um die Korrektur durchzuführen:

1. **Wählen Sie in der Ansicht BALKENDIAGRAMM (GANTT) den Menübefehl FENSTER|TEILEN.**

   Die geteilte Ansicht wird geöffnet.

2. **Wählen Sie den Menübefehl ANSICHT|TABELLE: EINGABE|KOSTEN.**

   Im oberen Fenster wird die Tabelle EINGABE durch die Tabelle KOSTEN ersetzt.

3. **Ziehen Sie den vertikalen Trennbalken nach rechts, bis die Spalte ABWEICHUNG in der Kostentabelle sichtbar ist.**

4. **Verschieben Sie die Ansicht, und wählen Sie den gewünschten Vorgang.**

   Wählen Sie in unserem Beispiel den Vorgang GERÜSTBAU.

5. **Klicken Sie in der Standardsymbolleiste auf die Schaltfläche GEHE ZU AUSGEWÄHLTEM VORGANG.**

6. **Falls notwendig, klicken Sie in der Standardsymbolleiste auf die Schaltfläche VERKLEINERN, um den kompletten Vorgang anzuzeigen.**

   Klicken Sie in unserem Beispiel, falls notwendig, auf die Schaltfläche VERKLEINERN, um den kompletten Gantt-Balken des GERÜSTBAU-Vorgangs anzuzeigen (vergleiche Abbildung 12.10).

    Wenn die Spalte EINH. in dem unteren Fenster Prozentsätze zeigt, können Sie die Anzeige auf Dezimalzahlen umschalten, indem Sie EXTRAS|OPTIONEN wählen, zur Registerkarte TERMINPLAN gehen und dort in dem Dropdownlistenfeld ZUORDNUNGSEINHEITEN ANZEIGEN ALS: den Eintrag DEZIMALWERT auswählen.

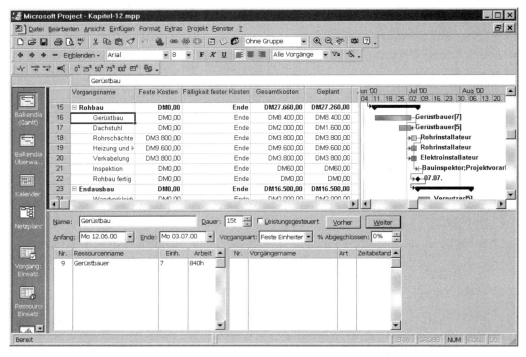

Abbildung 12.10: Diese Dreifachansicht zeigt Ihnen die Kostentabelle, das Balkendiagramm und die Vorgangseinzelheiten.

Um die Kosten eines Vorgangs zu reduzieren, ändern Sie die Eigenschaften der Ressourcen wie folgt:

1. **Wählen Sie im unteren linken Fensterausschnitt die Einheiten, die mit dem Vorgang verbunden sind.**

   Wählen Sie in unserem Beispiel die Einheiten, die mit der GERÜSTBAUER-Ressource verbunden sind.

2. **Ändern Sie die Einheiten.**

   Ändern Sie in unserem Beispiel die Einheiten von 7 in 4.

3. **Ersetzen Sie in der Spalte ARBEIT die Arbeitsstunden.**

   Ersetzen Sie beispielsweise 896H durch 480H.

4. **Um eine Ressource hinzuzufügen, wählen Sie die nächste freie Zelle in der Spalte RESSOURCENNAME.**

   Wählen Sie beispielsweise die freie Zelle unter der GERÜSTBAUER-Ressource.

5. **Klicken Sie auf den nach unten gerichteten Pfeil, und wählen Sie eine weitere Ressource.**

   Wählen Sie beispielsweise TAGELÖHNER.

6. **Geben Sie eine Einheit oder Einheiten für die zusätzliche Ressource ein.**

   Geben Sie beispielsweise in die Spalte EINH. von TAGELÖHNER eine 3 ein.

7. **Geben Sie in die Spalte ARBEIT der zusätzlichen Ressource die Stunden ein.**

   Geben Sie beispielsweise 360H in die Spalte ARBEIT von TAGELÖHNER ein.

8. **Klicken Sie auf OK.**

   Falls Sie unser Beispiel nachvollzogen haben, sollte Ihr Bildschirm wie Abbildung 12.11 aussehen.

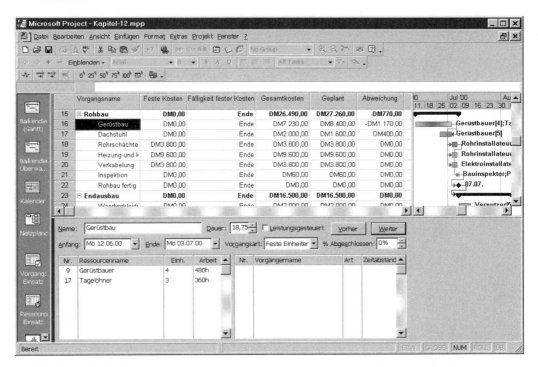

Abbildung 12.11: Die Abweichung für den GERÜSTBAU ist jetzt negativ, d.h. die Kosten liegen unter den Kosten des Basisplans.

Die Änderungen erscheinen in der Kostentabelle. Die zusätzlichen Ressourcen werden in dem Balkendiagramm angezeigt. (Verschieben Sie, falls notwendig, die Ansicht BALKENDIAGRAMM (GANTT) horizontal, um die Ressourcennamen anzuzeigen.)

Sie können die Kosten auch noch mit anderen Methoden reduzieren, beispielsweise indem Sie den Terminplan des Projekts ändern. Durch die Wahl eines anderen Projektkalenders können Sie die Zahlung von Überstunden vermeiden. Mehr darüber erfahren Sie in Kapitel 16.

Den Plan fit für die Wirklichkeit machen

In diesem Kapitel

- Fehler im Terminplan beheben
- Überlastete Ressourcen suchen
- Überlastungen beseitigen
- Den kritischen Weg verkürzen

Die Zeit unmittelbar vor dem Beginn eines Projekts gehört zu den faszinierendsten Phasen des Projektmanagements. Sie haben alle Teile relativ gut zusammen. Einige Dinge entsprechen genau Ihren Erwartungen, andere weichen leicht davon ab, und einige passen überhaupt nicht ins Bild.

In diesen Stunden der Dämmerung, bevor das Projekt das Licht des Tages erblickt, haben Sie die Möglichkeit, es noch einmal von allen Seiten zu begutachten, seine Stärken zu bewundern und nach potenziellen Schwachstellen zu suchen. Dies ist Ihre letzte Möglichkeit für Verbesserungen, die den Unterschied zwischen dem Erfolg und dem Scheitern des Projekts bedeuten können.

Kümmern Sie sich nicht zu sehr darum, wenn nicht alles perfekt ist. Die meisten Projekte haben zu Beginn mit einigen Problemen zu kämpfen. Vielleicht ist der Terminplan länger geworden, als ursprünglich geplant war. Vielleicht sind einige Ressourcen überlastet, während andere zu wenig genutzt werden. Auch ein oder zwei Fehler in den Vorgangsbeziehungen stellen keine größere Überraschung dar.

Ziemlich häufig liegt die größte Herausforderung des Projektmanagements darin, die ursprünglichen Ziele nicht aus den Augen zu verlieren – und einfach das zu tun, was man tun wollte. In 99 von 100 Fällen ist es am besten, genau die Aufgaben durchzuführen, die man von Anfang geplant hat. In diesem Kapitel erfahren Sie, wie Sie Ihren Terminplan in Microsoft Project analysieren und ändern können, um Ihr Projekt zielgerecht durchzuführen.

 Auf der CD befindet sich die Übungsdatei KAPITEL-13.MPP, die durch einige Anpassungen auf die Wirklichkeit vorbereitet werden muss. Alternativ können Sie auch mit einer eigenen Projektdatei arbeiten.

Überlastete Ressourcen ermitteln

Der Terminus *überlastet* bedeutet, dass die Zuordnungen einer Ressource ihre Kapazität übersteigen. Die Ressourcenansichten bieten Ihnen eine Möglichkeit festzustellen, ob Vorgänge Ihres Projekts eine Überlastung verursachen. Wählen Sie beispielsweise in der Ansichtsleiste das Symbol RESSOURCE: TABELLE. Die Ansicht RESSOURCE: TABELLE wird angezeigt (siehe Abbildung 13.1). Eine Ressource, die mehr Vorgänge bedienen muss, als es ihre Zeit erlaubt, wird in der Indikator-Spalte durch ein gelbes Ausrufezeichen markiert. Dieser Überlastungsindikator bedeutet, dass eine Ressource abgeglichen werden muss. In Abbildung 13.1 markiert Microsoft Project unter anderem die Ressource ZEICHNER für den Abgleich.

Im Projektmanagement bedeutet *Abgleich* das, was das Wort zum Ausdruck bringt. Eine Ressource ist so vielen Vorgängen zugewiesen, dass die zeitliche Kapazität der der Ressource überschritten wird. Microsoft Project schlägt vor, die Vorgänge, die mit der Ressource verbunden sind, zeitlich auseinander zu ziehen, so dass die Ressource den Vorgängen im Zeitablauf gleichmäßiger zugeordnet werden kann.

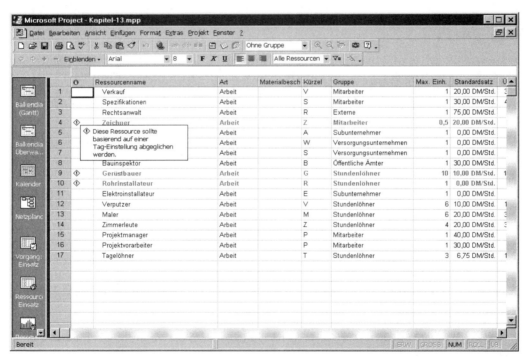

Abbildung 13.1: Eine Überlastungsanzeige wird häufig durch eine Änderung des Zeitplans oder durch das Konsolidieren oder Verschieben von Vorgängen ausgelöst.

Ein gebräuchliches Beispiel einer überlasteten Ressource ist ein Mitarbeiter, dem zwei große Aufgaben gleichzeitig zugewiesen sind. Irgendetwas oder irgendwer muss nachgeben. Der Mitarbeiter hat folgende Möglichkeiten:

- ✔ Er kann die Arbeit am Abend oder am Wochenende mit nach Hause nehmen (Überstunden oder Änderung der Arbeitszeiten oder beides).
- ✔ Er kann Hilfe anfordern (zusätzliche Ressourcen).
- ✔ Er kann darum bitten, einige Pflichten abgeben zu dürfen (Vorgänge verringern).
- ✔ Er kann um Verlegung der Endtermine bitten (Ressourcenabgleich).

Die obige Liste umfasst die allgemeinen Lösungen für eine Überlastung, jedoch ist nur die letzte, eine Änderung der Endtermine, ein Abgleich. Wenn Microsoft Project als Lösung den Abgleich einer Überlastung vorschlägt, liegt das daran, dass es den Abgleich automatisch für Sie ausführen kann. (Die anderen Lösungen müssen Sie alle selbst ausarbeiten.) Der Abgleich ist häufig die am wenigsten wünschenswerte Lösung eines Überlastungsproblems. Beispielsweise sollten Sie die Endtermine nicht verschieben, wenn Ihr Projekt an einem bestimmten Datum fertig sein muss.

Eine Ansicht der Ressourcenzuordnungen

Sie müssen herausfinden, wie viele Ressourcen Überlastungsprobleme haben und wie ernsthaft die Probleme sind. Die beste Methode, um diese Detektivarbeit zu erledigen, ist eine Ansichtskombination.

Der möglicherweise einfachste und schnellste Weg, um einen Zugang zu den Ressourcenüberlastungsproblemen zu finden, besteht darin, die Ansicht RESSOURCE: EINSATZ in Microsoft Project zu verwenden. Sie können diese Ansicht über die Symbolleiste RESSOURCENMANAGEMENT aufrufen:

1. **Klicken Sie mit der rechten Maustaste auf den Symbolleistenbereich.**

    Das Kontextmenü der Symbolleisten wird geöffnet.

2. **Klicken Sie in dem Kontextmenü auf den Menübefehl RESSOURCENMANAGEMENT.**

3. **Klicken Sie ganz links in der Symbolleiste auf die Schaltfläche ANSICHT 'RESSOURCE: EINSATZ'.**

    Die Ansicht RESSOURCE: EINSATZ wird angezeigt (siehe Abbildung 13.2). In dieser Ansicht wird im oberen Bereich die Ressourcentabelle und im unteren Bereich das BALKENDIAGRAMM: ABGLEICH angezeigt. Das BALKENDIAGRAMM: ABGLEICH zeigt nur die Vorgangsbalken an, die mit dem ausgewählten Vorgang im oberen Bereich verbunden sind.

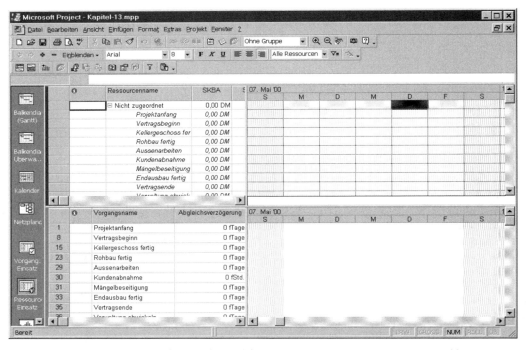

Abbildung 13.2: Verwenden Sie die Ansicht RESSOURCE: EINSATZ, um Ressourcenprobleme zu analysieren.

Die Ansicht RESSOURCE: EINSATZ ist sehr gut dazu geeignet, Ressourcenprobleme zu analysieren. Überlastete Ressourcen werden rot dargestellt. In der Übungsdatei ist die Ressource ZEICHNER nicht die einzige Ressource mit Problemen. Wenn Sie die Ansicht im oberen Bereich verschieben, können Sie sehen, dass auch die Ressourcen GERÜSTBAUER und ROHRINSTALLATEUR Schwierigkeiten haben. Analysieren Sie die Probleme einzeln nacheinander. Führen Sie zu diesem Zweck die folgenden Schritte aus:

1. **Wählen Sie im oberen Bereich eine überlastete Ressource aus.**

   Falls Sie unser Beispiel nachvollziehen, wählen Sie die Ressource ZEICHNER. Die Ansicht BALKENDIAGRAMM: ABGLEICH zeigt den Vorgang an, der mit der Ressource verbunden ist.

2. **Drücken Sie auf [F6], um den unteren Bereich zu aktivieren, oder klicken Sie mit der Maus auf eine beliebige Stelle des unteren Bereichs.**

3. **Klicken Sie in der Standardsymbolleiste auf die Schaltfläche GEHE ZU AUSGEWÄHLTEM VORGANG.**

   Das Diagramm und die Tabelle springen zu den Vorgangsterminen (siehe Abbildung 13.3).

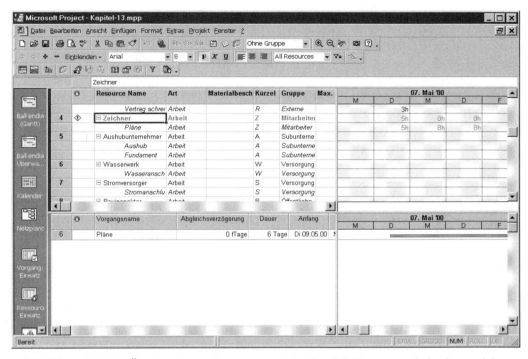

Abbildung 13.3: Die Überlastung von Ressourcen wird anhand des Ressourcenkalenders und der Anzahl Ihrer Einheiten ermittelt.

Bei einem Blick auf Abbildung 13.3 ist das Problem nicht sofort augenfällig. Der Zeichner arbeitet nicht länger als acht Stunden am Tag. Als Nächstes sollten Sie die Ressourceninformationen näher untersuchen. Ziehen Sie zu diesem Zweck den vertikalen Balken nach rechts, bis die Spalte FÄLLIG AM sichtbar ist (siehe Abbildung 13.4).

Die Spalte MAX. EINH. für die Ressource ZEICHNER (Linie 4) enthüllt jetzt das Problem. Die maximale Anzahl der Einheiten für diese Ressource beträgt 0,5. Dies bedeutet, dass dem Zeichner ein Maximum von vier Stunden pro Tag (einen Acht-Stunden-Tag vorausgesetzt) für jeden der sechs Tage des Planungsvorgangs zur Verfügung steht. Ursprünglich wurde angenommen, dass der Zeichner für acht Stunden pro Tag zur Verfügung stehen würde.

Die Spalte Max. EINH. zeigt die maximale Nutzung einer Ressource für das betreffende Projekt an. Ein Wert von 1 bedeutet, dass dem Projekt 100% der Ressourceneinheiten zugeordnet werden können. Eine Zahl kleiner als 1 zeigt den Zeitumfang an, den die Ressource Ihrem Projekt zur Verfügung stellen kann. Wenn noch andere Projekte laufen, die auf dieselben Ressourcen zugreifen, können Sie sich am besten vor Ressourcenüberlastungen schützen, indem Sie einen Ressourcenpool gemeinsam nutzen. Ressourcenpools werden in Kapitel 14 näher beschrieben.

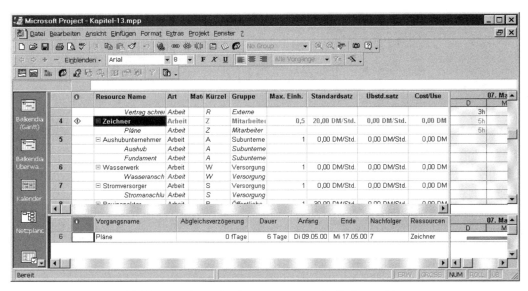

Abbildung 13.4: Die Spalte MAX. EINH. enthüllt das Problem.

Manchmal müssen Sie bei einer Überlastung die Situation genauer analysieren, bevor Sie die Überlastung identifizieren können. Microsoft Project hilft Ihnen, Überlastungen an verborgenen Stellen aufzuspüren. Um solche Probleme zu beheben, führen Sie die folgenden Schritte aus:

1. **Vergößern Sie die Darstellung des Balkendiagramms in der kombinierten Ressourcenansicht.**

    Sie können die Anzeige der Grafik auf der rechten Seite vergrößern, indem Sie den vertikalen Balken zwischen dem Diagramm und der Tabelle wieder nach links ziehen, bis dort nur noch die Spalten RESSOURCENNAME und ART sichtbar sind.

2. **Klicken Sie in der Symbolleiste RESSOURCENMANAGEMENT auf die Schaltfläche GEHE ZUR NÄCHSTEN RESSOURCENÜBERLASTUNG.**

    In unserem Übungsprojekt wird die Ressource GERÜSTBAUER dargestellt. Der untere Ausschnitt zeigt die beiden Vorgänge an, die mit der Ressource verbunden sind (siehe Abbildung 13.5).

3. **Verschieben Sie, falls notwendig, die untere rechte Anzeige, bis die Ressourcennamen und die zugewiesenen Einheiten der anderen überlasteten Vorgänge sichtbar sind.**

13 ➤ Den Plan fit für die Wirklichkeit machen

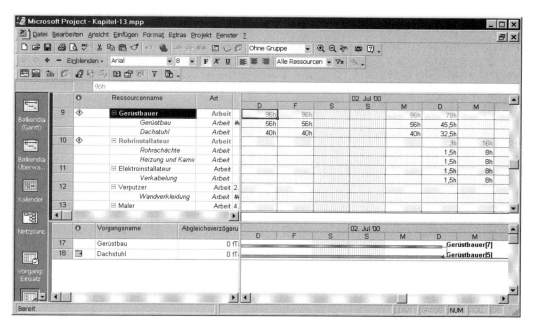

Abbildung 13.5: Der untere Abschnitt zeigt die Tage an, an denen die Vorgänge ausgeführt werden sollen, die mit der überlasteten Ressource im oberen Ausschnitt verbunden sind.

In unserem Beispiel werden die Vorgänge GERÜSTBAU und DACHSTUHL angezeigt. Die Ressource GERÜSTBAUER ist für sieben Einheiten des Vorgangs GERÜSTBAU und fünf Einheiten des Vorgangs DACHSTUHL verantwortlich. Die Einheit 1 bedeutet einen Arbeitstag einer Person. Ziehen Sie den vertikalen Balken nach rechts, bis die Spalte Max. EINH. im oberen Fenster sichtbar ist. Die maximalen Einheiten für die Ressource GERÜSTBAUER betragen 10 (siehe Abbildung 13.6). Dies ist der Grund für diese Überlastung.

Wählen Sie jetzt die Ressource ROHRINSTALLATEUR aus. Diese Ressource enthält in der Spalte MAX.EINH. gegenwärtig den Wert 1. Der Subunternehmer arbeitet für einen vertraglich vereinbarten Festbetrag. Es spielt keine Rolle, wie viele Leute er einsetzt, solange die Aufgabe vertragsgetreu erledigt wird. Weil der Ressource jedoch nur eine Einheit zugewiesen ist, nimmt Microsoft Project an, dass der Subunternehmer nicht zwei Vorgänge gleichzeitig ausführen kann.

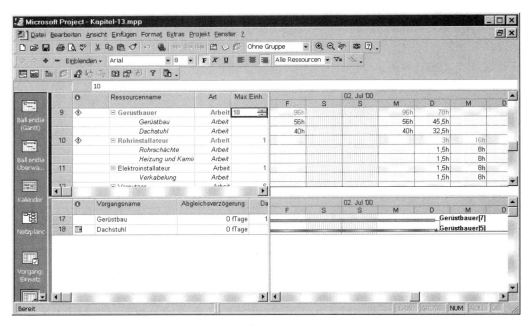

Abbildung 13.6: Microsoft Project ermittelt die Überlastung anhand der Arbeit, der zugewiesenen Zeit, der maximal zur Verfügung stehenden Einheiten sowie anhand des Ressourcenkalenders.

Ressourcenüberlastungen korrigieren

Sie können Ressourcenüberlastungen auf mehrere Weisen korrigieren. In diesem Abschnitt lernen Sie anhand unseres Beispiels drei Lösungen für die Ressourcenprobleme in diesem Projekt kennen. Sie können die Vorgangsdauer für den Zeichner verlängern, Einheiten zu dem Gerüstbauer hinzufügen und einen Vorgang für den Rohrinstallateur löschen. Jede dieser Lösungen ist unter den gegebenen Umständen für die Ressource die jeweils bestmögliche.

Sie erledigen diese Arbeit am besten manuell, anstatt den automatischen Abgleich zu verwenden. Benutzen Sie zu diesem Zweck die Ansicht BALKENDIAGRAMM (GANTT) – Sie können die Ansicht ungeteilt verwenden. Weitere Informationen über Ansichten finden Sie Kapitel 6. Gehen Sie folgendermaßen vor:

1. **Wählen Sie den Menübefehl EXTRAS|KAPAZITÄTSABGLEICH.**

   Das Dialogfeld KAPAZITÄTSABGLEICH wird geöffnet (siehe Abbildung 13.7).

2. **Markieren Sie im Gruppenfeld ABGLEICHSBERECHNUNG die Schaltfläche MANUELL.**

   Damit wird der automatische Abgleich deaktiviert.

3. **Klicken Sie auf OK.**

13 ➤ Den Plan fit für die Wirklichkeit machen

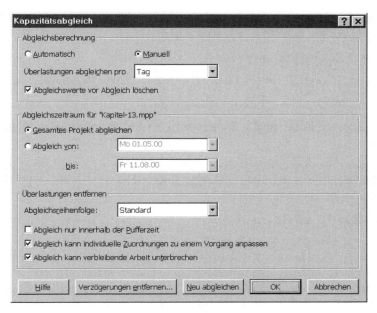

Abbildung 13.7: Die Einstellungen in diesem Dialogfeld bleiben erhalten, bis Sie sie erneut ändern.

4. **Wählen Sie den Menübefehl FENSTER|TEILEN.**

5. **Wählen Sie im oberen Bereich den ersten überlasteten Vorgang.**

   Wählen Sie in unserem Beispiel den Vorgang PLÄNE. Im unteren Abschnitt wird die Ressource ZEICHNER angezeigt.

6. **Ändern Sie den Wert in der Spalte EINH., um die Überlastung zu beheben.**

   Ändern Sie in unserem Beispiel den Wert von 1 in 0,5. Damit legen Sie fest, dass die Ressource maximal zur Hälfte eines Arbeitstages zur Verfügung steht.

7. **Klicken Sie auf OK.**

Verschieben Sie das Balkendiagramm, bis der Balken des Vorgangs PLÄNE und die zugewiesene Ressource komplett angezeigt werden. Der Vorgang wird dadurch abgeglichen, dass die Dauer auf zwölf Tage verlängert wird. Die Ressource ZEICHNER ist auf 0,5 Einheiten begrenzt. Die Lösung ist akzeptabel, weil die Verlängerung der Vorgangsdauer um sechs Tage keinen Konflikt mit dem Nachfolgerdatum auslöst, da das Anfangsdatum des Nachfolgers nach der Zwölftagesperiode beginnt.

Eine andere Möglichkeit, um Überlastungen abzubauen, besteht darin, manuell Ressourcen hinzuzufügen. In unserem Beispiel korrigieren Sie die Überlastung der Gerüstbauer nicht durch einen Abgleich, sondern indem Sie ihr Ressourcen hinzufügen:

1. **Markieren Sie einen beliebigen Vorgang, und klicken Sie in der Standardsymbolleiste auf die Schaltfläche RESSOURCEN ZUORDNEN.**

    Das Dialogfeld RESSOURCEN ZUORDNEN wird geöffnet.

2. **Doppelklicken Sie in der Liste auf eine überlastete Ressource.**

    Doppelklicken Sie in unserem Beispiel auf die Ressource RESSOURCE GERÜSTBAUER.

3. **Ändern Sie in der Spalte EINHEITEN die Anzahl der maximal verfügbaren Einheiten.**

    Ändern Sie in unserem Beispiel den Wert von 10 auf 12. Die Vorgangskosten ändern sich nicht, wenn Sie die verfügbaren Einheiten erhöhen, weil die zugewiesenen Einheiten gleich bleiben.

4. **Klicken Sie auf OK.**

    In unserem Beispiel wurde die Überlastung der Ressource GERÜSTBAUER dadurch verursacht, dass dieselbe Mannschaft zwei Vorgänge (Vorgänge 17 und 18) gleichzeitig ausführen sollte. Sieben Einheiten waren dem Vorgang GERÜSTBAU und fünf Einheiten dem Vorgang DACHSTUHL zugewiesen. Durch die Vergrößerung der Anzahl der maximal verfügbaren Ressourcen haben Sie die Überlastung beseitigt.

Einen dritte Möglichkeit, um eine Überlastung zu beseitigen, besteht darin, unnötige Vorgänge zu löschen. In unserem Beispiel beheben Sie die Überlastung der Ressource ROHRINSTALLATEUR, indem Sie einen von zwei identischen Vorgängen löschen. Dieser Fehler im Terminplan resultierte aus einer älteren Entscheidung, die Vorgänge ROHRSCHÄCHTE und HEIZUNG UND KAMIN vom selben Subunternehmer ausführen zu lassen. In diesem Fall wird durch das Löschen eines Vorgangs nichts geändert, weil der Vertragspartner für die gesammte Mannschaft und die zugehörigen Ressourcen verantwortlich ist. Um einen Vorgang zu löschen, führen Sie die folgenden Schritte aus:

1. **Markieren Sie den unnötigen Vorgang.**

    Markieren Sie in unserem Beispiel den Vorgang HEIZUNG UND KAMIN.

2. **Drücken Sie auf die `Entf`-Taste.**

    Die Ressourcenüberlastung ist verschwunden.

3. **Wählen Sie den Menübefehl FENSTER|TEILUNG AUFHEBEN.**

    Das Projekt kehrt in die Standardansicht BALKENDIAGRAMM (GANTT) zurück.

Den kritischen Weg verkürzen

Wenn Sie die Gesamtdauer eines Projekts verringern wollen, müssen Sie seinen kritischen Weg verkürzen.

13 ➤ Den Plan fit für die Wirklichkeit machen

Was ist der kritische Weg?

Gute Frage. Der *kritische Weg* ist die Folge von Vorgängen, welche die den Endtermin eines Projekts bestimmt. Beim Projektmanagement werden solche Vorgänge unterschieden, die auf dem kritischen Weg liegen, und solche, die nicht auf ihm liegen. Der kritische Weg des Projekts enthält nur Vorgänge, die noch nicht abgeschlossen sind. Deshalb wird der kritische Weg kürzer, wenn das Projekt voranschreitet.

So sind in unserem Beispielprojekt KAPITEL-13.MPP alle Vorgänge notwendig, um das Projekt abzuschließen. Wenn Sie einen Vorgang auslassen, wird der Kunde Sie schnell darauf hinweisen, dass das Projekt noch nicht fertig ist. (Beispielsweise fällt eine fehlende Treppe sehr leicht auf.) Einige der notwendigen Vorgänge liegen auf dem kritischen Weg, andere nicht.

Sie können den kritischen Weg folgendermaßen anzeigen:

1. **Wechseln Sie, falls notwendig, in die Ansicht BALKENDIAGRAMM (GANTT), indem Sie in der Ansichtsleiste auf das gleichnamige Symbol klicken.**

   Die sollte außerdem ungeteilt sein.

2. **Klicken Sie in der Standardsymbolleiste auf die Schaltflächen VERGRÖSSERN oder VERKLEINERN, um die Zeitskala zu wählen, die aus Monaten und Drei-Tages-Segmenten besteht.**

   Dadurch erhalten Sie einen besseren Überblick über das gesamte Projekt.

3. **Drücken und halten Sie die `Umschalt`-Taste nieder, und wählen Sie PROJEKT|FILTER: ALLE VORGÄNGE|KRITISCH.**

   Der Bildschirm zeigt jetzt das komplette Projekt, wobei der kritische Weg hervorgehoben ist (siehe Abbildung 13.8).

Ein Beispiel für einen nicht kritischen Vorgang ist der Vorgang TREPPE. Die Treppe muss bis zum Ende des Projekts fertig sein, aber es gibt einen Spielraum, ohne dass der Anfang oder der Abschluss anderer Vorgänge betroffen sind. In geringerem Maße gilt dies auch für den Vorgang DACHSTUHL. Sein Anfang kann ein wenig verzögert werden, solange sein Endtermin nicht über den Endtermin des Vorgangs Rohrschächte hinausgeht.

Ein Beispiel für einen kritischen Vorgang ist der Vorgang AUSHUB. Der Anfangstermin und der Endtermin des Aushubs haben einen direkten Einfluss auf die Fortsetzung und die Termine der nachfolgenden Vorgänge und letztlich auf den Endtermin des Projekts. In ähnlicher Weise liegt auch der Vorgang WANDVERKLEIDUNG auf dem kritischen Weg, da seine Dauer den Endtermin des Projekts direkt beeinflusst. Wenn Sie eine Möglichkeit fänden, um die Vorgangsdauer für die WANDVERKLEIDUNG zu verringern, ohne die Kosten zu erhöhen, könnten Sie den kritischen Weg verkürzen.

Verschieben Sie das Balkendiagramm so, dass der letzte Vorgang angezeigt wird. Der Meilenstein PROJEKT FERTIG fällt auf den 11. August. Das ist ein Problem. Nehmen wir beispielsweise an, dass Ihr Chef verlangt, dass das Haus am 1. August fertig sein soll. Sie müssen einen Weg finden, um die Dauer des Projekts zu verkürzen. Dabei sollten Sie auch gleich noch einige zusätzliche Tage als Puffer für schlechtes Wetter einplanen!

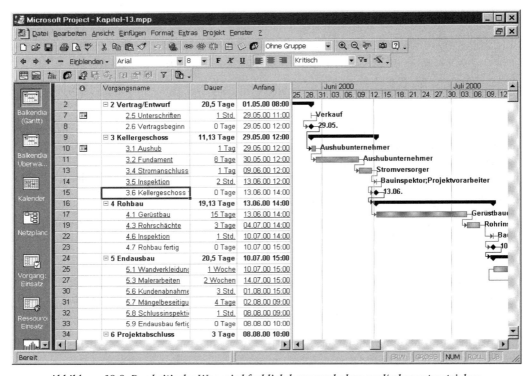

Abbildung 13.8: Der kritische Weg wird farblich hervorgehoben und/oder unterstrichen.

Den Terminplan analysieren

Wenn Sie einen Terminplan verkürzen wollen, müssen Sie ihn gründlich analysieren. Stellen Sie sich die folgenden drei Fragen:

✔ Wird die Zeit so effizient wie möglich genutzt?

✔ Können Ressourcen geändert werden, ohne die Kosten zu erhöhen?

✔ Gibt es im Projekt unnötige Ende-Anfang-Beziehungen?

Zeit effizient nutzen

Wenn Sie mit der effizienten Nutzung der Zeit beginnen, stellen Sie fest, dass Sie den kritischen Weg des Projekts verkürzen können. Sie können den Bauzeitenkalender ändern. Im Baugewerbe ist (in Amerika) eine sechstägige Arbeitswoche üblich, ohne dass dies zu Überstunden führt. Diese gilt besonders in Landesteilen, die einen langen Winter haben. Um den Bauzeitenkalender zu ändern, führen Sie die folgenden Schritte aus:

1. **Wählen Sie den Menübefehl EXTRAS|ARBEITSZEIT ÄNDERN.**

   Das Dialogfeld ARBEITSZEIT ÄNDERN wird angezeigt (siehe Abbildung 13.9).

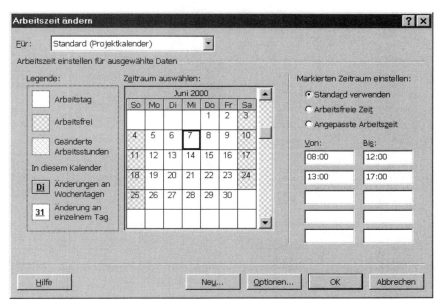

   Abbildung 13.9: Im Dialogfeld ARBEITSZEIT ÄNDERN können Sie den Standardkalender und die Ressourcenkalender ändern.

2. **Wählen Sie in dem Dropdownlistenfeld FÜR den Kalender aus, den Sie ändern wollen.**

   Wählen Sie in unserem Beispiel den BAUZEITENKALENDER.

3. **Wählen Sie die Überschrift des Tages aus, den Sie ändern wollen.**

   Wählen Sie in unserem Beispiel die Überschrift der Spalte SA (Samstag).

4. **Markieren Sie in dem Gruppenfeld MARKIERTEN ZEITRAUM EINSTELLEN die Option ANGEPASSTE ARBEITSZEIT.**

   Die zugehörigen Eingabefelder werden aktiviert.

5. **Passen Sie die angezeigten Standardarbeitszeiten an Ihre Anforderungen an.**

   Passen Sie in unserem Beispiel die Arbeitszeiten an die Zeiten der anderen Tage an: 7:00 bis 11:00 Uhr und 11:30 bis 15:30 Uhr (siehe Abbildung 13.10).

6. **Klicken Sie auf OK.**

   Der Meilenstein PROJEKT FERTIG fällt jetzt auf den 4. August. Sie machen Fortschritte.

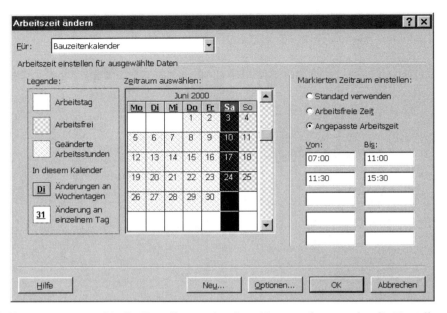

Abbildung 13.10: Wenn Sie die Einstellungen für einen Monat ändern, werden die Einstellungen des gesamten Kalenders geändert.

Ressourcen ändern

Eine weitere Möglichkeit, den kritischen Weg zu verkürzen, besteht darin, die Ressourcen zu ändern. Manchmal ist dies die einfachste und unkomplizierteste Lösung für das ewige Problem, zu wenig Zeit für zu viel Arbeit zu haben. Beispielsweise können Sie durch eine Vermehrung der Ressourcen manchmal die Dauer eines Vorgangs verkürzen. Eine separate Kostenbetrachtung ist dann aber nötig. Gehen Sie folgendermaßen vor, um Ressourcen hinzuzufügen:

1. **Wählen Sie einen Vorgang.**

    Wählen Sie in unserem Beispiel den Vorgang MALERARBEITEN.

2. **Klicken Sie in der Standardsymbolleiste auf die Schaltfläche RESSOURCEN ZUORDNEN.**

    Das Dialogfeld RESSOURCEN ZUORDNEN wird geöffnet.

3. **Doppelklicken Sie auf die Ressource, die Sie hinzufügen möchten.**

    Doppelklicken Sie in unserem Beispiel auf die Ressource MALER.

    Das Dialogfeld INFORMATIONEN ZUR RESSOURCE wird angezeigt (siehe Abbildung 13.11). Ändern Sie in diesem Dialogfeld die Anzahl der Ressourceneinheiten, die für einen Vorgang verfügbar sind.

13 ➤ Den Plan fit für die Wirklichkeit machen

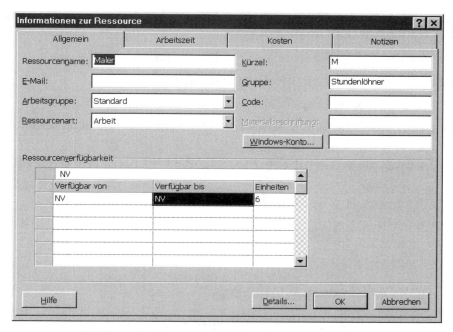

Abbildung 13.11: Das Dialogfeld INFORMATIONEN ZUR RESSOURCE

4. **Ändern Sie den Wert in der Spalte** EINHEITEN, **und klicken Sie dann auf OK.**

   Ändern Sie in unserem Beispiel den Wert auf 8.

5. **Ändern Sie im Dialogfeld** RESSOURCEN ZUORDNEN **die Anzahl der zugewiesenen Einheiten, und klicken Sie dann auf** SCHLIESSEN.

   Ändern Sie in unserem Beispiel den Wert von 4,00 in 8,00.

   Das Balkendiagramm wird geändert und zeigt in unserem Beispiel an, dass die Dauer des Vorgangs MALERARBEITEN von zwei Wochen auf eine Woche reduziert wurde. Der Meilenstein PROJEKT FERTIG fällt jetzt auf den 28. Juli.

Unnötige Anfang-Ende-Beziehungen entfernen

Eine weitere Möglichkeit, um den kritischen Weg zu verkürzen, besteht darin, einige Vorgangsbeziehungen zu ändern. Einige Beziehungen sind unnötigerweise als Ende-Anfang-Beziehungen definiert. Die Vorgänge ROHRSCHÄCHTE und VERKABELUNG können so geändert werden, dass sie zusammen mit ihrem Vorgänger GERÜSTBAU enden. Um die Vorgangsbeziehungen zu ändern, führen Sie die folgenden Schritte aus:

1. **Klicken Sie in der Standardsymbolleiste auf die Schaltfläche VERGRÖSSERN, um die Zeitskala mit Wochen und Tagen anzuzeigen.**

   Diese Ansicht erleichtert die Arbeit in dem Balkendiagramm.

2. **Wählen Sie den Vorgang aus, den Sie ändern wollen.**

   Wählen Sie in unserem Beispiel den Vorgang ROHRSCHÄCHTE.

3. **Klicken Sie in der Standardsymbolleiste auf die Schaltfläche GEHE ZU AUSGEWÄHLTEM VORGANG.**

4. **Doppelklicken Sie in dem Balkendiagramm auf den Pfeil, der zu dem Vorgang führt.**

   Doppelklicken Sie in unserem Beispiel auf den Pfeil, der zu dem Vorgang ROHRSCHÄCHTE führt. Das Dialogfeld ANORDNUNGSBEZIEHUNG wird angezeigt (siehe Abbildung 13.12).

Abbildung 13.12: Die Beziehungsabhängigkeit sollte von GERÜSTBAU zu ROHRSCHÄCHTE gehen.

5. **Ändern Sie die Anordnungsbeziehung.**

   Ändern Sie in unserem Beispiel die Anordnungsbeziehung in Ende-Ende (EE), und klicken Sie dann auf OK.

6. **Wiederholen Sie die Schritte 2 bis 5 für andere Vorgänge.**

   Wiederholen Sie in unserem Beispiel die Schritte 2 bis 5 für den Vorgang VERKABELUNG.

    Sie können einen Vorgang auch ziehen, um ihm denselben Endtermin wie einem anderen Vorgang zuzuweisen. Ziehen Sie in diesem Beispiel den Vorgang DACHSTUHL, bis er denselben Endtermin wie der Vorgang GERÜSTBAU hat (29.06.00; siehe Abbildung 13.13). Falls Sie ein Fehler machen, wählen Sie BEARBEITEN|RÜCKGÄNGIG: VERSCHIEBEN.

7. **Verschieben Sie die Anzeige zum letzten Vorgang, wählen Sie ihn aus, und klicken Sie in der Standardsymbolleiste auf die Schaltfläche GEHE ZU AUSGEWÄHLTEM VORGANG.**

   Der Meilenstein PROJEKT FERTIG sollte jetzt auf den 26. Juli fallen. Sie haben es fast geschafft.

13 ➤ Den Plan fit für die Wirklichkeit machen

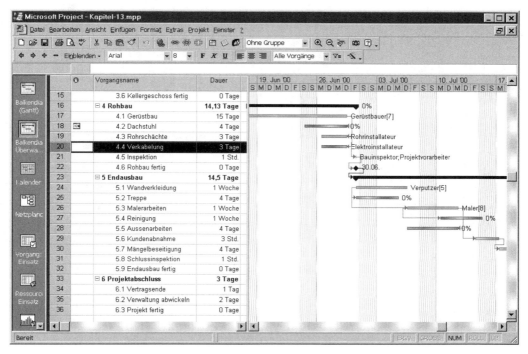

Abbildung 13.13: Im Balkendiagramm können Sie Vorgangsbeziehungen durch Klicken und Ziehen visuell optimieren.

Mit zwei schnellen Änderungen vervollständigen Sie die Verkürzung. Löschen Sie den Vorgang VERTRAGSENDE – er ist redundant, weil der Vorgang VERWALTUNG ABWICKELN das Gleiche leistet. Verkürzen Sie dann die Dauer von VERWALTUNG ABWICKELN auf einen Tag. Das Ergebnis sollte jetzt wie Abbildung 13.14 aussehen. Der Endtermin Ihres Projekts erlaubt jetzt eine Woche Regenwetter.

Ändern Sie jetzt als Letztes den Basisplan:

1. **Wählen Sie den Menübefehl EXTRAS|ÜBERWACHEN|BASISPLAN SPEICHERN.**

   Das Dialogfeld BASISPLAN SPEICHERN wird geöffnet. Stellen Sie sicher, dass die Option BASISPLAN SPEICHERN markiert ist.

2. **Klicken Sie auf OK.**

Sie haben Ihren Plan optimiert. Alles ist bestmöglich vorbereitet. Machen Sie eine Pause, und entspannen Sie sich. Wenn der Anfangstermin des Projekts kommt, können Sie guten Gewissens zur Arbeit kommen. Dieses Projekt wird ein Erfolg werden!

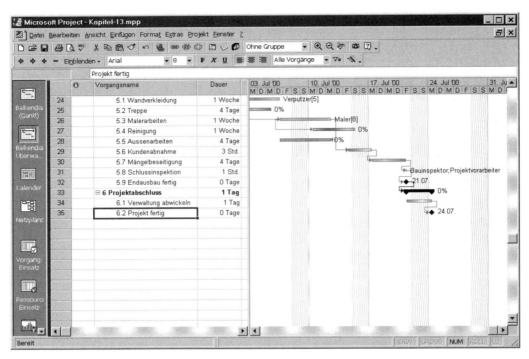

Abbildung 13.14: Das Projekt liegt jetzt innerhalb der vertraglich festgelegten Grenzen.

Sich das Leben mit Teilprojekten erleichtern und Projekte kombinieren

In diesem Kapitel

- Mehrere Projekte zusammenstellen
- Windows für mehrere Ansichten verwenden
- Mehrere Ansichten derselben Datei erstellen
- Einen Workspace erstellen
- Projekte konsolidieren
- Unterprojekte schätzen lernen
- Ein Projekt sortieren

Sie zählen also zu den Projektmanagern, die für mehrere Projekte zuständig sind. Sie haben einige Bälle in der Luft. Es scheint, dass mehr Dinge erledigt werden müssen, als Ressourcen oder Zeit zur Verfügung stehen. Und was noch schlimmer ist: Sie sind nicht sicher, ob alles in Ordnung ist oder ob irgendwo Probleme lauern. Vereinfachung hört sich sehr attraktiv an.

Microsoft Project kann den Lauf der Welt nicht verlangsamen, aber es kann die Gefahr von Ressourcen- und Zeit-Kollisionen verringern, indem es Sie bei der Verwaltung mehrerer Projekte unterstützt. Sie werden einige einfache Methoden kennen lernen, um Projekte im Griff zu behalten, die andernfalls Ihre Aufmerksamkeit und Ressourcen in widersprechende Richtungen ziehen können.

Sie arbeiten in diesem Kapitel mit mehreren Projekten. Deshalb gibt es zu diesem Kapitel auch mehrere Projektdateien auf der CD. Diese Übungsdateien müssen ein wenig koordiniert werden. Die Dateien heißen KAPITEL-14-1.MPP, KAPITEL-14-2.MPP und KAPITEL-14-3.MPP. Öffnen Sie die Dateien nacheinander, um die Beispiele in diesem Kapitel nachzuvollziehen. Weitere Informationen über den Umgang mit den Beispieldateien finden Sie in Anhang C.

Mehrere geöffnete Projektdateien verwenden

Um die Dateien anzuzeigen, verwendet Microsoft Project die Standardkonventionen von Windows, was die beste Methode ist, um mit dem Arbeiten mit mehreren Projekten zu beginnen. Wählen Sie in der Menüleiste das FENSTER-Menü (siehe Abbildung 14.1). Das Menü enthält vier Optionen. Die Optionen EINBLENDEN und AUSBLENDEN sind deaktiviert, wenn sie im jeweiligen Kontext nicht zur Verfügung stehen. Mit der Option TEILEN können Sie die Standardansichtskombination anzeigen.

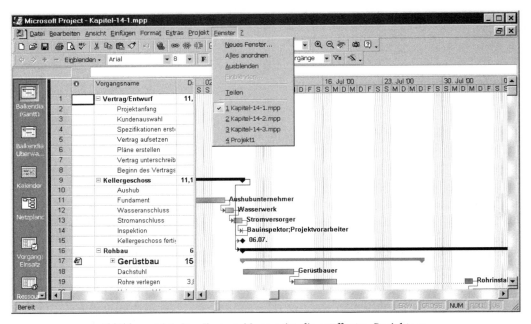

Abbildung 14.1: Das FENSTER-Menü zeigt die geöffneten Projekte an.

Am unteren Ende des Menüs werden die aktuell geöffneten Projektdateien angezeigt. Sie können so viele Projektdateien laden, wie es die Speicherkapazität Ihres Computers erlaubt.

Ausblenden und einblenden

Das Ausblenden einer Datei ist nicht dasselbe wie das Schließen einer Datei. Wenn Sie eine Datei ausblenden, entfernen Sie ihren Namen aus dem FENSTER-Menü, selbst wenn die Datei geöffnet bleibt. Sie verbergen ein Fenster folgendermaßen:

1. **Wählen Sie den Menübefehl FENSTER|<Dateiname>.**

   Wählen Sie in unserem Beispiel 4 PROJEKT1. Das aktive Fenster zeigt PROJEKT1 als Vollbild.

2. **Wählen Sie den Menübefehl FENSTER|AUSBLENDEN.**

   PROJEKT1 verschwindet.

3. **Um die Liste der restlichen geöffneten Projektdateien anzuzeigen, wählen Sie in der Menüleiste FENSTER.**

   In unserem Beispiel ist PROJEKT1 aus dem Menü verschwunden. Die Option EINBLENDEN ist aktiviert worden. Die Projekte KAPITEL-14-1, KAPITEL-14-2 und KAPITEL-14-3 sind in dem Menü sichtbar, und Sie können leicht auf sie zugreifen. Aufregend, nicht wahr?

Wenn Sie immer sehen wollen, welche Fenster gegenwärtig verborgen sind, führen Sie die folgenden Schritte aus:

1. **Wählen Sie den Menübefehl FENSTER|EINBLENDEN.**

   Das Dialogfeld EINBLENDEN wird angezeigt (siehe Abbildung 14.2). Hier können Sie die verborgene Datei wieder anzeigen.

Abbildung 14.2: Abrakadabra! Die Maus ist schneller als PROJEKT1.

2. **Klicken Sie auf OK, um das Projekt wieder anzuzeigen.**

   In unserem Beispiel benötigen wir PROJEKT1 jedoch nicht (schließlich handelt es sich nur um eine leere Datei). Klicken Sie deshalb auf ABBRECHEN.

Alle Dateien anordnen

Manchmal ist es nützlich, eine Gruppe von Informationen gleichzeitig zu vergleichen und zu editieren. Zu diesem Zweck müssen Sie alle nicht verborgenen Dateien gleichzeitig auf dem Bildschirm anzeigen. Damit die Dateien leichter sichtbar sind, verbergen Sie die Ansichtsleiste zeitweilig, indem Sie mit der rechten Maustaste auf die Ansichtsleiste klicken und in dem Kontextmenü das Häkchen neben der Option ANSICHTSLEISTE entfernen.

Zeigen Sie die gegenwärtig nicht verborgenen Dateien folgendermaßen an:

1. **Wählen Sie den Menübefehl FENSTER|ALLES ANORDNEN.**

   Ein Bildschirm mit drei Fenstern wird angezeigt (ähnlich wie in Abbildung 14.3).

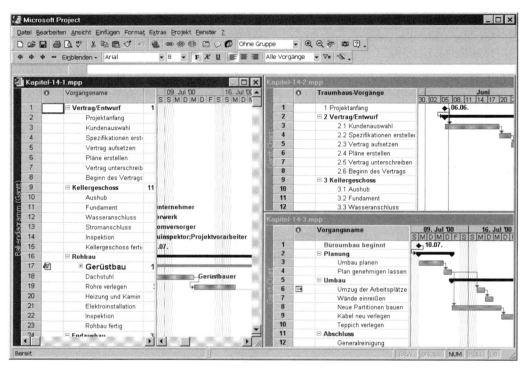

Abbildung 14.3: Ein Beispiel für die Informationen, die Sie in mehreren Fenstern gleichzeitig darstellen können, ist der Anfangstermin aller drei Projekte.

2. **Um die Fenster zu aktivieren, klicken Sie nacheinander auf jedes Fenster.**

   Ein Fenster wird aktiviert, wenn Sie darauf klicken. An der kräftigen Farbe der Titelleiste können Sie erkennen, dass ein Fenster aktiv ist.

Obwohl Sie eine relativ unbegrenzte Anzahl von Projekten öffnen können, können Sie nicht eine unbegrenzte Anzahl von Projektdateien gleichzeitig auf dem Bildschirm anzeigen.

Wenn Sie die Anzeige mehrerer Projekte durch die Anzeige eines Projekts ersetzen wollen, klicken Sie in dem aktiven Fenster auf die Schaltfläche MAXIMIEREN.

Klicken Sie beispielsweise auf das KAPITEL-14-3-Fenster, um es zu aktivieren, und klicken Sie dann auf die Schaltfläche MAXIMIEREN. Das BÜROUMBAU-Projekt füllt jetzt den kompletten Bildschirm.

Anstatt das FENSTER-Menü zu benutzen, um in der Vollbildanzeige die nicht verborgenen Projektdateien anzuzeigen, drücken Sie auf [Strg]+[F6]. Mit jedem Tastendruck zeigt der Bildschirm die nächste Projektdatei in der Liste des FENSTER-Menüs an.

Ein neues Fenster erstellen

Eine weitere brauchbare Funktion ist die FENSTER-Option NEUES FENSTER. Sie können mehrere Ansichten desselben Projekts erstellen. Diese Option dient als Shortcut zum Zugriff auf verschiedene Ansichten und bietet Ihnen die Möglichkeit, Ansichtskombinationen anzupassen.

Um die Option NEUES FENSTER auszuprobieren, sollten Sie zwei der gegenwärtig nicht verborgenen Projektdateien schließen. Drücken Sie auf [Strg]+[F6], um die Projektdatei KAPITEL-14-1.MPP anzuzeigen. Wählen Sie den Menübefehl FENSTER|AUSBLENDEN. Wiederholen Sie den Vorgang, um die Datei KAPITEL-14-2.MPP zu verbergen. Die aktive Anzeige zeigt die Projektdatei KAPITEL-14-3.MPP an. Alle Projektdateien bis auf eine sind verborgen.

Mit der Option NEUES FENSTER können Sie eine Ansichtskombination des Projekts BÜROUMBAU erstellen. Um eine Ansichtskombination anzuzeigen, führen Sie die folgenden Schritte aus:

1. **Wählen Sie den Menübefehl FENSTER|NEUES FENSTER.**

    Das Dialogfeld NEUES FENSTER wird angezeigt (siehe Abbildung 14.4).

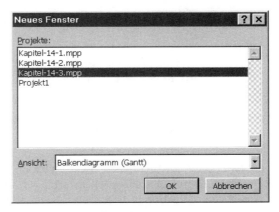

Abbildung 14.4: Alle Projektdateien (einschließlich der verborgenen) werden in dem Dialogfeld NEUES FENSTER angezeigt.

2. **Wählen Sie aus dem Dropdownlistenfeld eine Ansicht aus.**

    Wählen Sie in unserem Beispiel KALENDER aus. Sie teilen Microsoft Project mit, dass Sie ein neues Fenster öffnen wollen, das die KALENDER-Ansicht des BÜROUMBAU-Projekts anzeigt. Weil die Ansicht BALKENDIAGRAMM (GANTT) des BÜROUMBAU-Projekts bereits geladen ist, erhalten Sie zwei aktive Ansichten desselben Projekts. Näheres über die Ansichten BALKEN-DIAGRAMM (GANTT) und KALENDER erfahren Sie in Kapitel 6.

3. **Klicken Sie auf OK.**

   Die KALENDER-Ansicht des BÜROUMBAU-Projekts wird angezeigt (siehe Abbildung 14.5).

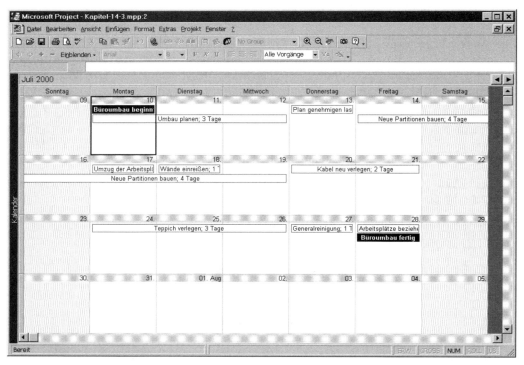

Abbildung 14.5: Der Name in der Titelleiste endet mit einer 2, was anzeigt, dass dies das zweite Anzeigefenster des Projekts ist.

 Nachdem Sie zwei Fenster geöffnet haben, die dasselbe Projekt anzeigen, und weil alle anderen geöffneten Projektdateien gegenwärtig verborgen sind, können Sie die spezielle Ansichtskombination erstellen, die Sie sich immer gewünscht haben! Na ja, wenigstens haben Sie sich die Ansicht in den letzten drei Minuten gewünscht. Wählen Sie einfach FENSTER|ALLES ANORDNEN, und die Ansichtskombination wird angezeigt (siehe Abbildung 14.6). Der markierte Balken auf der linken Seite des Bildschirms zeigt an, welches Fenster aktiv ist. Drücken Sie auf Strg + F6, um das jeweils andere Fenster zu aktivieren.

14 ➤ *Sich das Leben mit Teilprojekten erleichtern*

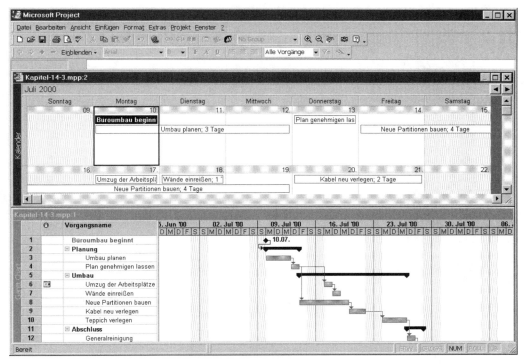

Abbildung 14.6: Die kombinierte Ansicht verwendet die Konvention, die zu einem bestimmten Zeitpunkt ein aktives Fenster zulässt.

Einen Arbeitsbereich erstellen

Sie können eine Datei erstellen und speichern, die alle Dateien festhält, die Sie geöffnet haben. Dies kann hilfreich sein, wenn Sie später an derselben Stelle weiterarbeiten wollen oder wenn Sie einen bestimmten Satz von Informationen festhalten wollen.

Erstellen Sie eine Arbeitsbereich-Datei der Projektdateien, die gegenwärtig geöffnet sind. Stellen Sie vorher jedoch sicher, dass die Dateien KAPITEL-14-1.MPP und KAPITEL-14-2.MPP nicht verborgen sind (wählen Sie, falls notwendig, FENSTER|EINBLENDEN, um die Dateien einzublenden).

Jetzt sind Sie bereit, den Arbeitsbereich zu erstellen:

1. **Wählen Sie den Menübefehl DATEI|ARBEITSBEREICH SPEICHERN.**
2. **Geben Sie in dem Feld DATEINAME einen Namen ein.**

    Verwenden Sie entweder den Standardnamen, BEREICH, oder geben Sie einen anderen Namen ein. In jedem Fall erhält der Name eines Arbeitsbereichs die Erweiterung MPW (siehe Abbildung 14.7).

Abbildung 14.7: Der Arbeitsbereich wird in demselben Ordner wie Ihr Projekt gespeichert, falls Sie nichts anderes angeben.

3. **Klicken Sie auf SPEICHERN.**

   Microsoft Project fragt Sie, ob Sie die Änderungen speichern wollen.

4. **Klicken Sie auf JA, um die Änderungen zu speichern.**

   Falls diese Frage auch bei anderen Projektdateien gestellt wird, antworten Sie ebenfalls mit JA.

Die MPW-Datei enthält nur einen Aufruf, um die Projektdateien wieder zu öffnen. Sie enthält nicht die Projektdateien selbst. Wenn Sie die Projektdateien einzeln ändern, erscheinen diese Änderungen beim nächsten Mal, wenn Sie den Arbeitsbereich öffnen.

Projekte konsolidieren

In Microsoft Project können Sie einzelne Projektdateien in einem einzigen Fenster konsolidieren. Das *Konsolidieren* von Dateien ermöglicht es Ihnen, mehrere Projekte gleichzeitig so zu bearbeiten, als handelt es sich um ein einziges Projekt.

Das Konsolidieren eines Projekts unterscheidet sich von der Verwendung mehrerer Fenster in einer wichtigen Hinsicht: Bei einer konsolidierten Projektdatei können Sie alle Informationen aller Projekte so verwenden, als befänden sie sich in einem einzigen Projekt. Beispielsweise können Sie einen Filter für das konsolidierte Projekt verwenden, der alle Projektdateien gleichzeitig filtert.

Sorgen Sie für das folgende Beispiel dafür, dass anfänglich nur ein neues Projekt geöffnet ist. Schließen Sie alle geöffneten Projekte, und klicken Sie dann auf die Schaltfläche NEU. Damit Sie auf die Menü-Optionen von Microsoft Project zugreifen können, muss ein Projekt geöffnet sein, selbst wenn es sich um ein leeres ungespeichertes Projekt handelt. Falls die Ansichtsleiste nicht sichtbar ist (weil Sie sie zu einem früheren Zeitpunkt minimiert haben), sollten Sie sie wieder anzeigen. Klicken Sie zu diesem Zweck mit der rechten Maustaste auf den markierten vertikalen Balken auf der linken Seite des Bildschirms, und wählen Sie ANSICHTSLEISTE.

Um ein Projekt zu konsolidieren, führen Sie die folgenden Schritte aus:

1. **Markieren Sie einen leeren Vorgangsnamen.**

   Markieren Sie für unser Beispiel den Vorgang 2.

2. **Wählen Sie den Menübefehl EINFÜGEN|PROJEKT.**

   Das Dialogfeld EINFÜGEN PROJEKT wird geöffnet.

3. **Halten Sie die `Strg`-Taste gedrückt, und klicken Sie auf die Projektdateien, die Sie einfügen wollen.**

   Wählen Sie in unserem Beispiel KAPITEL-14-1.MPP, KAPITEL-14-2.MPP und KAPITEL-14-3.MPP.

4. **Klicken Sie auf die Schaltfläche EINFÜGEN.**

   Die drei Dateien werden in PROJEKT1 geladen (siehe Abbildung 14.8).

Jede Datei behält ihren speziellen Namen. Wenn Sie mit dem Mauszeiger auf dem zugehörigen Symbol in der Indikator-Spalte (i-Spalte) stehen bleiben, wird der Name des Projekts angezeigt. Dagegen werden die Vorgangsnamen der eingefügten Projekte von deren Projekttiteln abgeleitet. Ein Titel ist kein Dateiname, sondern eine editierbare Dateieigenschaft. Sie können den Titel sowie andere Datei-Informationen über DATEI|EIGENSCHAFTEN ändern.

Die Reihenfolge der konsolidierten Projektdateien ändern

Nachdem die Dateien geladen wurden, können Sie ihre Reihenfolge ändern. Dies beeinflusst die Art und Weise, wie sie in der konsolidierten Ansicht angezeigt werden. Beispielsweise sollte das Projekt HAUSBAU-MÜLLER auf das Projekt BÜROUMBAU folgen. Um die Reihenfolge zu ändern, führen Sie die folgenden Schritte aus:

1. **Klicken Sie auf die ID einer konsolidierten Projektdatei, um sie auszuwählen.**

   Klicken Sie in unserem Beispiel auf die Zeile des Projekts HAUSBAU-MÜLLER.

2. **Klicken und halten Sie die Maustaste gedrückt, und ziehen Sie das konsolidierte Projekt in eine andere Zeile.**

   Ziehen Sie in unserem Beispiel das Projekt Hausbau-Müller in die Zeile unter Büroumbau. Ein grauer T-Balken zeigt Ihnen die Position an, an die der Vorgang verschoben wird.

3. **Lassen Sie die Maustaste los.**

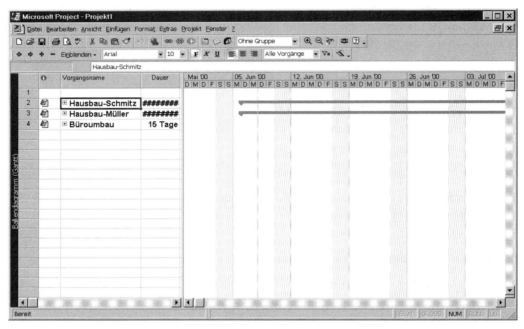

Abbildung 14.8: Die Dateien werden in der Reihenfolge angezeigt, in der sie geladen wurden.

Konsolidierte Projektdateien schützen

Standardmäßig können Sie in Microsoft Project einzelne Dateien einer konsolidierten Datei ändern. Alle Änderungen in der konsolidierten Datei erscheinen automatisch in der Quelldatei oder in den Quelldateien. Sie können jedoch die Quelldateien schützen, indem Sie sie als schreibgeschützt deklarieren. Doppelklicken Sie zu diesem Zweck auf die ID des betreffenden Projekts. Klicken Sie auf die Registerkarte Erweitert des Dialogfelds Informationen zum eingefügten Projekt (siehe Abbildung 14.9), und aktivieren Sie das Kontrollkästchen Schreibgeschützt.

14 ➤ Sich das Leben mit Teilprojekten erleichtern

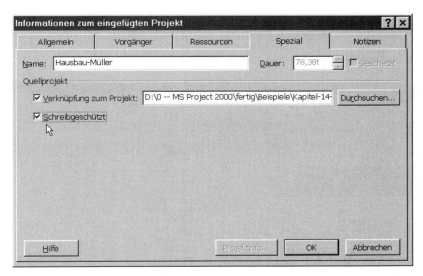

Abbildung 14.9: In dem Dialogfeld INFORMATIONEN ZUM EINGEFÜGTEN PROJEKT *können Sie eine Projektquelldatei mit einer konsolidierten Projektdatei verknüpfen oder die Verknüpfung lösen.*

 Sie können einige Dateien mit einem Schreibschutz versehen und bei anderen das Schreiben zulassen. Achten Sie dabei jedoch darauf, dass Sie den Überblick nicht verlieren.

 Standardmäßig verknüpft Microsoft Project Quelldateien mit der konsolidierten Datei. Wenn Sie Informationen in der konsolidierten Datei ändern wollen, ohne die Quelldatei zu ändern, deaktivieren Sie das Kontrollkästchen VERKNÜPFUNG ZUM PROJEKT. Das Kontrollkästchen SCHREIBGESCHÜTZT wird in diesem Fall deaktiviert (grau dargestellt), weil Sie die verknüpfte Projektquelldatei nicht mehr mit einem Schreibschutz versehen müssen. Klicken Sie auf OK.

In einem konsolidierten Projekt navigieren

Ein konsolidiertes Projekt kann sehr groß und unhandlich sein, wenn es vollständig angezeigt wird. Deshalb müssen Sie wissen, wie Sie diverse Makro- und Mikroperspektiven des Projekts darstellen können. Führen Sie zu diesem Zweck die folgenden Schritte aus:

 1. **Klicken Sie in der Standardsymbolleiste auf die Schaltfläche** GEHE ZU AUSGEWÄHLTEM VORGANG.

 2. **Klicken Sie in der Standardsymbolleiste auf** VERKLEINERN, **bis alle Projektsammelvorgänge komplett angezeigt werden.**

3. **Markieren Sie die eingefügten Projekte.**

4. **Klicken Sie in der Formatsymbolleiste auf die Schaltfläche ALLE TEILVORGÄNGE ZEIGEN.**

Die konsolidierte Datei wird erweitert (siehe Abbildung 14.10).

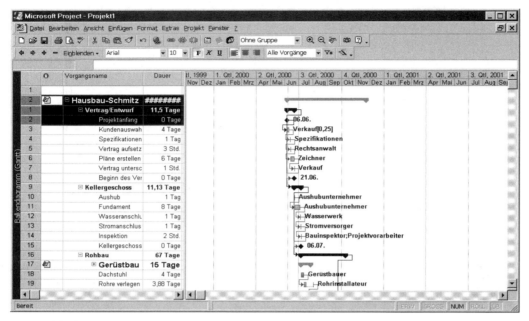

Abbildung 14.10: Die Datei zeigt die Projekte an, obwohl Sie die einzelnen Projektdateien nicht geladen haben.

Beachten Sie in Abbildung 14.10, dass alle Projektvorgänge ihre ID-Nummern innerhalb ihrer Projekte behalten. Für Microsoft Project sind alle drei Dateien geöffnet und editierbar (falls Sie in dem Dialogfeld INFORMATIONEN ZUM EINGEFÜGTEN PROJEKT nichts anderes festgelegt haben).

Falls Sie die Einzelheiten einer einzelnen konsolidierten Projektdatei sehen wollen, verbergen Sie einfach die Einzelheiten der anderen Projektdateien, und zeigen Sie nur die gewünschte Projektdatei erweitert an.

Führen Sie die folgenden Schritte aus, um ein konsolidiertes Projekt zu speichern:

1. **Klicken Sie in der Standardsymbolleiste auf die Schaltfläche SPEICHERN.**
2. **Geben Sie einen Namen für Ihr konsolidiertes Projekt ein.**
3. **Klicken Sie auf die Schaltfläche SPEICHERN.**
4. **Falls Microsoft Project Sie fragt, ob Sie Änderungen der drei Projekte speichern wollen, klicken Sie auf JA.**

Wenn Sie fertig sind, schließen Sie bitte die Datei, aber schalten Sie noch nicht das Licht aus.

Hauptprojekte durch Unterprojekte vereinfachen

Wenn Sie alle Einzelvorgänge eines wirklich großen Projekts eingegeben haben, kann das Projekt so groß werden, dass es als Ganzes nicht mehr zu handhaben ist. Manchmal hilft dann die Erstellung eines Hauptprojekts, das über mehrere Unterprojekte verfügt. *Unterprojekte* sind einfach Teile eines Projekts. Sie werden als *Unterprojekte* bezeichnet, weil sie als ein einzelner Vorgang in ein anderes Projekt eingefügt werden. Unterprojekte werden wie ganz normale Projektdateien erstellt.

In einem Hauptprojekt ist jedes Unterprojekt als einzelner Vorgang aufgeführt. Wenn Sie den Vorgang öffnen, öffnen Sie das Unterprojekt. Auf diese Weise können Sie die Einzelheiten den Leuten überlassen, die für sie zuständig sind. Ungeöffnet sehen Sie in dem Hauptprojekt einen Anfangs- und einen Endtermin für den Unterprojektvorgang. Ein weiterer Vorteil von Unterprojekten besteht darin, dass Sie sie in einer beliebigen Zahl von Projekten verwenden können.

Beispielsweise besteht der Vorgang GERÜSTBAU in dem HAUSBAU-SCHMITZ-Projekt aus einer Reihe von Einzelheiten. Führen Sie die folgenden Schritte aus, um dem Vorgang ein UNTERPROJEKT GERÜST zuzuordnen:

1. **Öffnen Sie KAPITEL-14-1.MPP.**
2. **Gehen Sie zu dem Vorgang GERÜSTBAU.**
3. **Klicken Sie auf das Pluszeichen neben dem Vorgangsnamen.**

Das Unterprojekt wird erweitert, und seine Teilvorgänge werden angezeigt (siehe Abbildung 14.11).

Ressourcen zu mehreren Projekten zuweisen

Microsoft Project bietet die nützliche Funktion, Ressourcen von einem Projekt auf ein anderes zu übertragen. Damit können Sie denselben Ressourcenpool für mehrere Projekte gleichzeitig verwenden. Wenn Sie wollen, können Sie die Projekte mit den gemeinsam genutzten Ressourcen verknüpfen, um die Wahrscheinlichkeit zu verringern, Arbeit oder Material zu überlasten.

Führen Sie die folgenden Schritte aus, um in der Datei KAPITEL-14-1.MPP Ressourcen einem anderen Bauprojekt zuzuordnen:

1. **Öffnen Sie die Projektdatei, in der die gemeinsamen Ressourcen genutzt werden sollen.**

   Öffnen Sie in unserem Beispiel KAPITEL-14-2.MPP.

2. **Wählen Sie EXTRAS|RESSOURCEN|GEMEINSAME RESSOURCENNUTZUNG.**

   Das Dialogfeld GEMEINSAME RESSOURCENNUTZUNG wird angezeigt (siehe Abbildung 14.12).

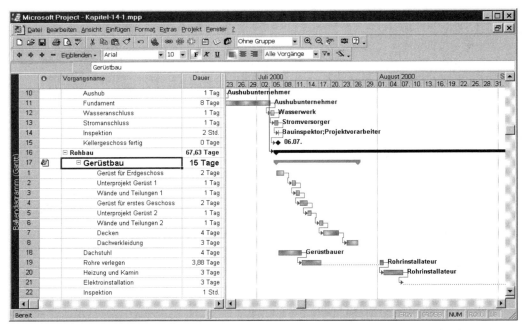

Abbildung 14.11: Das Unterprojekt kann so komplex wie jedes andere Projekt sein, und es kann seinerseits Unterprojekte enthalten.

3. **Wählen Sie die Option BENUTZE RESSOURCEN.**

4. **Wählen Sie in dem Dropdownlistenfeld VON eine andere Projektdatei aus der Liste der geöffneten Dateien aus.**

   Wählen Sie in unserem Beispiel KAPITEL-14-1.MPP aus.

5. **Klicken Sie auf OK.**

   KAPITEL-14-1.MPP ist jetzt die Quelle des Ressourcenpools.

Da KAPITEL-14-2.MPP jetzt auf den Ressourcenpool von KAPITEL-14-1.MPP zugreifen kann, klicken Sie in der Standardsymbolleiste auf die Schaltfläche RESSOURCEN ZUORDNEN. Sie sehen jetzt die vertrauten Ressourcen des Hausbauprojekts. Projektmanagement ist ein netter Beruf!

Wenn Sie über gemeinsame Ressourcen eine Beziehung zu einem anderen Projekt herstellen, verknüpfen Sie die Projekte. Wenn Sie beispielsweise den Ressourcenpool in einem Projekt ändern, wird die Änderung in dem anderen Projekt angezeigt. Der Vorteil der gemeinsamen Ressourcennutzung besteht darin, dass mehrere Projekte auf dieselben Personen zugreifen können und dass trotzdem eine Überlastung der Ressourcen vermieden werden kann. Weitere Informationen über die Überlastung von Ressourcen finden Sie in Kapitel 13.

14 ➤ Sich das Leben mit Teilprojekten erleichtern

 Sie können den gemeinsam genutzten Projektressourcen den Vorrang vor dem Ressourcenpool einräumen, indem Sie im Dialogfeld GEMEINSAME RESSOURCENNUTZUNG das Optionsfeld MITBENUTZENDES PROJEKT HAT VORRANG markieren (siehe oben Abbildung 14.12).

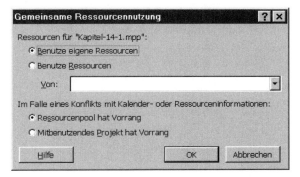

Abbildung 14.12: Wenn Sie die Ressourcen der Quelldatei ändern, betreffen die Änderungen alle Projektdateien, in denen die Ressourcen gemeinsam genutzt werden.

Die Projektumgebung anpassen

In diesem Kapitel

- Tabellen anpassen
- Attribute des Balkendiagramms ändern
- Periodische Vorgänge für wöchentliche Besprechungen hinzufügen
- Standardansichten an eigene Anforderungen anpassen
- Symbolleisten ändern und definieren

Der Versuch, Ihnen mitzuteilen, wie Sie Ihrer Projektumgebung ein eigenes Gesicht geben können, ist in sich widersprüchlich – etwa vergleichbar mit Teenagern, die ihre eigene Persönlichkeit nur finden können, indem sie sich an ihre Freunde anpassen. Aber so ist das Leben! Mir wurde noch nie vorgeworfen, dass ich immer nur rational vorgehe. Deshalb ist dieses Kapitel eine Art von Oxymoron – es behandelt Standardmethoden, um individuelle Arbeitsumgebungen zu schaffen.

Dieses Kapitel ist teilweise in einem Frage-und-Antwort-Format geschrieben, weil ich selbst auch meine Schreibumgebung anpassen musste, um ein Kapitel über persönliche Umgebungen schreiben zu können. Außerdem macht dies nur Sinn, wenn man dabei einige Minifallstudien verwendet. Aber meinen Sie jetzt nicht, dass mir jemand diese Fragen tatsächlich gestellt hat – die Fragen sind nur eine Hilfskonstruktion, um Ihnen anhand der Antworten zu verdeutlichen, was machbar ist.

In diesem Kapitel lernen Sie mehrere Möglichkeiten kennen, wie Sie Ihre Arbeitsumgebung personalisieren können. Eine solche Anpassung hilft Ihnen, mit Microsoft Project wirklich vertraut zu werden.

 Die CD enthält zu diesem Kapitel eine Arbeitsbereichsdatei, KAPITEL-15.MPW. Diese Datei enthält ihrerseits einige Projektdateien. Nähere Informationen über das Öffnen der Dateien auf der CD finden Sie in Anhang C.

Den Standardordner ändern

Projektmanager wissen, wie wichtig eine gute Organisation ist. Microsoft Project unterstützt Sie dabei, Ihre Aufgaben als Projektmanager zu organisieren. Führen Sie die folgenden Schritte aus, um den Standardordner für eine Projektdatei festzulegen:

1. **Wählen Sie E**x**tras|O**ptionen**.**

   Das Dialogfeld Optionen wird geöffnet.

2. **Klicken Sie auf die Registerkarte S**peichern**.**

3. **Markieren Sie, falls notwendig, in dem Gruppenfeld S**peicherort **und D**ateiart **die Dateiart P**rojekte**.**

4. **Klicken Sie in dem Gruppenfeld S**peicherort **auf die Schaltfläche Ä**ndern**.**

   Das Dialogfeld Speicherort ändern wird geöffnet. Dort können Sie einen vorhandenen Ordner auswählen oder einen neuen Ordner für Ihre Projektdatei erstellen.

5. **Wählen Sie in dem Dropdownlistenfeld S**uchen in **den Ordner aus.**

   Die Laufwerke und Ordner Ihres Computers werden angezeigt. Wählen Sie einen vorhandenen Ordner aus, und gehen Sie dann zu Schritt 8, oder fahren Sie mit Schritt 6 fort, um einen neuen Ordner zu erstellen.

6. **Klicken Sie in der Symbolleiste des Dialogfelds auf die Schaltfläche N**euen Ordner erstellen**.**

   Das Dialogfeld Neuer Ordner wird geöffnet.

7. **Geben Sie den Namen für den Ordner ein.**

   Sie können den Namen frei wählen und gegebenenfalls anstelle des aktuellen Standardordners einen anderen Ordner angeben.

8. **Klicken Sie auf OK.**

   Der neue Projektstandardordner erscheint jetzt im Dialogfeld Optionen.

Auf der Registerkarte Speichern des Dialogfelds Optionen können Sie außerdem festlegen, dass die Projektdatei automatisch in bestimmten, in Minuten angegebenen Zeitabständen gespeichert werden soll (siehe Abbildung 15.1).

Wenn Microsoft Project beim Starten immer Ihre letzte Projektdatei öffnen soll, führen Sie die folgenden Schritte aus:

1. **Wählen Sie den Menübefehl E**x**tras|O**ptionen**.**

   Das Dialogfeld Optionen wird geöffnet.

2. **Klicken Sie auf die Registerkarte A**llgemein**.**

3. **Aktivieren Sie das Kontrollkästchen B**eim Start zuletzt geöffnete Datei verwenden**.**

4. **Klicken Sie auf OK.**

   Das Dialogfeld Optionen wird geschlossen.

15 ▶ Die Projektumgebung anpassen

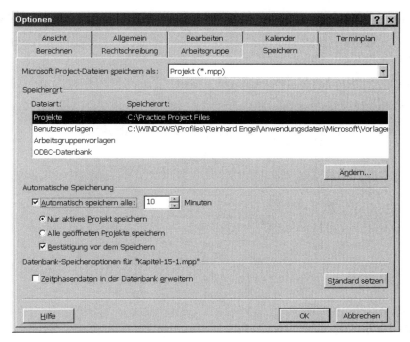

Abbildung 15.1: Sie können Projektdateien in festgelegten Abständen automatisch speichern.

 Klicken Sie in der Standardsymbolleiste auf die Schaltfläche ÖFFNEN, wenn Microsoft Project den neuen Standardordner öffnen soll. Im Moment ist der Standardordner leer, aber dies wird sich bald ändern.

In Microsoft Project können Sie alle geöffneten Dateien als Arbeitsbereich speichern. Auf diese Weise können Sie in der nächsten Sitzung alle Projektdateien gleichzeitig öffnen und Ihre Arbeit genau an der Stelle fortsetzen, an der Sie aufgehört haben. Wählen Sie zu diesem Zweck DATEI|ARBEITSBEREICH SPEICHERN. Arbeitsbereichsdateien haben die Namenserweiterung MPW.

Die Eingabetabelle des Balkendiagramms anpassen

Frage: *Ich möchte in der Balkendiagrammtabelle die Ressourcennamen neben den Vorgangsnamen anzeigen. Wie kann ich das bewerkstelligen?*

Gute Idee! Warum ist mir das nicht eingefallen? Zu diesem Zweck müssen Sie die Spaltenanordnung verändern. Verwenden Sie das BÜROUMBAU-Projekt als Beispiel. Falls sich die Datei KAPITEL-15-2.MPP nicht im Vordergrund befindet, wählen Sie FENSTER|2 KAPITEL-15-2.MPP. Das Fenster des BÜROUMBAU-Projekts wird aktiviert. Um die Spalten anzupassen, führen Sie die folgenden Schritte aus:

1. **Klicken Sie mit der rechten Maustaste auf eine Spalte der Balkendiagrammtabelle.**

   Klicken Sie in unserem Beispiel mit der rechten Maustaste auf die Spaltenüberschrift DAUER. Es wird ein Kontextmenü geöffnet.

2. **Wählen Sie in dem Kontextmenü den Menübefehl SPALTE EINFÜGEN.**

   Das Dialogfeld DEFINITION SPALTE wird angezeigt (siehe Abbildung 15.2).

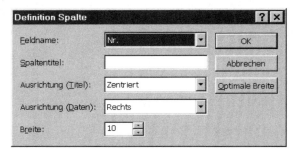

Abbildung 15.2: Mit dem Dialogfeld DEFINITION SPALTE können Sie die Eigenschaften von Spalten ändern.

3. **Wählen Sie im Dropdownlistenfeld FELDNAME einen Feldnamen aus.**

   Wählen Sie in unserem Beispiel RESSOURCENNAMEN aus.

4. **Geben Sie in dem Textfeld SPALTENTITEL eine Spaltenüberschrift ein.**

   Geben Sie in unserem Beispiel RESS. ein.

5. **Im Dropdownlistenfeld AUSRICHTUNG (TITEL) können Sie die Ausrichtung der Spaltenüberschrift wählen.**

   Die Optionen sind LINKS, ZENTRIERT und RECHTS. Wählen Sie in unserem Beispiel die Option LINKS aus.

6. **Anstatt im Feld BREITE eine Zeichenbreite anzugeben, klicken Sie auf die Schaltfläche OPTIMALE BREITE.**

   Wenn Sie auf die Schaltfläche OPTIMALE BREITE klicken, passt Microsoft Project die Spaltenbreite automatisch an die längsten Informationen in den Zellen der Spalte an.

7. **Klicken Sie auf OK.**

   Die Spalte wird zwischen den Spalten VORGANGSNAME und DAUER eingefügt. Falls die Spalte nicht angezeigt wird, verschieben Sie die Anzeige horizontal. Neue Spalten existieren nur in der Projektdatei, in der sie erstellt wurden.

Sie können das Layout vorhandener Spalten ändern, indem Sie beispielsweise ihre Ausrichtung, ihre Schriftart oder ihren Schriftgrad anpassen. Markieren Sie zu diesem Zweck die Spalten, und führen Sie die Änderungen mittels der Formatsymbolleiste durch.

Zeitplanung mit dem Balkendiagramm

Frage: *Die arbeitsfreien Zeiten in der Anzeige irritieren mich. Wenn eine Vorgangsdauer einen arbeitsfreien Tag überbrückt, kann ich nicht erkennen, ob die arbeitsfreie Zeit zu der Dauer eines Vorgangs gehört. Was kann ich machen?*

Gut, dass Sie gefragt haben. Eine gute Möglichkeit, um die Zweifel hinsichtlich der Vorgänge zu beseitigen, die arbeitsfreie Zeiten überbrücken, besteht darin, die arbeitsfreien Zeit auf den Vorgangsbalken anzuzeigen. Sie können das BÜROUMBAU-Projekt als Beispiel verwenden. Gehen Sie folgendermaßen vor:

1. **Doppelklicken Sie in der Ansicht BALKENDIAGRAMM (GANTT) auf eine Stelle, die eine arbeitsfreie Zeit repräsentiert.**

   Das Dialogfeld ZEITSKALA wird angezeigt (siehe Abbildung 15.3).

2. **Wählen Sie die Darstellungsoption VOR DEN VORGANGSBALKEN.**

3. **Klicken Sie auf OK.**

   Im Balkendiagramm werden jetzt die arbeitsfreien Zeiten der Vorgänge verborgen.

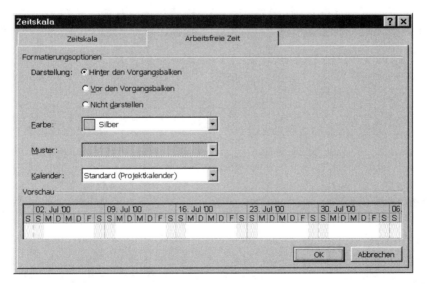

Abbildung 15.3: Mit dem Dialogfeld ZEITSKALA können Sie die Arbeitszeiten und die arbeitsfreien Zeiten anpassen.

Frage: Wie kann ich das Aussehen von Balken in dem Balkendiagramm ändern?

Sie können das Format eines Balkens in dem Balkendiagramm ändern, indem Sie darauf doppelklicken. Wenn Sie das Format aller Balken ändern wollen, doppelklicken Sie auf den Hintergrund des Diagramms. Bei beiden Aktionen wird das Dialogfeld BALKENARTEN geöffnet, in dem Sie die Formatänderungen durchführen können. Im folgenden Beispiel ändern Sie die Balken der Datei KAPITEL-15-2.MPP. Wählen Sie den Menübefehl FENSTER|2 KAPITEL-15-1.MPP. Jetzt ist das HAUSBAU-SCHMITZ-Projekt aktiv.

Doppelklicken Sie auf eine beliebige Stelle des Arbeitsbereichs des Balkendiagramms. Das Dialogfeld BALKENARTEN wird angezeigt (siehe Abbildung 15.4). Die Registerkarte BALKEN enthält Optionen für ANFANG, MITTE und ENDE für jede Vorgangskategorie.

Sie können die Einstellungen ganz nach Wunsch ändern.

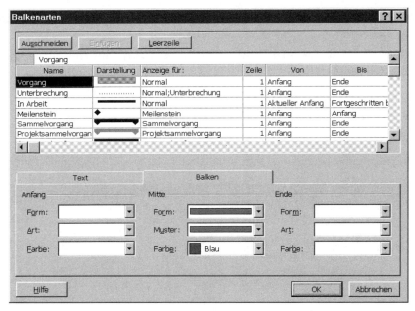

Abbildung 15.4: Das Dialogfeld BALKENARTEN zeigt die Standardeinstellungen für alle Kategoriegruppen an.

Frage: Ich habe Schwierigkeiten, Vorgangsnamen und Balken auszurichten. Was sollte ich tun?

Dieses Problem ist leicht zu lösen. Sie brauchen in dem Balkendiagramm nur Gitternetzlinien anzuzeigen:

1. **Klicken Sie mit der rechten Maustaste auf eine beliebige Stelle der Ansicht BALKENDIAGRAMM (GANTT).**

2. Wählen Sie den Menübefehl GITTERNETZLINIEN.

   Das Dialogfeld GITTERNETZLINIEN wird geöffnet.

3. Wählen Sie in dem Listenfeld ZU ÄNDERNDE LINIE den Eintrag BALKENZEILEN aus.

4. Wählen Sie im Gruppenfeld HAUPTINTERVALL den Linientyp (ART) und die FARBE aus (siehe Abbildung 15.5).

   Alternativ können Sie im Gruppenfeld HILFSINTERVALL weitere Gitternetzlinien mit einem Intervall von 2, 3, 4 oder einer beliebigen Zahl zwischen 5 bis 99 (Option SONST:) festlegen.

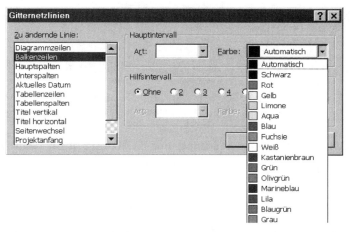

Abbildung 15.5: Mit dem Dialogfeld GITTERNETZLINIEN können Sie das Muster, die Farbe und den Abstand von Gitternetzlinien festlegen.

5. Klicken Sie auf OK.

   Die Ansicht BALKENDIAGRAMM (GANTT) verfügt jetzt über Gitternetzlinien.

Periodische Vorgänge verwalten

Frage: Ich muss mehrere wöchentliche Besprechungen in ein Projekt einfügen. Wie kann ich dies machen?

Microsoft Project bietet Ihnen ein verkürztes Verfahren an, um periodische Vorgänge wie beispielsweise wöchentliche Besprechungen in ein Projekt einzufügen. Auch hier verwenden wir wieder das Hausbaubeispiel:

1. Wählen Sie den Menübefehl EINFÜGEN|PERIODISCHER VORGANG.

   Das Dialogfeld INFORMATIONEN ZUM PERIODISCHEN VORGANG wird angezeigt (siehe Abbildung 15.6).

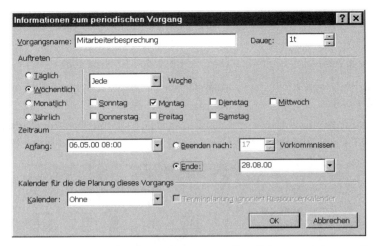

Abbildung 15.6: Der periodische Vorgang muss neu sein. Sie können keinen vorhandenen Vorgang ändern.

2. **Geben Sie den Vorgangsnamen, die Dauer und die Häufigkeit der Wiederholung ein.**

   Wenn der periodische Vorgang auf einen arbeitsfreien Tag fällt, fragt ein Dialogfeld Sie, ob Sie den Termin verschieben wollen.

3. **Klicken Sie auf OK.**

   Die Ansicht BALKENDIAGRAMM (GANTT) zeigt jetzt eine wöchentliche Mitarbeiterbesprechung an (siehe Abbildung 15.7).

Den Arbeitsbereich personalisieren

Frage: Genug von diesen Balkendiagrammen! Was kann ich sonst noch in der Standardansicht machen?

Das Balkendiagramm wird nach einiger Zeit langweilig, nicht wahr? Sie können die Standardansicht folgendermaßen ändern:

1. **Wählen Sie den Menübefehl EXTRAS|OPTIONEN.**

   Das Dialogfeld OPTIONEN wird geöffnet.

2. **Klicken Sie auf die Registerkarte ANSICHT.**

3. **Wählen Sie in dem Dropdownlistenfeld STANDARDANSICHT eine andere Ansicht aus.**

4. **Klicken Sie auf OK.**

15 ➤ Die Projektumgebung anpassen

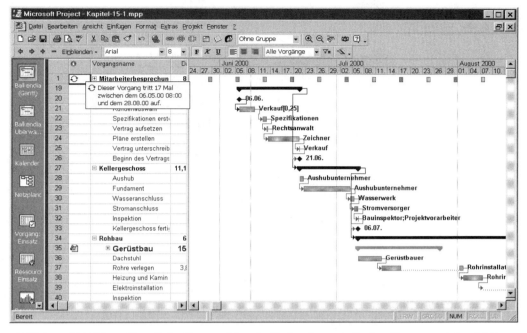

Abbildung 15.7: Wenn Sie mit der Maus auf dem Indikator des periodischen Vorgangs stehen bleiben, zeigt das Infofeld die Anzahl seiner Wiederholungen an.

Die Symbolleiste anpassen

Frage: *Meistens benutze ich nur eine Schaltfläche der Symbolleiste ÜBERWACHUNG. Kann ich diese Schaltfläche in die Formatsymbolleiste einfügen?*

Wie bei allen Produkten der Microsoft-Office-Familie können Sie zusätzliche Schaltflächen in eine Symbolleiste einfügen:

1. **Sorgen Sie dafür, dass die Symbolleiste sichtbar ist, die Sie anpassen wollen.**

   Falls dies nicht der Fall ist, klicken Sie mit der rechten Maustaste auf eine beliebige Symbolleiste, und wählen Sie die Symbolleiste aus dem Kontextmenü.

2. **Wählen Sie den Menübefehl ANSICHT|SYMBOLLEISTEN|ANPASSEN.**

   Das Dialogfeld ANPASSEN wird geöffnet.

3. **Klicken Sie auf die Registerkarte BEFEHLE.**

4. **Wählen Sie im Listenfeld KATEGORIEN die Symbolleiste aus, welche die Schaltfläche enthält, die Sie verschieben wollen.**

5. **Ziehen Sie die Schaltfläche aus dem Listenfeld** BEFEHLE **auf die neue Symbolleiste (siehe Abbildung 15.8).**

Abbildung 15.8: Legen Sie den gewünschten Befehl auf der gewählten aktiven Symbolleiste ab.

Sie können auch jede beliebige Schaltfläche in eine beliebige Symbolleiste einfügen, indem Sie mit der rechten Maustaste auf eine Symbolleiste klicken und ANPASSEN wählen. Vielen Dank für die schwierigen Fragen. Nehmen Sie Ihre Projektdateien richtig ran. Die Arbeit kommt später.

Teil V

Projekte überwachen und Berichte erstellen

»Nee – so klug ist er auch wieder nicht. Er sichert seine Festplatte nicht regelmäßig, vergibt keine konsistenten Dateinamen und sabbert die ganze Tastatur voll.«

In diesem Teil...

In allen vorangegangenen Kapiteln haben Sie ein Vehikel erstellt, das einem einzigen Zweck dient – dem Projektmanagement. In diesem Teil fangen Sie an zu arbeiten. Sie lernen, wie Sie ein Projekt überwachen und wie Sie Korrekturen an einem laufenden Projekt vornehmen können. Außerdem erfahren Sie, wie Sie Ihre Projektumgebung ändern können, wenn sie lästige Anomalien zeigt.

Dieser Teil schlägt Ihnen auch Mittel und Wege vor, wie Sie die Form und die Effizienz Ihrer Projektkommunikation steigern können. Sie arbeiten mit der Druckvorschau und beschäftigen sich mit dem Layout von Berichten (Ränder, Kopf- und Fußzeilen, Legenden usw.). Außerdem lernen Sie, wie Sie die vorhandenen Standardberichte anpassen sowie eigene Berichte von Grund auf erstellen können.

Einen Basisplan festlegen und ein Projekt manuell überwachen

In diesem Kapitel

- Ein laufendes Projekt überwachen
- Den Basisplan sowie die aktuellen Ist-Informationen verstehen
- Projekte mit Tabellen überwachen
- Projekte mit Balkendiagrammen überwachen
- Zeitpläne und Vorgänge aktualisieren

*I*n diesem Kapitel nehme ich an, dass Ihr Projekt anfängt oder bereits begonnen hat. Wie Sie sehen werden, erweist sich Microsoft Project auch in dieser Phase als wichtiges Hilfsmittel beim Projektmanagement. Es unterstützt Sie dabei, den Erfolg Ihres Projektplans in der Wirklichkeit sicherzustellen. Obwohl Sie sich wünschen, dass das Projekt reibungslos abläuft, wissen Sie, dass so etwas in der Wirklichkeit fast unmöglich ist. Außerdem: Falls es bei einem Projekt keine Probleme geben würde, bräuchte Ihre Firma nur einen Projektplaner – und keinen Projektmanager.

Ein Projektmanager muss immer den aktuellen Stand eines Projekts kennen, um bei Änderungen der Umstände proaktiv tätig werden zu können. Zu diesem Zweck muss er den Terminplan, die Vorgänge, die Ressourcen und die Kosten detailgenau im Auge behalten. Mit Microsoft Project können Sie den Ist-Zustand in Relation zum ursprünglichen Plan analysieren, um rechtzeitig Anpassungen vornehmen zu können. Diese Tätigkeit wird als *Überwachung* bezeichnet. Microsoft Project überwacht den Fortschritt, indem es die aktuellen Umstände mit dem Plan vergleicht, den Sie vor Beginn des ersten Vorgangs gespeichert haben. Dieser Plan wird in Microsoft Project als *Basisplan* bezeichnet.

Ein Projekt überwachen

Der Terminus *überwachen* hat mehrere Bedeutungen. Er kann bedeuten, immer über die neuesten Informationen über eine Sache zu verfügen. Er kann auch bedeuten, dafür zu sorgen, dass ein Projekt seinem ursprünglichen Plan entsprechend abgewickelt wird.

Die Überwachung umfasst drei Hauptkomponenten:

✔ **Den Basisplan:** Der Basisplan ist mit einem Satz fertiger Blaupausen und Spezifikationen für Ihr Projekt vergleichbar und dient Ihnen als Wegweiser für den Ablauf des Projekts. Sie verwenden den Basisplan während des ganzen Projekts, um die Ziele zu erreichen und den Verlauf im Griff zu behalten.

✔ **Laufende Informationen:** Nach dem Beginn eines Projekts verwaltet Microsoft Project ein dynamisches Modell des Projekts. Dieses Modell kann mit dem Basisplan übereinstimmen oder von ihm abweichen. Microsoft Project berechnet die anstehenden Anfangs- und Endtermine auf der Basis der aktuellen Informationen, und Sie benutzen diese Informationen, um festzustellen, wie die vergangenen und aktuellen Zeitpläne den Terminplan und die Zeitgrenzen der zukünftigen Vorgänge beeinflussen.

✔ **Aktuelle Informationen:** Vorgänge, die bereits angefangen haben oder beendet sind, werden als *aktuell* bezeichnet. Die aktuellen Anfangs- und Endtermine für Vorgänge haben den Wert NA, bis sie beginnen bzw. enden.

Mit Microsoft Project können Sie entweder eine minimale oder eine detaillierte Verfolgung der Projekte durchführen. Bei der *minimalen Verfolgung* werden die Anfangs- und Endtermine für jeden Vorgang aufgezeichnet. Die detaillierte Verfolgung ist keine spezielle Aktion, sondern ein Bereich von Möglichkeiten. Sie können sie Anfangs- und Endtermine, den Prozentsatz der Fertigstellung des Vorgangs, die Dauer, die Kosten und die Arbeit überwachen und das Projekt mit diesen Informationen durch komplizierte Situationen steuern.

Sie halten das Projekt im Sollbereich, indem Sie systematisch Ihre Projektdatei aktualisieren. Dabei können Sie wahlweise die folgenden Informationen auf dem Laufenden halten:

✔ **Sie können den Status der Fertigstellung eines Vorgangs aktualisieren:** Sie können entweder mit einem Prozentsatz oder mit Datumsangaben festhalten, wie weit sich ein Vorgang seinem Endtermin genähert hat.

✔ **Sie können Ressourcen ändern:** Sie können die Ressourcenzuordnungen ändern und die Auswirkungen dieser Änderungen auf dem kritischen Weg des Projekts verfolgen.

✔ **Sie können Kosteninformationen eingeben:** Sie können den Kostenrahmen Ihres Projekts überwachen und, falls notwendig, die Kosten ändern, um innerhalb des gesetzten Rahmens zu bleiben.

All diese Aktualisierungen werden automatisch mit dem Basisplan verglichen, so dass Sie den Finger am Puls des Projekts behalten.

Nach der ganzen harten Arbeit, die in das Erstellen der Projektdatei geflossen ist, mag es sich ein wenig seltsam anhören, das Wort *beginnen* für etwas zu benutzen, mit dem Sie sich schon so lange beschäftigt haben. Für Microsoft Project bedeutet *beginnen* den Anfang des ersten Vorgangs. Wenn Sie wollen, können Sie den Beginn eines Projekts anhand der Projektdatei üben, die ich für dieses Kapitel erstellt habe. In diesem Kapitel verwenden wir wieder das Beispiel eines Hausbaus.

16 ➤ Einen Basisplan festlegen, ein Projekt manuell überwachen

Sie können das Projekt starten und danach manuell seinen Fortschritt einige Male überwachen. Dabei arbeiten Sie mit dem Basisplan, den laufenden und den tatsächlichen Informationen. Natürlich können Sie anhand dieses Kapitels auch direkt mit einer eigenen Projektdatei arbeiten. Die Datei heißt KAPITEL-16.MPP. In Anhang C finden Sie nähere Informationen über den Umgang mit den Übungsdateien.

Den Basisplan erstellen

Sie haben bereits sehr viel Zeit und Energie aufgewendet, um den Plan zu erstellen, auf dem Ihr Basisplan beruhen wird. Wenn Sie mit Ihrem Plan zufrieden sind, können Sie den Basisplan erstellen, indem Sie die folgenden Schritte ausführen:

1. **Klicken Sie am unteren Ende der Ansichtsleiste auf das Symbol WEITERE ANSICHTEN (möglicherweise müssen Sie vorher die Ansichtsleiste verschieben).**

   Das Dialogfeld WEITERE ANSICHTEN wird geöffnet.

2. **Doppelklicken Sie in dem Dialogfeld WEITERE ANSICHTEN in dem Listenfeld ANSICHTEN auf den Eintrag VORGANG: TABELLE.**

   Der Bildschirm zeigt die Ansicht VORGANG: TABELLE an.

3. **Wählen Sie den Menübefehl ANSICHT|TABELLE:.**

4. **Wählen Sie den Menübefehl WEITERE TABELLEN.**

   Das Dialogfeld WEITERE TABELLEN wird geöffnet.

5. **Wählen Sie in dem Listenfeld den Eintrag BASISPLAN aus.**

   Basisplan, dies ist dein Projektmanager. Projektmanager, dies ist Ihre Basisplan-Tabelle (siehe Abbildung 16.1). Alle Projektaktivitäten und -kosten werden mit den Daten des Basisplans verglichen, die Sie vor dem Anfangstermin des Projekts festgelegt haben.

6. **Wählen Sie den Menübefehl EXTRAS|ÜBERWACHUNG|BASISPLAN SPEICHERN.**

   Das Dialogfeld BASISPLAN SPEICHERN wird geöffnet (siehe Abbildung 16.2). Mit diesem kleinen Dialogfeld können Sie Basispläne und Zwischenpläne speichern. Mit Zwischenplänen können Sie während des Projekts Korrekturen an Ihrem Plan speichern, während das Projekt läuft. Sie können wahlweise den Basisplan für ein komplettes Projekt (Standard) oder für ausgewählte Vorgänge speichern. In diesem Beispiel (welches die Datei KAPITEL-16.MPP verwendet), bleiben Sie bei der Option GESAMTES PROJEKT.

7. **Klicken Sie auf OK.**

   Damit ist Ihr Basisplan fertig. Wenn Sie wollen, können Sie die gesamte Tabelle anzeigen, indem Sie die Ansichtsleiste temporär verbergen.

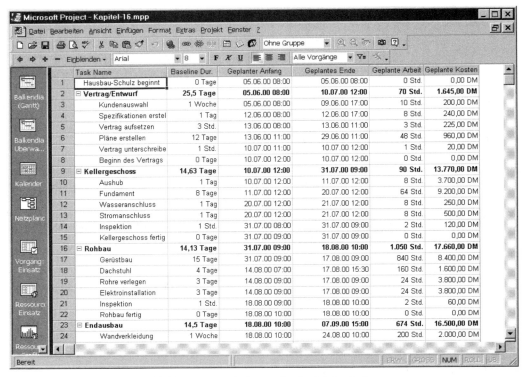

Abbildung 16.1: Die Daten des Projektbasisplans

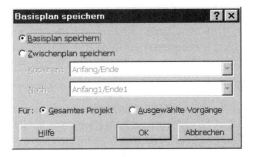

Abbildung 16.2: Das Dialogfeld BASISPLAN SPEICHERN

 Sie können den Befehl BASISPLAN SPEICHERN jederzeit rückgängig machen, indem Sie EXTRAS|ÜBERWACHUNG|BASISPLAN LÖSCHEN wählen. Damit öffnen Sie das Dialogfeld BASISPLAN LÖSCHEN, in dem Sie den aktuellen Basisplan löschen können. Die Möglichkeit, einen Basisplan löschen zu können, ist eine großartige neue Errungenschaft der 2000er Version von Microsoft Project.

16 ➤ Einen Basisplan festlegen, ein Projekt manuell überwachen

Diese Basisplan-Informationen gelten für die Dauer Ihres Projekts, außer Sie müssen sie aus irgendeinem Grund ändern. (Beispielsweise könnte es notwendig sein, den Basisplan zu ändern, damit Sie einen Vorgang zu dem Projekt hinzufügen können.)

Wahrscheinlich haben Sie keinen Grund, die Basisplan-Tabelle in Ihrem Projekt zu verwenden, aber Sie werden verschiedene Teile dieser Informationen laufend benutzen. Kehren Sie im Moment zu der Ansicht BALKENDIAGRAMM (GANTT) zurück, indem Sie in der Ansichtsleiste BALKENDIAGRAMM (GANTT) wählen.

Den Basisplan in anderen Tabellenansichten anzeigen

Der Basisplan zeigt einige der wichtigsten Analysen an, die Microsoft Project durchführt. Beispielsweise wird der Basisplan in der Arbeitstabelle, in der Kostentabelle und in der Abweichungstabelle verwendet. Um den Basisplan in einer Tabelle anzuzeigen, führen Sie die folgenden Schritte aus:

1. **Wählen Sie den Menübefehl ANSICHT|TABELLE:BASISPLAN|ARBEIT.**

   Die Tabelle ARBEIT wird geöffnet.

2. **Ziehen Sie den vertikalen Balken nach rechts, bis die gesamte Tabelle sichtbar ist.**

Die Tabelle ARBEIT liefert Ihnen Ressourceninformationen über alle Vorgänge. Die Spalte ARBEIT gibt den Gesamtumfang der geplanten Arbeit aller Ressourcen an, die dem Vorgang zugeordnet sind. Die Spalte ABWEICHUNG zeigt den berechneten Unterschied zwischen der Arbeit gemäß Basisplan und der laufenden Arbeit an. Dabei handelt es sich um die Arbeitsmenge, die von allen Ressourcen für den Vorgang erledigt wurde. Die Spalte VERBLEIBEND ist der Gesamtumfang der Arbeit, die noch geleistet werden muss. Die Spalte % ARBEIT ABGESCHLOSS. gibt den Prozentsatz der erledigten Arbeit des Vorgangs an.

Die Kostentabelle zeigt die analogen Daten für die Kosten des Vorgangs an. Zeigen Sie diese Tabelle folgendermaßen an:

1. **Wählen Sie den Menübefehl ANSICHT|TABELLE: ARBEIT|KOSTEN.**

   Die Tabelle KOSTEN wird geöffnet (siehe Abbildung 16.3).

Die Spalte FESTE KOSTEN enthält die festen Kosten eines Vorgangs, wie beispielsweise Honorare für Vertragspartner. Die Spalte GESAMTKOSTEN gibt die gesamten Projektkosten des Vorgangs an. Die restlichen Spalten entsprechen den Spalten in der Tabelle ARBEIT.

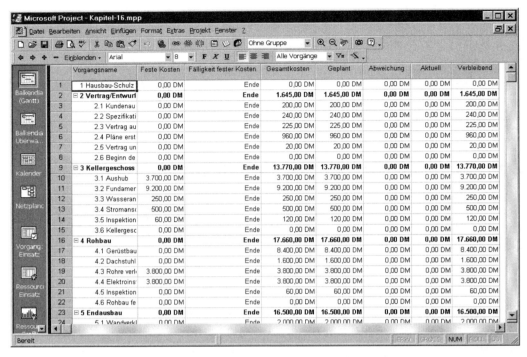

Abbildung 16.3: Die Tabelle KOSTEN zeigt die Ressourcenkosten der Vorgänge an.

Die Tabelle ABWEICHUNG vergleicht etwaige Unterschiede zwischen den projektierten Anfangs- und Endterminen des Basisplans und den geplanten Anfangs- und Endterminen, nachdem das Projekt begonnen hat. Sie zeigen die Tabelle folgendermaßen an:

1. **Wählen Sie den Menübefehl ANSICHT|TABELLE: KOSTEN|ABWEICHUNG.**
2. **Passen Sie die Spaltenbreiten an, um den ganzen Tag anzuzeigen (siehe Abbildung 16.4).**

    Möglicherweise müssen Sie die Ansichtsleiste temporär verbergen, um die gesamte Tabelle anzuzeigen. Die Tabelle ABWEICHUNG enthält Spalten, welche die geplanten Termine des Basisplans und die Abweichungen von diesen Terminen anzeigen.

Die Tabelle ABWEICHUNG zeigt die laufenden Anfangs- und Endtermine an (siehe den Abschnitt *Ein Projekt überwachen*). Der Terminus *laufend* bezieht sich auf die berechneten Informationen, die auf den neuesten Änderungen des Projekts basieren. Da das Projekt erst am Anfang steht, weichen die laufenden Termine nicht von den Terminen des Basisplans ab.

16 ➤ Einen Basisplan festlegen, ein Projekt manuell überwachen

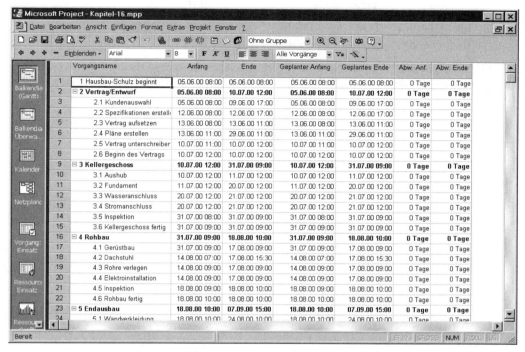

Abbildung 16.4: Mit der Tabelle ABWEICHUNG können Sie die Vorgänge herausfinden, die nicht termingerecht ausgeführt werden.

Den Projektfortschritt im Zeitablauf überwachen

Nachdem der Basisplan des Projekts steht, können Sie mit der Überwachung beginnen. Die Überwachung besteht in einem Vergleich der tatsächlichen Informationen mit dem Basisplan. Zeigen Sie zu diesem Zweck die Tabelle ABWEICHUNG an:

1. **Wählen Sie ANSICHT|TABELLE:|ABWEICHUNG.**

2. **Wählen Sie ANSICHT|TABELLE: ABWEICHUNG|EINGABE.**

   Die Tabelle EINGABE wird angezeigt.

3. **Ziehen Sie den vertikalen Balken so, dass er rechts neben der Spalte DAUER steht.**

4. **Klicken Sie, falls notwendig, in der Standardsymbolleiste auf die Schaltfläche VERKLEINERN.**

   Durch das Verkleinern wird das Arbeiten mit der Ansicht BALKENDIAGRAMM (GANTT) erleichtert.

Nehmen wir an, dass das Projekt seit einigen Tagen läuft. Alle Vorgänge wurden planmäßig erledigt, bis es an einem Tag regnete. Dadurch wurde nicht nur der Bau verzögert, sondern auch die Verfügbarkeit einiger Ressourcen beeinflusst.

Sie müssen das Projekt an einigen Stellen ändern. Diese Änderungen haben keinen Einfluss auf den Basisplan, sondern anhand des Basisplans können Sie sehen, wie die Änderung das Projekt insgesamt beeinflusst.

In unserem Beispiel gehen wir davon aus, dass heute der 20. Juli 2000 ist. Sie müssen Microsoft Project dieses Datum mitteilen:

1. **Wählen Sie den Menübefehl P̲ROJEKT|PROJEKTINFO.**

   Das Dialogfeld PROJEKTINFO wird geöffnet.

2. **Geben Sie in das Feld AKTUELLES DATUM das Datum ein, oder wählen Sie das Datum aus dem Dropdown-Kalender (siehe Abbildung 16.5).**

   Geben Sie in unserem Beispiel den 20.07.00 ein. Das Datum hat keinen Einfluss auf die Einstellung Ihres Systemdatums.

Abbildung 16.5: Wenn Sie das aktuelle Datum ändern, können Sie Ihr Projekt aus verschiedenen Perspektiven betrachten.

 Wenn Sie Datumsangaben eingeben, müssen Sie das laufende Jahr nicht eintippen.

3. **Klicken Sie auf OK.**

4. **Wählen Sie den Menübefehl BEARBEITEN|GEHE ZU.**

   Das Dialogfeld GEHE ZU wird geöffnet.

5. **Geben Sie in das Feld DATUM ein Datum ein, oder verwenden Sie den Dropdown-Kalender, und klicken Sie auf HEUTE.**

   Geben Sie in unserem Beispiel den 20.07.00 ein.

6. **Klicken Sie auf OK.**

   Die Anzeige springt zum 20. Juli.

Microsoft Project zeigt das aktuelle Datum, den 20. Juli, durch eine senkrechte gepunktete Linie in dem Balkendiagramm an.

Den Terminplan manuell aktualisieren

Wenn ein Projekt fortschreitet, müssen Sie laufend Informationen in Ihre Projektdatei eingeben. Dieser Vorgang wird als *Aktualisierung* bezeichnet. Sie können eine Projektdatei entweder manuell oder automatisch aktualisieren. Die manuelle Aktualisierung, die in diesem Kapitel beschrieben wird, ist eine Prozedur, bei der Sie Überwachungswerkzeuge verwenden, um die Projektdatei über den Fortschritt Ihres Projekts zu informieren. Die automatische Aktualisierung arbeitet entweder mit einem Intranet oder dem Internet, um Informationen von Projektteammitgliedern einzuholen und die Projektdatei automatisch auf den neuesten Stand zu bringen.

Microsoft Project bietet Ihnen einige Shortcuts an, um Sie beim Aktualisieren der Vorgänge zu unterstützen. Einige der gebräuchlichsten Werkzeuge für diesen Zweck sind in der Symbolleiste ÜBERWACHEN zusammengefasst, die Sie öffnen können, indem Sie mit der rechten Maustaste auf eine beliebige Symbolleiste klicken und in dem Kontextmenü das Kontrollkästchen ÜBERWACHEN aktivieren.

Mit den Werkzeugen in dieser Symbolleiste sowie einigen anderen Tools können Sie die folgenden Änderungen des Beispielprojekts für Kapitel 16 durchführen.

Die Vorgänge 1 bis 10 wurden fristgerecht und ohne Schwierigkeiten erledigt. Vorgang 11 ist halb fertig und liegt wegen des Schlamms einen Tag hinter dem Terminplan zurück. Die Bodenverhältnisse beeinflussen nicht nur das HAUSBAU-SCHULZ-Projekt – alle Vorgänge liegten hinter dem Termin zurück. Der Vorgang STROMANSCHLUSS liegt hinter dem Terminplan zurück und kann nicht vor dem 20. Juli ausgeführt werden, was wiederum den Bauinspektor beeinflusst – die Inspektion des Kellergeschosses kann nicht erfolgen, bevor nicht der Stromanschluss erfolgt ist.

Prozentsatz fertiggestellt

Zu den nützlichsten Werkzeugen in der Symbolleiste ÜBERWACHEN zählen die Schaltflächen PROZENTSATZ ABSCHLOSSEN. Versuchen Sie beispielsweise aufeinander folgende Vorgänge als 100% fertig zu kennzeichnen. Führen Sie zu diesem Zweck die folgenden Schritte aus:

1. **Wählen Sie den ersten Vorgang aus, den Sie aktualisieren wollen.**

   Wählen Sie in diesem Beispiel den Vorgang 1, HAUSBAU-SCHULZ BEGINNT, aus.

2. **Drücken und halten Sie die** Umschalt **-Taste nieder, und wählen sie den letzten Vorgang aus, den Sie aktualisieren wollen.**

   Wählen Sie in unserem Beispiel den Sammelvorgang 2, VERTRAG/ENTWURF, aus.

3. **Klicken Sie in der Symbolleiste ÜBERWACHEN auf die passende Schaltfläche PROZENTSATZ ABGESCHLOSSEN.**

   Klicken Sie in unserem Beispiel auf die Schaltfläche 100% ABGESCHLOSSEN. Microsoft Project aktualisiert die ausgewählten Vorgänge. Der schwarze Balken in den Vorgangsbalken zeigt die Fertigstellung an. Wenn Sie einen Sammelvorgang wählen und auf eine der Schaltflächen PROZENTSATZ ABGESCHLOSSEN klicken, werden alle Teilvorgänge entsprechend aktualisiert.

4. **Um einen einzelnen Vorgang zu aktualisieren, wählen Sie den Vorgang aus und klicken dann auf die passende Schaltfläche PROZENTSATZ ABGESCHLOSSEN.**

   Wählen Sie in unserem Beispiel den Vorgang AUSHUB aus, und klicken Sie dann auf die Schaltfläche 100% ABGESCHLOSSEN.

Verschieben Sie das Balkendiagramm so, dass die ersten zehn Vorgänge sichtbar sind. Falls notwendig, klicken Sie in der Standardsymbolleiste auf die Schaltfläche VERGRÖSSERN. Das Diagramm sollte ähnlich wie das in Abbildung 16.6 gezeigte aussehen. Die aktualisierten Balken in dem Balkendiagramm enthalten jetzt einen schwarzen Strich, der den Prozentsatz der Fertigstellung anzeigt. Wenn Sie mit dem Mauszeiger über einem schwarzen Balken stehen bleiben, zeigt ein Infofeld die zugehörigen Überwachungsinformationen an. Um die Informationen in Tabellenform anzuzeigen, wählen Sie entweder ANSICHT|TABELLE: EINGABE|ARBEIT oder ANSICHT|TABELLE: EINGABE|ÜBERWACHEN.

Vorgangsinformationen aktualisieren

Um bestimmte Informationen über Vorgänge zu aktualisieren, können Sie das Dialogfeld INFORMATIONEN ZUM VORGANG öffnen oder das Balkendiagramm manipulieren. In beiden Fällen werden die Vorgangsänderungen aufzeichnet und an alle betroffenen Felder in Microsoft Project weitergeleitet.

16 ➤ Einen Basisplan festlegen, ein Projekt manuell überwachen

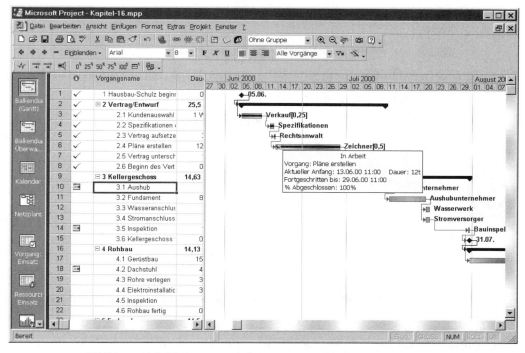

Abbildung 16.6: Die Vorgänge haben jetzt tatsächliche Datumsangaben.

Vorgangsinformationen mit dem Dialogfeld INFORMATIONEN ZUM VORGANG aktualisieren

Mit der Schaltfläche VORGÄNGE AKTUALISIEREN in der Symbolleiste ÜBERWACHEN können Sie schnell Überwachungsinformationen eingeben, obwohl sie nicht die einzige Möglichkeit darstellt, um Vorgänge zu aktualisieren. Um Vorgänge zu aktualisieren und verwandte Funktionen auszuführen, öffnen Sie das Dialogfeld INFORMATIONEN ZUM VORGANG:

1. **Wählen Sie einen Vorgang aus.**

    Wählen Sie in unserem Beispiel den Vorgang AUSHUB aus.

2. **Klicken Sie in der Standardsymbolleiste auf GEHE ZU AUSGEWÄHLTEM VORGANG.**

    Mit der Schaltfläche GEHE ZU AUSGEWÄHLTEM VORGANG können Sie die Auswirkungen Ihrer Arbeit visuell kontrollieren.

3. **Doppelklicken Sie auf den Vorgang, oder klicken Sie in der Symbolleiste ÜBERWACHEN auf die Schaltfläche VORGÄNGE AKTUALISIEREN.**

    Das Dialogfeld INFORMATIONEN ZUM VORGANG wird geöffnet. Der Vorgang AUSHUB ist zu 60 Prozent abgeschlossen und liegt einen Tag hinter dem Terminplan zurück. Mit dem Dialogfeld INFORMATIONEN ZUM VORGANG können Sie diese Informationen aktualisieren.

4. **Klicken Sie auf die Registerkarte ALLGEMEIN.**
5. **Geben Sie in dem Textfeld % ABGESCHLOSSEN den aktuellen Prozentsatz ein.**

   Geben Sie in unserem Beispiel 60 ein.
6. **Geben Sie in dem Feld DAUER die aktuelle Vorgangsdauer ein.**

   Geben Sie in unserem Beispiel 9T ein.

Sie brauchen kein T für Tage einzugeben, weil Microsoft Project annimmt, dass Sie die Standarddauer (Tage) eingeben.

7. **Klicken Sie auf OK.**

   Der Vorgang FUNDAMENT zeigt Ihre Änderungen an.

Anfangs- und Endtermine sowie Beziehungen in dem Balkendiagramm ändern

Neben dem Dialogfeld INFORMATIONEN ZUM VORGANG können Sie einzelne Vorgangsinformationen leicht in dem Balkendiagramm ändern. In der Beispielprojektdatei müssen Sie sich um einen anderen Vorgang kümmern. Der Stromanschluss kann nicht vor dem 24. Juli erfolgen, aber er sein gegenwärtiger Anfangstermin fällt auf den 20. Juli. Um den Anfangstermin eines Vorgangs in dem Balkendiagramm zu ändern, führen Sie die folgenden Schritte aus:

1. **Fahren Sie mit dem Mauszeiger auf den Balken des Vorgangs, den Sie ändern wollen.**

   Fahren Sie in unserem Beispiel auf den Balken des Vorgangs STROMANSCHLUSS.
2. **Ziehen Sie den Vorgangsbalken nach rechts, bis das angezeigte Infofeld den gewünschten Anfangstermin enthält.**

   Ziehen Sie in unserem Beispiel den Balken nach rechts, bis das Infofeld den 26. Juli anzeigt (siehe Abbildung 16.7).
3. **Lassen Sie die Maustaste los.**

   Der Vorgang wird auf den neuen Termin verschoben.

Falls durch das Ziehen ein Beziehungsproblem verursacht wird, wird der Planungs-Assistent geöffnet. Er informiert Sie über das Problem und schlägt Lösungen vor. Wählen Sie dann die passende Vorgehensweise. (Weitere Informationen über den Planungs-Assistenten finden Sie in Kapitel 4.)

16 ➤ Einen Basisplan festlegen, ein Projekt manuell überwachen

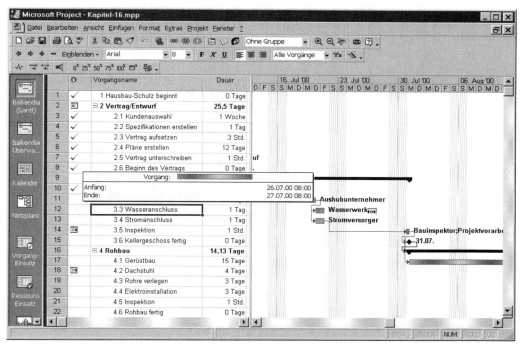

Abbildung 16.7: Beim Ziehen zeigt ein Infofeld die neuen Termine an.

Wenn Sie aufgrund eines Vorgangsbeziehungsproblems die Verknüpfung zwischen dem Vorgang und seinem Vorgänger lösen mussten, müssen Sie jetzt den Vorgang STROMANSCHLUSS erneut verknüpfen:

1. **Um eine Verknüpfung mit einem Vorgänger herzustellen, doppelklicken Sie auf den entsprechenden Vorgang.**

   Doppelklicken Sie in unserem Beispiel auf den Vorgang STROMANSCHLUSS. Das Dialogfeld INFORMATIONEN ZUM VORGANG wird geöffnet.

2. **Klicken Sie auf die Registerkarte VORGÄNGER.**

3. **Geben Sie in dem Textfeld unter NR. die Nummer des gewünschten Vorgängervorgangs ein.**

   Geben Sie in unserem Beispiel 11 ein.

4. **Klicken Sie auf das grüne Häkchen und dann auf OK (siehe Abbildung 16.8).**

303

Abbildung 16.8: Der Vorgang STROMANSCHLUSS ist jetzt der Nachfolger des Vorgangs FUNDAMENT.

Sie können das Balkendiagramm auch benutzen, um die Detailinformationen über eine Vorgangsbeziehung zu aktualisieren. In unserem Beispiel hat der Vorgang INSPEKTION einen eintägigen Zeitabstand von seinem Vorgänger STROMANSCHLUSS. Sie müssen den Zeitabstand entfernen. Führen Sie zu diesem Zweck die folgenden Schritte aus:

1. **Wählen Sie die Vorgangsbeziehung, die Sie ändern wollen, indem Sie auf den Pfeil doppelklicken, der den betroffenen Vorgang berührt.**

   Doppelklicken Sie in unserem Beispiel auf den Pfeil, der den Vorgang INSPEKTION berührt. Das Dialogfeld ANORDNUNGSBEZIEHUNG wird geöffnet.

2. **Geben Sie in das Drehfeld ZEITABSTAND eine 0 ein, um den Eintrag 1T zu ersetzen.**

3. **Klicken Sie auf OK.**

Vorgänge unterbrechen

Eine Möglichkeit, wie sich Microsoft Project an die Wirklichkeit anpassen kann, besteht in seiner Fähigkeit, Vorgänge unterbrechen zu können. Manchmal werden Vorgänge begonnen und dann aus irgendeinem Grund für eine Weile angehalten. Sie können derartige Vorgänge überwachen, indem Sie sie teilen.

In unserer Beispielprojektdatei wollen wir annehmen, dass der Vorgang WASSERANSCHLUSS zwei Tage dauern wird, die durch einen Tag in der Mitte unterbrochen sind. Ändern Sie zunächst die Dauer des Vorgangs WASSERANSCHLUSS auf 2T. Unterbrechen Sie dann den Vorgang, indem Sie die folgenden Schritte ausführen:

16 ➤ Einen Basisplan festlegen, ein Projekt manuell überwachen

1. **Klicken Sie in der Standardsymbolleiste auf die Schaltfläche VORGANG UNTERBRECHEN.**

   Der Mauszeiger ändert seine Form, um anzuzeigen, dass der Vorgang unterbrochen werden kann. Zusätzlich wird das Infofeld VORGANG UNTERBRECHEN angezeigt (siehe Abbildung 16.9).

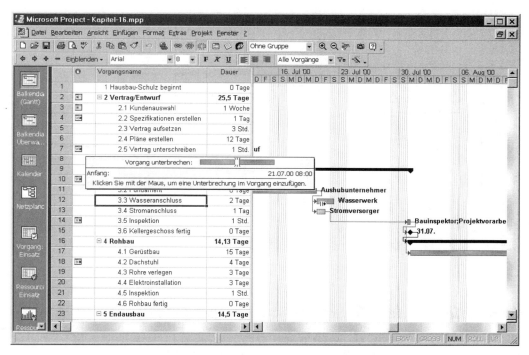

Abbildung 16.9: Die Ansicht vor der Unterbrechung des Vorgangs

2. **Klicken Sie in dem Balkendiagramm mit der Maus auf den Vorgang, den Sie unterbrechen wollen.**

   Klicken Sie in unserem Beispiel auf den Gantt-Balken des Vorgangs WASSERANSCHLUSS. Der Vorgang wird gespalten, und die zugehörigen Tabellen werden aktualisiert. In der Ansicht überspannt der Vorgang jetzt drei Tage, obwohl das Infofeld nach wie vor eine Dauer von 2T anzeigt (siehe Abbildung 16.10).

Sie können den unterteilten Vorgang durch Ziehen in dem Balkendiagramm verkürzen oder verlängern.

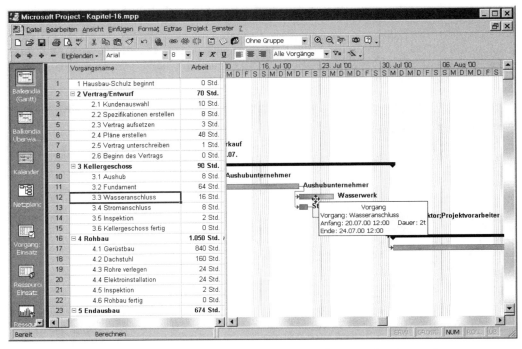

Abbildung 16.10: Die Ansicht nach dem Klicken mit dem Unterbrechungs-Cursor

Kontrolle mit dem BALKENDIAGRAMM: ÜBERWACHEN

Das BALKENDIAGRAMM: ÜBERWACHEN ist ein mächtiges Werkzeug zur Überwachung eines Projekts. Dort können Sie gleichzeitig sehen, was Sie ursprünglich geplant haben und was Sie gegenwärtig tun. Rufen Sie das BALKENDIAGRAMM: ÜBERWACHEN folgendermaßen auf:

1. **Wählen Sie in der Ansichtsleiste BALKENDIAGRAMM: ÜBERWACHEN.**

2. **Wählen Sie den Abschnitt der Projektdatei, den Sie sehen wollen.**

   Wählen Sie in unserem Beispiel den Vorgang FUNDAMENT.

3. **Klicken Sie in der Standardsymbolleiste auf die Schaltfläche GEHE ZU AUSGEWÄHLTEM VORGANG.**

4. **Verschieben Sie die Ansicht mit den horizontalen Pfeilen, um die Ansicht zu maximieren (siehe Abbildung 16.11).**

16 ➤ Einen Basisplan festlegen, ein Projekt manuell überwachen

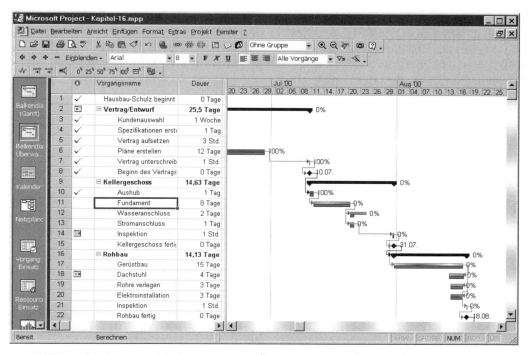

Abbildung 16.11: Die Ansicht BALKENDIAGRAMM: ÜBERWACHEN vergleicht Basisplantermine mit den aktuellen Terminen.

Die Ansicht BALKENDIAGRAMM: ÜBERWACHEN enthält viele optische Hinweise – hauptsächlich in Form von Farbänderungen:

✔ Dunkelgraue Balken sind Basisplanvorgänge.

✔ Dunkelblaue Balken sind abgeschlossene Vorgänge oder abgeschlossene Teile von Vorgängen.

✔ Rote Balken liegen auf dem kritischen Weg.

✔ Hellblaue Balken liegen nicht auf dem kritischen Weg.

✔ Schwarze Balken sind Sammelvorgänge.

✔ Gepunktete Balken zeigen einen Prozentsatz der Fertigstellung von Sammelvorgängen an.

Der Unterschied in der horizontalen Position zwischen dem Basisplanbalken und seinem Partner zeigt den Terminplanstatus an. Je größer der Abstand ist, desto stärker weicht das tatsächliche Datum vom Basisplandatum ab. Die Zahlen an den Enden der farbigen Balken zeigen den Prozentsatz der Fertigstellung des jeweiligen Vorgangs an.

Das Überwachen kann Ihr Selbstvertrauen erschüttern oder einen Beweis für Ihre exzellente Planung liefern. Aber wie alle guten Sportler wissen, sollte man ein Spiel erst nach seinem Ende beurteilen und nicht, wenn es noch läuft. Die Überwachung ist Ihre erste Verteidigungslinie gegen unvorhergesehene Probleme. Falls Sie damit Ihr Projekt im Griff behalten, haben Sie gute Aussichten, Ihr Projekt auch zu einem erfolgreichen Abschluss zu führen.

Projekte drucken

In diesem Kapitel

▶ Die Seitenansicht zum Editieren verwenden

▶ Rahmen festlegen

▶ Kopf- und Fußzeilen mit Informationen und Grafiken erstellen

▶ Legenden für Referenzzwecke erstellen

Glückwunsch! Ihr Projekt ist ein Meisterstück. Es enthält zahlreiche Ressourcen, sein Zeitplan ist knapp bemessen, die Risiken werden realistisch eingeschätzt, und die Kosten halten sich im Rahmen. Sie müssen nur noch eine Aufgabe lösen: Sie müssen mit dem Plan eine gemeinsame Kommunikationsbasis für alle Personen schaffen, die an dem Projekt beteiligt sind.

In vielerlei Hinsicht ist ein Projektplan nur so wertvoll wie Ihre Fähigkeit, den Plan anderen Personen zu vermitteln. Leider ist dies nicht immer einfach. Einfach und verständlich zu kommunizieren ist oft schwierig. Die Art und der Umfang der benötigten Informationen ändern sich dramatisch von Tag zu Tag und von einer Gruppe zur anderen. Die Mitglieder des Projektteams müssen über Zeitpläne und Ressourcenzuordnungen informiert werden. Kontroller benötigen Zugang zu den Informationen über die entstandenen Kosten. Manager wollen wissen, wie weit das Projekt fortgeschritten ist. Anteilseigner wollen wissen, wie es insgesamt um das Projekt steht.

Manchmal sind zu viele Informationen genauso katastrophal wie zu wenige. Manche Informationen sind vertraulich oder geheim. Unter gewissen Umständen reicht die Rückseite einer Serviette, aber oft ist eine ausgewachsene Präsentation erforderlich. Mit Microsoft Project können Sie genau die Informationen ausgraben, die Sie benötigen, und sie dann Ihrem Zweck entsprechend aufbereiten, anpassen und drucken.

Auf der CD finden Sie die Übungsdatei KAPITEL-17.MPP, mit der Sie das Veröffentlichen von Ansichten einüben können. Natürlich können Sie wieder mit einem eigenen Projekt arbeiten. In Anhang C finden Sie weitere Informationen über den Umgang mit den Übungsdateien auf der CD.

Projektansichten in die Welt hinausschicken

Um eine Ansicht zu drucken, brauchen Sie einfach nur in der Standardsymbolleiste auf die Schaltfläche DRUCKEN zu klicken. Dieses schnelle Verfahren hat auch Nachteile. Beim Drucken werden Standardeinstellungen benutzt, die allein bei diesem kleinen

Projekt sechs Druckseiten produzieren. Sie können das Ergebnis dieser Druckfunktion über die Schaltfläche SEITENANSICHT vorher begutachten. In der Seitenansicht können Sie auch die Einstellungen ändern.

In vielen Fällen reicht die Standarddruckfunktion aus. Doch wenn Sie das Aussehen der Ausdrucke verändern wollen, erhalten Sie mit der Schaltfläche SEITENANSICHT Zugriff auf die Druckeigenschaften.

Ein Überblick über die Seitenansicht

Der Seitenansichtsmodus bietet Ihnen Funktionen an, die durch ein Klicken auf die Schaltfläche DRUCKEN nicht verfügbar sind. Wenn Sie die Ansicht festgelegt haben, die Sie drucken wollen, können Sie ihr Aussehen auf mehrere Weisen ändern. Im Beispiel dieses Kapitels wollen wir mit der Ansicht BALKENDIAGRAMM (GANTT) und der Standardzeitskala arbeiten (siehe Abbildung 17.1).

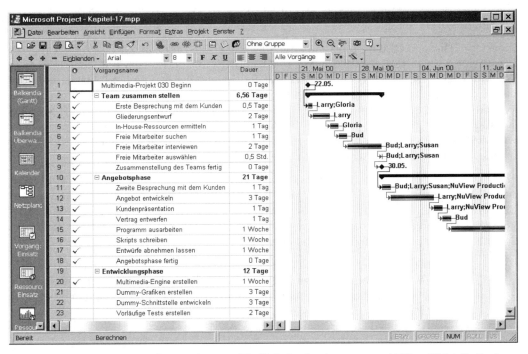

Abbildung 17.1: Die aktuelle Ansicht, einschließlich der Sortierungen und Filter, bildet die Basis für die Seitenansicht.

Klicken Sie in der Standardsymbolleiste auf die Schaltfläche SEITENANSICHT, um zur Seitenansicht zu wechseln (siehe Abbildung 17.2). Die Symbolleiste dieser Ansicht enthält

Richtungspfeile, mit denen Sie von Seite zu Seite gehen können. Die Anzahl der Seiten in der Seitenansicht wurde von Microsoft Project anhand der Ansicht berechnet, die beim Aufruf der Seitenansicht aktiv war. Mit der Schaltfläche ZOOM können Sie die Anzeige vergrößern oder verkleinern. Wenn Sie sie vergrößern, werden mehr Seiten gedruckt.

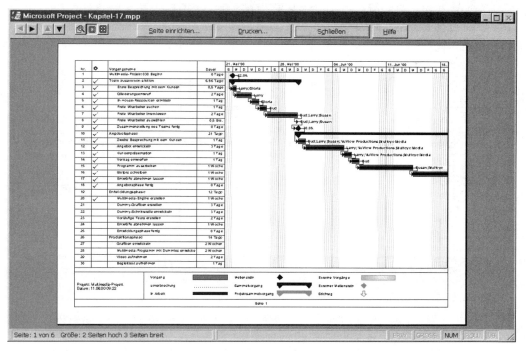

Abbildung 17.2: Die Seitenansicht zeigt die Daten so an, wie sie ausgedruckt werden.

 Die Statusleiste am unteren Rand des Fensters zeigt die laufende Seitennummer, die Seitenzahl und eine Beschreibung des Layouts an. Ansichten mit mehreren Seiten werden nummeriert und von oben nach unten und von links nach rechts gedruckt. Die Reihenfolge der Seiten in diesem sechsseitigen Beispiel ist also: links oben, links unten, Mitte oben, Mitte unten, rechts oben und rechts unten.

Die Symbolleiste enthält auch Schaltflächen zum Vergrößern und zum Anzeigen von einzelnen Seiten. Diese Schaltflächen bilden bestimmte Mauszeigerfunktionen nach. Wenn Sie den Mauszeiger auf dem Bildschirm verschieben, nimmt der Mauszeiger die Form eines Vergrößerungsglases an. Wenn Sie damit auf den Bildschirm klicken, werden die Informationen größer und lesbarer dargestellt, und Sie können das Fenster verschieben. Wenn Sie ein zweites Mal klicken, wird die ursprüngliche Größe wieder hergestellt. Die beiden Schaltflächen in der Symbolleiste haben dieselbe Funktion.

Mit der Schaltfläche MEHRERE SEITEN können Sie die gesamte Ansicht auf einmal in Druckform anzeigen (siehe Abbildung 17.3).

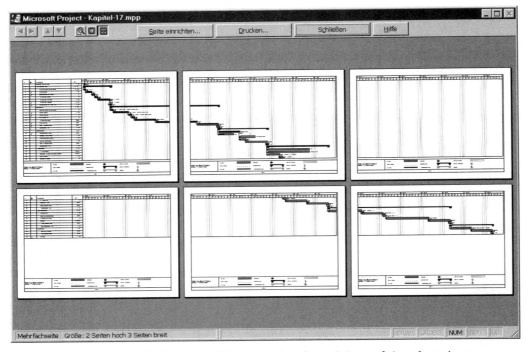

Abbildung 17.3: Die Seitenansicht kann auch mehrere Seiten auf einmal anzeigen.

Der folgende Abschnitt beschreibt, wie Sie die Standardeinstellungen für den Druck ändern und in der Seitenansicht begutachten können.

Die Seiteneinstellungen ändern

Mit dem Befehl SEITE EINRICHTEN können Sie das Layout des Ausdrucks verändern. Sie können die Seitenorientierung, die Ränder, die Kopf- und Fußzeilen, die Legende und die Ansichtsoptionen einstellen. In der Kalenderansicht können Sie auch die Zeiteinheiten festlegen. Wenn Sie in der Symbolleiste der Seitenansicht auf die Schaltfläche SEITE EINRICHTEN klicken, wird das Dialogfeld SEITE EINRICHTEN angezeigt (siehe Abbildung 17.4). (Sie können dieses Dialogfeld auch mit DATEI|SEITE EINRICHTEN öffnen.) Das Dialogfeld enthält sechs Registerkarten.

Abbildung 17.4: Das Dialogfeld SEITE EINRICHTEN. Die Einstellungen in diesem Dialogfeld gelten nur für das aktive Projekt, selbst wenn mehrere Projekte geöffnet sind.

Das Seiten-Layout festlegen

Auf der Registerkarte SEITE können Sie die ORIENTIERUNG, die SKALIERUNG und das PAPIERFORMAT der Seiten festlegen. Bei der ORIENTIERUNG können Sie HOCHFORMAT (vertikal) oder QUERFORMAT (horizontal) wählen. Die Standardeinstellung ist QUERFORMAT. Bei der SKALIERUNG können Sie festlegen, ob der Ausdruck vergößert oder verkleinert werden soll.

Ränder einstellen

Auf der Registerkarte RÄNDER (siehe Abbildung 17.5) können Sie die Ränder des Ausdrucks einstellen und mit der Schaltfläche SEITENANSICHT in der Vorschau begutachten. Außerdem können Sie festlegen, welche Seiten einen Rahmen haben sollen.

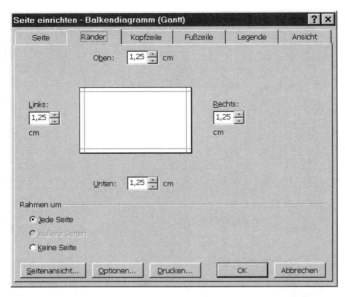

Abbildung 17.5: Die Registerkarte RÄNDER. Die RAHMEN UM-Option ÄUSSERE SEITEN ist bei Netzwerkdiagramm-Ansichten verfügbar.

Kopfzeilen festlegen

Auf der Registerkarte KOPFZEILE können Sie benutzerdefinierte Kopfzeilen für Ausdrucke erstellen. Im folgenden Beispiel werden wir den Namen des Projektmanagers und das aktuelle Datum auf jeder Seite rechts in die Kopfzeile einfügen:

1. **Klicken Sie auf die Registerkarte KOPFZEILE.**

2. **Wählen Sie eine Ausrichtung.**

   Wählen Sie in unserem Beispiel die Ausrichtung RECHTS aus.

3. **Wählen Sie aus dem Dropdownlistenfeld ALLGEMEIN am unteren Rand des Fensters ein Objekt aus.**

   Wählen Sie in unserem Beispiel den Eintrag MANAGER aus.

4. **Klicken Sie auf die Schaltfläche HINZUFÜGEN neben diesem Feld.**

   Auf der Registerkarte RECHTS erscheint &[MANAGER], und in der VORSCHAU wird der Name des Managers angezeigt.

5. **Wenn Sie wollen, können Sie eine weitere Zeile in die Kopfzeile einfügen.**

   Setzen Sie in unserem Beispiel den Mauszeiger rechts neben &[MANAGER], weil der Text rechtsbündig ausgerichtet ist.

6. **Drücken Sie auf** Enter.

   Der Mauszeiger befindet sich jetzt auf der Registerkarte RECHTS in der nächsten Zeile.

7. **Wählen Sie diesmal das Objekt nicht aus der Liste aus, sondern klicken Sie auf die Schaltfläche DATEINAME EINFÜGEN (siehe Abbildung 17.6).**

   Der Code für den Dateinamen – &[DATEI] – wird in der zweiten Zeile auf der Registerkarte RECHTS angezeigt.

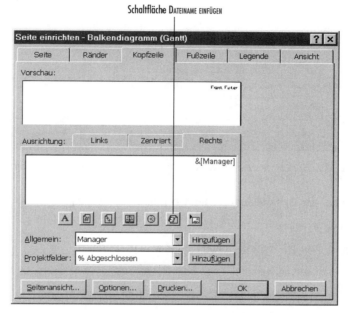

Abbildung 17.6: Die Registerkarte KOPFZEILE des Dialogfelds SEITE EINRICHTEN

8. **Fügen Sie auf der Registerkarte RECHTS in die erste Codezeile einen zusätzlichen Text ein, indem Sie den Mauszeiger vor den Code setzen und den Text eintippen.**

   Geben Sie in unserem Beispiel MANAGER: ein. Achten Sie darauf, dass nach dem Doppelpunkt ein Leerzeichen folgt (vergleiche Abbildung 17.7).

Wenn Sie den Textstil der Kopfzeile ändern wollen, bevor Sie die Registerkarte KOPFZEILE verlassen, führen Sie die folgenden Schritte aus:

1. **Markieren Sie die erste Codezeile. Ziehen Sie den Mauszeiger über den Textbereich, den Sie ändern wollen.**

   Markieren Sie in unserem Beispiel die gesamte erste Zeile.

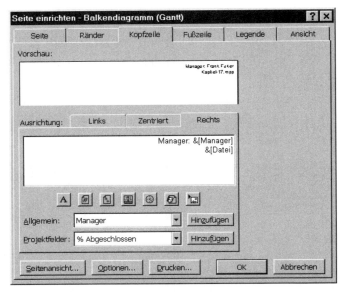

Abbildung 17.7: Sie können den Text in der Kopfzeile an Ihre Anforderungen anpassen.

2. **Klicken Sie auf die Schaltfläche Schrift formatieren (das A).**

   Das Dialogfeld Schrift wird geöffnet.

3. **Wählen Sie in dem Dialogfeld Schrift eine Schriftart aus.**

   Wählen Sie in unserem Beispiel Times New Roman aus.

4. **Wählen Sie im Listenfeld Schriftschnitt einen Schriftschnitt aus.**

   Wählen Sie in unserem Beispiel Fett aus.

5. **Wählen Sie im Listenfeld Schriftgrad einen Schriftgrad aus.**

   Wählen Sie in unserem Beispiel 16 aus.

6. **Ändern Sie in dem Dropdownlistenfeld Farbe die Textfarbe.**

7. **Klicken Sie auf OK.**

   Das Dialogfeld Seite einrichten sollte jetzt wie das Feld in Abbildung 17.8 aussehen.

8. **Klicken Sie in dem Dialogfeld Seite einrichten auf OK, um einen Überblick über Ihre Änderungen zu erhalten. Klicken Sie auf die Kopfzeile, um die Ansicht zu vergrößeren (siehe Abbildung 17.9).**

Abbildung 17.8: Die erste Zeile wird fett dargestellt. Die Kopfzeile ist auf drei Zeilen begrenzt.

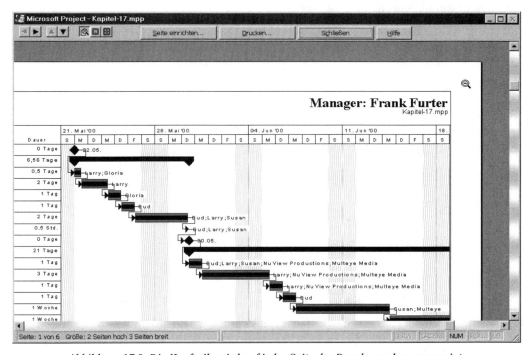

Abbildung 17.9: Die Kopfzeile wird auf jeder Seite der Druckvorschau angezeigt.

Fußzeilen festlegen

Klicken Sie auf die Schaltfläche SEITE EINRICHTEN, um zu dem Dialogfeld SEITE EINRICHTEN zurückzukehren. Klicken Sie jetzt auf die Registerkarte FUSSZEILE. Die Registerkarte FUSSZEILE enthält dieselben Optionen wie die Registerkarte KOPFZEILE, deshalb werde ich hier nicht die Einzelheiten wiederholen. Aber bevor Sie die Fußzeile verlassen, sollten Sie zur Kenntnis nehmen, dass Microsoft Project standardmäßig die Seitennummer in der Mitte der Fußzeile anzeigt. Sie können die Seitennummer auf Wunsch entfernen oder ändern.

Die Legende einrichten

Die Legende beschreibt die Bedeutung der verschiedenen Balken und Symbole in einem Balkendiagramm oder in anderen Diagrammen. Auf der Registerkarte LEGENDE können Sie den Text des Legendenbereichs der gedruckten Ansicht festlegen.

Klicken Sie in dem Dialogfeld SEITE EINRICHTEN auf die Registerkarte LEGENDE (siehe Abbildung 17.10). Die Textoptionen auf dieser Registerkarte entsprechen den Textoptionen auf den Registerkarten KOPFZEILE und FUSSZEILE. Außerdem verfügt diese Registerkarte über zwei zusätzliche Optionen: Erstens können Sie festlegen, auf welchen Seiten (JEDER SEITE, ZUSÄTZLICHER SEITE, KEINER SEITE) die Legende stehen soll. Zweitens können Sie die BREITE des Legendentextes in Zentimetern festlegen.

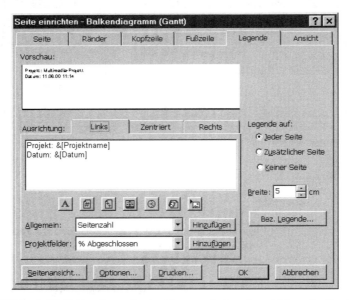

Abbildung 17.10: Der Legendentext kann zwischen 0 und 10 cm breit sein.

Die Ansicht für den Ausdruck anpassen

Standardmäßig druckt Microsoft Project Ansichten im Wesentlichen so, wie sie auf dem Bildschirm dargestellt werden. Sie können jedoch einige Standardeinstellungen leicht ändern. Klicken Sie zu diesem Zweck auf die Registerkarte ANSICHT (siehe Abbildung 17.11).

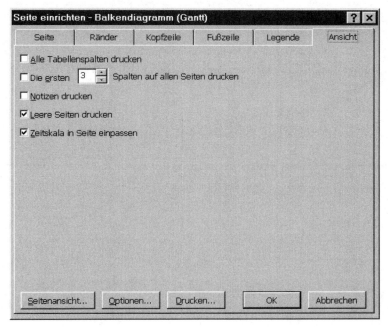

Abbildung 17.11: Auf der Registerkarte ANSICHT können Sie den Ausdruck so ändern, dass er von der Darstellung auf dem Bildschirm abweicht.

Die folgende Liste gibt Ihnen einige Tipps für das Drucken:

✔ ALLE TABELLENSPALTEN DRUCKEN: Wenn dieses Kontrollkästchen aktiviert ist, werden alle Spalten der Tabelle in der aktiven Ansicht gedruckt.

✔ DIE ERSTEN <NUMMER> SPALTEN AUF ALLEN SEITEN DRUCKEN: Wenn dieses Kontrollkästchen aktiviert ist, wird die angegebene Anzahl von Spalten (von links nach rechts) der Tabelle in der aktiven Ansicht gedruckt.

✔ NOTIZEN DRUCKEN: Wenn dieses Kontrollkästchen aktiviert ist, werden alle Notizen gedruckt, die Vorgängen in der Ansicht zugeordnet sind. In diesem Beispiel ist Vorgang 45 mit einer Notiz verbunden. Wenn Sie dieses Kontrollkästchen aktivieren, wird die Notiz auf einer separaten Seite am Ende ausgedruckt. Dabei wächst in diesem Beispiel die Seitenzahl von sechs auf sieben.

✔ LEERE SEITEN DRUCKEN: Dieses Kontrollkästchen funktioniert wie ein Kippschalter: Wenn es aktiviert ist (Standardeinstellung), werden Leerseiten ohne Vorgänge und Balken gedruckt, andernfalls werden sie beim Ausdruck unterdrückt. In unserem Beispiel kann dadurch die Anzahl der Druckseiten auf fünf reduziert werden (siehe Abbildung 17.12).

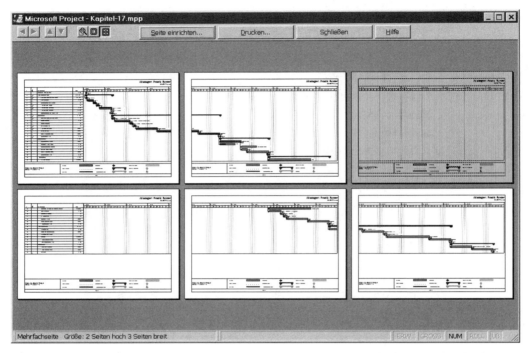

Abbildung 17.12: Wenn Sie das Kontrollkästchen LEERE SEITEN DRUCKEN deaktivieren, werden keine Daten in Ihrer Projektdatei gelöscht.

Wenn Sie mit dem Einrichten der Seite fertig sind, klicken Sie auf OK.

Projektansichten drucken

Wenn Sie die Seiteneinstellungen festgelegt haben, können Sie sich den Druckoptionen zuwenden. Klicken Sie in der Symbolleiste der Seitenansicht auf die Schaltfläche DRUCKEN. Das Dialogfeld DRUCKEN wird angezeigt (siehe Abbildung 17.13).

17 ➤ Projekte drucken

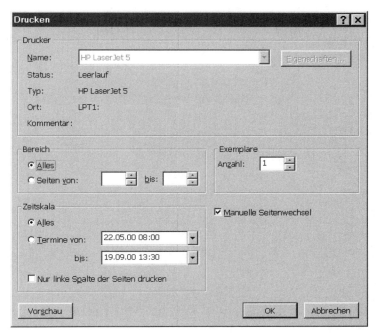

Abbildung 17.13: Anstatt auf die Schaltfläche DRUCKEN zu klicken, können Sie auch auf [Strg]+[P] drücken.

Das Dialogfeld DRUCKEN enthält vier Optionsgruppen:

- ✔ DRUCKER: (Das Feld ist in der Abbildung deaktiviert). Wenn Sie die Druckerauswahl ändern wollen, schließen Sie die Seitenansicht und wählen dann DATEI|DRUCKEN.

- ✔ BEREICH: Wählen Sie die Seiten der Ansicht aus, die Sie drucken wollen. Sie können alle Seiten oder einen bestimmten Seitennummernbereich drucken.

- ✔ ZEITSKALA: Wählen Sie aus, ob Sie das gesamte Projekt (ALLES) oder einen bestimmten Terminbereich drucken wollen.

- ✔ EXEMPLARE: Geben Sie die Anzahl der Kopien an, die ausgedruckt werden sollen.

Wenn Sie Ihre Einstellungen in das Dialogfeld DRUCKEN eingegeben haben, klicken Sie auf OK, um die Ansicht zu drucken und dann zu der Ansicht BALKENDIAGRAMM (GANTT) zurückzukehren.

Berichte benutzen und anpassen

In diesem Kapitel

▶ Unter 22 Standardberichten wählen

▶ Berichte an die eigenen Anforderungen anpassen

▶ Berichte für bestimmte Zwecke erstellen

Auch wenn Sie die Balkendiagramme und Netzwerkdiagrammansichten schätzen gelernt haben, sind sie nicht für alle Zwecke geeignet. Einige Leute ziehen eine traditionellere Form vor – Listen mit oder ohne Zusammenfassungen. In Microsoft Project werden diese Listen als *Berichte* bezeichnet.

Berichte fassen bestimmte Informationen organisiert zusammen. Sie haben den Zweck, Trends oder größere Aspekte von Projekten in einer Form zu zeigen, die für die Auftraggeber von Projekten oder Teammitglieder des Projekts gedacht ist. Ihnen mag es warm ums Herz werden, wenn Sie in einer Ansichtskombination ein Projekt mit einem Balkendiagrammen überwachen. Genauso kann es einem Autraggeber des Projekts gehen, wenn er die Summenspalte in einem Bericht sieht.

Microsoft Project bietet Ihnen fünf vordefinierte Arten von Berichten an, die im nächsten Abschnitt aufgeführt sind. Eine sechste Berichtskategorie, BENUTZERDEFINIERT, wird später in diesem Kapitel beschrieben.

 Sie können gern direkt in das Thema einsteigen und einen Bericht für ein eigenes Projekt erstellen. Aber Sie können auch die Übungsdatei benutzen, die für dieses Kapitel auf der CD gespeichert ist. Die Übungsdatei, KAPITEL-18.MPP, enthält einige Informationen, die Ihnen eine Vorstellung davon vermitteln sollen, was Microsoft Project für Berichte anzubieten hat.

Standardberichte von Microsoft Project benutzen

Microsoft Project enthält fünf vordefinierte Berichtskategorien, die Sie unmittelbar ausdrucken können: ÜBERSICHT, VORGANGSSTATUS, KOSTEN, RESSOURCEN und ARBEITSAUSLASTUNG. Jede Kategorie enthält mehrere Berichte. Sie können die Berichte in der vordefinierten Form verwenden oder an Ihre Anforderungen anpassen. Um auf die Berichte zuzugreifen, wählen Sie ANSICHT|BERICHTE. Das Dialogfeld BERICHTE wird geöffnet (siehe Abbildung 18.1).

Abbildung 18.1: Das Dialogfeld BERICHTE bietet Ihnen fünf vordefinierte Berichtskategorien an.

Tabelle 18.1 beschreibt alle Berichte in den Kategorien.

Kategorie	Typ	Anzeige
Übersicht	Projektübersicht	Zusammenfassende Informationen zu Terminen, Dauer, Arbeit, Kosten und dem allgemeinen Status des gesamten Projekts
	Vorgänge höchster Ebene	Vorgangsinformationen zu den Sammelvorgängen auf höchster Ebene im Projekt
	Kritische Vorgänge	Liste von Vorgängen des kritischen Weges im Projekt; enthält Sammelvorgänge und Nachfolgervorgänge
	Meilensteine	Liste aller Meilensteine im Projekt sowie ihrer Sammelvorgänge
	Arbeitstage	Arbeitszeitinformationen aus dem Basiskalender im Projekt mit Arbeitszeiten und arbeitsfreien Zeiten der Ressourcen
Vorgangsstatus	Nicht angefangene Vorgänge	Vorgänge, die keinen aktuellen Anfangstermin haben; enthält Vorgänger und Ressourcen
	Bald anfangende Vorgänge	Vorgänge, die nach einem von Ihnen angegebenen Termin anfangen oder enden
	Vorgänge in Arbeit	Vorgänge, die einen aktuellen Anfangstermin, jedoch keinen aktuellen Endtermin haben
	Abgeschlossene Vorgänge	Vorgänge, die zu 100 % abgeschlossen sind, nach Monaten geordnet
	Verspätete Vorgänge	Vorgänge, die keinen aktuellen Anfangstermin haben und bis zu einem von Ihnen angegebenen Termin anfangen sollen; enthält Sammelvorgänge und Nachfolger
	Verzögerte Vorgänge	Vorgänge, deren aktueller Endtermin vom berechneten Endtermin abweicht; enthält Sammelvorgänge und Nachfolger

18 ➤ Berichte benutzen und anpassen

Kategorie	Typ	Anzeige
Kosten	Vorgangskosten	Projektkosten über einen Zeitraum in Form einer Kreuztabelle, nach Wochen unterteilt
	Kostenrahmen	Kosteninformationen, einschließlich geplanter Kosten, aktueller Kosten und Abweichungen
	Vorgangskostenrahmen überschritten	Vorgänge, deren Kosten höher sind als die geplanten Kosten
	Ressourcenkostenrahmen überschritten	Ressourcen, deren Kosten höher sind als die geplanten Kosten
	Kostenanalyse	Ertragswertfelder, z.B. Soll-Kosten der berechneten Arbeit, Soll-Kosten bereits abgeschlossener Arbeit, Ist-Kosten bereits abgeschlossener Arbeit und Ertragswert-Abweichungsfelder; Kreuztabelle
Ressourcen	Wer-macht-was	Vorgänge, die nach zugeordneten Ressourcen gruppiert sind
	Wer-macht-was-wann	Vorgänge, die nach zugeordneten Ressourcen gruppiert sind und Zeitphasendaten anzeigen; Kreuztabelle
	Vorgangszuordnungen	Vorgänge, die einer von Ihnen angegebenen Ressource wochenweise zugeordnet sind
	Überlastete Ressourcen	Ressourcen, deren zugeordnete Arbeit ihre maximale Verfügbarkeit überschreitet
Arbeitsauslastung	Vorgangszuordnungen	Vorgänge und zugeordnete Ressourcen mit Zeitphasendaten, ähnlich der Ansicht VORGANG: EINSATZ; Kreuztabelle
	Arbeitsauslastung nach Ressourcen	Ressourcen und zugeordnete Vorgänge mit Zeitphasendaten, ähnlich der Ansicht RESSOURCE: EINSATZ; Kreuztabelle

Tabelle 18.1: Eine Beschreibung der Berichte

Ein Kreuztabellenbericht ist mit einer Entfernungstafel vergleichbar, die die Anzahl der Kilometer zwischen zwei Städten am Schnittpunkt von Zeilen und Spalten anzeigt, die die Städte repräsentieren.

Wie erstellen Sie nun einen Projektbericht? Klicken Sie einfach auf den Bericht, der Ihre Anforderungen erfüllt.

Doppelklicken Sie beispielsweise in dem Dialogfeld Berichte auf ÜBERSICHT. Das Dialogfeld ÜBERSICHTSBERICHTE wird angezeigt (siehe Abbildung 18.2).

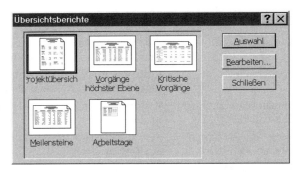

Abbildung 18.2: Das Dialogfeld ÜBERSICHTSBERICHTE bietet Ihnen die Option BEARBEITEN an.

Doppelklicken Sie auf den Bericht KRITISCHE VORGÄNGE. Microsoft Project öffnet den Bericht im Vorschaumodus (siehe Abbildung 18.3). Dieser Modus bietet Ihnen die Möglichkeit, die Seitenausrichtung, die Ränder und die Kopf- und Fußzeilen anzupassen. Wenn Sie fertig sind, klicken Sie in der Symbolleiste der Druckvorschau auf die Schaltfläche SCHLIESSEN. Sie kehren dann zu dem Dialogfeld BERICHTE zurück.

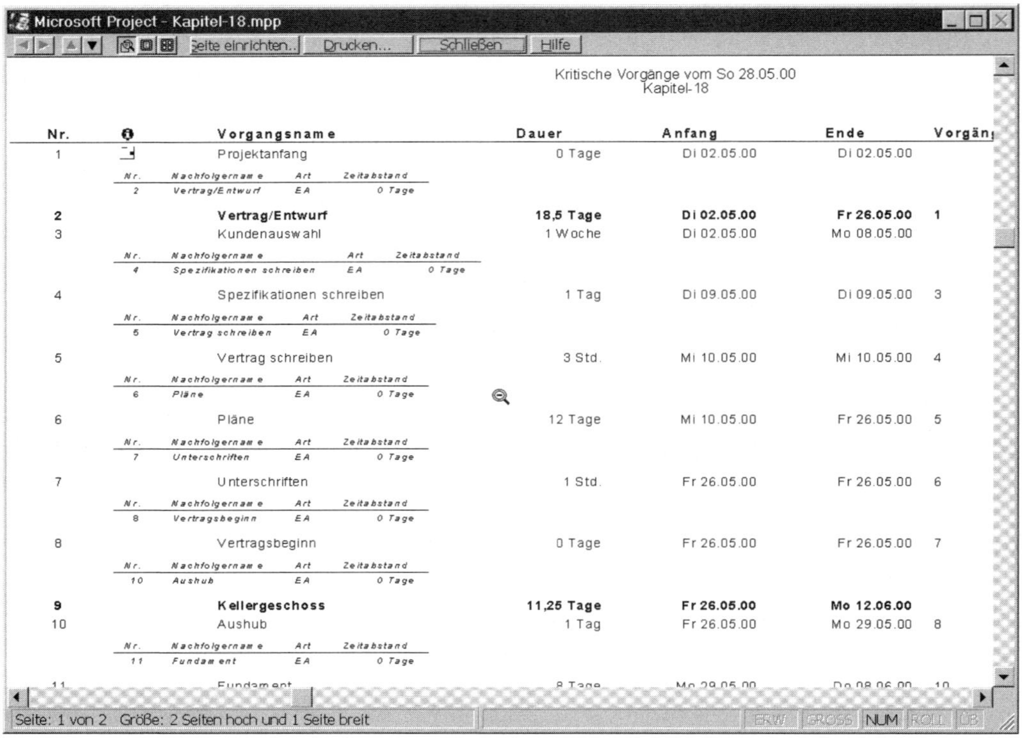

Abbildung 18.3: Die Vorschau der Berichte funktioniert wie die Vorschau der Diagramme.

Einen Projektbericht anpassen

Neben den Standardberichten gibt es die spezielle Kategorie BENUTZERDEFINIERTE BERICHTE, mit der Sie eigene Berichte von Grund auf erstellen können. Wenn Sie auf diese Kategorie doppelklicken, wird das Dialogfeld BENUTZERDEFINIERTE BERICHTE geöffnet (siehe Abbildung 18.4).

Abbildung 18.4: Das Dialogfeld BENUTZERDEFINIERTE BERICHTE bietet Ihnen die Möglichkeit, Berichte zu ändern, zu kopieren oder zu erstellen.

Benutzerdefiniert bedeutet *nicht typisch*. Ich werde Ihnen deshalb nicht sagen, wie Sie Ihren Bericht gestalten sollen. Als Beispiel wollen wir einen benutzerdefinierten Bericht für die Projektdatei von Kapitel 18 erstellen. In diesem Beispiel werden Sie den Bericht KRITISCHE VORGÄNGE so anpassen, dass er bestimmte Informationen – hier die kritischen Vorgänge – hervorgehoben statt isoliert darstellt. Eine isolierte Darstellung zeigt nur die kritischen Vorgänge an. Um den Bericht KRITISCHE VORGÄNGE entsprechend anzupassen, führen Sie die folgenden Schritte aus:

1. **Markieren Sie im Dialogfeld BENUTZERDEFINIERTE BERICHTE in der Liste BERICHTE den Eintrag KRITISCHE VORGÄNGE.**

2. **Klicken Sie im Dialogfeld BENUTZERDEFINIERTE BERICHTE auf die Schaltfläche BEARBEITEN. Das Dialogfeld VORGANGSBERICHT wird geöffnet. Gehen Sie dort zur Registerkarte DEFINITION (siehe Abbildung 18.5).**

   Mit dem Dialogfeld VORGANGSBERICHT können Sie hervorgehobene (statt isolierte) Berichte erstellen, Vorgänge durch graue Balken trennen sowie Sammelvorgänge in einen Bericht einschließen.

3. **Aktivieren Sie das Kontrollkästchen HERVORHEBEN, und klicken Sie auf OK.**

   Sie kehren zum Dialogfeld BENUTZERDEFINIERTE BERICHTE zurück.

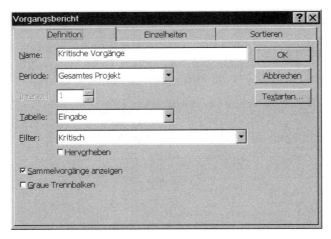

Abbildung 18.5: Das Dialogfeld VORGANGSBERICHTE bietet Berichte mit Hervorhebungen an.

4. **Klicken Sie auf die Schaltfläche VORSCHAU.**

   Der geänderte Bericht erscheint in der Druckvorschau auf dem Bildschirm (siehe Abbildung 18.6).

5. **Verschieben Sie die gering aufgelöste Darstellung der markierten kritischen Vorgänge.**

   Die markierten kritischen Vorgänge sind gut lesbar, wenn der Bericht gedruckt wird.

Experimentieren Sie nach Wunsch, um herauszufinden, wie Sie die vorhandenen Berichte modifizieren können. Ihre Änderungen beeinflussen die vorhandenen Informationen in der Projektdatei nicht.

Einen Projektbericht erstellen

Das Erstellen eines Berichts ist nicht schwieriger, als einen Standardbericht zu verwenden. Um einen Bericht von Grund auf zu erstellen, klicken Sie in dem Dialogfeld BENUTZERDEFINIERTE BERICHTE auf die Schaltfläche NEU. Das Dialogfeld NEUEN BERICHT DEFINIEREN wird geöffnet. Das Dialogfeld bietet Ihnen vier Optionen an:

- ✔ **Vorgang:** Plan, Kosten, Informationen über die Arbeit und Vorgangseinzelheiten
- ✔ **Ressource:** Plan, Kosten, Informationen über die Arbeit und Ressourceneinzelheiten
- ✔ **Monatskalender:** Grafische Repräsentationen eines Kalenders mit Vorgängen, die als Balken, Linien oder Anfangs- und Endtermine dargestellt werden
- ✔ **Kreuztabelle:** Information über Vorgänge und Ressourcen über eine bestimmte Zeitspanne

18 ➤ Berichte benutzen und anpassen

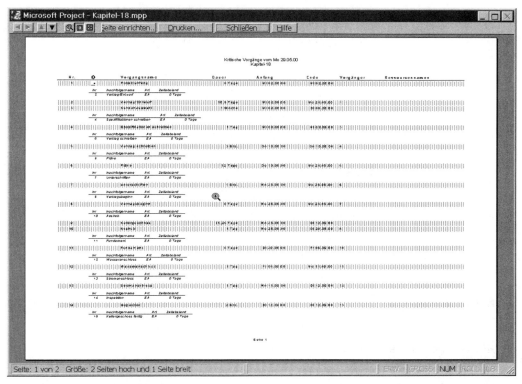

Abbildung 18.6: Sie können die Vorschau überspringen, wenn Sie DRUCKEN im Dialogfeld BENUTZERDEFINIERTE BERICHTE wählen.

Sie können die Projektdatei KAPITEL-18.MPP benutzen, um mit dem Erstellen von Berichten zu experimentieren. Im folgenden Beispiel erstellen Sie einen Monatskalenderbericht für die Ressourcen des Bauzeitenkalenders. Gehen Sie folgendermaßen vor:

1. **Doppelklicken Sie auf die Option MONATSKALENDER.**

    Das Dialogfeld DEFINITION MONATSKALENDERBERICHT wird geöffnet (siehe Abbildung 18.7).

2. **Geben Sie in dem Textfeld NAME eine Namen für Ihren Bericht ein.**

    Geben Sie in diesem Beispiel BAUSTUNDEN ein.

3. **Wählen Sie in dem Dropdownlistenfeld FILTER einen Filter aus.**

    Wählen Sie in diesem Beispiel NICHT ABGESCHLOSSENE VORGÄNGE aus.

4. **Wählen Sie in dem Listenfeld KALENDER einen Kalender aus.**

    Wählen Sie in diesem Beispiel BAUSTUNDENKALENDER aus.

Abbildung 18.7: Die Berichte MONATSKALENDERBERICHT und KREUZTABELLE verfügen über eigene Definitionsdialogfelder.

5. **Klicken Sie auf OK.**

   Sie kehren zu dem Dialogfeld BENUTZERDEFINIERTE BERICHTE zurück.

6. **Klicken Sie auf die Schaltfläche VORSCHAU.**

   Um die Vorschau etwas interessanter zu machen, klicken Sie auf den nach unten gerichteten Pfeil, bis Sie zum September 2000 kommen. In Abbildung 18.8 zeigt der Bericht MONATSKALENDERBERICHT den September an. Der Bericht zeigt alle nicht abgeschlossenen Vorgänge an, die Ressourcen zugewiesen sind, die den Baustundenkalender verwenden.

Berichte können für Sie als Projektmanager und für alle Auftraggeber des Projekts wichtig sein. Sie können auch einen großen Einfluss ausüben. Eine ganze Nation glaubt aufgrund einiger falscher Berichte, dass Mark Twain tot wäre. Der Schlüssel zum Erfolg bei der Berichterstattung besteht darin, den richtigen Leuten die richtigen Informationen zur richtigen Zeit in der richtigen Form zu präsentieren. Tun Sie genau das. Und lassen Sie uns wissen, wie es ausgegangen ist!

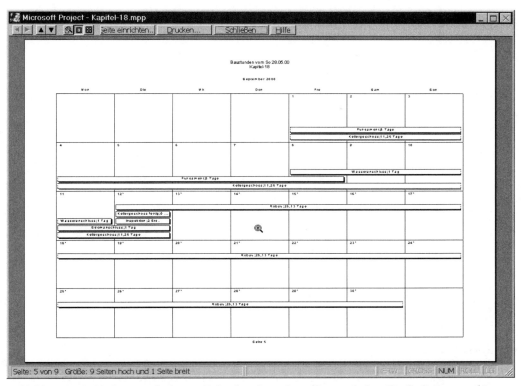

Abbildung 18.8: Sie können die leeren Kalenderseiten überspringen, indem Sie die Seiten markieren, die Sie drucken wollen.

Mit Microsoft Project Central in Teams kommunizieren

In diesem Kapitel

▶ Microsoft Project für die Kommunikation in Arbeitsgruppen vorbereiten

▶ Microsoft Project Central einrichten und benutzen

▶ Ein Projekt von Microsoft Project Central aus aktualisieren

Jeder Projektmanager hat bereits die Erfahrung gemacht, dass Teammitglieder und Projektinteressenten gelegentlich eine lasche Einstellung dazu haben, Microsoft Project tatsächlich zur Überwachung eines Projekts *einzusetzen*. Früher oder später, teilen Teammitglieder dem Projektmanager mit, dass sie zu sehr damit beschäftigt seien, ein Projekt fristgerecht und innerhalb der vorgegebenen Kosten durchzuführen, als dass sie Zeit dazu hätten, unwichtige Statusberichte zu produzieren und Vorgänge zu aktualisieren.

Leider sind diese negativen Reaktionen auf einen Projektplan in vielen Fällen allzu berechtigt. Zu schnell wird aus einem erstklassigen Basisplan ein Dokument, das dem ungenauen und überholten Wetterbericht von gestern entspricht. Die Frage lautet: Wie können Sie eine Projektdatei auf dem neuesten Stand halten? Wichtiger noch: Wie können Sie als Projektmanager den Erfolg eines dynamischen Projekts gewährleisten?

Wie Sie in diesem Kapitel erfahren werden, können Sie ein Projekt am besten dadurch erfolgreich verwalten, dass Sie eine wechselseitige Kommunikation zwischen Arbeitsgruppen ermöglichen. Die einfachste und wirksamste Methode, um Arbeitsgruppen zu verwalten, ist Microsoft Project Central.

Den Einsatz von Microsoft Project Central vorbereiten

Microsoft hat ein Begleitprodukt zu Microsoft Project namens *Microsoft Project Central* entwickelt. Project Central sorgt dafür, dass der Projektmanager die Fäden aller Aktionen über die Gesamtdauer eines Projekts in der Hand behält, indem es *Arbeitsgruppen* einrichtet und verwaltet.

Microsoft Project definiert eine Arbeitsgruppe als ein Team von Ressourcen, die von einem Arbeitsgruppenmanager ausgewählt werden. Die Arbeitsgruppe übernimmt einen Teil der Verantwortung für die Durchführung des Projekts, und die Arbeitsgruppenmanager und Teammitglieder kommunizieren miteinander über die Vorgangszuordnungen, die Pläne sowie den Stand der Vorgänge.

Project Central ist ein webbasiertes Verwaltungs-Tool für die Arbeitsgruppenkommunikation. Wenn Arbeitsgruppenmitglieder Project Central in einem Webbrowser wie beispielsweise dem Microsoft Internet Explorer verwenden, können sie folgende Dinge erreichen:

- ✔ Vorgänge grafisch als Balkendiagramm (Gantt) oder Zeitplan darstellen
- ✔ Vorgänge nach Wahl filtern und gruppieren
- ✔ Den Status von Vorgängen aktualisieren
- ✔ Vorgänge an andere Arbeitsgruppenmitglieder delegieren

Project Central einrichten

Microsoft verlangt, dass Ihre Organisation einige Anforderungen erfüllen muss, damit Sie Project Central verwenden können. Falls Sie Netzwerkspezialist sind, stellen diese Anforderungen für Sie ein Kinderspiel dar. Für andere Anwender hören sie sich dagegen wie höchst technischer Jargon an. Unterm Strich müssen Sie als Projektmanager die zuständige(n) Person(en) in Ihrer Organisation über folgende Dinge informieren, damit Sie Project Central benutzen können:

- ✔ Sie müssen Project Central auf einem Servercomputer installieren. Bevor Sie dies tun, müssen Sie sicherstellen, dass bereits der Internet Information Server 4.0 oder eine spätere Version und das Microsoft Windows NT Server 4.0 Service Pack 4 oder eine spätere Version installiert sind.

- ✔ Die Microsoft Project 2000-CD-ROM enthält Anweisungen für die Einrichtung von Project Central. Sie finden die Anweisungen in S<small>ETUPSVR</small>.<small>HTM</small>.

- ✔ Microsoft fordert eine Reihe von Lizenzvereinbarungen, die Ihr Netzwerkadministrator beachten muss. Es läuft darauf hinaus, dass jedes Arbeitsgruppenmitglied über eine Project-Central-Lizenz verfügen muss. Der Projektmanager benötigt eine Lizenz für den Betrieb von Project Central. (Die Lizenz ist im Kaufpreis der CD-ROM enthalten.)

- ✔ Jedes Arbeitsgruppenmitglied muss außerdem über den Internet Explorer 4.01 oder eine spätere Version verfügen, um die Arbeitsgruppenmeldungen auf der Website anzeigen zu können. Alternativ können Arbeitsgruppenmitglieder das Browser-Modul für Project Central verwenden, das auf der Project-CD-ROM enthalten ist.

- ✔ Jedes Arbeitsgruppenmitglied muss über einen Internet- oder Intranet-Zugang verfügen.

Eine Arbeitsgruppe einrichten

Ein kluger Projektmanager versucht immer, mit dem Netzwerkadministrator auf gutem Fuß zu stehen. Wenn Ihr Netzwerkadministrator Project Central einrichtet, weist er einer Person die Rolle des *Project Central Administrators* zu. Normalerweise behält er diese Rolle sich selbst vor. Der Administrator definiert in Project Central untergeordnete Arbeitsgruppenrollen. Die beiden Schlüsselrollen heißen *Manager* und *Teammitglied*. Standardmäßig kann ein Manager sich selbst und die Teammitglieder innerhalb von Microsoft Project identifizieren und diese Informationen dann an Project Central senden, um die Arbeitsgruppenkommunikation zu ermöglichen.

Einen Project-Central-Arbeitsgruppenprojektmanager identifizieren

Mit dem Microsoft Project-Dialogfeld OPTIONEN Sie können sich selbst als Project Central-Arbeitsgruppenprojektmanager identifizieren. Führen Sie zu diesem Zweck die folgenden Schritte aus:

1. **Öffnen Sie das Projekt, das Sie verwalten wollen, und wählen Sie dann den Menübefehl EXTRAS|OPTIONEN.**

   Das Dialogfeld OPTIONEN wird geöffnet.

2. **Klicken Sie auf die Registerkarte ALLGEMEIN, und geben Sie den Namen des Projektmanagers in dem Textfeld BENUTZERNAME ein.**

   Dieser Name wird in Project Central als Name des Projektmanagers verwendet.

3. **Klicken Sie auf die Registerkarte ARBEITSGRUPPE (siehe Abbildung 19.1).**

4. **Klicken Sie in dem Feld ARBEITSGRUPPEN-NACHRICHTENTRANSPORT auf den nach unten gerichteten Pfeil, und wählen Sie WEB aus.**

   Damit teilen Sie Project mit, dass die Arbeitsgruppennachrichten webbasiert statt e-mail-basiert verteilt werden sollen.

5. **Geben Sie in dem Textfeld MICROSOFT PROJECT CENTRAL-SERVER-URL den URL Ihres Project-Central-Servers ein.**

   Den URL erfahren Sie von Ihrem Netzwerkadministrator.

6. **Markieren Sie unter IDENTIFIKATION FÜR MICROSOFT PROJECT CENTRAL-SERVER entweder das Optionsfeld WINDOWS-BENUTZERKONTO oder MICROSOFT PROJECT-BENUTZERNAME.**

   Falls Sie WINDOWS-BENUTZERKONTO wählen, überprüft Project Central automatisch, ob Sie Ihr Windows-Benutzerkonto benutzen. Dieses Verfahren ist sicherer als die zweite Option, das es alle Passwortsicherheitsoptionen von Windows 2000 erbt. Falls Sie die zweite Option wählen, öffnet Project Central eine Anmeldeseite, auf der Sie sich identifizieren und Ihr Project Central-Passwort eingeben müssen. Dieses Passwort bleibt solange leer, bis Sie es ändern.

7. **Klicken Sie auf die Schaltfläche KONTO ERSTELLEN.**

   Wenn Sie auf diese Schaltfläche klicken, richtet Project automatisch Ihr persönliches Projektmanagerkonto in Project Central ein.

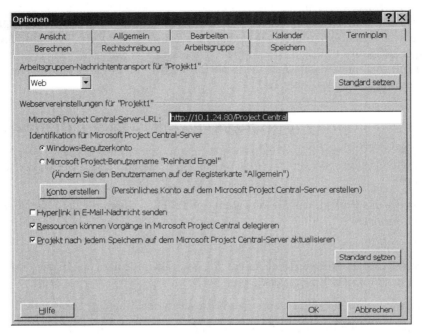

Abbildung 19.1: Die Registerkarte ARBEITSGRUPPE des Dialogfelds OPTIONEN dient zur Eingabe der Arbeitsgruppenpräferenzen des Projektmanagers.

Die Registerkarte ARBEITSGRUPPE des Dialogfelds OPTIONEN bietet Ihnen auch eine Reihe anderer Project-Central-Einstellungen. Wenn Sie das Kontrollkästchen RESSOURCEN KÖNNEN VORGÄNGE IN PROJECT CENTRAL DELEGIEREN aktivieren, geben Sie Teammitgliedern die Befugnis, Vorgänge an andere Teammitglieder zu delegieren. Außerdem können Sie festlegen, dass Project jedes Mal, wenn Sie die Datei speichern, automatisch Ihre Projektinformationen in Project Central aktualisieren soll.

Teammitglieder festlegen

Die Eingabe der Teammitglieder in Project Central unterscheidet sich ein wenig von der Festlegung des Projektmanagers. Nachdem Sie Ihr Projekt entwickelt und Ressourcen zu Vorgängen zugeordnet haben, können Sie jederzeit die Teammitglieder in Project Central eingeben und sie über die Vorgänge informieren, für die sie zuständig sind. Führen Sie zu diesem Zweck die folgenden Schritte aus:

19 ➤ Mit Microsoft Project Central in Teams kommunizieren

1. **Klicken Sie mit der rechten Maustaste auf eine beliebige Stelle einer Symbolleiste, und wählen Sie in dem Kontextmenü die Symbolleiste TEAMMANAGEMENT aus.**

   Die Symbolleiste TEAMMANAGEMENT wird unter den bereits ausgewählten Symbolleisten angezeigt (siehe Abbildung 19.2).

Abbildung 19.2: Die Symbolleiste TEAMMANAGEMENT

2. **Klicken Sie auf die Schaltfläche RESSOURCEN ANFRAGEN.**

   Das Dialogfeld ARBEITSGRUPPENMAIL wird geöffnet und fragt Sie, ob Sie die Nachrichten für alle Vorgänge (Standardoption) oder nur für den ausgewählten Vorgang senden wollen.

3. **Klicken Sie auf OK, um die Zuordnungen an Project Central zu senden.**

   Wenn die Übertragung beendet ist, informiert ein Dialogfeld Sie, dass die Zuordnung erfolgreich abgeschlossen wurde.

Zusätzlich zu der Schaltfläche RESSOURCEN ANFRAGEN enthält die Symbolleiste TEAMMANAGEMENT vier andere Schaltflächen für die Arbeitsgruppenverwaltung:

- ✔ **Projekt aktualisieren:** Benachrichtigt Teammitglieder über Änderungen in Vorgangsinformationen oder ändert die Vorgangszuordnungen.

- ✔ **Status abfragen:** Fragt aktualisierte Vorgangsinformationen von den Teammitgliedern ab, die den Vorgängen zugeordnet sind.

- ✔ **Webposteingang:** Öffnet den Webposteingang in Microsoft Project Central, in dem Sie Arbeitsgruppennachrichten von Gruppenmitgliedern anzeigen und die Projektdatei basierend auf ihren Antworten aktualisieren können.

- ✔ **Alle Nachrichten erneut senden:** Sendet alle Arbeitsgruppennachrichten im Projekt erneut.

Project Central verwenden

Wenn Sie das Team zusammengestellt haben, können Sie Project Central für die Arbeitsgruppenkommunikation benutzen. Klicken Sie in der Symbolleiste TEAMMANAGEMENT auf die Schaltfläche WEBPOSTEINGANG, um Ihren Webbrowser zu starten und zum URL von Project

Central zu gehen. Falls auf der Registerkarte ARBEITSGRUPPE des Dialogfelds OPTIONEN (EXTRAS|
OPTIONEN) eingestellt ist, dass Sie für das Einloggen Ihren Microsoft Project-Benutzernamen
verwenden, wird die Anmeldeseite von Project Central angezeigt (siehe Abbildung 19.3). Die
Dropdownliste enthält Ihren Namen und die Namen jedes Teammitglieds sowie die Namen des
Administrators, der Manager und ihrer Teammitglieder.

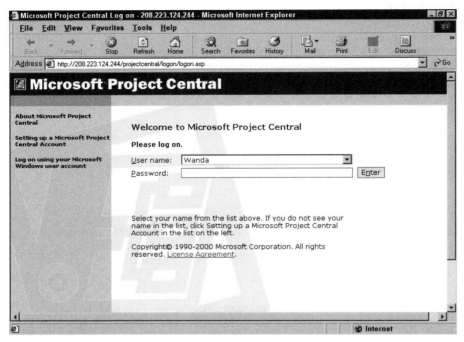

*Abbildung 19.3: Die Anmeldungsseite von Project Central ist eine dynamische Webseite,
die Ihren Namen in der Datenbank von Project Central nachschlägt.*

 Wenn Sie sich zum ersten Mal anmelden, weist Project Central Ihnen ein leeres
Passwort zu. Daraufhin können Sie ein beliebiges Passwort in dieses Textfeld eingeben.
Wenn Sie Project Central aufrufen, erscheint ein Dialogfeld, das Sie fragt,
ob Sie Ihr Passwort von einem leeren in ein eindeutiges Passwort ändern wollen.
Falls Sie sich dafür entscheiden, führt Project Central Sie durch eine kurze Prozedur
zur Erstellung des Passworts.

Ihre Project-Central-Startseite

Wenn Sie Project Central aufrufen, werden Sie von Ihrer persönlichen Startseite begrüßt (siehe
Abbildung 19.4). Die Seite ist gut geschrieben und erklärt sich im Wesentlichen selbst. Auf
der linken Seite befinden sich Hypertextverknüpfungen, die auf der Startseite zur Verfügung

stehen. Auf den anderen Seiten sind Ihre Selektionen von dem Bereich abhängig, in dem Sie gerade arbeiten. Am oberen Rand der Startseite befindet sich eine Menüleiste, deren Inhalt mit der Liste auf der linken Seite übereinstimmt. Die Menüleiste ist auf jeder Seite von Project Central sichtbar.

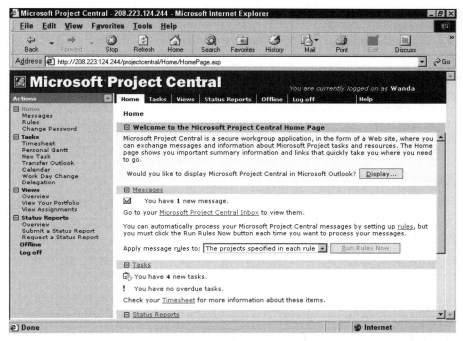

Abbildung 19.4: Jeder Benutzer von Project Central verfügt über eine eindeutige Startseite.

Im Körper der Startseite befinden sich verschiedene Absätze mit Optionen, die Ihre Beziehung zur Arbeitsgruppe betreffen.

Outlook-Option

Mit der obersten Option können Sie Project Central in Microsoft Outlook einbinden. Wenn Sie auf die Schaltfläche DISPLAY klicken, fügt Outlook ein PROJEKT CENTRAL-Symbol in seine Symbolleiste ein.

Nachrichten

Der Nachrichtenabsatz teilt Ihnen mit, ob Sie Nachrichten von dem Projektmanager (falls Sie ein Teammitglied sind) oder von den Teammitgliedern (falls Sie Projektmanager sind) erhalten haben. Wenn Sie auf die Verknüpfung MESSAGES klicken, gehen Sie zu Ihrem eigenen

Project-Central-Webposteingang. Dort können Sie die Nachrichten – beispielsweise Ressourcenanfragen – öffnen. Als Projektmanager sind Sie auch ein Teammitglied. In dieser Rolle können Sie ebenfalls Ressourcenanfragen wie die anderen Mitglieder der Arbeitsgruppe erhalten.

 Wenn Sie sich selbst einem Vorgang zuordnen, können Sie leichter verstehen, wie Project Central den Informationsaustausch zwischen Teammitgliedern regelt.

Zu den mächtigen Funktionen von Project Central zählt die Möglichkeit, dass Teammitglieder eine Vorgangszuordnung übernehmen oder ablehnen können. Falls ein Teammitglied einen Vorgang nicht ausführen kann, kann es die Übernahmezelle von *Yes* (*Ja*) in *No* (*Nein*) ändern. In der Kommentarzelle können Teammitglieder Kommentare beliebiger Länge zu einer Vorgangszuordnung eingeben, bevor die Antwort an den Projektmanager geschickt wird.

Vorgänge

Wenn Sie auf der Project-Central-Startseite auf die Registerkarte TASKS klicken, werden die Ihnen zugeordneten Vorgänge in Project Central angezeigt (siehe Abbildung 19.5). Die Vorgangsseite enthält zahlreiche Optionen. Zu den wichtigeren gehören:

- ✔ Zeigen Sie Ihre Vorgänge mit verschiedenen Filtern an. Beispielsweise können Sie wahlweise nur die Vorgänge anzeigen, die noch nicht begonnen haben.
- ✔ Zeigen Sie Ihre Outlook-Vorgänge zusammen mit Ihren Arbeitsgruppenvorgängen an. Dies kann Ihnen dabei helfen, Ihre Zeit nicht aus Versehen doppelt zu belegen.
- ✔ Wählen Sie einen beliebigen Zeitraum als Zeitskala.
- ✔ Wechseln Sie zu einer Balkendiagramm-Ansicht.

Die vielleicht wichtigste Funktion auf der Registerkarte TASKS ist die Möglichkeit eines Teammitglieds, dem Projektmanager seine erledigte Arbeit zu berichten. Das Teammitglied kann die Arbeit in die entsprechende(n) Vorgangsdatumzelle(n) eingeben. Wenn die Arbeitsinformationen aktuell sind, kann das Teammitglied einfach auf die Schaltfläche SEND UPDATE klicken. Dann wird ein entsprechender Arbeitszettelbericht an den Projektmanager gesendet. Wenn Sie diese Vorgangsberichte erhalten, können Sie auf die Schaltfläche UPDATE klicken, um das Projekt mit den neuen Informationen zu aktualisieren.

19 ➤ Mit Microsoft Project Central in Teams kommunizieren

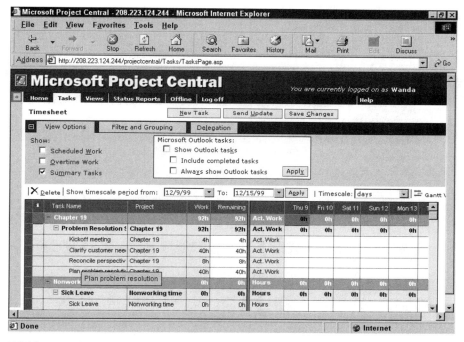

Abbildung 19.5: Die Teammitglieder zeichnen Ihre Vorgänge in der Registerkarte TASKS auf.

Statusberichte

Die STATUS REPORT-Funktion ist ein anderes mächtiges Arbeitsgruppen-Tool, das Ihnen auf Ihrer eigenen Project-Central-Startseite als Projektmanager zur Verfügung gestellt wird. Wenn Sie auf die Registerkarte STATUS REPORTS klicken, wird eine Seite angezeigt, die Sie Schritt für Schritt durch die Definition eines detaillierten Statusberichts führt, den Sie von Ihren Teammitgliedern anfordern können. Wenn Ihre Teammitglieder mit ihren Statusberichten antworten, können Sie die Informationen für die Projektauftraggeber umordnen und aufbereiten.

Mit Arbeitsgruppenaktualisierungen arbeiten

Während Teammitglieder an Ihren Vorgängen arbeiten, können Sie Project Central benutzen, um Vorgangsaktualisierungen zu versenden. In Project Central erhalten Sie als Projektmanager die Vorgangsaktualisierungen in Form von Nachrichten (siehe Abbildung 19.6).

Die Teammitglieder informieren Sie in Ihren Vorgangsaktualisierungsnachrichten über die Arbeit, die für bestimmte Vorgänge geleistet wurde. Wenn Sie auf die Schaltfläche UPDATE klicken, wird die Projektdatei automatisch aktualisiert. Die Datei enthält die gesamte Arbeit, die für den Vorgang geleistet wurde.

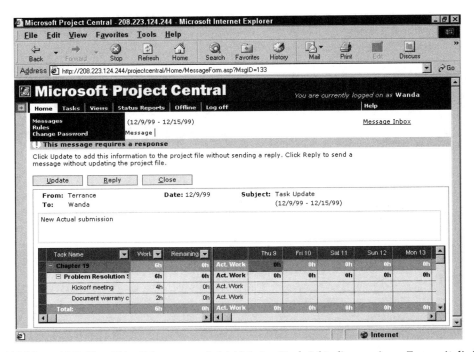

Abbildung 19.6: Eine Aktualisierungsnachricht ist eine Nachricht, die von einem Teammitglied zurücksendet wird und Leistungsdaten über den Vorgang enthält.

Teil VI

Dies und das

In diesem Teil...

Die beiden Kapitel in diesem Teil geben Ihnen einen Überblick über die vielen Symbolleisten in Microsoft Project und führen Sie in die Welt des Projektmanagements ein. Dieser Teil soll Ihnen Tipps geben, wie Sie Ihre Effizienz im Umgang mit Microsoft Project verbessern und Ihr Ansehen als Projektmanager mehren können. Sie werden über die vielen Dienste überrascht sein, die Ihnen helfen können, Ihr Projekt zum Erfolg zu führen.

Zehn nützliche Symbolleisten

In diesem Kapitel

▶ Die passenden Symbolleisten für eine Aufgabe finden

▶ Anpassung: Symbolleisten als Shortcuts verwenden

Symbolleisten sind ein praktisches Werkzeug, um auf Befehle zuzugreifen. Aber genau wie andere Sammlungen von Werkzeugen können Symbolleisten Ihre Arbeit erleichtern oder Ihren Arbeitsplatz durcheinander bringen. Tatsächlich können Sie unter anderem Profis daran erkennen, ob sie fähig sind, die notwendigen Werkzeuge für eine Aufgabe auszuwählen. Die von ihnen benötigten Werkzeuge befinden sich in Reichweite. Andere Werkzeuge werden nur bei Bedarf hervorgeholt.

Microsoft Project bietet Ihnen elf Symbolleisten an. Zwei dieser Symbolleisten, die STANDARD-SYMBOLLEISTE und die FORMATSYMBOLLEISTE, werden überall in diesem Buch behandelt. Sie sind mit einem Lineal und einem Bleistift vergleichbar – immer vorhanden und in Reichweite. Dieses Kapitel beschreibt kurz die anderen neun Symbolleisten, die jeweils eine Gruppe von Funktionen anbieten. Außerdem beschreibt dieses Kapitel, wie Sie eine Symbolleiste nach Ihren eigenen Wünschen erstellen können.

Sie können eine beliebige Symbolleiste öffnen, indem Sie mit der rechten Maustaste auf den Bereich einer Symbolleiste klicken und die entsprechende Symbolleiste aus dem Kontextmenü auswählen. Die Symbolleisten, die gegenwärtig angezeigt werden, sind durch ein Häkchen markiert.

✔ BENUTZERDEFINIERTE MASKEN

✔ ZEICHNEN

✔ RESSOURCENMANAGEMENT

✔ ÜBERWACHEN

✔ VISUAL BASIC

✔ WEB

✔ TEAMMANAGEMENT

✔ NETZPLANDIAGRAMM

Die Symbolleiste BENUTZERDEFINIERTE MASKEN

Die Symbolleiste BENUTZERDEFINIERTE MASKEN führt Sie in Bereiche, die von den normalen Formularen selten behandelt werden. Ein Formular ist eine Art von Ansicht, die Ihnen detaillierte Informationen über eine Ressource oder einen Vorgang bietet. Ein typisches Beispiel eines Formular finden Sie in der Balkendiagramm-Ansicht, wenn Sie FENSTER|TEILEN wählen. In der geteilten Ansicht zeigt der untere Bereich die Ansicht VORGANG: EINGABE.

Die Symbolleiste BENUTZERDEFINIERTE MASKEN (siehe Abbildung 20.1) bietet Shortcuts zu Funktionen, die Sie normalerweise mit einem Standardformular ausführen würden. Beispielsweise können Sie einen Vorgang oder eine Ressource in Ihrer Projektdatei auswählen und dann ein benutzerdefiniertes Formularwerkzeug aufrufen, um Vorgangs- oder Ressourceninformationen zu ändern. Die Schaltflächen in der Symbolleiste BENUTZERDEFINIERTE MASKEN werden in Tabelle 20.1 beschrieben.

Abbildung 20.1: Die Symbolleiste BENUTZERDEFINIERTE MASKEN

Schaltfläche	Funktion
Eingabe	Öffnet das Dialogfeld EINGABE (Dauer, Anfangs- und Endtermin).
Kostenüberwachung	Öffnet das Dialogfeld KOSTENÜBERWACHUNG.
Arbeitsüberwachung	Öffnet das Dialogfeld ARBEITSÜBERWACHUNG.
Ertragswert	Öffnet das Dialogfeld ERTRAGSWERT.
Terminüberwachung	Öffnet das Dialogfeld TERMINÜBERWACHUNG.
Vorgangsbeziehungen	Öffnet das Dialogfeld VORGANGSBEZIEHUNGEN.
Überwachung	Öffnet das Dialogfeld ÜBERWACHUNG.
Masken	Öffnet das Dialogfeld MASKEN ANPASSEN zur Bearbeitung von Vorgangs- und Ressourcenformularen.

Tabelle 20.1: Schaltflächen der Symbolleiste BENUTZERDEFINIERTE MASKEN

Die Symbolleiste ZEICHNEN

Die Symbolleiste ZEICHNEN (siehe Abbildung 20.2) stellt Ihnen Tools zur Verfügung, mit denen Sie Grafiken in ein Balkendiagramm (Gantt) einfügen können. Beispielsweise können Sie ein Rechteck zeichnen, Text in das Rechteck einfügen, das Rechteck farbig darstellen und einen Pfeil von dem Rechteck zu einem Vorgang zeichnen. Sie können das Rechteck auch mit einem Vorgang oder einer speziellen Position auf der Projektzeitlinie verbinden. Tabelle 20.2 erklärt die Schaltflächen in der Symbolleiste ZEICHNEN.

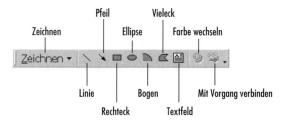

Abbildung 20.2: Die Symbolleiste ZEICHNEN

Schaltfläche	Funktion
Zeichnen	Öffnet ein Menü für die Schichtung der gewählten Zeichnung.
Linie	Zeichnet eine Linie, wenn Sie die linke Maustaste niederdrücken und die Maus ziehen.
Pfeil	Zeichnet einen Pfeil, wenn Sie die linke Maustaste niederdrücken und die Maus ziehen.
Rechteck	Zeichnet ein Rechteck, wenn Sie die linke Maustaste niederdrücken und die Maus ziehen.
Ellipse	Zeichnet eine Ellipse, wenn Sie die linke Maustaste niederdrücken und die Maus ziehen.
Bogen	Zeichnet einen Bogen, wenn Sie die linke Maustaste niederdrücken und die Maus ziehen. Halten Sie die linke Maustaste niedergedrückt, um den Bogen in eine beliebige Richtung zu verschieben. Wenn Sie die Maustaste loslassen, wird die konkave Fläche weiß gefüllt.
Vieleck	Zeichnet ein Vieleck, wenn Sie die linke Maustaste niederdrücken, die Maus ziehen und loslassen, wieder niederdrücken, zu einer anderen Position ziehen und loslassen usw. Stellen Sie das Vieleck fertig, indem Sie auf den Ausgangspunkt klicken. Passen Sie die Form des Vielecks an, indem Sie auf einen der Ziehpunkte klicken, die das Vieleck umgeben, nachdem Sie dieses ausgewählt haben.
Textfeld	Erstellt ein Textfeld, wenn Sie die linke Maustaste niederdrücken und die Maus ziehen. Geben Sie dann Ihren Text ein.

Schaltfläche	Funktion
Farbe wechseln	Ändert die Farbe des gewählten Zeichenobjekts zyklisch (16 Farben und eine Transparent-Option).
Mit Vorgang verbinden	Die Bezeichnung dieser Schaltfläche ist irreführend. Sie öffnet das Dialogfeld ZEICHNUNG FORMATIEREN, mit dem Sie verschiedene Eigenschaften des ausgewählten Objekts (Größe, Position, Linieneigenschaften usw.) ändern können.

Tabelle 20.2: Schaltflächen der Symbolleiste ZEICHNEN

Die Symbolleiste RESSOURCENMANAGEMENT

Die Ressourcenansichten und die Ressourcenverwaltung werden ausführlich in den Kapiteln 5, 8, 10 und 13 behandelt. Tabelle 20.3 enthält eine kurze Beschreibung der Shortcuts in der Symbolleiste RESSOURCENMANAGEMENT (siehe Abbildung 20.3).

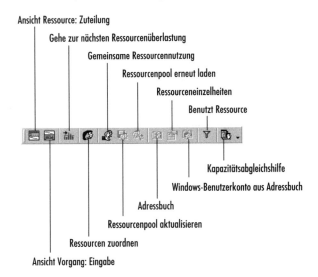

Abbildung 20.3: Die Symbolleiste RESSOURCENMANAGEMENT

20 ➤ Zehn nützliche Symbolleisten

Schaltfläche	Funktion
Ansicht Ressource: Zuteilung	Zeigt die Ansicht RESSOURCE: ZUTEILUNG an, die im oberen Bereich aus der Ansicht RESSOURCE: EINSATZ und im unteren Bereich aus der Ansicht BALKENDIAGRAMM: ABGLEICH besteht.
Ansicht Vorgang: Eingabe	Zeigt die Ansicht VORGANG: EINGABE an. Dabei handelt es sich um eine Ansichtskombination, in der im oberen Bereich die Ansicht BALKENDIAGRAMM (GANTT) und im unteren Bereich die Ansicht VORGANG: MASKE angezeigt wird.
Gehe zur nächsten Ressourcenüberlastung	Sucht die nächste Ressourcenüberlastung.
Ressourcen zuordnen	Ordnet Ressourcen Vorgängen zu. Mit diesem Befehl können Sie auch Ressourcenzuordnungen ersetzen oder entfernen.
Gemeinsame Ressourcennutzung	Gibt den Ressourcenpool des aktiven Projekts an. Ein Projekt kann seinen eigenen Ressourcenpool oder den eines anderen Projekts verwenden.
Ressourcenpool aktualisieren	Aktualisiert Informationen über dieses Projekt im Ressourcenpool. Wenn der Ressourcenpool mit Lese-/Schreibzugriff geöffnet ist, enthält die Ressourcenpool-Datei automatisch die neuesten Informationen, und der Befehl Ressourcenpool aktualisieren ist deaktiviert.
Ressourcenpool erneut laden	Lädt die neuesten Ressourcenpool-Informationen. Änderungen am Projekt sind nur erkennbar, wenn Sie die Felder vor und nach dem Aktualisieren der Daten vergleichen. Über diese Funktion können Sie Ressourcen mit anderen Managern teilen.
Adressbuch	Zeigt das E-Mail-Adressbuch an, in dem Sie Ressourcen für das Projekt auswählen können, falls das System MAPI-konform ist. (Fragen Sie Ihren Netzwerkadministrator nach den Details.)
Ressourceneinzelheiten	Zeigt das Dialogfeld EIGENSCHAFTEN aus dem Adressbuch an, über das Sie weitere Informationen (Geschäftsdaten und E-Mail-Adresse) zur ausgewählten Ressource erhalten können.
Windows-Benutzerkonto aus Adressbuch	Gibt NT-Benutzerkontoinformationen aus dem Netzwerkadressbuch ein, falls Ihr Netzwerk mit Windows NT 4 oder einer höheren Version arbeitet.
Benutzt Ressource	Ein interaktiver Filter, der fragt, welche Ressource Sie als Filter verwenden wollen. Er zeigt die der angegebenen Ressource zugeordneten Vorgänge an.
Kapazitätsabgleichshilfe	Zeigt Verfahren an, die das Abgleichen von Ressourcen erläutern.

Tabelle 20.3: Schaltflächen der Symbolleiste RESSOURCENMANAGEMENT

Die Symbolleiste ÜBERWACHEN

Die Symbolleiste ÜBERWACHEN (siehe Abbildung 20.4) wird ausführlich in Kapitel 16 behandelt. Tabelle 20.4 beschreibt die Shortcuts in der Symbolleiste ÜBERWACHEN.

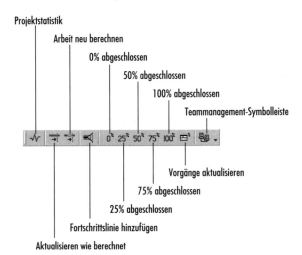

Abbildung 20.4: Die Symbolleiste ÜBERWACHEN

Schaltfläche	Funktion
Projektstatistik	Zeigt Informationen zum aktuellen Projekt an, einschließlich des aktuellen Basisplans, des aktuellen Anfangs- und Endtermins sowie der Gesamtdauer, -arbeit und -kosten.
Aktualisieren wie berechnet	Aktualisiert alle oder ausgewählte Vorgänge, um anzuzeigen, ob aktuelle Termine, Kosten und Arbeit dem Terminplan entsprechen.
Arbeit neu berechnen	Klicken Sie auf diese Schaltfläche, um die verbleibende Dauer für die ausgewählten Vorgänge ausgehend vom Statusdatum neu zu berechnen. Bereits begonnene Vorgängen werden in Teilvorgänge aufgeteilt.
Fortschrittslinie hinzufügen	Zeigt eine Fortschrittslinie im Diagrammbereich der Ansicht Balkendiagramm (Gantt) an dem von Ihnen in der Zeitskala ausgewählten Datum an. Vorgänge, die hinter dem Plan zurückliegen, werden durch nach links gerichtete Spitzen angezeigt. Vorgänge, die dem Plan voraus sind, werden durch nach rechts gerichtete Spitzen angezeigt.
0% abgeschlossen	Markiert ausgewählte Vorgänge als zu 0% abgeschlossen.
25% abgeschlossen	Markiert ausgewählte Vorgänge als 25% abgeschlossen.

Schaltfläche	Funktion
50% abgeschlossen	Markiert ausgewählte Vorgänge als 50% abgeschlossen.
75% abgeschlossen	Markiert ausgewählte Vorgänge als 75% abgeschlossen.
100% abgeschlossen	Markiert ausgewählte Vorgänge als abgeschlossen.
Vorgänge aktualisieren	Öffnet das Dialogfeld VORGÄNGE AKTUALISIEREN, in dem Sie den Status der von Ihnen ausgewählten Vorgänge ändern können (Prozent abgeschlossen, tatsächliche oder verbleibende Dauer sowie aktuelles Anfangs- und Enddatum).
Teammanagement-Symbolleiste	Zeigt die TEAMMANAGEMENT-Symbolleiste an oder blendet sie aus.

Tabelle 20.4: Schaltflächen der Symbolleiste ÜBERWACHEN

Die Symbolleiste VISUAL BASIC

Die Symbolleiste VISUAL BASIC (siehe Abbildung 20.5) verfügt über vier Werkzeuge, mit denen Sie Makros aufzeichnen, editieren und ausführen können, sowie die Sicherheitsstufe des Virenschutzes einstellen können.

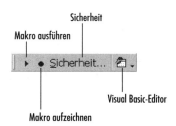

Abbildung 20.5: Die Symbolleiste VISUAL BASIC

Die Symbolleiste WEB

Die Tools in der Symbolleiste WEB (siehe Abbildung 20.6) aktivieren Ihren Web-Browser, um im World Wide Web oder in Ihrem Intranet zu navigieren. Die Symbolleiste ist vor allem dann nützlich, wenn Sie Vorgangsinformationen als Webseiten im Internet oder in einem Intranet gespeichert haben. Tabelle 20.5 enthält eine Beschreibung der Schaltflächen dieser Symbolleiste.

Abbildung 20.6: Die Symbolleiste WEB

Schaltfläche	Funktion
Zurück	Öffnet die vorherige Datei oder das vorherige Element in der Liste der letzten zehn Dateien oder Elemente, zu denen Sie einen Sprung durchgeführt haben.
Weiter	Öffnet die nächste Datei oder das nächste Element in der Liste der letzten zehn Dateien oder Elemente, zu denen Sie einen Sprung durchgeführt haben.
Aktuellen Sprung abbrechen	Bricht das Laden oder erneute Laden der aktuellen Seite oder Datei ab.
Aktuelle Seite aktualisieren	Lädt die aktuelle Seite erneut.
Startseite	Geht zur Startseite des Browsers. Sie können die Startseite in den Optionen des Browsers festlegen.
Im Web suchen	Öffnet die Suchseite für Ihren Webbrowser.
Favoriten	Zeigt die Favoriten-Liste Ihres Browsers an.
Wechseln zu	Zeigt ein Kontextmenü mit den Browser-Funktionen an.
Nur Websymbolleiste anzeigen	Blendet alle momentan sichtbaren Symbolleisten mit Ausnahme der WEBSYMBOLLEISTE aus. Klicken Sie erneut auf dieses Symbol, um die ausgeblendeten Symbolleisten einzublenden.
Adresse	Geben Sie die World Wide Web-Adresse ein, zu der Sie wechseln möchten, oder klicken Sie in der Liste auf eine zuvor bereits verwendete Adresse.

Tabelle 20.5: Schaltflächen der Symbolleiste WEB

Die Symbolleiste TEAMMANAGEMENT

Mit der Symbolleiste TEAMMANAGEMENT können Sie Microsoft Project als Werkzeug zur Kommunikation zwischen den Mitgliedern eines Teams verwenden. Als Projektmanager können Sie mit den Teammitgliedern per E-Mail, über ein Intranet oder über das World Wide Web kommunizieren.

20 ➤ Zehn nützliche Symbolleisten

Falls Sie mit Teammitgliedern per E-Mail kommunizieren wollen, müssen alle Teammitglieder ein 32-Bit-, MAPI-konformes E-Mail-System verwenden. Für eine webbasierte Kommunikation benötigen die Teammitglieder einen Webbrowser, einen Webserver, einen Netzwerkzugang, einen Netzwerkbezeichner sowie eine Internet-Verbindung und -Adresse. Nähere Informationen können Sie von Ihrem Netzwerkadministrator erhalten.

Tabelle 20.6 zeigt ein kurze Beschreibung aller Tools in der Symbolleiste TEAMMANAGEMENT (siehe Abbildung 20.7).

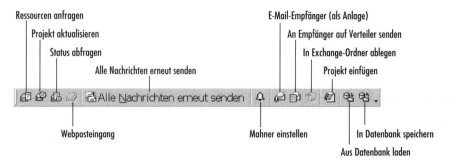

Abbildung 20.7: Die Symbolleiste TEAMMANAGEMENT

Schaltfläche	Funktion
Ressourcen anfragen	Benachrichtigt Ressourcen per E-Mail oder Microsoft Project Central, dass Sie die Ressource einem Vorgang zuordnen möchten.
Projekt aktualisieren	Benachrichtigt Ressourcen per E-Mail oder Microsoft Project Central über Änderungen, die Vorgänge beeinflussen, z.B. neue Anfangs- bzw. Endtermine oder Änderungen bei Ressourcenzuordnungen.
Status abfragen	Fragt aktualisierte Vorgangsinformationen per E-Mail oder Microsoft Project Central von den Ressourcen ab, die den Vorgängen zugeordnet sind.
Webposteingang	Öffnet den Webposteingang in Microsoft Project Central, in dem Sie Arbeitsgruppennachrichten von Gruppenmitgliedern anzeigen und die Projektdatei basierend auf ihren Antworten aktualisieren können.
Alle Nachrichten erneut senden	Sendet alle Arbeitsgruppennachrichten im Projekt erneut.
Mahner einstellen	Legt in Microsoft Outlook einen Mahner für die Anfangs- oder Endzeit des von Ihnen ausgewählten Vorgangs fest.
E-Mail-Empfänger (als Anlage)	Sendet eine Kopie des aktiven Projekts als Anlage an eine E-Mail-Adresse.
An Empfänger auf Verteiler senden	Sendet eine Kopie des aktiven Projekts an die nächste Person in der Verteilerliste und ermöglicht Ihnen die Bearbeitung der Liste.

Schaltfläche	Funktion
In Exchange-Ordner ablegen	Stellt eine Kopie des Projekts in einem öffentlichen Microsoft Exchange-Ordner bereit.
Projekt einfügen	Fügt eine Projektdatei in das aktive Projekt ein, so dass Sie zwei oder mehr Projekte zusammenführen können.
Aus Datenbank laden	Öffnet eine Datei, die in einer Microsoft-Access-Datenbank oder einer anderen Datenbank gespeichert wurde.
In Datenbank speichern	Speichert eine Datei in einer Microsoft-Access-Datenbank oder einer anderen Datenbank.

Abbildung:Tabelle 20.6: Schaltflächen der Symbolleiste TEAMMANAGEMENT

Die Symbolleiste NETZPLANDIAGRAMM

Die Symbolleiste NETZPLANDIAGRAMM (siehe Abbildung 20.8) unterscheidet sich wesentlich von den anderen Symbolleisten. Sie schwebt normalerweise frei auf dem Bildschirm und enthält Shortcuts zu einigen NETZPLANDIAGRAMM-Auswertungswerkzeugen. Tabelle 20.7 beschreibt die verfügbaren Werkzeuge.

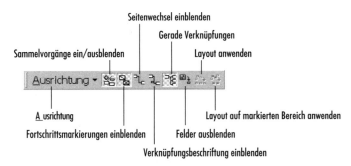

Abbildung 20.7: Die Symbolleiste NETZPLANDIAGRAMM

Schaltfläche	Funktion
Ausrichtung	Legt die Ausrichtung der Kästchen in der NETZPLANDIAGRAMM-Ansicht fest.
Sammelvorgänge ein-/ausblenden	Umschalter. Zeigt für alle Ansichten Sammelvorgänge im Projekt an oder blendet sie aus.
Fortschrittsmarkierungen einblenden	Umschalter. Gibt an, dass abgeschlossene Vorgänge und Vorgänge in Arbeit im Netzplandiagramm markiert werden. Ein Vorgang in Arbeit wird mit einer einzelnen diagonalen Linie durch den Knoten markiert. Ein abgeschlossener Vorgang wird mit zwei diagonalen Linien durch den Knoten (mit einem X) markiert.

Schaltfläche	Funktion
Seitenwechsel einblenden	Umschalter. Blendet Seitenwechsel in der Ansicht NETZPLAN-DIAGRAMM ein oder aus.
Verknüpfungsbeschriftung einblenden	Umschalter. Zeigt Beschriftungen an, die die Verknüpfungsart auf Pfeilen zwischen Netzplandiagramm-Knoten angeben (Ende-Anfang, Ende-Ende, Anfang-Anfang und Anfang-Ende).
Gerade Verknüpfungen	Umschalter. Ändert die Darstellung der Abhängigkeitslinien in der Ansicht NETZPLANDIAGRAMM.
Felder ausblenden	Umschalter. Zeigt in Netzplandiagramm-Knoten nur die Vorgangsnummer an. Das kann hilfreich sein, wenn Sie einen größeren Ausschnitt des Netzplandiagramms in einem kleineren Bereich anzeigen möchten.
Layout anwenden	Wendet die im Dialogfeld LAYOUT ausgewählten Optionen auf die aktive Ansicht an.
Layout auf markierten Bereich anwenden	Wendet die im Dialogfeld LAYOUT ausgewählten Optionen auf die Auswahl an.

Tabelle 20.8: Schaltflächen der Symbolleiste NETZPLANDIAGRAMM

Eine Symbolleiste anpassen

Weil Sie jetzt ein gutes Stück auf dem Weg zu einem professionellen Projektmanager zurückgelegt haben, können Sie auch jede Symbolleiste anpassen, indem Sie Tools von anderen Symbolleisten einfügen. Drücken und halten Sie zu diesem Zweck die Alt-Taste, fahren Sie mit dem Cursor auf das Symbol des benötigten Tools, drücken und halten Sie die linke Maustaste, und ziehen Sie das Tool auf die passende Symbolleiste.

Zehn innovative Möglichkeiten, um ein Projekt aufzupeppen

In diesem Kapitel

▶ Projektmanagement-Verbände

▶ Andere Ressourcen für das Projektmanagement

Die zehn Ressourcen in diesem Kapitel können Ihnen helfen, neue und bessere Möglichkeiten zu entdecken, Ihre Aufgaben beim Projektmanagement zu erledigen. Wenn Ihre Zuständigkeit Ihre Fähigkeiten und Ressourcen überschreitet, können Sie sich überwältigt fühlen. Aber Sie sind nicht allein! Es gibt zahlreiche Ressourcen (menschliche und nicht menschliche), die Sie bei Ihren Aufgaben unterstützen können.

Das Project Management Institute und Verbände

In jüngerer Zeit sind das Gebiet des Projektmanagements und die Zahl der Praktiker auf diesem Gebiet außergewöhnlich gewachsen. Dies ist teilweise auf das *Project Management Institute* (PMI) zurückzuführen. Diese Nonprofit-Standesorganisation bietet zahlreiche schriftliche Unterlagen sowie Ausbildungsmöglichkeiten an. Innerhalb dieser Organisation können Sie sich mit anderen Projektmanagern austauschen und auf ein Netzwerk von Erfahrungen in Ihrer Berufsgruppe, in Ihrer Industrie oder auf Ihrem Spezialgebiet zurückgreifen. Im Vergleich zu dem, was Sie für Ihre Mitgliedschaft bekommen, ist der jährliche Mitgliedsbeitrag bescheiden (etwa $115 pro Jahr).

Adresse: Project Management Institute, 130 South State Road, Upper Darby, PA 19082, USA. Telefon: +1 610-734-3330. Fax: +1 610-734-3266. Website: www.pmi.org.

Zwei der wichtigsten Ressourcen, auf die Sie über das PMI zu greifen können sind das *Project Management Body of Knowledge* (Corpus des Projektmanagementwissens) sowie die *Project Management Professional Certification* (Zertifizierung als professioneller Projektmanager), die beide in diesem Kapitel beschrieben werden.

Für den europäischen und deutschsprachigen Raum sind die folgenden Verbände, relevant:

International Project Management Association (IPMA)
P.O. Box 30, Monmouth NP25 4YZ, United Kingdom
Tel: +44 1594 531007; Fax: +44 1594 531008
Website: http://www.ipma.ch/
E-Mail: ipma@btinternet.com

Deutsche Gesellschaft für Projektmanagement (GPM)
Roritzerstraße 27
90419 Nürnberg
Telefon: 0911 / 3931 499
Telefax: 0911 / 3931 498
Website: http://gpm-ipma.de/
E-Mail: info@gpm-ipma.de

PROJEKT MANAGEMENT AUSTRIA
c/o Wirtschaftsuniversität Wien
Franz Klein-Gasse 1
A-1190 Wien
Tel. +43 / 1 / 4277-29403
Fax +43 / 1 / 3687510
Website: http://www.wu-wien.ac.at/inst/projekt/pma/
E-Mail: pma@wu-wien.ac.at

SPM Schweizerische Gesellschaft fuer Projektmanagement
Claridenstrasse 36
8002 Zuerich
SWITZERLAND
Tel: + 41 1287 8166
Fax: + 41 1287 8164
Website: http://www.spm.ch/
E-Mail: spm@spm.ch

Project Management Body of Knowledge

Die Grundlagen des Projektmanagements gelten universell. Im Laufe der Jahre haben professionelle Projektmanager die Prinzipien und Praktiken des Projektmanagements zusammengetragen und einen Standard formuliert, der als *Project Management Body of Knowledge* (Corpus des Projektmanagementwissens) bezeichnet wird. Sie können dieses Dokument kostenlos im PDF-Format von der Website des PMI (www.pmi.org) herunterladen. Dieses Dokument zählt zu den besten kostenlosen Dingen, die Sie jemals bekommen können.

Ausbildung im Projektmanagement

Es gibt zahlreiche kommerzielle und öffentliche Institutionen, die eine Ausbildung im Projektmanagement anbieten. Die entsprechenden Adressen finden Sie, wenn Sie über eine der bekannten Suchmaschinen des Internets (z.B. www.lycos.de, www.fireball.de, www.google.com usw.) nach dem Stichwort *Projektmanagement* suchen. Der direkte Weg führt jedoch über die Website eines der oben genannten Verbände.

Projektmanagement-Zertifizierung

Früher oder später haben alle professionellen Projektmanager das Ziel, sich als *Project Management Professional* (PMP) zertifizieren zu lassen. Auch wenn dies nichts für Sie ist, lohnt es sich für Sie, sich näher damit zu beschäftigen. Das Projektmanagement basiert genau wie andere Berufszweige – beispielsweise das Rechtswesen oder die Steuerberatung – auf allgemein anerkannten Standards. Der Zweck der PMP-Zertifizierung besteht darin, einen Nachweis Ihrer Fähigkeiten als Projektmanager zu erbringen. Die Zertifizierung besteht aus einer Kombination von Tests und nachgewiesenen Erfahrungen auf dem Gebiet des Projektmanagements. Kontaktinformationen finden Sie im Abschnitt *Das Project Management Institute und Verbände*.

Gruppenaktivitäten

Die anregendsten und herausforderndsten Erfahrungen sammeln Sie im direkten Kontakt mit Leuten, die Ihre Interessen teilen. Eine Möglichkeit dazu bieten Ihnen die Regionalgruppen der Landesverbände. In der Regel finden Sie diese über die Websites Ihres jeweiligen Landesverbands (siehe den Abschnitt *Das Project Management Institute und Verbände*).

Sie können auch an einer regionalen Online-Gruppe der MPUG (Microsoft Project Users Group) teilnehmen. Diese Organisation stellt ein Forum für Benutzer von Microsoft Project zur Verfügung, auf dem diese Ihre Ideen und Erfahrungen austauschen können.

Die Mitglieder werden über regionale und überregionale Treffen informiert, erhalten vierteljährlich einen Rundbrief, ein Mitgliederverzeichnis sowie Beta-Software von Microsoft. Besuchen Sie www.mpug.org.

Projektmanagement-Newsgroups

Wenn Sie gern mit Newsgroups arbeiten, können Sie der Microsoft-Newsgroup für Benutzer von Microsoft Project beitreten. Stellen Sie Fragen, verbreiten Sie Lügen, und tauschen Sie Informationen mit anderen Teilnehmern der Newsgroup aus. Falls Sie fleißig suchen und ein wenig Glück haben, finden Sie möglicherweise sogar andere Benutzer, die auf Ihrem eigenen Interessensgebiet arbeiten. Zugang zu dieser Newsgroup erhalten Sie unter http://support.microsoft.com/support/news. Klicken Sie auf MICROSOFT OFFICE FAMILY OF PRODUCTS. Klicken Sie dann auf PROJECT FOR WINDOWS. Nachdem Sie sich angemeldet haben, werden zunächst einige Hundert E-Mails heruntergeladen. Aber keine Bange – die Meldungen benötigen nicht viel Platz. Außerdem sind Sie unter Freunden.

Der Microsoft Project Report

Extra, extra – lesen Sie alles über Microsoft Project! Der Microsoft Project Report ist ein E-Mail-Newsletter, der alle zwei Monate erscheint. Die Berichte enthalten Informationen über

Microsoft Project, die die Benutzer unterstützen sollen. Sie umfassen allgemeine Nachrichten über das Projektmanagement, Informationen über Microsoft-Seminare in Ihrem reginalen Raum, Projektvorlagen sowie größere und kleinere Projektfallstudien aus der ganzen Welt. Ein kostenloses Abonnement erhalten Sie unter www.microsoft.com/office/project/projnews.htm.

Bücher und Fachzeitschriften

Die Websites der PM-Landesverbände verfügen in der Regel auch über eine Linkseite mit Informationen über einschlägige Bücher und Fachzeitschriften.

Das PMI verfügt über einen großartigen Online-Buchladen, der eigenen Aussagen nach über das weltweit größte aktuelle Angebot (Englisch sprachiger) Bücher über das Projektmanagement verfügt.

Sie können unter mehr als tausend Titeln wählen oder nach anderen Informationsquellen suchen. Als Mitglied des PMI erhalten Sie einen Rabatt.

Websuche

Falls Sie ein paar Stunden erübrigen können, suchen Sie im Web nach dem Thema *Projektmanagement*. Sehr viele Personen und Organisationen bieten ihre Produkte und Dienste auf diesem Gebiet an. Wie es für solche Suchen typisch ist, sind viele gefundene Websites wertlos. Ein brauchbarer Ausgangspunkt ist jedoch beispielsweise www.projectmanagement.com/main.htm.

Microsoft-Project-Hilfe

Eine der kostengünstigsten und hilfreichsten Studienhilfen haben Sie bereits kennen gelernt – Microsoft Project selbst. Die Hilfefunktion von Microsoft Project enthält überraschend nützliche und ausführliche Informationen über das Projektmanagement. Besonders hilfreich ist auch die angebotene direkte Verbindung zum technischen Support.

Als dieses Buch geschrieben wurde, bot Microsoft noch einen begrenzten kostenlosen technischen Support an. Detaillierte Informationen und Telefonnummern für den technischen Support finden Sie auf der allerersten Seite des Benutzerhandbuchs für Microsoft Project 2000. Unterstützung finden Sie außerdem auf der Website www.microsoft.com/germany/support. Folgen Sie dort der Klassifikation, die für Ihr Problem relevant ist.

Ganz aktuell steht unser Fachkorrektor Reiner Wodey als offizieller Lösungspartner der Firma Microsoft für Ihre Fragen und Probleme zur Verfügung. Fax: 0228 / 4760 46, E-Mail: project@wodey.de, oder im Internet unter www.wodey.de.

Teil VII

Anhänge

In diesem Teil... In den Anhängen finden Sie ein Glossar, Informationen über das Importieren und Exportieren von Daten sowie über die beiliegende CD-ROM.

Glossar

Abweichung (Variance): Der Unterschied zwischen den Daten des Basisplans und den aktuellen Daten.

Aktuell (Actual): Die Aspekte eines laufenden Vorgangs, einschließlich der Datumsangaben, der Kosten und der geleisteten Arbeit.

Ansicht (View): Eine der vielen möglichen Darstellungen der Projektinformationen.

Ansichtskombination (Combination view): Ein Bildschirm, der zwei Ansichten anzeigt. Die untere Ansicht zeigt Einzelheiten einer markierten Komponente in der oberen Ansicht.

Arbeitsbereich (Workspace): Eine Gruppe von Projektdateien, die gleichzeitig geöffnet werden können. Arbeitsbereichdateien werden mit dem Menübefehl DATEI|ARBEITSBEREICH SPEICHERN angelegt.

Ausgeblendete Gliederung (Collapsed outline): Die Darstellung der Vorgangsgliederung, bei der alle Teilvorgänge oder ein Teil der Teilvorgänge unter Sammelvorgängen verborgen sind.

Balkendiagramm (Gantt) (Gantt chart): Eine grafische Darstellung eines Projekts. Die Länge der Balken in einem Balkendiagramm (Gantt) repräsentiert die Dauer. Die Linien zwischen den Vorgängen repräsentieren Vorgangsbeziehungen.

Basiskalender (Base Kalender): Der Hauptkalender eines Projekts.

Basisplan (Baseline): Auch einfach als *Plan* bezeichnet. Die endgültige Version aller Projektkomponenten vor dem Projektanfangstermin. Der Basisplan dient als Referenzpunkt nach Beginn des Projekts.

Bericht (Report): Eine Zusammenstellung von Projektinformationen, die für den Druck bestimmt ist.

Datumslinie (Date line): Eine vertikale gestrichelte Linie im Balkendiagramm, die das Systemdatum des Computers oder das aktuelle Datum anzeigt, das in PROJEKT|PROJEKTINFO gesetzt ist.

Dauer (Duration): Der Zeitumfang, den ein Vorgang oder eine Gruppe von Vorgängen zur Ausführung benötigt. Zulässige Zeiteinheiten sind Minuten, Stunden, Tage, Wochen und Monate.

Eingeblendete Gliederungsebene (Expanded outline): Eine Gliederungsansicht, in der alle Teilvorgänge sichtbar sind.

Einschränkung (Constraint): Ein Umstand, der den Anfang oder das Ende eines Vorgangs einschränkt.

Fälligkeitsverfahren (Accrual method): Verfahren zur Kostenberechnung. Es gibt den Termin an, an dem die Kosten einer Ressource anfallen. Dies kann am Anfang eines Vorgangs, anteilig während des Vorgangs oder am Ende des Vorgangs der Fall sein.

Feld (Field): Eine Stelle, an der Sie Daten in eine Tabelle eingeben können.

Feste Dauer (Fixed duration): Eine Art der Planung, bei der die Länge eines Vorgangs auf eine feste Länge gesetzt wird. Die Anzahl der Ressourcen hat keinen Einfluss auf Vorgänge mit fester Länge.

Feste Kosten (Fixed cost): Kosten, wie beispielsweise ein Kaufpreis, die unabhängig von der Dauer oder der Anzahl der verwendeten Ressourcen konstant bleiben.

Filter (Filter): Eine Bedingung oder eine Gruppe von Bedingungen, die zur Suche von Informationen in einem Projekt verwendet wird.

Gliederung (Outline): Ein strukturiertes Format in der Balkendiagramm-Ansicht, das die höher eingestuften Sammelvorgänge und die tiefer gestuften Teilvorgänge enthält.

Hauptprojekt (Master project): Ein Projekt, das eines oder mehrere Teilprojekte enthält.

Höher stufen (Promote): Einen Vorgang in der Gliederung der Vorgänge eine Stufe nach links schieben und so eine Unterordnungsbeziehung aufheben.

Interaktiver Filter (Interactive filter): Ein Filter, der den Benutzer nach Informationen fragt, die als Basis für die Suche nach entsprechenden Informationen in einem Projekt verwendet werden.

Kalender (Calendar): Eine Liste der Arbeitszeiten und der arbeitsfreien Zeiten in einem Projekt.

Kapazitätsabgleich (Leveling): Ein Verfahren, bei dem die Vorgangsdauern verlängert werden, um die Anforderungen an eine Ressource oder eine Gruppe von Ressourcen zu verringern.

Knoten (Node): Ein Kasten in einem Netzwerkdiagramm, der die Eigenschaften eines Vorgangs enthält.

Kritischer Weg (Critical path): Eine Folge von Vorgängen, die termingerecht oder vor dem Abschlusstermin beendet sein müssen, damit das Projekt fristgerecht abgeschlossen werden kann.

Kritischer-Weg-Methode (Critical path method (CPM)): Ein Verfahren für die Einstellung der Anfangs- und Endtermine von Vorgängen, um die plangerechte Fertigstellung eines Projekts sicherzustellen.

Legende (Legend): Referenzinformationen in einem Diagramm, die die Bedeutung der Elemente in einer Grafik erklären.

Meilenstein (Milestone): Ein Vorgang, der einen Anfang, einen Abschluss oder ein wichtiges Ereignis in einem Projekt anzeigt. Meilensteine haben eine Dauer von 0t.

Nachfolger (Successor): Ein Vorgang, der auf einen anderen Vorgang folgt.

Netzwerkdiagramm (Network Diagram chart): Ein Flussdiagramm, das die Beziehungen zwischen Vorgängen darstellt. Vorgänge werden als Kästen oder Knoten und Vorgangsbeziehungen als Verbindungslinien dargestellt.

Periodischer Vorgang (Recurring task): Ein Vorgang, der in regelmäßigen Abständen während des Projekts oder während eines Teils des Projekts wiederholt wird.

Positiver Zeitabstand (Lag time): Ein festgesetzter Zeitraum zwischen einem Vorgang und seinem Vorgänger, der dazu dient, den Anfang des Vorgangs zu berechnen.

Projektstrukturplan (PSP) (Work Breakdown Structure (WBS)): Eine hierarchische Struktur, die zur Organisation der Vorgänge für Zeitpläne und für die Kostenkontrolle verwendet wird. In Microsoft Project können Sie mit der Gliederungsfunktion arbeiten oder Vorgangs-IDs verwenden oder jedem Vorgang in dem Formular VORGANG: EINZELHEITEN einen PSP-Code zuweisen.

Projektvorlage (Template): Ein Microsoft-Project-Dateiformat, das einen Terminplan enthält, den Sie als Grundlage für die Erstellung eines neuen Terminplans verwenden können.

Ressource (Resource): Eine Person oder ein Gerät, die bzw. das Arbeit leistet.

Ressourcenansicht (Resource view): Eine Ansicht, die Ressourcen anstelle von Vorgängen anzeigt.

Ressourcengesteuerter Vorgang (Resource-driven task): Ein Vorgang, dessen Dauer direkt von der Anzahl der zugeordneten Ressourcen abhängig ist.

Ressourcenkalender (Resource calendar): Ein Kalender, der die Arbeitstage und Arbeitsstunden bzw. die arbeitsfreien Tage und Stunden einer speziellen Ressource oder Gruppe von Ressourcen einteilt.

Ressourcenpool (Resource pool): Eine Zusammenstellung von Ressourcen, die für alle Vorgänge zur Verfügung stehen.

Sammelvorgang (Summary task): Ein Vorgang, der aus einer Zusammenfassung der Dauern, Kosten und Arbeitszeiten einer Gruppe von Teilvorgängen gebildet wird.

Teilprojekt (Subproject): Eine Projektdatei, die als einzelner Vorgang in einer anderen Projektdatei angezeigt wird.

Teilvorgang (Subtask): Ein Vorgang, der unter einen Sammelvorgang eingerückt ist.

Terminplan (Schedule): Der aktuelle Status eines Plans.

Tiefer stufen (Demoting): Einen Vorgang in der Gliederung der Vorgänge eine Stufe nach rechts schieben und so zu einem Teilvorgang eines anderen Vorgangs machen.

Überlastung (Overallocation): Eine die Kapazitäten überschreitende Zuordnung von Vorgängen zu einer Ressource in einem bestimmten Zeitraum.

Verknüpfte Vorgänge (Linked tasks): Vorgänge, die durch eine Beziehung verbunden sind.

Verzögerung (Slippage): Der Zeitumfang, um den ein Vorgang hinter dem Anfangstermin, dem Endtermin oder beiden Terminen des Basisplans zurückliegt.

Vorgang (Task): Eine der geplanten Aktivitäten eines Projekts.

Vorgänger (Predecessor): Ein Vorgang, der einem anderen Vorgang vorangeht.

Vorgangsansicht (Task view): Eine Ansicht eines Projekts, die auf den Vorgangsinformationen basiert.

Zeitskala (Timescale): Die Zeiteinheiten, die zur Darstellung eines Projektterminplans verwendet werden. Die Zeitskala verfügt über verschiedene Messstufen – die obere, gröbere und die untere, feinere Zeitskala.

Zusammenführung (Consolidation): Eine Kombination von Projekten.

Mit Daten anderer Anwendungen arbeiten

Microsoft Project kann zusätzlich zu den Projektdaten Texte, Tabellenkalkulationsinformationen, grafische Objekte, Sounds, Movies und Animationen speichern. Mit Anwendungen, die zu Windows 98/2000 gehören (oder mit umfangreicheren Anwendungen wie beispielsweise *Adobe Photoshop* oder *Premiere*) können Sie Projektdateien anpassen, um Präsentationen mit Produktabbildungen, Kundeninterviews, Projektfotos oder anderen Komponenten anzureichern. Microsoft Project kann auch Daten mit Datenbanken austauschen.

Die Zwischenablage verwenden

Objekte über die Zwischenablage zu importieren mag auf den ersten Blick etwas überholt aussehen, aber bei näherer Betrachtung erweist sich dieses Verfahren als recht brauchbar. Microsoft Project verwendet die Funktion *Ausschneiden-und-Einfügen* von Windows, um Daten von anderen Anwendungen in ein Projekt einzufügen.

Text einfügen

Sie können mit einem Textverarbeitungsprogramm eine Liste von Einträgen erstellen und die Liste über die *Einfüge*-Funktion in Vorgänge in Microsoft Project umwandeln. Der Nutzen dieser Möglichkeit ist etwas fraglich, aber es ist gut zu wissen, dass Sie darauf zurückgreifen können, wenn Sie bereits in einer anderen Anwendung, beispielsweise für ein Angebot, eine solche Liste erstellt haben.

Um diese Funktion auszuführen, öffnen Sie ein Textverarbeitungsprogramm wie beispielsweise Microsoft Word. Erstellen Sie eine Liste von Einträgen, oder greifen Sie auf eine vorhandene Liste zurück. Wählen Sie die Liste aus, und kopieren Sie sie in die Zwischenablage des Textverarbeitungsprogramms. Wählen Sie in Microsoft Project eine leere Vorgangsnamen-Zelle aus, und klicken Sie dann in der Standardsymbolleiste auf die Schaltfläche EINFÜGEN. Dann erscheinen die Einträge in der Liste als Vorgänge.

Grafische Objekte oder Multimedia einfügen

Sie können auch ein grafisches Objekt, einen Sound oder eine andere Art von Objekt einfügen. Wenn Sie es einfügen, erscheint das Objekt oder eine Repräsentation des Objekts in dem Balkendiagramm, wo Sie es an eine Position Ihrer Wahl ziehen können.

Inhalte einfügen

Mit dem Menübefehl INHALTE EINFÜGEN können Sie auch das Object-Linking-and-Embedding (OLE) verwenden. Nachdem Sie ein Objekt erstellt und in die Zwischenablage kopiert haben – beispielsweise einen Text Ihres Textverarbeitungsprogramms – können Sie den Inhalt der Zwischenablage auf zwei Weisen in ein Projekt kopieren: Sie können angeben, dass Sie in der Lage sein wollen, den Text mit dem Textverarbeitungsprogramm zu aktivieren, oder Sie können eine Abbildung des Textes in Ihr Dokument einfügen.

Wenn Sie beispielsweise einen Text in das Balkendiagramm einfügen wollen, öffnen Sie ein Textverarbeitungsprogramm wie Microsoft Word. Erstellen Sie den Text, oder öffnen Sie eine vorhandene Textdatei. Wählen Sie den Text aus, und kopieren Sie ihn in die Zwischenablage des Textverarbeitungsprogramms. Wählen Sie in Microsoft Project den Menübefehl BEARBEITEN|INHALTE EINFÜGEN. Das Dialogfeld INHALTE EINFÜGEN wird geöffnet. Dort können Sie wählen, wie Sie der Inhalt der Zwischenablage einfügt werden soll. Das Ergebnis der markierten Option wird unten in dem Dialogfeld angezeigt.

Das Objekt in der Zwischenablage kann ein Text, ein Tabellenkalkulationsblatt, ein grafisches Objekt, ein Sound-Objekt oder ein Multimedia-Objekt sein. Wenn Sie das Kontrollkästchen SYMBOL ANZEIGEN aktivieren, wird das Objekt in dem Balkendiagramm nicht komplett, sondern als Symbol angezeigt. Wenn Sie auf das Symbol doppelklicken, wir das Objekt angezeigt.

Objekte einfügen

Sie können Objekte nicht nur über die Zwischenablage, sondern auch direkt in das Balkendiagramm einfügen. Wählen Sie zu diesem Zweck den Menübefehl EINFÜGEN|OBJEKT. Das Dialogfeld OBJEKT EINFÜGEN wird geöffnet. Mit der Option NEU ERSTELLEN können Sie eine Anwendung aus der Liste auswählen und öffnen. Nachdem Sie das Objekt erstellt haben, kehren Sie zu Microsoft Project zurück. Das Objekt wird in das Balkendiagramm eingebettet. Mit der Option AUS DATEI ERSTELLEN können Sie eine vorhandene Objektdatei einbetten oder verknüpfen. Bei beiden Optionen können Sie das Kontrollkästchen SYMBOL ANZEIGEN aktivieren, um das Anwendungssymbol anstelle des Objekts anzuzeigen.

Microsoft Project mit Datenbanken verwenden

Sie können Datenbankinformationen in Microsoft Project öffnen oder eine Projektdatei in einem Datenbankformat speichern. Um eine Datenbankdatei zu öffnen, führen Sie die folgenden Schritte aus:

1. **Klicken Sie in der Standardsymbolleiste auf die Schaltfläche ÖFFNEN.**

   Das Dialogfeld ÖFFNEN erscheint.

2. **Wählen Sie in dem Listenfeld DATEITYP den Eintrag MICROSOFT ACCESS-DATENBANK (*.MDB) aus.**

3. **Doppelklicken Sie auf die Datei, die Sie öffnen wollen.**

4. **Um alle Daten in Ihr Projekt zu importieren, wählen Sie die Option GESAMTES PROJEKT und dann den Namen des Projekts aus, das Sie öffnen wollen.**

5. **Klicken Sie auf ÖFFNEN.**

Um eine Microsoft-Project-Datei in einem Datenbank-Dateiformat zu speichern, führen Sie die folgenden Schritte aus:

1. **Wählen Sie den Menübefehl DATEI|SPEICHERN UNTER.**

2. **Wählen Sie in dem Dialogfeld SPEICHERN UNTER im Listenfeld DATEITYP den Eintrag MICROSOFT ACCESS-DATENBANK (*.MDB) aus.**

3. **Geben Sie im Feld DATEINAME einen Namen für die zu exportierende Datei ein.**

4. **Klicken Sie auf SPEICHERN.**

   Das Dialogfeld ALS DATENBANK SPEICHERN wird geöffnet.

5. **Um alle Daten in Ihrem Projekt zu speichern, wählen Sie die Option GESAMTES PROJEKT. Geben Sie dann im Feld PROJEKTNAME einen Namen für das Projekt ein.**

   Sie können bestimmte Felder in eine Datenbank exportieren, wenn Sie die Option AUSGEWÄHLTE DATEN wählen und dann das IMPORT-/EXPORTSCHEMA für den Export wählen.

6. **Klicken Sie auf SPEICHERN.**

Die Datei wird im Format der Microsoft-Access-Datenbank gespeichert.

Über die CD

Beispieldateien

Die CD-ROM enthält die Beispiel- und Übungsdateien, die in *Microsoft Project 2000 für Dummies* verwendet werden:

- Kapitel-3.mpp
- Kapitel-3-3.mpp
- Kapitel-3-4.mpp
- Kapitel-3-5.mpp
- Kapitel-3-6.mpp
- Kapitel-3-7.mpp
- Kapitel-3-8.mpp
- Kapitel-3-9.mpp
- Kapitel-3-10.mpp
- Kapitel-4.mpp
- Kapitel-5.mpp
- Kapitel 6.mpp
- Kapitel-7.mpp
- 07-Award.bmp
- Kapitel-8.MPP
- Kapitel-9.mpp
- Kapitel-10.mpp
- Kapitel-11.mpp
- Kapitel-12.mpp
- Kapitel-13.mpp
- Kapitel-14-1.mpp
- Kapitel-14-2.mpp
- Kapitel-14-3.mpp
- Kapitel-14-4.mpp
- Kapitel-15.mpw
- Kapitel-15-1.mpp
- Kapitel-15-2.mpp
- Kapitel-16.mpp
- Kapitel-17.mpp
- Kapitel-18.mpp
- Kapitel-19.mpp (englisch)

Sie können die Dateien schreibgeschützt direkt auf der CD öffnen oder auf Ihre Festplatte in einen Ordner Ihrer Wahl kopieren, den Sie dann als Übungsordner verwenden. Achten Sie dabei darauf, dass Sie den Schreibschutz dieser Dateien auf der Festplatte entfernen.

Beispielformular

Kapitel 2 enthält das Formular DEFINITION.DOC, das Sie auf der CD im Verzeichnis FORMULARE finden. Es soll Sie bei der Planung von Projekten unterstützen. Am besten kopieren Sie die Datei auf Ihre Festplatte in einen Ordner Ihrer Wahl. Erstellen Sie für jedes Projekt eine Kopie dieser Datei.

Microsoft Project 2000 von Microsoft

Deutsche 60-Tage-Version für Windows 95, 98, Windows NT 4.0 oder später. Im Verzeichnis MSPROJECT befindet sich die Datei INSTALL. Rufen Sie diese auf und folgen Sie den Anweisungen auf dem Bildschirm, um die Demoversion zu installieren. Die mit der Demoversion erstellten Dateien bleiben auch nach Ablauf der 60 Tage erhalten.

Probleme mit der CD

Falls Sie Probleme mit der CD haben, wenden Sie sich bitte an den MITP-Verlag in Bonn, Tel. 0228 / 970 24-0.

Stichwortverzeichnis

A

AA 77, 83
Abgleich 246
Abweichung 140, 363
Adobe Photoshop 367
AE 77, 83
Aktualisierung 299
Aktuell 363
Anfang nicht früher als 85
Anfang nicht später als 85
Anfang-Anfang 77, 83
Anfang-Ende 77, 83
Anfangstermin 44
Animationen 367
Anker 159
Anordnungsbeziehung 164, 175, 260
Anpassen 35, 287
Ansicht 363
Ansichten 129
    Balkendiagramm (Gantt) 129, 142
    Balkendiagramm: Überwachung 145
    filtern 205
    Kalender 147, 177
    Netzplandiagramm 148, 167
    Ressource: Grafik 201
    Ressource: Maske 202
    Ressource: Tabelle 193, 234
    Ressource: Zuteilung 247
    Ressourcenansichten 129
    sortieren 205
    Vorgang: Einsatz 146, 239
    Vorgangsansichten 129
Ansichtskombinationen 88, 90, 363
Arbeit 141
Arbeitsauslastung 323
Arbeitsbereiche 269, 363
Arbeitsfreie Zeiten 283
Arbeitsgruppen 333
Arbeitsgruppenkommunikation 334
Arbeitsgruppenmail 337
Arbeitsstunden 120
Arbeitsüberwachung 346
Arbeitszeiten
    ändern 118, 257
Aufzeichnen des Fortschritts 50
Ausbildung 358
Ausblenden 264
Ausgeblendete Gliederung 363
Ausschneiden-und-Einfügen 367
AutoFilter 211

B

Balken formatieren 164
Balkenarten 163, 284
Balkendiagramm (Gantt) 33, 34, 129, 142
Balkendiagramm: Überwachung 145
Balkendiagramme 151, 363
    anpassen 281
    Aussehen ändern 162
    Balkenart 163
    Gitternetzlinien 162
    Informationen anzeigen 158
    Notiz einfügen 157
    Text anpassen 154
    Verknüpfungen 164
    Zeichnungen einfügen 158
Balkendigramme
    Grafiken 160
Balkenplan-Assistent 146
Basiskalender 363
Basisplan 40, 292, 363
    anzeigen 295
    erstellen 293
    speichern 293
Benutzerdefinierte Berichte 327
Benutzerdefinierte Masken 346
Benutzerdefinierter AutoFilter 213
Benutzerschnittstelle 34
Benutzt Ressource 217
Berechnete Termine 139
Berichte 323, 363
    anpassen 327
    Arten 323
    erstellen 327, 328

Berichtskategorien 323
    Arbeitsauslastung 323
    Benutzerdefinierte Berichte 327
    Kosten 323
    Ressourcen 323
    Übersicht 323
    Vorgangsstatus 323
Beziehungen 79
Bild kopieren 161
Bildschirmauflösung 132
Bogen 159, 347
Bottom-up 61
Bottom-up-Schätzung 233
Bücher 360

C

CD-ROM 26
CPM 364
Critical path 364

D

Dateien
    anordnen 265
    verbergen 265
Datenbanken 369
Datenvorlage 171
    definieren 171
Datumsangaben 87
Datumslinie 363
Dauer 29, 51, 69, 363
    Zeiteinheiten 70
Daueraufgaben 43
Defining.doc 42
Definition Monatskalenderbericht 329
Definition Spalte 65, 67, 282
deliverable 47
Demoting 365
Deutsche Gesellschaft für Projektmanagement 358
Dialogfelder
    Anordnungsbeziehung 164, 175, 260
    Anpassen 35, 287
    Arbeitsgruppenmail 337
    Arbeitszeit ändern 118, 257
    Balken formatieren 164

Balkenarten 163, 284
Basisplan speichern 293
Benutzerdefinierte Berichte 327
Benutzerdefinierter AutoFilter 213
Benutzt Ressource 217
Bild kopieren 161
Datenvorlage definieren 171
Datenvorlagen 171
Definition Monatskalenderbericht 329
Definition Spalte 65, 67, 282
Drucken 320
Eigenschaften von Anzeige 132
Einblenden 265
Einfügen Projekt 271
Filterdefinition 214
Gemeinsame Ressourcennutzung 275
Gitternetzlinien 285
Gruppe 196
Informationen zum Periodischen Vorgang 285
Informationen zum Vorgang 79, 86, 301
Informationen zur Ressource 108, 258
Kapazitätsabgleich 252
Knotenarten 170
Layout 186, 190
Neuer Ordner 280
Neues Fenster 267
Öffnen 59
Optionen 69
Projektinfo 57
Projektstatistik 237
Ressourcen ersetzen 115
Ressourcen zuordnen 254
Schrift 316
Seite einrichten 312
Sortieren 195, 225
Speicherort ändern 280
Weitere Filter 210, 224
Zeichnung formatieren 159
Zeitskala 283
Zoom 189
Druckbereich 321
Drucken 309, 320
    Exemplare 321
    Fußzeilen 318
    Kopfzeilen 314
    Legende 318

Ränder 313
Seiten-Layout 313
Seiteneinstellungen 312
Spalten auswählen 319
Druckerauswahl 321

E

EA 77, 81
EE 77, 83
Eigenschaften von Anzeige 132
Einblenden 264, 265
Einfüge-Funktion 367
Einfügen Projekt 271
Eingabe 346
Eingabeleiste 36
Eingeblendete Gliederungsebene 363
Einheiten, Ressourcen 105
Einschränkung 84, 85, 364
Einschränkungstermine 141
Einzigartigkeit 44
Ellipse 159, 347
Ende 85
Ende nicht früher als 85
Ende nicht später als 85
Ende-Anfang 77, 81
Ende-Anfang-Bezeihung 74
Ende-Ende 77, 83
Endtermin 44
Ertragswert 346
Export 141

F

Fälligkeitsverfahren 364
Farben 154
wechseln 159, 348
Feld 364
Fenster
aktivieren 266
erstellen 267
teilen 264
Fenster teilen 88
Fertigstellung 292
Feste Dauer 103, 364
Feste Kosten 364

Filter 196, 205, 206, 364
eigene Filter erstellen 220
Filter-Feld 210
Filteransichten 207
Filterarten 197, 216, 217
Filterdefinition 214
Filtern, Ressourcen 196
Flussdiagramme 167
Formatsymbolleiste 36, 38, 345
Schaltflächen 38
Formulare, Vorgang: Eingabe 94
Fußzeilen festlegen 318

G

Gantt, Henry Laurence 142, 151
Gantt-Diagramm 151
Gemeinsame Ressourcennutzung 275
Geplant 141
Gitternetzlinien 162, 285
Gliederung 364
Gliederungsnummern 135
GPM 358
Grafiken 160
Gruppe 196
Gruppenaktivitäten 359
Gruppierungsfunktion 227

H

h 70
Hauptprojekt 364
Hervorgehobene Filteransicht 208
Hervorhebung 207
Hilfefunktion 39
Hilfemenü 39
Höher stufen 64, 364

I

Indikatorspalte 134
Informationen
zum Periodischen Vorgang 285
zum Vorgang 79, 86, 301
zur Ressource 108, 258
Inhalte einfügen 368

Interaktiver Filter 216, 364
International Project Management
    Association 357
IPMA 357
Isolierte Filteransichten 208

K

Kalender 85, 119, 147, 364
Kalender-Ansicht 177
    Layout-Befehl 189
    Vorgänge definieren 178
    Vorgänge verknüpfen 183
Kapazitätsabgleich 252, 364
Karl Klammer 39
Knoten 169, 364
    Informationen ändern 171
Knotenarten 170
Konsolidieren 270
Kopfzeilen festlegen 314
Kosten 323
    reduzieren 241
Kostenanalyse 141
Kostenkontrolle 233, 236
Kostenrahmen festlegen 233
Kostenschätzungen 239
Kostentabelle 137
Kostenüberwachung 346
Kritischer Weg 255, 364
Kritischer-Weg-Methode 364
Kurzübersicht 26

L

Layout 186, 190
Layout-Befehl 189
Legende 364
    festlegen 318
Lernprogramm 27
Linie 159, 347
Löschen rückgängig machen 69

M

Manager 335
MAPI 353
Masken 346

Meilensteine 49, 70, 73, 365
Meilensteinsymbol 73
Menüleiste 35
Microsoft Access-Datenbank 369
Microsoft Project 25
    beenden 40
    Benutzerschnittstelle 34
    Beziehungen 79
    Datenbanken 369
    Hilfefunktion 39
    Informationen eingeben 41
    Kurzübersicht 26
    Lernprogramm 27
    Projekt erstellen 28
    Projektwegweiser 27
    starten 25
Microsoft Project Central 333
    Administrator 335
    einrichten 334
    Lizenzvereinbarungen 334
    Nachrichten 339
    Outlook 339
    Startseite 338
    Statusberichte 341
    verwenden 337
    Vorgänge 340
Microsoft Project Report 360
Microsoft Project Users Group 359
Microsoft Project-Hilfe 360
min 70
Minuten 29
Mit Vorgang verbinden 159
mon 70
Monate 29
Movies 367
MPUG 359
MPW 270
Muss anfangen am 85
Muss enden am 85

N

Nachfolger 365
Nachrichten 339
Negativer Zeitabstand 96
Netzplandiagramm 148, 167, 354
    Vorgänge ändern 172

Netzplandiagramme
  Knoten 170
Netzwerkdiagramm 365
Neuer Ordner 280
Neues Fenster 267
Newsgroups 359
Notizen 85, 157
Notizindikator 157

O

Objekte
  einfügen 368
  graphische 367
Office-Assistenten 39
Öffnen 59
Optionen 69
Organisationen
  funktionsbasierte 53
  projektbasierte 53
Outlook 339

P

Paint-Anwendung 160
Periodische Vorgänge 285, 365
PERT-Diagramm 167
Pfeil 159, 347
Phasen 46, 60, 61
  identifizieren 48
  in Vorgänge zerlegen 50
Phasenvorgänge 64
Planung 52
Planungs-Assistent 40, 68
PMI 357
PMP 359
Positiver Zeitabstand 96, 365
Premiere 367
Programm beenden 40
progressive elaboration 50
Project Management Body of Knowledge 358
Project Management Institute 357
Project Management Professional 359
PROJEKT MANAGEMENT AUSTRIA 358
Projekt|Filter 207
Projektanfangstermin 58

Projektdatei
  öffnen 59
  speichern 40
Projekte 41, 43
  aktualisieren 337
  Anfangstermin 44
  Ansichten 129
  drucken 309
  Einzigartigkeit 44
  Endtermin 44
  Fortschritt überwachen 297
  Kalender-Ansicht 178
  konsolidieren 270
  mehrere gleichzeitig bearbeiten 263
  Meilensteine 49
  Phasen 46, 61
  planen 52
  Qualitätsstandard 52
  Ressourcen 44
  speichern 72
  Standardordner 279
  starten 57
  überwachen 129, 291, 333
  Umgebung anpassen 279
  und Vorgänge 28
  Unterprojekte 275
  Vorgänge einfügen 73
  Zeitrahmen 43
  Ziele 45
  Zwischenergebnis 50
Projektfortschritt verfolgen 45
Projektinfo 57
Projektinformationen 51
Projektkalender 117
  ändern 117
  erstellen 119
Projektmanagement 25, 41
  Ausbildung 358
  Bücher 360
  Gruppenaktivitäten 359
  Microsoft Project-Hilfe 360
  Newsgroups 359
  Usergroups 359
  Verbände 357
  Websuche 360
  Zertifizierung 359

Projektmanager 41
   Aufgaben 48
Projektphasen 46
Projektplan 48
Projektplanung 52
Projektsammelvorgang 134
Projektstatistik 237
Projektstrukturplan 136, 365
Projektstrukturplan-Code 85
Projekttterminplan erstellen 57
Projektumgebung 279
Projektvorlage 365
Projektwegweiser 27
Projektziel 45
Promote 364
PSP 136, 365
PSP-Code 85
Pufferzeit 139

Q

Qualitätsstandard 52

R

Ränder festlegen 313
Rechteck 159, 347
Rechtschreibprüfung 154
rendern 161
Ressource: Grafik 201
Ressource: Maske 202
Ressource: Tabelle 193, 234
Ressource: Zuteilung 247
Ressourcen 44, 49, 101, 323, 365
   ändern 115
   aus dem Ressourcenpool löschen 116
   Drag&Drop 111
   Einheiten 105
   entfernen 115
   ersetzen 115
   festlegen 102
   filtern 196
   identifizieren 51
   mehrere Vorgänge 112
   sortieren 195
   überallokieren 52
   Überlastungen 246

   Überlastungen korrigieren 252
   überwachen 193
   Ziehen und Ablegen 111
   zu Vorgängen zuordnen 104
   zuordnen 254
Ressourcenanfragen 340
Ressourcenansichten 129, 193, 365
Ressourcenfilter 216, 220
Ressourcengesteuerten Vorgänge 103
Ressourcengesteuerter Vorgang 365
Ressourcenkalender 117, 365
   erstellen 123
Ressourcenmanagement 348
Ressourcenpool 102, 365
   erstellen 106
Ressourcenzuordnungen 145
Rückgängig 72

S

Sammelvorgänge 61, 66, 138, 365
   löschen 68
   verschieben 69
Schaltflächen 36, 37, 38
Schrift 316
Schriftarten 154
Schriftgrade 154
Schweizerische Gesellschaft fuer Projektmanagement 358
Seite einrichten 312
Seiten-Layout festlegen 313
Seitenansicht 310
   zoomen 311
Seiteneinstellungen ändern 312
Slippage 366
So früh wie möglich 85
So spät wie möglich 85
Sortieren 195, 206, 224, 225
   Ressourcen 195
Sortierfunktionen 225
Sounds 367
Spaltennamen 65
Speichern 40
Speicherort ändern 280
SPM 358
Standardansicht ändern 286
Standarddauer 29

Stichwortverzeichnis

Standardfilter 206, 216
Standardkalender 117
Standardordner 279
Standardsymbolleiste 36, 57, 345
    Schaltflächen 37
Status abfragen 337
Statusberichte
    Microsoft Project Central 341
Stichtag 84
Stunden 29
Symbolleisten 36, 345
    anpassen 287, 355
    Benutzerdefinierte Masken 346
    Formatsymbolleiste 345
    Netzplandiagramm 354
    Ressourcenmanagement 348
    Standardsymbolleiste 345
    Teammanagement 337, 352
    Überwachen 80, 350
    Visual Basic 351
    Web 351
    Zeichnen 347

T

t 70
Tabellen
    Abweichung 140
    Arbeit 141
    Berechnete Termine 139
    Einschränkungstermine 141
    Export 141
    Geplant 141
    Kostenanalyse 141
    Kostentabelle 137
    Sammelvorgang 138
    Überwachung 140, 145
    Verzögerung 141
Tabellenkalkulation 367
Tage 29
Task 366
Teamarbeit 352
Teammanagement 337, 352
Teammitglieder 335, 336
Teams 333
Teilprojekt 365
Teilvorgang 365

Teilvorgänge 61
    anzeigen 66
Template 365
Terminplan 365
    aktualisieren 299
    verkürzen 256
Terminüberwachung 346
Texte 367
Textfeld 159, 347
Tiefer stufen 62, 63, 64, 365
Timescale 366
Titelleiste 34
Top-down 61
Top-down-Schätzung 233

U

Überallokation 52
Überlastungen 202, 246, 366
    korrigieren 252
Übersicht 323
Überwachen 80, 350
überwachen 291
Überwachung 140, 145, 346
Unterprojekte 275
Usergroups 359

V

Verbände 357
Verknüpfte Vorgänge 366
Verknüpfungen 164
    ändern 175
Verzögerung 141, 366
Vieleck 159, 347
Visual Basic 351
Vorgang: Einsatz 146, 239
Vorgänge 50, 366
    aktualisieren 300
    ändern 30
    Dauer ändern 80
    editieren 71
    eingeben 28, 60
    Fertigstellung 292
    in Microsoft Project Central 340
    in Netzplandiagrammen 172
    in Projekt einfügen 73

Kalender-Ansicht 178
löschen 72
mit fester Dauer 103
Namen ändern 80
periodische 285
Ressourcen zuordnen 104
ressourcengesteuerte 103
und Projekte 28
verknüpfen 33, 74, 183
verschieben 31, 71
Vorgänger 81
Vorgänger 81, 366
    ändern 95
    teilen 97
Vorgangsabhängigkeiten 77
Vorgangsaktualisierungen 341
Vorgangsansicht 366
Vorgangsansichten 129
Vorgangsarten 84
Vorgangsbeziehungen 82, 185, 346
    löschen 175
Vorgangsdauer 29
    ändern 32
    festlegen 69
    Zeiteinheiten 70
Vorgangseingabetabelle 131
Vorgangsfilter 216, 218
Vorgangsfortschritt 143
Vorgangsliste 31
Vorgangsnamen 28, 63
Vorgangsspalte, Breite anpassen 67
Vorgangsstatus 323
Vorgangstabellen, weitere 140
Vorgangsverknüpfungen 94
Vorgangsverknüpfungen entfernen 76

W

WBS 365
Web 351
Webposteingang 337
Websuche 360
Weitere Filter 210, 224
Wochen 29
Work Breakdown Structure 365

Z

Zeichnen 347
Zeichnungen
    einfügen 158
    formatieren 159
Zeichnungseigenschaften 348
Zeitabstand 164
Zeiteinheiten 29, 70
Zeiten 87
Zeitlinie 45
Zeitpläne 147
Zeitrahmen eines Projekts 43
Zeitskala 152, 283, 366
    für den Druck wählen 321
Zeitverwaltung 152
Zellenhöhe 136
Zertifizierung 359
Ziehpunkte 159
Ziel 45
Zoom 189
Zoomen 311
Zusammenführung 366
Zwischenablage 367
Zwischenergebnis 47, 50

384 Seiten, 2. Auflage 2000
DM 39,90
ÖS 291,–
ISBN 3-8266-2898-5

Bob Nelson & Peter Economy

Management für Dummies

2. Auflage

Management mit Vision

Management für Dummies vermittelt die Grundregeln effektiver Führung auf spaßige und interessante Weise.

Bob Nelson und Peter Economy lassen Sie von ihrer langjährigen Erfahrung profitieren und verraten Ihnen die Tipps und Tricks, die Sie kennen müssen, um sich und Ihren Mitarbeitern das Leben leichter zu machen. Ob Sie Neuling oder Nachwuchskraft sind: hier finden Sie alles, um erfolgreich sein zu können.

Sie erfahren:

✔ Was Sie als Führungskraft auszeichnen sollte
✔ Wie Sie durch geschicktes Delegieren Dinge getan bekommen, ohne sich selbst die Hände schmutzig machen zu müssen
✔ Welche verlässlichen Kriterien es gibt, um Mitarbeiter zu bewerten
✔ Wie Sie die Produktivität Ihrer Mitarbeiter durch Weiterbildung und Betreuung steigern können
✔ Welche Tipps und Tricks es gibt, um zu motivieren und den Teamgeist zu stärken
✔ Wie Sie sich sinnvoll organisieren und Ihre kostbare Zeit effizient einteilen können
✔ Wie Sie Budgetplanung und all den anderen finanziellen Kram mit links meistern lernen

352 Seiten mit CD, 2. Auflage 2000
DM 49,90
ÖS 364,–
ISBN 3-8266-2838-1

Jeffrey J. Mayer

Zeitmanagement für Dummies

2. aktualisierte und überarbeitete Auflage

Zeitmanagement mit System

Dieses Buch beweist es: Auch wenn Ihnen das Organisationstalent nicht in die Wiege gelegt wurde, können Sie Ihren Arbeitsalltag voll in den Griff bekommen! Jeffrey J. Mayer hilft Ihnen bei der radikalen Entrümpelung Ihres Arbeitsplatzes. In einem Crashkurs lernen Sie, wie Sie Ihre Zeit nicht länger mit unwichtigem Kleinkram verplempern und zu den wirklich wichtigen Aufgaben kommen – letztlich eine Garantie für mehr Erfolg im Berufsleben.

Sie erfahren:

- ✔ Wie Sie Ihren Arbeitsalltag – sei es im Büro oder zu Hause – besser organisieren
- ✔ Wie Sie Ihren PC sinnvoll nutzen und welche Programme zeitsparend sind
- ✔ Wie Sie beim Umgang mit Voice- Mail und E-Mail Zeit sparen
- ✔ Wie Sie effektiver und überzeugender kommunizieren
- ✔ Wie Sie sich und Ihre Anliegen im Berufsleben gewinnend und erfolgreich präsentieren

Auf der CD-ROM:

Trialversion der Zeitmanagementsoftware ACT! 2000 für Windows 95, 98, NT